JN022039

新・社会福祉士シリーズ 19

刑事司法と福祉

福祉臨床シリーズ編集委員会編
責任編集＝森　長秀・淺沼太郎

弘文堂

はじめに

社会福祉士および精神保健福祉士の国家試験カリキュラムが大幅に改正され、従来、社会福祉士のみの試験科目（専門科目）であった「更生保護制度」がなくなり、新たに「刑事司法と福祉」が共通科目として、かつ、講義時間数（単位）も従来の倍の科目となって創設された。これにより、社会福祉士を目指す者にとっては、より深く広く学ぶ科目となり、一方、精神保健福祉士を志す者にとっては、新設科目として、従来は専門科目の中で学んでいた医療観察制度を除けば、新たに犯罪や刑罰に関する法制や更生保護制度について学ぶことが必要となった。

とはいえ、学びの対象に大きな断裂があるわけでは決してなく、本科目の中心が罪を犯した者、触法行為をした者の更生保護にあることは言うまでもない。狭義の更生保護とは、犯罪者や非行少年について、指導監督および補導援護により、改善更生を導き、社会の健全な一成員として生活できる状態を創り出すと同時に、再犯を防止し安全な社会を維持するための営みである。広義には、触法精神障害者を医療につなげる医療観察制度も、これに加えてよいであろう。

言うまでもなく、更生保護は司法と福祉の交錯領域に位置する。犯罪者や触法少年は、罪刑法定主義の下、司法手続に乗せられ、その処遇が決定される。そのひとつは刑務所や少年院などの矯正施設において改善更生を図る施設内処遇であり、もうひとつは社会内処遇である。社会内処遇においては、保護司や多様でボランタリーな団体の活動、地域社会の受容といった、民間の人的資源による非権力的・任意的な自立支援が重要である。犯罪が生じるのは社会であるが、その犯罪を防止し安全で住みよい生活の場を創出するのも社会であることを考えれば、更生保護活動は、すぐれて福祉的要素の色濃い社会的・実践的営みであると言えよう。

そのうえで、上述したような科目の位置づけ、学修内容の大幅な変化に伴い、新カリキュラムに対応するべく、内容と構成、さらには執筆陣も大幅に刷新し、学習者にとって最良のテキストとなることを目指した。具体的には、更生保護法や医療観察法などの理解を中心とする法制度の概説にとどまらず、刑事法の基本法である刑法・少年法の概説、犯罪被害者へのさまざまな支援のあり方、罪を犯してしまう背景にある当事者の抱える多様な背景と福祉的支援のあり方など、さまざまな角度と視点から、「刑事司法と福祉」の現実と、そのあるべき姿を考察し理解できる内容となることを心がけて作成した。

その意味では、本書はあえて「二兎を追った」構成になっている。優秀な福祉職を志す読者諸君は、是非その点を踏まえ、単に国家試験合格のための知識事項を得るだけにとどまらず、更生保護の法制・現状・課題をより深く理解し今後の福祉実践に役立ててもらいたい。すなわち、国家試験後も愛読され実務に活かしてもらえることを、切に願っている。

本書の共著者は優秀かつ多彩な陣容である。「更生保護制度」の執筆陣のうち司法、医療、福祉、教育といったそれぞれの専門領域において活躍し、更生保護の実務に通暁（つうぎょう）した専門職や大学教員には、引き続き、より充実しアップデートされた執筆を頂戴した。そして、今回、福祉実践の領域をより強化・充実させるべく、教育研究、現場経験ともに豊富な淺沼太郎先生を共編者に迎えた。それによって、福祉実践の現場の“生（なま）の状況”について、支援者や当事者の視点を取り込んだ記述を大幅に拡充することができた。「刑事司法と福祉」を制度設計者・運営者の側だけでなく、利用者・被支援者の側からも考察する複層的な視点を養うテキストに仕上げられたことは、氏のおかげである。

いずれにせよ、すべての執筆者について言えることは、私よりも優れた実務家、研究者だということである。これは、読者諸君には自信を持ってお勧めできる内容・水準が担保されていることの証しでもあると考えている。本書において、重要性や必要性を認識しあえて重複を許した部分は別として、意図しない重複や齟齬、不備等があれば、すべて編者の責任である。読者諸君には、「本を作るのは書き手であるが、育てるのは読者である」との意識で、忌憚のないご指摘・ご意見を頂戴したい。

なお、もう一人の編者、というよりも私に代わる実質的な編者は、慶應義塾大学以来の信頼できる友人であり刑事政策の専門家である平野美紀氏である。私の能力不足を補い、優秀な執筆者の確保と類書に遜色なき内容で刊行することができたのは、ひとえに氏の高い能力と広範なネットワークの賜物にほかならない。記して御礼申し上げたい。

また、スペースの私用と叱られることを承知のうえで、私のあらゆる活動の原動力である妻（香奈子）と娘（千香子）にも感謝したい。

最後に、刊行が当初予定より大幅にずれ込む中、執筆者間の連絡調整や適切な進行管理に努めて下さった弘文堂編集部の世古宏氏に対し、厚く謝意を申し上げたい。

2024年2月

責任編者を代表して　森　長秀

目次

はじめに …… iii

第1章 刑事司法と福祉(総論) …… 1

1. 刑事司法と福祉 …… 2
2. 刑事司法におけるさまざまな制度の概要 …… 3
   A. 更生保護法制の沿革と概要 …… 3
   B. その他の関連法制の概要 …… 5
3. 刑事司法の現況と、本書で学ぶこと …… 7
   A. 刑事手続の流れと現況 …… 7
   B. 犯罪被害者への支援と手続保障 …… 8
   C. さまざまな「当事者」の存在と福祉的支援 …… 9

コラム 「刑事司法と福祉」と国家試験 …… 10

第2章 刑法と刑事司法手続 …… 11

1. 刑法の基本原理と刑事手続 …… 12
   A. 罪刑法定主義 …… 12
   B. 刑事手続 …… 14
2. 犯罪と刑罰、犯罪の成立要件 …… 16
   A. 刑罰の存在意義 …… 16
   B. 犯罪論の基礎 …… 17
   C. 構成要件 …… 17
   D. 違法性 …… 18
   E. 責任 …… 19
   F. 未遂と共犯 …… 20
   G. 個人的法益・社会的法益・国家的法益と刑法各論 …… 20

3. 刑事施設内の処遇のあり方 …… 22
A. 刑事施設における刑罰の執行 …… 22
B. 監獄法の改正と刑事収容施設法成立 …… 23
C. 処遇の原則と受刑者の義務 …… 23
D. 制限の緩和・優遇措置制度の導入 …… 25
E. 被収容者の人権擁護 …… 25
F. 外部交通制度 …… 26
G. 出口支援と社会復帰・再犯防止 …… 26
コラム　ハームリダクション　つながり続ける支援 …… 28

第3章　少年法と刑事司法手続 …… 29
1. 少年法の基本原理・概要と刑事手続 …… 30
A. 少年法 …… 30
B. 少年法の改正と特定少年 …… 31
C. 少年犯罪の動向 …… 32
D. 非行少年処遇の概要 …… 33
E. 家庭裁判所での審判と保護処分 …… 34
F. 被害者への配慮 …… 35
2. 少年法における施設内処遇と社会内処遇 …… 36
A. 少年鑑別所 …… 36
B. 少年院 …… 37
C. 保護観察処分 …… 40
3. 児童福祉法による措置 …… 42
コラム　少年院在院者への社会復帰支援 …… 44

第4章　更生保護法の概要 …… 45
1. 刑事司法の中の更生保護 …… 46
A. 更生保護の目的 …… 46
B. 更生保護制度の生成 …… 48
C. 更生保護の方法 …… 51
2. 仮釈放等および生活環境の調整 …… 52
A. 仮釈放等 …… 52
B. 生活環境の調整 …… 57

3. 保護観察 …… 60
A. 保護観察の意義 …… 60
B. 保護観察の対象および期間 …… 61
C. 保護観察の方法 …… 63
4. 更生緊急保護およびその他の援助 …… 70
A. 更生緊急保護 …… 70
B. 刑執行終了者等に対する援助 …… 74
C. 更生保護に関する地域援助 …… 74
5. 恩赦 …… 75
A. 恩赦の本質および機能 …… 75
B. 恩赦の種類 …… 76
C. 個別恩赦の手続 …… 77
コラム 1　刑事司法分野で活躍する社会福祉士・精神保健福祉士 …… 78
コラム 2　保護観察官を目指す人のための採用試験 …… 78

第5章　更生保護制度における団体・専門職等 …… 79
1. 更生保護制度の担い手 …… 80
A. 地方更生保護委員会 …… 80
B. 保護観察所 …… 81
C. 民間協力者 …… 82
D. 更生保護施設 …… 88
2. 更生保護制度における関係機関・団体 …… 93
A. 公共職業安定所（ハローワーク） …… 93
B. 刑務所出所者等総合的就労支援対策 …… 93
C. 福祉事務所・社会福祉協議会 …… 94
D. 日本司法支援センター（法テラス） …… 96
E. 自助グループ …… 97
3. 社会復帰支援の動向 …… 99
A. 刑事施設における高齢者、障害者 …… 99
B. 矯正施設における福祉的支援 …… 101
C. 矯正施設と連携する福祉施設 …… 103
コラム　小さな出来心と店長のささやかな計らい …… 106

第6章　医療観察制度の概要 …… 107
1. 医療観察法 …… 108
A. 日本の医療観察制度と英国の司法精神医療・福祉制度について …… 108
B. 英国における司法精神医療・福祉制度の変遷 …… 108
2. 日本における重大な他害行為を行った精神障害者の処遇 …… 110
A. 医療観察法施行以前に他害行為を行った精神障害者の処遇 …… 110
B. 医療観察法の成立過程と概要 …… 111
3. 医療観察法における「審判」とは …… 115
A. 裁判所と医療観察法の審判 …… 115
B. 医療観察法における審判手続と内容 …… 117
C. 医療観察法における医療必要性の判断 …… 119
D. 医療観察制度における審判などの統計 …… 121
4. 指定入院医療機関の役割 …… 122
A. 指定入院医療機関の整備状況 …… 122
B. 指定入院医療機関の概要について …… 123
5. 指定通院医療機関の役割 …… 131
A. 通院処遇(地域処遇)と医療観察法 …… 131
B. 指定通院医療機関における治療・リハビリテーション・
社会復帰支援等 …… 132
C. 指定通院医療機関における精神保健福祉士の役割 …… 134
コラム　日本における司法福祉とソーシャルワーク …… 136

第7章　医療観察法における関係機関・専門職等の役割と連携 …… 137
1. 社会復帰調整官の業務と役割および関係機関等の連携 …… 138
A. 社会復帰調整官の役割と連携 …… 138
B. 生活環境の調査(法38条) …… 141
C. 生活環境の調整(法101条１項) …… 142
D. 精神保健観察(法106条) …… 142
2. 医療観察制度の処遇および関係機関等の連携の実際 …… 142
A. 社会復帰調整官を中心とした医療観察制度の実際的な取組み …… 142
B. 生活環境調査の実際 …… 144
C. 生活環境調整の実際 …… 145
D. 精神保健観察の実際 …… 147

第8章　重層的なニーズをもつ人の生きづらさ……153
1. 司法領域でソーシャルワーカーがかかわることの意味……154
A. 事例……154
B. 累犯者へのかかわり……155
C. 障害による生きづらさへの視点……156
D. さまざまな制度の活用……157
E. ソーシャルワークの視点で見ることの意味……158
2. 少年院等での処遇……159
A. 少年司法……159
B. 児童福祉施設との関係・処遇……159
C. 少年鑑別所での処遇……160
D. 少年院での処遇①―矯正教育……161
E. 少年院での処遇②―社会復帰支援……162
3. アディクション(嗜癖)の回復とソーシャルワーク……163
A. アディクションの正体……163
B. 生き延びるために必要なアディクション……165
C. アディクションの回復とソーシャルワーク実践……167
4. 女性の直面する困難と生きづらさ……173
A. 子育て……173
B. 虐待被害……174
C. 社会的養護……174
D. 障害をもつ女性……175
E. まとめ……176
5. 矯正施設／更生保護施設におけるSST……178
A. 刑事施設におけるSST……178
B. 更生保護施設でのSST……179
C. 保護観察におけるSST……180
D. まとめ……181

第9章　地域での多様な取組み……185

1. 貧困問題に切り込む入口支援の実践……186
A. 貧困問題に切り込む入口支援を……186
B. 自立準備ホームは単なる「ハコ」ではない―専門性で機能する避難所……191
C. 埼玉弁護士会による「社会復帰支援委託援助制度」の導入……192
2. 刑務所における出口支援の実践……195
A. 出口支援……195
B. 事例……195
3. 特別調整と地域での再生、地域定着の実践……200
A. はじめに……200
B. 千葉県の取組み……200
C. 大切な視点……201
D. 犯罪に至った背景を探り対処する……201
E. 多職種連携のチーム支援……204
F. さいごに……204
（コラム）母との思い出、薬物依存症から回復への道のり……206
（コラム）依存症支援と触法支援……207
4. 生活支援と「関係支援」の実践……208
A. グループホームの概要……208
B. 罪を犯した人の支援の状況……209
C.「生きづらさ」と生活支援の中での「関係支援」……210
（コラム）支援の実践により、より良い社会へ……215
5. 出所者支援と当事者への生活支援の実践……216
A. 事例：「刑務所に入りたかった」女性への支援……216
B.「出所から」では遅い介入のタイミング……220
C. 加害者は被害者のことをどう捉えているのか……221
6. 犯罪被害者支援と加害者の更生支援の実践……222
A. 事例1：加害少年とその家族の間にあった厚い壁……222
B. 事例2：万引きを止めない少女の居場所を探して……223
（コラム）「あたりまえ」を疑い、「仕方ない」を超えていく……225

第10章　犯罪被害者の支援 …… 227
1. 犯罪被害者の法的地位 …… 228
A. 犯罪被害者等 …… 228
B. 刑事司法における被害者 …… 228
2. 犯罪被害者支援に関する法 …… 230
A. 被害者支援の必要性の認識 …… 230
B. 犯罪被害者等保護二法 …… 231
C. 犯罪被害者等基本法 …… 231
D. 家庭内への刑事法的介入―ストーカー規制法・児童虐待防止法・DV防止法等 …… 232
E. 犯罪被害者等基本計画（第１次、第２次、第３次、第４次） …… 234
3. 犯罪被害者支援に関する制度 …… 235
A. 警察・検察における捜査段階での被害者支援 …… 235
B. 公判段階での被害者支援 …… 236
C. 矯正と保護における被害者支援 …… 237
D. 犯罪被害者等給付金等の支給制度 …… 239
4. 犯罪被害者支援にかかわる団体・専門家 …… 240
A. 刑事司法機関 …… 240
B. 法テラス …… 240
C. 被害者支援ネットワークと被害者支援センター …… 240
D. 地方公共団体における被害者支援に向けた取組み …… 241
コラム　トラウマインフォームドケア（TIC） …… 242

第11章　刑事司法と福祉をめぐる近年の動向と課題 …… 243
1. 刑事司法をめぐる近年の動向 …… 244
A. 再犯防止推進法と再犯防止推進計画 …… 244
B. 第２次再犯防止推進計画 …… 245
C. 第２次計画と法改正 …… 245
D. ７つの重点課題 …… 246

キーワード集 …… 249

索引 …… 260

刑事司法と福祉 (30 時間)〈2021 年度からのカリキュラムと本書との対応表〉

カリキュラムの内容　ねらい
①刑事司法の近年の動向と制度の仕組みを理解する。 ②刑事司法における社会福祉士及び精神保健福祉士の役割について理解する。 ③刑事司法の制度に関わる関係機関等の役割について理解する。

教育に含むべき事項	想定される教育内容の例		本書との対応
大項目	中項目	小項目（例示）	
①刑事司法における近年の動向とこれを取り巻く社会環境	1 刑事司法における近年の動向	●犯罪の動向（認知件数と発生率、再犯率等）	第 2 章、第 11 章
	2 刑事司法を取り巻く社会環境	●高齢者、障害者等の社会復帰支援 ●再犯の防止等の推進に関する法律（再犯防止推進法） ●就労支援（刑務所出所者等総合的就労支援対策） ●薬物依存者の再犯防止、回復支援 ●修復的司法 ●農福連携　等	第 5 章 3 節、第 8 章、第 9 章 第 11 章 第 5 章 2 節、第 8 章、第 9 章 第 8 章 3 節、第 9 章コラム 第 1 章、キーワード集 キーワード集
	3 社会福祉士及び精神保健福祉士の役割	●検察庁や矯正施設、保護観察所、地域生活定着支援センター、精神保健福祉センター等における役割	第 4 章コラム、第 7 章、第 8 章 5 節、第 9 章 3 節
②刑事司法	1 刑法	●刑法の基本原理 ●犯罪の成立要件と責任能力 ●刑罰	第 2 章
	2 刑事事件の手続き、処遇	●刑事手続 ●刑事施設内での処遇	第 2 章
③少年司法	1 少年法	●少年法の基本原理 ●児童福祉法との関係	第 3 章
	2 少年事件の手続き、処遇	●非行少年に対する手続 ●少年鑑別所、少年院での処遇 ●児童福祉法による措置	第 3 章
④更生保護制度	1 制度の概要	●意義、歴史、更生保護法制 ●更生保護施設	第 4 章
	2 生活環境の調整	●目的、機能、手続、関係機関との連携 ●特別調整	第 4 章
	3 仮釈放等	●仮釈放と仮退院、意義、許可基準、手続き	第 4 章
	4 保護観察	●目的、方法、対象、内容、運用状況	第 4 章
	5 更生緊急保護	●目的、対象、期間、内容、手続き	第 4 章
	6 団体・専門職等の役割と連携	●福祉事務所、児童相談所 ●保護観察官 ●保護司 ●更生保護施設 ●民間協力者（更生保護女性会、BBS 会、協力雇用主等） ●法テラス ●公共職業安定所	第 5 章 2 節 第 5 章 1 節 第 5 章 1 節 第 5 章 1 節 第 5 章 1 節 第 5 章 2 節 第 5 章 2 節

教育に含むべき事項	想定される教育内容の例		本書との対応
大項目	中項目	小項目（例示）	
⑤医療観察制度	1 制度の概要	●目的 ●制度導入の背景 ●対象者	第6章
	2 審判・処遇の流れと内容	●審判の手続き ●処遇の流れ ●入院処遇の概要 ●通院処遇の概要 ●精神保健観察	第6章
	3 関係機関・専門職等の役割と連携	●裁判所、裁判官 ●精神保健審判員、精神保健参与員 ●指定医療機関（指定入院医療機関、指定通院医療機関） ●社会復帰調整官 ●保護観察所 ●都道府県、市町村 ●障害福祉サービス事業所	第6章 第7章
⑥犯罪被害者支援	1 犯罪被害者の法的地位	●犯罪被害者の地位の変遷	第10章1節
	2 犯罪被害者支援に関する法	●犯罪被害者等基本法 ●配偶者からの暴力の防止及び被害者の保護等に関する法律 ●ストーカー行為等の規制等に関する法律	第10章2節
	3 犯罪被害者支援に関する制度	●被害者等通知制度、意見等聴取制度、心情等伝達制度、相談・支援	第10章3節
	4 団体・専門職等の役割と連携	●被害者支援員制度 ●被害者ホットライン ●犯罪被害相談窓口 ●被害者支援センター	第10章4節

注）この対応表は、厚生労働省が発表したカリキュラムの内容が、本書のどの章・節で扱われているかを示しています。
なお、社会福祉振興・試験センターの「令和6年度（第37回試験）から適用する社会福祉士国家試験出題基準（予定版）」で変更された箇所にアミ掛けをしてあります。
小項目「刑事手続」は「刑事手続き」、「非行少年に対する手続」は「非行少年に対する手続き」、「法テラス」は「法テラス（日本司法支援センター）」、「公共職業安定所」は「ハローワーク」、「配偶者からの暴力の防止及び被害者の保護等に関する法律」は「DV防止法」、「ストーカー行為等の規制等に関する法律」は「ストーカー規制法」に変更になっています。
全体にかかわる項目については、「本書との対応」欄には挙げていません。
「想定される教育内容の例」で挙げられていない重要項目については、独自の視点で盛り込んであります。目次や索引でご確認ください。

第1章 刑事司法と福祉（総論）

「刑事司法と福祉」という科目を学ぶにあたり、刑事司法の概要や、社会福祉との密接なつながりとその重要性について理解し、次章以下の各章において、どのような内容を学ぶのか、そしてなぜこのような順序で論じられているのかを考察する。

1

更生保護法制の沿革について学ぶ。明治大正期、民間の社会事業から生成した営みから、現行法制の中心である更生保護法に至るまでの経緯や、法制定の理由について理解する。

2

刑事法の基本法である刑法や少年法について学び、犯罪の刑罰の基本的な内容や犯罪の成立要件について知識を得るとともに、触法精神障害者を医療につなげる重要な法制度である医療観察制度の存在について学ぶ。

3

刑事手続の現況や流れについて理解するとともに、犯罪や触法行為を行った者の処遇について、その概要を学ぶ。

4

犯罪被害者への支援という、日本でこれまで立ち遅れてきた領域への支援の重要性や現状について学ぶ。同時に、さまざまな生きにくさを抱える当事者への福祉的アプローチの必要性やさまざまな官民主体による支援のあり方について、理解する。

1. 刑事司法と福祉

刑事司法は、犯罪や触法行為を行った者について、罪刑法定主義の下、公正な法手続によってその事実を明らかにし、適切な処遇を行うことによって、違法行為の抑止や防止を図るとともに、行為者の教育や更生を図る法的営みである。この過程ないし処遇段階において、社会福祉のかかわりは、専門職およびさまざまなマンパワーの関与、制度的な支援の存在、官民の適切な役割分担と共働体制の構築など、極めて重要である。近年、更生保護制度や医療観察制度において、また犯罪被害者およびその家族に対する支援、さらには犯罪加害者等の更生や自立について、法務省・厚生労働省その他の関係省庁でさまざまな福祉的視点からの施策がなされていることからも明らかである。

本書では、これらの諸制度や営みについて、章を分けて詳述するとともに、それぞれの重要性や有機的な相互関連性について触れることにより、読者の理解を広げ、かつ深めることができるよう配意して論じられている。本章はその導入部分である。おおむね前半の章において、犯罪と刑罰に関する基本法制である刑法や少年法の概要、国家試験科目としての「刑事司法と福祉」の中心的法制度である更生保護制度および医療観察制度について学ぶ。法律や制度について知識を得ると同時に、社会福祉の視点や手法がどのように絡んでいるかについて理解することとなる。また、後半の章においては、犯罪被害者に対するさまざまな支援の法制や実態、加害者への排除や福祉的他対応のあり方、さまざまなニーズや生きにくさを抱えている人びとへの支援、地域での多様なかかわり等々の内容で構成される章が並ぶ。すなわち、福祉的なニーズや支援のあり方、重要性と実態のほうを軸に置き、現行法制へのあてはめやその可能性について理解を深めてもらう構成となっている。

2. 刑事司法におけるさまざまな制度の概要

A. 更生保護法制の沿革と概要

犯罪や非行を行った者について、刑事訴訟や少年審判などの司法手続によってその行為を明らかにし、相応な処罰を科すとともに、教育により改善更生と社会復帰を目指すことや再犯防止と社会の安定を図ることは、第一義的には司法行政の役割である。しかしながら、犯罪者および非行少年の処罰と更生が刑事政策における車の両輪であるとするなら、更生に係る部分は福祉的要素が極めて重要視されることは言うまでもなく、その担い手も保護司や更生保護施設、さらには**更生保護女性会**、**BBS 会**、**協力雇用主**などからなる民間のボランタリーな主体によるところが大きい。

更生保護女性会
➡ p.86
第5章1節C.[3]参照。

BBS 会
Big Brothers and Sisters Movement
➡ p.86
第5章1節C.[4]参照。

協力雇用主
➡ p.87
第5章1節C.[5]参照。

なぜなら、罪を犯した者や非行を行った少年のほとんどは、一般社会に送り出され、一般市民と同様の生活を営むことになる。そこでは、刑務所や少年院などの矯正施設における画一的で権力的な更生活動とは異なり、各人の生活や生活歴を踏まえつつ、地域社会に受容され社会の構成員として生産的活動に従事し改善更生と自立を図るという、すぐれて個別的・非権力的・任意的なアプローチが必要とされる更生援助活動である。このような活動を有益的に行い得るためには、民間主体のボランタリーな活動やエネルギーによらざるを得ないのが現実である。

近年の犯罪の凶悪化・複雑化・無差別化などの傾向に反映される国民感情が、厳罰化の要請や犯罪者に対する厳しい視線となっていることは事実であり、素朴な正義感情として肯定できる部分も多々ある。しかし、排除の論理だけでは問題の根本的な解決にならないということも、また厳然たる事実である。犯罪者や非行少年を地域社会が差別と偏見を超えて受容し、自立と更生への意欲を援助・助長することにより社会の健全な一員の側に「引き入れて」しまうことが、再犯の防止や治安の安定にも資することにつながるのであり、いわば急がば回れの論理である。

歴史的にも、日本における更生保護は、もともと民間篤志家などの手により発展してきたという経緯があり、明治期〜第二次世界大戦前の主なもののみを抽出したものが**表 1-2-1** である。当時、1882（明治 15）年の監獄則による別房留置制度の廃止が検討される中で、国家が民間の篤志家や宗教団体に働きかけを行ったという政策的背景があったことも事実である。

原胤昭（はらたねあき）
1853-1942
キリスト教社会事業家。新聞紙条例により検挙された経験から、監獄保護事業に従事し、監獄教誨師となる。出獄者の救済に従事したほか、中央慈善協会の設立に尽力、児童虐待防止事業にも取り組んだ。

池上雪枝（いけがみゆきえ）
1826-1891
日本初の感化院創設者。西南戦争後、大阪天満宮付近に多くみられた不良少年の救済のため、1884年、大阪市北区に感化院を設立した。

金原明善（きんぱらめいぜん）
➡ p.48
第4章1節B. 参照。

山室軍平（やまむろぐんぺい）
1872-1940
明治〜昭和初期の社会事業家。1895（明治28）年に日本救世軍に参加。後に日本救世軍司令官として救世軍の発展に尽力し、日本のキリスト教社会事業の開拓的役割を果たした。

留岡幸助（とめおかこうすけ）
1864-1934
日本の社会福祉の先駆者。18歳で受洗し、同志社で新島譲に師事した後、教会牧師となる。北海道空知集治監の教誨師、アメリカ留学の後、感化院設立に奔走し、東京および北海道に家庭学校を創設する。

表 1-2-1　更生保護の歴史（明治期〜戦前）

年	事　柄　等
1883（明治 16）	原胤昭、自宅に東京出獄人保護所を設立
1884（明治 17）	池上雪枝、大阪市に不良児収容施設を設立
1888（明治 21）	金原明善・川村矯一郎、静岡県出獄人保護会社を設立
1889（明治 22）	大分県出獄人保護会社設立（以後、同種団体が各地に続出）
	東西本願寺・内貴甚三郎ら、京都感化保護院（免囚保護中心）を設立
1896（明治 29）	山室軍平、東京小石川に救世軍慈善事業部を設立（出獄人保護所）
1899（明治 32）	留岡幸助、東京巣鴨に家庭学校を設立（感化院）
1904（明治 37）	私立和歌山感化保護院設立
1905（明治 38）	土佐慈善協会、高知報徳学校を設立（私立感化院）
1906（明治 39）	有馬四郎助、幼年保護会を設立（放免幼年囚の保護事業）
1909（明治 42）	大阪免囚保護会設立
1914（大正 3）	（財）輔成会が設立（出獄人保護事業の研究・援助機関）
1926（昭和元）	谷内式恵、東京に足立園を設立（老人釈放者保護施設）

出典）筆者作成.

以上が現行法制前夜までの沿革であるが、今日の更生保護法制の中心は**更生保護法**である。本法制定に至るまでの、戦後に順次整備されていった更生保護制度の法制は**表 1-2-2** の通りである。

表 1-2-2　更生保護制度の法制

年	法　制
1947（昭和 22）	恩赦法制定
1948（昭和 23）	少年法制定（少年に対する保護観察処分）
1949（昭和 24）	犯罪者予防更生法制定（更生保護に関する基本法として、恩赦・仮釈放・保護観察・犯罪予防活動の助長・少年および仮釈放者に対する保護観察等を規定）
1950（昭和 25）	更生緊急保護法制定・保護司法制定
1954（昭和 29）	執行猶予者保護観察法制定

出典）筆者作成.

このような一連の法制において、日本の更生保護は、**犯罪者予防更生法**および**執行猶予者保護観察法**の2本立てが中心となって展開してきたということができる。近年の社会情勢の変化や刑事政策思想の変化に伴い、社会内処遇の新たな施策の確立や充実が求められるようになったことを受け、法務省保護局では、関係法令の改正や整備統廃合について検討を重ねてきた。また、2004（平成16）年後半から2005（平成17）年前半にかけて相次いで発生した重大再犯事件（① 2004年11月、仮釈放中の保護観察歴のある小児性愛者が犯人であった事件〔奈良県女児誘拐殺害事件〕、② 2005年2月、犯人が仮釈放8日後であった事件〔愛知県安城市乳児刺殺事件〕、

③同年５月、犯人が懲役３年執行猶予５年の保護観察中の者であった事件〔北海道・東京連続少女監禁傷害事件〕）を契機として、更生保護制度の実効性、再犯を防止する機能に対して国民からの厳しい目が向けられ、更生保護制度全般を抜本的に検討し見直すことが急務とされた。こうした事態を受け、2005（平成 17）年、法務省は「**更生保護のあり方を考える有識者会議**」を設置し、その提言や犯罪被害者等基本計画を踏まえ、法案の立案作業が進められた。そして、犯罪者予防更生法および執行猶予者保護観察法の２法を整理・統合した１本の新法として、**更生保護法**が 2007（平成 19）年６月８日に制定され、2008（平成 20）年６月１日から施行された。

更生保護の機関には、中央更生保護審査会、地方更生保護委員会および保護観察所がある。法務省に設置される**中央更生保護審査会**は、委員長および４人の委員からなる合議制機関で、法務大臣への個別恩赦の申出等の権限を有している。高等裁判所の管轄区域ごとに設置される**地方更生保護委員会**は、３～ 15 人の委員で構成される合議制機関で、仮釈放を許す旨の決定等の権限を有している。地方裁判所の管轄区域ごとに設置される**保護観察所**は、保護観察、生活環境の調整、更生緊急保護の実施、犯罪予防活動の促進等の業務を行っている。また、地方更生保護委員会の事務局と保護観察所には、**保護観察官**が配置されている。保護観察を中心とする本法の内容については、**第 4 章**および**第 5 章**で詳述されている。

中央更生保護審査会
➡ p.77
第４章５節 C. 参照。

地方更生保護委員会
➡ p.80
第５章１節 A. 参照。

保護観察所
➡ p.81
第５章１節 B. 参照。

保護観察官
➡ p.82
第５章１節 B. [3] 参照。

B. その他の関連法制の概要

［1］刑法

犯罪および刑罰について定める法律であり、刑事法における一般法である。全 264 条のうち、前半は刑罰や犯罪の成立要件に関連する規定が置かれ、後半では各犯罪行為の構成要件や法定刑について網羅されている。近時、刑の一部執行猶予制度の導入、性犯罪の厳罰化や罪名変更と新たな罰条の創設、刑罰の変更（**拘禁刑**の導入）など、極めて重要な法改正が相次いでいるが、それらも含め、**第 2 章**で詳細に扱われている。

［2］少年法、少年院法、少年鑑別所法

日本では、少年の可塑性に鑑み、20 歳未満の者について、20 歳以上の者とは異なる刑事手続に乗せて処遇することを**少年法**において定めている。民法改正による成年年齢の引き下げ（20 歳➞ 18 歳）に伴い、少年法の対象年齢の引き下げについても議論されたものの、「20 歳未満」の定義は維持された。その一方で、18 歳・19 歳を「**特定少年**」とすることにより、

逆送要件の拡大や、起訴後の氏名・容貌の掲載解禁など、社会的責任に見合った処遇の変化などの法改正がなされた。**少年院法**は、少年院における被収容者の処遇や矯正教育に関する基本原則を規定した法律であり、**少年鑑別所法**（2014〔平成26〕年に旧少年院法から独立し立法）と並ぶ重要な法律である。

[3] 更生保護事業法、保護司法

更生保護事業法
平成7年法律第86号。

更生保護事業法は、更生保護事業の適正な運営の確保と健全な育成発達を図るとともに、更生保護法などとあいまって、犯罪者や非行少年が善良な社会の一員として改善更生することを助け、個人と公共の福祉の増進に寄与することを目的とする法律であり、更生保護法人および更生保護事業に関する規定から構成されている。更生保護法人は、更生保護事業を営むことを目的とする法人であり、法務大臣の認可により設立される。更生保護事業のほか、一定の範囲で公益事業や収益事業も行うことができる。

保護司法
昭和25年法律第204号。

保護司法は、民間機関であるが更生保護活動における最も重要な役割を担っている保護司について定めている。その1条に「保護司は、社会奉仕の精神をもつて、犯罪をした者及び非行のある少年の改善更生を助けるとともに、犯罪の予防のため世論の啓発に努め、もつて地域社会の浄化をはかり、個人及び公共の福祉に寄与することを、その使命とする」とあるほか、保護司の身分、職務、定数、保護司会などについて規定している。

刑事収容施設法
正式名称は「刑事収容施設及び被収容者等の処遇に関する法律」。平成17年法律第50号。

[4] 刑事収容施設法

刑事収容施設の適正な管理運営を図るとともに、被収容者、被留置者等の人権を尊重しつつ、これらの者の状況に応じた適切な処遇を行うことを目的とする（1条）法律であり、旧来の監獄法に代わり制定された。未決拘禁者や受刑者の権利義務、職員の権限の明確化、受刑者の社会復帰に向けた処遇の充実などを強調した内容となっている。

心神喪失者等医療観察法
正式名称は「心神喪失等の状態で重大な他害行為を行った者の医療及び観察等に関する法律」。「医療観察法」とも略される。平成15年法律第110号。

[5] 心神喪失者等医療観察法

重大な他害行為が発生し被害者が出た場合、行為者の身柄が確保できたとしても、その者の責任能力が問えなかった場合、現行法では罪に問われない。これは、捜査段階で不起訴となった場合であれ、裁判で無罪判決が確定した場合であれ、同じことである。しかし、そのままでは、同様の行為の再発可能性は否定できず、行為者の社会参加や自立可能性も遠ざけてしまう。そこで、そのような触法精神障害者について、法的強制力を有する医療につなげるための制度が**医療観察制度**である。

すなわち、心神喪失または心神耗弱の状態で重大な他害行為（殺人・放火・強盗・不同意性交等・不同意わいせつ・傷害）を行った者について、継続的かつ適切な医療ならびにその確保のために必要な観察と指導をすることにより、病状の改善とこれに伴う同様の行為の再発防止を図り、本人の社会復帰を促進することを目的としている。従来の「**精神保健福祉法**」における措置入院制度による処遇について指摘されてきた不備の解消、国民感情への配慮、他害行為を行った者への適切なケアと再犯防止の実効性などの観点からも重要な制度である。その内容については**第6章**および**第7章**において詳述する。

精神保健福祉法
正式名称は「精神保健及び精神障害者福祉に関する法律」。昭和25年法律第123号。

3. 刑事司法の現況と、本書で学ぶこと

A. 刑事手続の流れと現況

犯罪行為を行った者が、どのような法的手続で処遇されるのかを示した概略が**図1-3-1**である。警察によって身柄を拘束され、検察庁に送致（送検）された後、裁判所において審理が行われ、判決などの司法判断が示される。有罪や保護処分が下される場合、施設（刑務所や少年院など）に収容し更生や教育を施す処遇の方法（＝**施設内処遇**）と、執行猶予や保護観察処分により、社会生活を送ることを認めつつ更生を図ろうとする処遇の方法（＝**社会内処遇**）が行われる。更生保護法は社会内処遇の一般法であるが、ここでは保護観察所による保護観察という営みがあり、ここで保護観察官・保護司のほか、多くのマンパワーや民間機関が重要な役割を果たしている。なお、上記の説明も**図1-3-1**も極めて概括的なものであり、詳細はそれぞれ、20歳以上の犯罪者については**第2章**、20歳未満の者について少年法の下での手続については**第3章**において詳述する。

図 1-3-1　刑事司法手続の流れ

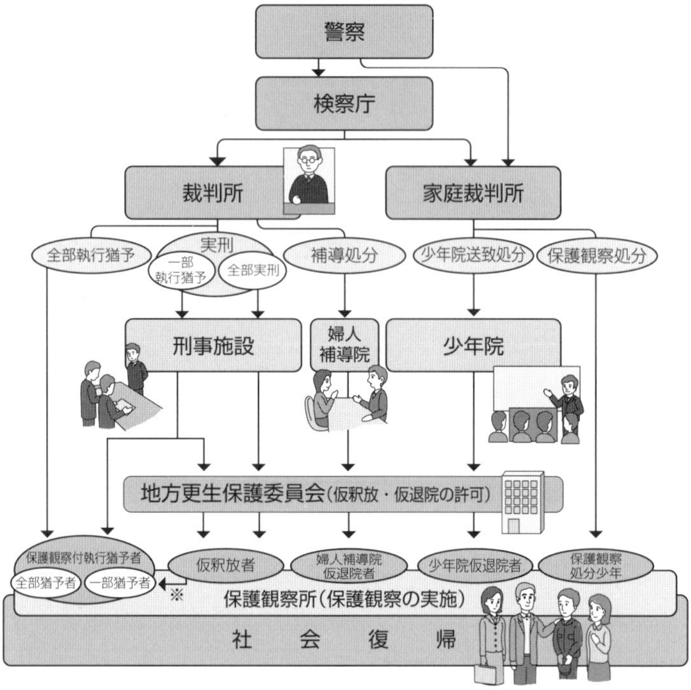

警察
検察庁
裁判所
家庭裁判所
全部執行猶予
実刑
一部執行猶予
全部実刑
補導処分
少年院送致処分
保護観察処分
刑事施設
婦人補導院
少年院
地方更生保護委員会（仮釈放・仮退院の許可）
保護観察付執行猶予者
全部猶予者
一部猶予者
※
仮釈放者
婦人補導院仮退院者
少年院仮退院者
保護観察処分少年
保護観察所（保護観察の実施）
社　会　復　帰

※保護観察付一部猶予者が仮釈放を許された場合は、仮釈放中の保護観察が終了した後、一部猶予期間中の保護観察が開始されます。

出典）法務省ウェブサイト「『更生保護』とは」.

B. 犯罪被害者への支援と手続保障

犯罪の被害者やその家族への支援や、加害者の処遇に関する手続的関与について、日本では長くその不備や不十分さが指摘され続けてきた。更生保護法においては、「**意見等聴取制度**」、「**心情等伝達制度**」、「**被害者等通知制度**」などが整備されており、従来の“被害者不在の状況”よりはかなり前進したと言えるものの、さらなる進展が求められる。

意見等聴取制度
➡ p.238
第 10 章 3 節 C. 参照。

心情等伝達制度
➡ p.238–239
第 10 章 3 節 C. 参照。

被害者等通知制度
➡ p.239
第 10 章 3 節 C. 参照。

第 10 章では、犯罪被害者の法的地位について確認するほか、犯罪被害者支援に関する法制、支援にかかわる団体や専門家について論じられている。

C. さまざまな「当事者」の存在と福祉的支援

犯罪や触法行為を行う者の中には、病気や障害、加齢、貧困、その他さまざまな理由や背景がある場合や、何かしらの生きにくさを抱えている場合も数多く見受けられる。言い換えれば、潜在的な福祉ニーズを抱えているにもかかわらず、それが充足されないがために犯罪者や触法行為者となってしまうケースである。

そのような状況を防止ないし抑止するため、同時に、彼らの更生と自立、社会への参加や復帰を支援するために、さまざまな福祉的支援が存在する。それは法的に担保された法制度である場合もあれば、民間のボランタリーな組織体や個人による草の根的な活動である場合もある。これらについては、「重層的なニーズをもつ人の生きづらさ」（**第8章**）、「地域での多様な取組み」（**第9章**）などで、支援の現場に携わる側の具体的な内容や、当事者からの“生（なま）の声”を十分に盛り込みつつ詳述している。加害者と被害者とを向き合わせる、いわゆる**修復的司法**については、日本では、NPO法人によるいくつかの実践的取組みがあるにとどまっているものの、さまざまな立場や視点から、刑事司法の福祉について、現状やあるべき形を考察してもらえることと思う。また、終章（**第11章**）において、再犯防止推進法に基づく再犯防止推進計画を中心とした、近時の法動向についても触れられている。

修復的司法
➡ p.254
キーワード集参照。

理解を深めるための参考文献

- **法務省法務総合研究所編『犯罪白書』（各年版）.**
  犯罪抑止・防止や犯罪者の教育・更生に資することを目的として、各年の犯罪情勢と犯罪者の処遇状況の実情を明らかにする。本書においても多数の図表やグラフを犯罪白書から引用している。また、「非行少年と生育環境（令和5年版）」、「新型コロナウイルス感染症と刑事政策、犯罪者・非行少年の生活意識と価値観（令和4年版）」、「詐欺事犯者の実態と処遇（令和3年版）」、「薬物犯罪（令和2年版）」、「進む高齢化と犯罪（平成30年版）」、「更生を支援する地域のネットワーク（平成29年版）」など、毎年異なる重要な特集も付されている。法務省ウェブサイト上でも閲覧することができる。
- **日本更生保護学会編『更生保護学事典』成文堂，2021.**
  更生保護の概念や歴史、制度のあり方や概要、それらの重要な事柄やキーワードについて、法律学、社会福祉学にとどまらず多様な学問領域（心理学、医学、社会学、教育学など）からスポットを当て、それぞれの領域の専門家がコンパクトにまとめた事典。一般的な社会福祉事典や用語集には掲載されていない事項や用語も数多くあり、高い興味関心をもつ学生にとっては大変に有用である。

「刑事司法と福祉」と国家試験

社会福祉士・精神保健福祉士のカリキュラムは、2回の抜本的な改正がなされている。これにより、最初は2009（平成21）年度の国家試験、そして今回は2024（令和6）年度の国家試験から、装い新たなものとなる。

「刑事司法と福祉」という科目のルーツを辿れば、最初のカリキュラムには司法福祉の領域の科目自体存在せず、最初の改正で、「更生保護制度」が社会福祉士国家試験の専門科目として登場した。出題数は4問であった。なお、同じ法律系の試験科目としては、当初より「法学」（出題数10問）が共通科目に存在しており、これが「権利擁護と成年後見制度」（同7問）を経て、現行の「権利擁護を支える法制度」に至っている。

更生保護制度の国試は、「更生保護制度から3問、医療観察制度から1問」という出題がほぼ定着し、その内容も、保護観察、保護観察官と保護司、少年司法、医療観察の手続、社会復帰調整官など、両制度の中心的内容から繰り返し出題される傾向にあった。

今回のカリキュラム改正で、科目名が「刑事司法と福祉」と改称され、授業時間数（＝単位数）も2倍となり、社会福祉士および精神保健福祉士の共通科目となった。学びの対象も、被害者や支援の在り方にもスポットを当て幅広いものとなり、まさしく司法と福祉をつなぐ領域の学問であることをより明確にしたといえよう。新カリキュラムでの国試を経験するまでは推測の域を出ないものの、おそらく出題数も増加すると思われる。先行科目（＝更生保護制度）より学習対象者も単位数も拡充した意図は、社会福祉士には医療観察制度や社会復帰調整官の事務や意義について、精神保健福祉士には刑事司法全体の概要や更生保護制度について、そして両者ともに犯罪と刑罰、刑事手続や更生保護のプロセス、少年法と少年の刑事司法手続について、それぞれ理解と認識をより深めてもらいたいということであろう。大いに賛成であるが、そうであるとすれば、国家試験の出題内容やレベルも、今まで以上に幅広くなり、そして基本を押さえつつも正確な制度知識を問うものとなることが予想される。受験生諸氏は、このような視点の下で、単なる制度知識の暗記だけでなく、制度の向こう側に存在する加害者、被害者および家族等、支援者および支援の在り方にも十分目を向けつつ、国家試験合格とその後の援助者としての更なる向上を意識して、本書を存分に活用してもらいたい。

第2章 刑法と刑事司法手続

日本では犯罪の認知件数は減少し続けて戦後最小を更新してきたにもかかわらず、再犯者率が上がり続け、刑務所出所後の再入率も下がらず、再犯防止は国の喫緊の課題である。そこで、刑事司法に福祉的な視点を入れて、その人の抱えている生きづらさを理解しようとする動きも高まっている。本章では、まず、刑法や刑事手続の概要と、施設内処遇としての刑事施設での処遇を学び、刑事司法と福祉の連携について学びを進める。

1

犯罪と刑罰を定めている刑法について、その基本原理である罪刑法定主義を学び、さらに、刑事手続の流れと成人処遇の概要について理解する。

2

刑法の役割を知ったうえで、刑罰の目的を考え、犯罪が成立する要件について理解する。

3

刑務所での処遇の執行について定める法の内容として、処遇の原則や受刑者の義務と人権擁護について学ぶ。さらに、近年の課題である再犯防止のために行われている福祉的支援を理解したうえで今後の課題について考える。

1. 刑法の基本原理と刑事手続

A. 罪刑法定主義

ある人が法に反するという不法行為によって他人に損害を与えた場合、いろいろな形で法的責任が追及されうる。民事責任として損害賠償請求という形で経済的な負担を求められることもあるし、資格等の剥奪という行政責任を問われることもある。そして、その行為が犯罪であれば、刑事責任を問われることがある。

刑事責任を問うには、その行為が犯罪であると確定されなければならない。**犯罪**は、国会を通過して成立した**刑法**あるいは**特別刑法**により規定されている。また、犯罪に該当した場合には、刑法に規定されている**刑罰**という制裁が加えられる場合がある。刑法は犯罪と刑罰について定めた法であり、つまり、ある行為が犯罪であるかどうか、また、その犯罪に対してどのような刑罰が科されるのかについては、必ず刑法に規定されている。これを**罪刑法定主義**という。

罪刑法定主義は刑法における最も重要な基本原則であり、一般的には「法律なければ犯罪なし、法律なければ刑罰なし」と表現される。どのような行為が犯罪となりこれにどのような刑罰が科されるのかは、あらかじめ法律によって定められていなければならない、とする原則である。犯罪と刑罰の内容が前もって決まっておらず、何かをするときにその行為は処罰されるかどうかわからないようであれば、われわれはどのように行動したらよいのか決めかねて自由に行動することができないからである。何が犯罪でありどのような刑が科されるかということは、国民の利害に重大なかかわりをもつため、刑法の内容については、民主主義の要請として、**国会**、つまり国民の代表である国会議員が定めた（つまり国民が定めたとみなすことのできる）法律によってのみ決めることができる。

罪刑法定主義の原則は、憲法上の要請でもある。憲法31条は「法律の定める手続に」よると規定しており、手続法も実体法（犯罪と刑罰の内容に関する法）も法定されることが要請されている。このような罪刑法定主義に違反することは、法律の最高法規である憲法に違反することになる。

そして、ある犯罪行為に刑罰を科すかどうかは最終的には**裁判所**が決める。

さらに、罪刑法定主義から派生する、いくつかの重要な原則がある。その一つが、①「慣習刑法の禁止」である。国会の制定する法律によってしか犯罪と刑罰を規定することはできないのであるから、地方の慣習等によって犯罪を定めたり、法律に定めのない刑罰を科したりすることはできない。また、②「類推解釈の禁止」という原則もある。類推解釈とは事例を解釈するにあたり、法規が予定する事実と類似の事実であることを理由として、その法規を適用することをいい、それは禁止されている。

さらには、③「**遡及処罰の禁止**」といって、憲法39条が定めているように、行為当時に犯罪でなかった行為は、後にその行為を処罰する規定ができたとしてもその規定ができる前に遡って処罰することはできないし、同じように行為時に定められていた刑罰よりも重い刑罰が後に定められても、遡って重い刑罰で科すことはできない。しかし、逆に、行為の後に軽い刑罰が定められればその軽い処罰で科す遡及効果は認められている（刑法6条）。さらに、④「絶対的不定期刑の禁止」といわれる原則もある。不定期刑とは、あらかじめ刑の期間を確定せずに、改善されるまで刑務所に収容することをいう。これは、受刑者の地位を不安定にするために禁止される。ただし、少年法（第3章）においては、一定の期間の幅をもって言い渡す相対的不定期刑が認められている。

その他に刑法の重要な原則として挙げられるのは次の2つである。まず、⑤「明確性の要請」として刑法で禁止される事項は明確でなくてはならない。また、⑥「刑法の謙抑性」として、**法益**を保護するためにはむしろ、刑法以外のほかの手段が機能することが期待され、最後に刑法が用意されている。つまり刑法は私生活の中にむやみに入って禁止事項をふりかざすのではなく、いわゆる最終手段として、最後に出てくるものとされる。これは刑法で禁止された行為を行った場合、その効果として刑罰が科されることが理由であり、刑罰は死刑によって生命さえも奪う手段として規定されているからである。

近年の動向として挙げられるのは、かつては法による強制的な介入を控えてきた、私人間や家庭内での被害防止や社会的立場の弱い者の被害防止に向けた、被害者保護の観点からの新たな法律の施行である（第10章参照）。たとえば、**児童虐待防止法**（2000〔平成12〕年施行）や**ストーカー規制法**（2000年施行）、**DV防止法**（2001〔平成13〕年施行）のほか、**高齢者虐待防止法**（2006〔平成18〕年施行）、**障害者虐待防止法**（2012〔平成24〕年施行）が挙げられる。

児童虐待防止法
正式名称は「児童虐待の防止等に関する法律」。

ストーカー規制法
正式名称は「ストーカー行為等の規制等に関する法律」。

DV防止法
正式名称は「配偶者からの暴力の防止及び被害者の保護等に関する法律」。

高齢者虐待防止法
正式名称は「高齢者虐待の防止、高齢者の養護者に対する支援等に関する法律」。

障害者虐待防止法
正式名称は「障害者虐待の防止、障害者の養護者に対する支援等に関する法律」。

B. 刑事手続

刑事事件が起きたあとの手続について概観してみる。通常は、①捜査、②公訴の提起（起訴）、③第一審の公判および判決、④上訴、⑤刑の執行という5段階がある。つまり、犯罪の嫌疑があれば、**警察**はその疑いのある者を特定し、**刑事手続**が開始される（①の段階）。**検察**は起訴するかどうかを判断し（②の段階）、起訴されれば裁判が行われ（③および④の段階）、有罪とされた場合には刑罰が執行される（⑤の段階）。刑罰の種類については、本章2節で後述するが、実刑（つまり、執行猶予が付されずに）の判決が下されると、刑務所に収容されて刑務作業を行う。しかし、これは一つの流れにすぎず、実際には①の途中で刑事手続が終了することもあれば、④の段階を経ないで③で判決が確定して⑤の刑の執行という段階に進むこともある。もちろん無罪となれば⑤の段階にはいかないし、逆に執行猶予は有罪ではあるが⑤の段階にはいかないことになる。

図2-1-1で示すように、刑法犯および特別法犯で検察が新規に受理した人員（たとえば2022〔令和4〕年は74万1,103人）のうち、刑事施設に収容された者は約2.0％（同じく1万4,460人）にすぎず、多くの場合、手続は途中で終了する。たとえば、警察段階での微罪処分がそうである。このように、刑事手続を途中で終わらせることを**ダイバージョン**といい、刑事手続に伴う本人への不利益を最小限にとどめるために利用される。また、日本では、受理した事件については検察のみが起訴するかどうかを判断する権限を有しており（刑事訴訟法247条でいう**国家訴追主義**。**起訴独占主義**ともいう。）、検察には広い裁量権が与えられていて、起訴せず、不起訴という決定を出すこともある（同法248条にいう「**起訴便宜主義**」）。これもダイバージョンの一種といえる。

ダイバージョン
diversion

起訴されるまでは、被疑者と呼ばれたいわゆる加害者は、裁判になれば被告人と呼ばれる。裁判には略式手続と公判手続によるものがあり、後者の場合には、被告人の権利として公開裁判を受ける権利を有する。

有罪と認定された場合には、判決において刑が言い渡される。**図2-1-1**を見ると、日本は、有罪率が非常に高く、およそ99％を占めているが、それでも、有罪が確定されるまでは**推定無罪**であり、起訴した検察側に「**挙証責任**」がある。証拠調べを尽くしても事実が明らかにならないときは、被告人側に有利な事実を認定しなければならない（「疑わしきは被告人の利益に」）。したがって、犯罪事実の証明については、民事裁判のような「証拠の優越」では足りず、「合理的な疑いを超える」程度に行われなければならない。

図 2-1-1　刑事司法における犯罪者（成人）に対する手続の流れ

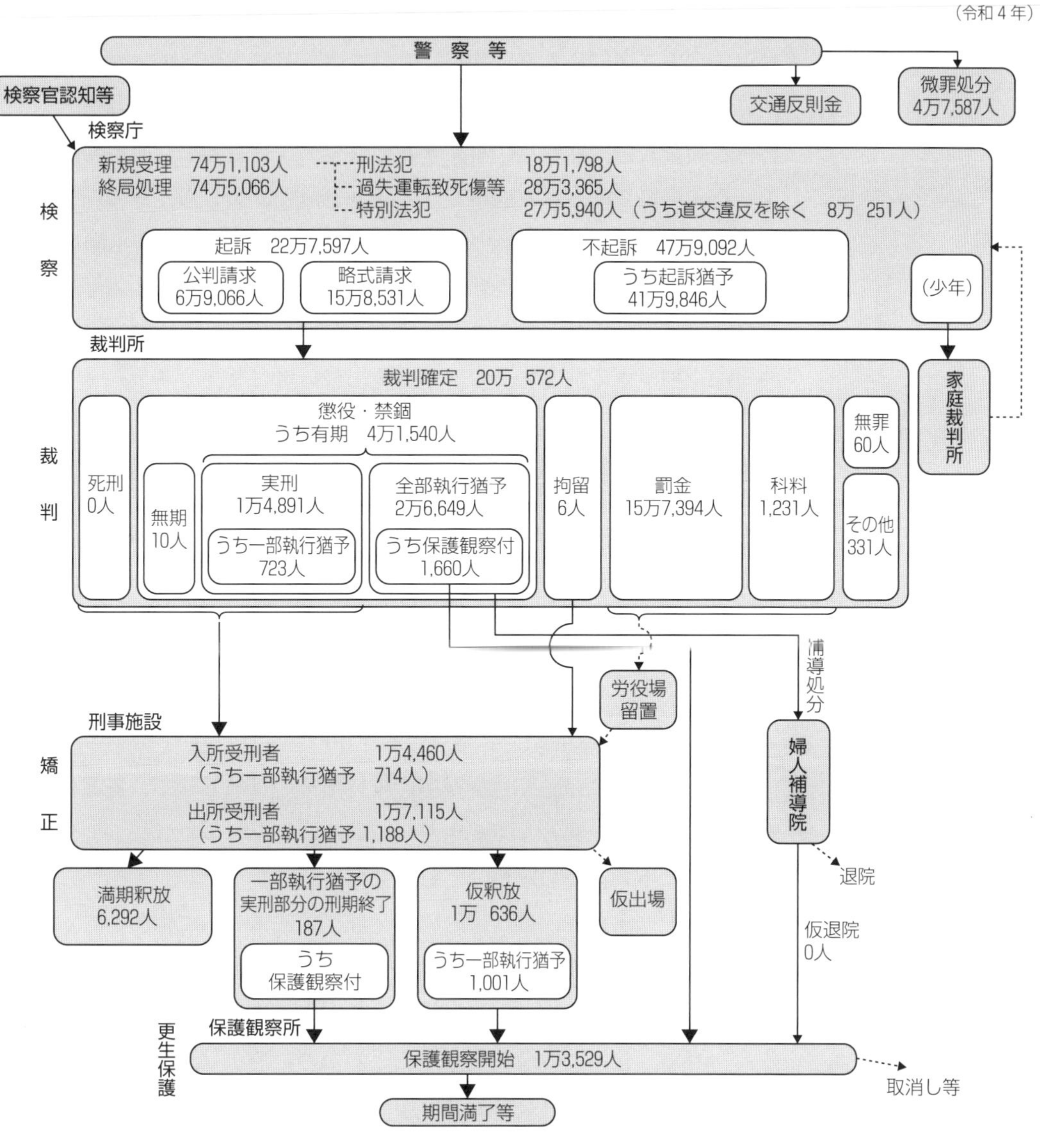

注 1　警察庁の統計、検察統計年報、矯正統計年報及び保護統計年報による。
　2　各人員は令和 4 年の人員であり、少年を含む。
　3　「微罪処分」は、刑事訴訟法 246 条ただし書に基づき、検察官があらかじめ指定した犯情の特に軽微な窃盗、暴行、横領（遺失物等横領を含む。）等の 20 歳以上の者による事件について、司法警察員が、検察官に送致しない手続を執ることをいう。
　4　「検察庁」の人員は、事件単位の延べ人員である。例えば、1 人が 2 回送致された場合には、2 人として計上している。
　5　「出所受刑者」の人員は、出所事由が仮釈放、一部執行猶予の実刑部分の刑期終了又は満期釈放の者に限る。
　6　「保護観察開始」の人員は、仮釈放者、保護観察付全部執行猶予者、保護観察付一部執行猶予者及び婦人補導院仮退院者に限り、事件単位の延べ人員である。
　7　「裁判確定」の「その他」は、免訴、公訴棄却、管轄違い及び刑の免除である。

出典）法務省法務総合研究所編「令和 5 年版犯罪白書―非行少年と生育環境」法務省ウェブサイト，p.32.

2009（平成21）年からは**裁判員制度**が開始され、一定の裁判（たとえば殺人罪や放火罪や危険運転致死罪など、死刑または無期の懲役もしくは禁錮に当たる罪に係る事件等）においては、裁判官だけではなく、衆議院議員選挙権者名簿の中から無作為に抽出された6名の者が裁判員として裁判官と共に裁定に加わり、有罪無罪の決定および量刑の判断もすることになった。国民に開かれた刑事裁判という意味で、大きな変革の一つである。

さらに、2016（平成28）年6月からは、**刑の一部執行猶予制度**が開始された。これは、一定の条件の下で刑の全部の執行を猶予する「全部執行猶予」以外に、刑務所初入者と薬物事犯者に対しては、実刑には付すがその一部を猶予する制度である。本制度については後述する。

2. 犯罪と刑罰、犯罪の成立要件

A. 刑罰の存在意義

刑法は、法益の保護と社会秩序の維持をその目的として、**犯罪**と**刑罰**を規定しており、犯罪として規定されている行為を行った者については事後的に本人に不利益となる処分として刑罰を科す。

つまり、刑法の目的は、端的にいえば、①法によって保護されるべき法益を守り、②**社会秩序**を維持することにある。**法益**とは、個人や社会にとって価値のある、法によって保護されるべきものをいい、たとえば、人の生命、身体、自由、財産等をいう。そのため、刑法は、あらかじめ「このような法益を侵害すれば処罰される」と条文の中で犯罪行為を規定して一般人に示し、人が犯罪行為から遠ざかることを期待し（いわゆる「**一般予防**」）、それにもかかわらず、そのような行為をしてしまった人については、国家が制裁として刑罰を科すのである。法益を守るために刑法以外の手段も存在するが、刑法の特別なところは、刑罰という、非常に厳しい制裁手段をもっているところである。

つまり、刑罰は、犯罪に対する法律効果として規定され、その効果をもってして法益を保護しようとするものである。行為者に対して法益の剥奪を内容としており、通常保護されるべき対象である生命や財産が、死刑や罰金という刑罰によって奪われることを意味する。そこで、刑罰は、まず、応報的な意味を有しており、犯罪者への非難という意味ももつ。

刑罰には、主刑として重い順に死刑、懲役、禁錮、罰金、拘留、科料、さらに附加刑として没収がある（刑法9条）。なお、2022（令和4）年の刑法改正によって、懲役刑と禁錮刑が一本化されて**拘禁刑**とされることになった（本章3節参照）。

また、刑罰の目的には先に述べた一般予防という側面のほかに**特別予防**という側面がある。一般予防とは、一般市民に禁止されていることを示すことによって、一般人が犯罪を行うことを予防しようとする将来に向けての抑止的な考え方である。一方で、特別予防とは、すでに犯罪行為を行った者が将来再び犯罪行為を行うことを予防する考え方である。刑罰が執行されて、たとえば刑務所に収容している間に本人を**社会復帰**に向けて**矯正指導**していくことは、特別予防の考え方によって正当化されるのであるが、前述の刑法改正の背景には、再犯者率の増加や再犯防止のための改善更生に向けた施策の必要性がある（本章3節参照）。

B. 犯罪論の基礎

日本における**犯罪論**によれば、犯罪の基礎構造は「構成要件に該当し、違法で、有責な行為」であるとされる。この3つの要素が存在してはじめて犯罪となる。このように犯罪が成立するかを構成要件・違法性・有責性の3段階で評価する説を三分説という。

C. 構成要件

まず、**構成要件**とは、個々の刑罰法規において犯罪として規定された行為の類型をいう。たとえば殺人罪の構成要件は「人を殺す」ことである（刑法199条）。そして、構成要件は、次の段階で評価する違法性と有責性の判断の基礎となるものであり、構成要件に該当する行為は、違法性を否定する例外的事実（**違法性阻却事由**）がない限りは違法性に該当すると考えられる。

構成要件の要素として必要なのは、客観面として①実行行為、②結果、③因果関係であり、主観面としては④故意または過失である。

実行行為とは、構成要件に該当する行為をいい、行為とは「人の意思によって支配可能な身体的動静」をいう。たとえば、殺人には「ナイフで刺して」人を殺すというような「作為」のほかに、必要なミルクをあげずに赤ん坊を殺すという「不作為」もありえることから、実行行為を身体の「動静」と表現する。

刑法は、**故意犯**を原則としており、つまり、罪を犯す意思のあった場合のみを処罰し、例外として過失犯の規定がある場合のみこれを処罰している（38条1項）。過失が認められるのは、行為者が法律上必要とされる「注意義務」に違反して、犯罪を実現した場合に限られている。注意義務は、一定の犯罪的結果を予見すべき義務（結果予見義務）と、それに基づいて結果の発生を回避すべき義務（結果回避義務）とに分けられ、それらの義務に違反した場合に過失犯とされるのである。また、意図した犯罪行為の範囲内で処罰されるのが原則であるが、意図した以上の結果が生じた場合には結果的加重犯という問題が生じる。たとえば、けがさせるつもり（傷害罪の意図）であったのに、死亡という結果になれば、傷害致死罪として傷害罪より重く処罰される。これも、故意犯原則の例外といえよう。

D. 違法性

刑法的評価の第2段階としての**違法性**の判断は、構成要件該当性を前提としたうえで、**違法性阻却事由**の有無を検討することにより行われる。基本的には、構成要件に該当すれば違法性があると推定でき、もし違法性阻却事由があれば、違法性はないので犯罪は成立しない。違法性阻却事由には、①正当行為（35条）、②正当防衛（36条）、③緊急避難（37条）がある。

①の**正当行為**とは、一見違法に見える行為でも、法に定められた手続により行われる場合に違法ではなくなる場合をいう。たとえば死刑執行人が死刑を執行する（そしてそのことによって人を殺害することになる）場合や、スポーツ行為等によってけがをさせる場合等がある。

②の**正当防衛**とは、違法な攻撃者に対して自己（または他人）の正当な利益を防衛するために、相手を攻撃する行為である。たとえば夜道で暴漢に襲われそうになり自分の身を守るために暴漢にけがをさせた場合、その行為は傷害罪には該当するが、正当防衛として違法性が阻却されるとして、その行為は正当化される。ただし、正当防衛として違法性が阻却されるためには、その方法が唯一でなくてもよいがその方法が必要であり、かつ、その程度が相当であること（必要性と相当性）が要件となる。

これに対して③の**緊急避難**は、自分（または他人）になんらかの危険が差し迫ったときに、違法ではない第三者を犠牲にすることによって危難から逃れる行為である。たとえば、船が遭難して一人乗りのいかだだけとなり、いかだに乗ろうとしていた他の乗客の手を払いのけて自分はいかだに乗って救命されたが、その乗客は溺死した場合、相手から違法な攻撃を受けたわけではないが、助かるためには相手を溺死させるしか方法がなかった（唯一の手段である）ので、その行為は違法性が阻却されて、犯罪とはならない。相手の行為が違法ではないため、正当防衛と比較すると成立要件が厳しく、手段が唯一であることのほか、保護された法益が損害を受けた法益より大きいか同等でなければならない（法益均衡の原則）。

そのほか、個人的法益の保護を被害者本人が拒否する場合（被害者が同意を与える場合）に個人の自由な判断を尊重して犯罪の成立が否定されることがある。たとえば、治療という目的があり、患者の同意の下で、医学的に妥当な方法により手術等で身体を傷つける行為については（違法性が阻却されて）傷害罪が成立しない。この場合、患者には十分に説明をしなければならない。いわゆるインフォームド・コンセントの問題である。

ただし、被害者が同意すればすべてその行為が犯罪とならないわけではなく、刑法は生命という最も重大な法益を保護するために、同意殺人罪（202条）を規定している。また、治癒不能で死期が迫り、意識のない患者に対して生命維持治療を中止することによって自然の死をむかえさせる尊厳死の問題や、苦痛にあえぐ患者の同意に基づいてその生命を終結させる安楽死の問題は、医療技術が高度に発達した現代で、盛んに議論されるようになってきている。安楽死のような問題は、刑法上の規定だけではなく、それぞれの国のもつ医療事情・福祉制度・保険制度・法運用などさまざまな背景が複雑に絡んでいることを理解する必要がある。

E. 責任

犯罪成立の第3段階での評価は有責性の問題である。刑法における大原則の一つに責任主義がある。幼児や精神障害のために責任能力がない者の行った違法行為は非難することができず、犯罪としては成立しない、ということを意味する。つまり、責任とは非難可能性であると言いかえることができよう。

責任があるかどうかは、**責任能力**が前提となり、責任能力とは、物事の是非・善悪を理解し、それに従って行動する能力であり、そのどちらが欠けても責任能力があるとはいえない。刑法41条では14歳未満を**刑事未成年**とする規定を設けており、14歳になれば、原則として責任能力はあるとされる。20歳未満については、刑法とは別の**少年法**が適用され、こちらが優先される（少年法については第3章参照）。

さらに、刑法は39条1項で**心神喪失者**の行為は罰しないとして、心神喪失状態にある者、つまり責任能力がない者（**責任無能力者**）の行為については無罪とする。同じく2項では、**心神耗弱者**の行為は刑を減軽すると規定し、心神耗弱状態にある者、つまり責任能力が限定されている者（**限定責任能力者**）の行為については、必ず刑を減軽とする（必要的減軽）としている。心神喪失等の状態で重大な他害行為（殺人など）を行った場合の当該本人の処遇については、**医療観察制度**に詳しい（第6章参照）。

F. 未遂と共犯

犯罪が成立する要件について述べてきたが、これは既遂となる、つまり行為者が実行に着手して、結果が発生することを前提としている。それとは異なり、実行の着手には及んだものの結果が発生しなかったものは、**未遂犯**（刑法43条）として処罰の対象とはしているが、任意的に刑の減軽を認めている（**任意的減軽**）。任意的減軽とは、裁判の段階で刑の減軽が裁判官の裁量によって決まることであり、限定責任能力の場合の必要的減軽や、次の中止犯の場合の必要的減免とは異なる。

未遂の中でも、実行に着手したあと自らの意思で結果の発生の防止を行い、結果が発生しなかった場合には、中止犯として、必要的減免となる。たとえば、殺すつもりで実行に着手したあと、死ぬのはかわいそうだと思い直し、自ら病院に連れていき、医師に状態を説明したところ、救命できて結果が発生しなかったようなケースである。

また、犯罪行為が単独犯として一人で実行されることもあるが、共犯関係にある複数の者で実行されることも多い。「**一部実行全部責任の法則**」により、犯罪事実の意思と実行があれば、一部でも加わった者は、すべて**共同正犯**として実行行為者（正犯）とみなされて同じように処罰される（刑法60条）。そのほか、その気のない者を唆して犯罪行為を実行させた場合は教唆犯（61条）、実行行為を手助けするなどして犯罪行為を実現させた場合は幇助犯（62条）とされている。教唆犯には正犯と同じ刑を科し（61条）、幇助犯には従犯として正犯の刑を減軽する（63条）。

G. 個人的法益・社会的法益・国家的法益と刑法各論

刑法の基礎理念である総論に対して、**刑法各論**とは、個別の犯罪（たとえば殺人罪、傷害罪、放火罪など）を規定した各刑罰法規の解釈論である。

そもそも刑法の存在意義は、法益を保護することと社会秩序の維持にあり、刑法各論の考え方として、それぞれの犯罪は、**個人的法益、社会的法益、国家的法益**それぞれを保護するためのものであると意識することが重要である。本項では、個人的法益に対する罪について概説する。

まず、各犯罪の**構成要件**の解釈が主要な課題とされているが、①行為の主体、②行為の客体、③行為の客観面等、行為の主観的要素としての④故意・過失と⑤目的等、について理解することが重要である。

まず、刑法が保護している個人的法益には、①生命・身体、②自由、③私生活の平穏、④名誉・信用・業務、⑤財産などが挙げられる。それらの法益を保護するため、つまり、①生命・身体に対する罪として、刑法は殺人罪（199条）、傷害罪（204条）、遺棄罪（217条以下）等を規定している。これらの罪について刑法は厳しく処罰し、過失であっても過失致死罪や過失傷害罪が規定され、特に殺人罪については、結果が発生しなかったとしても殺人未遂罪（203条）として、あるいは殺人の準備をしただけでも殺人予備罪（201条）として処罰される。「予備」とは特定の犯罪を実現しようとして行われた謀議以外の方法による準備行為をいい、殺人のほか、放火や強盗など、重大な法益侵害の危険がある場合にだけ、予備行為が処罰の対象となる。また被害者の自己決定があっても同意殺人罪（202条）が規定されている。**自己決定権**は近代社会においては最大限に尊重されるべきであるとされていても、当然のことながら限界があり、生命は最も重要な法益であるためである。

これらに共通するのは、行為の客体が人であるという点である。刑法においては、人とは「他人」を意味するが、人の始期については議論が分かれており、通常は「一部露出説」として胎児の身体の一部が母体外に露出したときであるとされる。それ以前の胎児については堕胎罪（212条以下）の規定によって保護される。

②生命・身体につぐ重要な個人的法益として、刑法は「自由」を挙げている。刑法でいう「自由」とは、遊ぶ「自由」という抽象的なものではなく、身体の移動の自由を侵害することや義務のないことを行わせたりすることを、逮捕罪・監禁罪（220条）や脅迫罪・強要罪（222条、223条）で処罰の対象としている。**性犯罪**に関しては、2017（平成29）年に続き2023（令和5）年にも刑法の一部改正が行われて、**不同意わいせつ罪**（176条）・**不同意性交等罪**（177条）等となった。

そのほか、③私生活の平穏に対する罪として住居侵入罪（130条前段）や不退去罪（130条後段）、④名誉に対する罪として、名誉毀損罪（230条）や侮辱罪（231条）がある。インターネット上の誹謗中傷等による被害も深刻であり、事例の増加とも相まって、2022（令和4）年の刑法の一部改正では、侮辱罪の法定刑も引き上げられた。

⑤財産に対する罪については財産犯といわれ、発生件数は非常に多い。まず、被害者の意思に反して財産を奪う窃盗罪（235条）や強盗罪（236

条）のほか、被害者の意思に基づいて財産を取得する詐欺罪（246条）や恐喝罪（249条）などがある。特に窃盗罪は、例年、刑法犯認知件数の約7割を占め、実務上も重要な犯罪である。

認知件数と発生率
「令和5年版犯罪白書」における刑法犯の認知件数（総数）60万1,331件に対し、窃盗罪の認知件数は40万7,911件である。発生率とは、人口10万人当たりの認知件数をいい、刑法犯の発生率481.3に対し、刑法犯の多くを占める窃盗罪を除くと、刑法犯の発生率は154.8となる。

3. 刑事施設内の処遇のあり方

A. 刑事施設における刑罰の執行

刑罰は、犯罪の処理を通じて将来における再発を防ぐために正当化されるものであり、犯罪者の処遇も重要である。犯罪者の多くを占めるのが再犯者であることが明らかになってからは、再犯者の犯罪を減らすことが犯罪全体を減少させることにつながるとして、多くの施策が講じられている。

懲役、禁錮および拘留刑は自由刑として、自由な社会生活の場から施設内に強制的に移動・隔離し、行動の自由の制限を課すもので、**刑事施設**において執行される。刑事施設には、刑事裁判において刑が確定した受刑者を拘禁するための施設である**刑務所**と、未決拘禁者と死刑確定者を収容する**拘置所**がある。刑務所には、少年受刑者および26歳未満の受刑者を主に収容する施設として**少年刑務所**がある。なお、刑法の改正により、2025（令和7）年6月から、懲役刑と禁錮刑は、**拘禁刑**に一本化される。

また、20歳未満の少年は、家庭裁判所で施設内処遇としての**保護処分**が決定した場合には、**少年院**に収容されることになる。しかし、16歳以上の少年が故意犯で人を死亡させた場合は、検察官に逆送されて成人と同様に裁判となり刑事施設に収容されることもありえる（第3章参照）。

刑事施設には、その規模や業務内容に応じて、医師や看護師などの医療専門職員が配置されて、医療および衛生関係業務に従事しているものの、一般の刑事施設では治療や処遇が困難な受刑者がおり、その場合には、全国に4ヵ所ある特に専門的に医療を行う刑事施設に移送されて、専門的な治療を受ける。近年の受刑者の高齢化によって医療の必要性は高まり、現在、全国で9ヵ所の刑事施設が医療重点施設の指定を受け、医療機器や医療専門職員が集中的に配置されている。また、一般の刑務所内にも、少なからず精神障害者、知的障害者がいることが明らかになり、再犯防止の観点からも、出所時に社会福祉士等による支援が積極的に行われている。

日本の刑事施設は、2023（令和5）年4月現在、刑務所59、少年刑務所

7、拘置所8、刑務支所・拘置支所102の合計176庁である。刑務所のうち、PFI方式による**社会復帰促進センター**が4施設（開設された順に山口県美祢市の美祢社会復帰促進センター、島根県浜田市の島根あさひ社会復帰促進センター、栃木県さくら市の喜連川社会復帰促進センター、兵庫県加古川市の播磨社会復帰促進センター）ある。

PFI
private finance initiative
民間の資金・ノウハウを活用して、公共施設等の建築、維持管理、運営等を行う手法をいい、ここでは、民間のノウハウとアイデアを活用した各種の特色あるプログラムに基づく職業訓練や改善指導を実施している。

刑事収容施設法
正式名称は「刑事収容施設及び被収容者等の処遇に関する法律」。

B. 監獄法の改正と刑事収容施設法成立

刑事施設内での処遇に関しては**刑事収容施設法**が、一方で、仮釈放後の保護観察等の社会内処遇については**更生保護法**で定めている。刑事収容施設法以前の**監獄法**は、1908（明治41）年に制定された法で、施設内の管理面を重視したものであり、国際準則に見られるような処遇原則などとの齟齬も散見されるようになってきたことから、1980（昭和55）年以降、刑事施設法案が国会に上程されるなど、さまざまな動きは見られたが、実際には改正には結びつかなかった。

しかし、2002（平成14）年に名古屋刑務所での刑務官による受刑者致死傷事件が明るみに出たことを契機として、職員の人権意識の欠落、革手錠などの戒具の使用、閉鎖的傾向、施設内における医療体制のあり方などが問題となり、受刑者の**人権擁護**の必要性が認識されるようになった。そこで、法務大臣の諮問機関として行刑改革会議が設置され、「行刑改革会議提言—国民に理解され、支えられる刑務所へ」の提言では、従来からの施設管理と規律を重視した行刑から、**社会復帰**に向けた処遇を重視し受刑者個人の意思を尊重した処遇へと改革を求める提言が提出された。この提言は**監獄法**改正に大きな影響を与え、監獄法のうち、受刑者の処遇に関する部分を削除して新たに規定された「刑事施設及び受刑者の処遇等に関する法律」が2006（平成18）年5月24日に施行された。翌2007（平成19）年には、未決拘禁者等の処遇に関する部分もすべて整備されて、新たに「刑事収容施設及び被収容者等の処遇に関する法律」（**刑事収容施設法**）として施行され、監獄法は廃止された。

C. 処遇の原則と受刑者の義務

刑事収容施設法は、それまで刑務作業中心に考えられてきた矯正処遇を見直し、**作業**（同法93条、94条等）のほか、**改善指導・教科指導**を受けることを受刑者の法律上の義務とし（同法84条）、一方で被収容者の権利を明確化して人権擁護にも配慮した法律である。30条において「その者の年齢、資質及び環境に応じ、その自覚に訴え、改善更生の意欲の喚起及び社会生活に適応する能力の育成を図る」ことを掲げ、処遇を個別化することを原則としている。

作業で得られた収入はすべて国の収入となるが、作業に従事した受刑者に対しては**作業報奨金**が支給される。これは給与ではなく恩恵的に与えられるもので、1人1ヵ月当たりの平均金額は約4,500円前後である。

改善指導とは、受刑者に対して、犯罪の責任を自覚させ、健康な心身を培わせ、社会生活に適応するのに必要な知識および生活態度を習得させるために行う指導をいい（同法103条）、一般改善指導と特別改善指導がある。**一般改善指導**とは、講話や体育、行事、面接、相談助言等により、①被害者感情を理解させること、②規則正しい生活習慣や健全な考え方を付与し、心身の健康の増進を図ること、③生活設計や社会復帰への心構えをもたせ、社会適応に必要なスキルを身につけさせること等を目的として行う指導をいう。**特別改善指導**とは、特に個別の事情により改善更生や円滑な社会復帰に支障があると認められる受刑者に対して、その事情の改善に資するように配慮した指導をいう。たとえば、薬物依存離脱指導、暴力団離脱指導、性犯罪再犯防止指導、交通安全指導、就労支援指導等である。なお、2022（令和4）年の刑法改正で、これまで**作業**の義務の有無によって区別されてきた懲役刑と禁錮刑は、2025（令和7）年6月から拘禁刑に一本化され、受刑者の社会復帰と再犯防止に向けた改善更生がより重視される。

また、特別改善指導としてすでに実施されていた、被害者に対する共感性の涵養を目指した被害者の視点を取り入れた教育等のほか、法改正によって、**犯罪被害者等の心情等の聴取・伝達制度**が2023（令和5）年12月に開始された（第10章参照）。

教科指導とは、社会生活の基礎となる学力を欠くことにより改善更生および円滑な社会復帰に支障があると認められる受刑者のほか、学力の向上を図ることが円滑な社会復帰に特に資すると認められる者に対し、学校教育に準ずる内容の指導を行うことをいう（同法104条）。

しかし、重要なことは、矯正施設内においてはさまざまな点で限界があるので、これらの指導プログラムが矯正施設内だけで行われることなく、保護観察をはじめとした更生保護の分野と連携をとり、社会内処遇とあいまって行われることによって、はじめて効果的となる点である。

D. 制限の緩和・優遇措置制度の導入

刑事収容施設法においては、制限の緩和と優遇措置の制度が導入されている。**制限の緩和**とは、受刑者に自発性や自律性を身につけさせるため、刑事施設の規律秩序を維持するための受刑者の生活や行動に対する制限を、改善更生の意欲の喚起および社会生活に適応する能力の育成を図る見込みが高まるに従い、順次緩やかなものにしていく制度である（同法89条）。制限の緩和が進むと刑事施設外での矯正処遇も可能となる。**優遇措置**とは、改善更生に向けた意欲を喚起するため、一定期間ごとに受刑態度を評価して、良好な受刑生活を送っている受刑者に対しては良い待遇を与えていく制度である（同法90条）。面会や信書の発受などの外部交通の回数が増やされる。制限の緩和も優遇措置も、受刑者の自発性・自律性を涵養し、改善更生や社会復帰の意欲を喚起することを主眼としている。

E. 被収容者の人権擁護

刑事収容施設法は、被収容者の権利を明確化し、立法の経緯からも**人権擁護**にも配慮された法律である。被収容者の宗教上の行為の保障（同法68条）、書籍等の閲読の権利の保障（同法69条）などもその一例である。

医療においては、社会一般の医療の水準に照らして適切な措置を講じるという原則が謳われており（同法56条）、原則的には刑事施設の職員である医師による診療を受けさせるものとされているが、対応困難な場合には刑事施設の職員でない医師等による診療を行いうる（同法62条、63条）。保健衛生面では、運動（同法57条）、清潔義務（同法58条）、入浴（同法59条）、調髪およびひげそり（同法60条）、健康診断（同法61条）の規定がおかれている。

そして、同法7条による規定で刑事施設ごとに設けられている**刑事施設視察委員会**が、第三者機関として施設を視察し、その運営に関して施設の長に対して意見を述べることができることが定められており、透明性を確保し、被収容者の人権擁護に資するものと期待される。

さらに、未決拘禁者などを含むすべての被収容者を対象とした**不服申立制度**（同法157条以下）が、権利保障の実効性という点でも整備されている。本制度は、刑事施設の長の一定の措置についての矯正管区の長に対する審査の申請（同法157条）、審査の申請の裁決についての法務大臣に対する再審査の申請（同法162条）、職員による暴行などについての事実の申告（同法163条）、刑事施設での処遇全般についての苦情の申出（同法

166条以下）などである。しかしながら、2022（令和4）年にも、再び名古屋刑務所で、多数の刑務官が、知的障害等の疑いがあることなどにより意思疎通が難しく集団生活が困難である複数の受刑者に対して、繰り返し暴行等の不適切処遇に及んでいたことが明らかになった。受刑者の人権擁護に関する刑務官らの意識を向上させることは、喫緊の課題である。

F. 外部交通制度

施設内処遇には外部との連携について限界があることから、処遇環境においても被収容者の**社会復帰**に益するものとして、いわゆる外部交通をはじめとした多くの規定が設けられている。**外部交通**とは、刑事収容施設法110条以下で規定されているように、面会、信書の発受、電話等による通信を指す。受刑者の面会について、監獄法では受刑者の親族に限定されていた相手方を、刑事収容施設法では親族以外でも受刑者の身分上、法律上または業務上の重大な利害に係る用務の処理のために面会することが必要な者（同法111条1項2号）にまで拡大し、また、受刑者の更生保護に関係のある者、受刑者の釈放後にこれを雇用しようとする者など面会により受刑者の改善更生に資すると認められる者についても認めている（同法111条1項3号）。

その他、同法106条の2において外出と外泊制度が設けられているほか、96条においては、作業を所内の作業のみではなく、**外部通勤作業**として刑事施設外で実施し得るとしている。これは民間企業の協力を得て、刑事施設の職員の同行なしに施設外の事業所に通勤させて作業を行うものであり、自律心と責任感に基づく自主的な行動や、一般社会での円満な人間関係を築く方法を学ばせるなど、施設内では学ぶことの困難な技能を学び、円滑な社会復帰に資するものとして期待されている。

G. 出口支援と社会復帰・再犯防止

釈放前の受刑者に対しては、原則として2週間、釈放後の社会生活において直ちに必要となる、就職や保護観察制度など更生保護に関する知識などについて理解させるための指導を行う。さらに、出所に向けた支援と再犯防止対策の必要性への認識が高まり、受刑者に対して出所に向けたさまざまな支援が**出口支援**として実施されている。特に無職者の刑務所への再入率が高いため、たとえば、法務省と厚生労働省の連携の下、刑務所出所者等総合的就労支援対策が実施され、全国8ヵ所すべての矯正管区に設置されている**矯正就労支援情報センター（コレワーク）**が、受刑者等の帰住地や取得資格等の情報を一括管理し、就労支援に取り組んでいる。

また、刑務所における高齢者の増加が著しいことや**再犯者率**の高さの問題がクローズアップされるにつれ、高齢や障害を有する受刑者の社会復帰の難しさという課題が指摘され始め、刑務所内での精神医療の充実や出所に向けたさらなる支援の必要性が明らかにされるようになってきた。そこで、高齢または障害を有し、かつ適当な帰住先がない者について、**特別調整制度**として、出所後直ちに福祉サービス（障害者手帳の発給、社会福祉施設への入所など）につなげるため、司法と福祉の連携による支援が行われている。矯正施設にも、社会福祉士や精神保健福祉士が配置され、福祉による支援が必要な者の選定やニーズの把握などを行っているが、この連携は、すべての都道府県に設置されている**地域生活定着支援センター**が中心となって行っている。出所予定者の福祉サービス利用の受入先の調整を福祉の視点から行うということは、これまでの矯正の分野からは画期的なことであり、福祉との橋渡しとして非常に重要な役割を果たしている。

このように、社会復帰の困難さはいわゆる出口の問題であるものの、最近では刑事司法の入口段階での**入口支援**として、たとえば知的障害の疑いのある被疑者等福祉的支援を必要とする者について、再犯防止と社会復帰支援の観点から、**更生支援計画**を策定して裁判所や検察庁に示し、それを踏まえた処分を検討してもらう取組みも実践されている。

さらに、2016（平成28）年の**再犯防止推進法**によって、再犯防止が国と自治体の責務とされ、専門機関と地域との連携や、国民の理解を得られるような施策が必要であるとされている。

再犯防止推進法
正式名称は「再犯の防止等の推進に関する法律」。

しかし、刑法犯の認知件数は年々減少し、再犯者（前に道路交通法違反を除く犯罪により検挙されたことがあり、再び検挙された者）の人員も減少しているものの、その減少率は漸減にすぎないため、**再犯者率**は一向に下がっていないのが現状である。生きづらさを抱えて犯罪を行った者に対して、専門家と共に、一般社会が、彼らの「居場所と出番」を作り、彼らを受容していくことが、これからのSDGs社会の大きな課題といえよう。

理解を深めるための参考文献

- **山本譲司『累犯障害者』新潮文庫，2009.**
  元国会議員が、自らの受刑生活での経験を基に刑務所の実態を記したものである。出所後も社会内に居場所と出番を見つけられず再犯を繰り返す知的障害者が、刑務所に居場所を見いだす現実には、考えさせられる。再犯防止施策の必要性を広く知らしめて、現在の再犯防止施策推進の契機ともなった著作である。同じ著者による『獄窓記』（新潮文庫）もあわせて読むとさらに理解が深まるであろう。

ハームリダクション　つながり続ける支援

筆者は依存症医療を専門にしているが、依存症の当事者ほど真面目な人たちはいないと断言したい。多くの人なら気にも留めないようなこと、ちょっとした約束、寝たら忘れそうなことを覚えていて、繰り返して気にしてしまう人たちと、実に多く出会ってきたからである。

依存症とは、不快感情を癒すための習慣行動が止められなくなる疾患であり、アンバランスになった心を整える「一人癒し」行動の連鎖と言える。過去の医学モデルでは、健康障害を生じる原因の除去を最優先とし、断薬や断酒を治療目標に掲げてきた。ところが、うまく断薬や断酒ができずに、それ自体が依存症の症状であるにもかかわらず、多くの当事者が支援の場から去っていった。真面目な彼らは、約束を破ることを恐れ、約束を破るくらいなら最初から約束をしない、あるいは約束した相手との関係を破棄することを選んでしまう。

日本の違法薬物対策は、薬物乱用防止の「ダメ。ゼッタイ。」からもわかるように、不使用が絶対的であった。日本人の違法薬物の生涯使用経験率は低く抑えられたものの、社会には「なぜ人は薬物を使用するのか」という視点が欠落した。元来、物質そのものに善悪という概念は存在しない。歴史を振り返れば、覚醒剤取締法、未成年者飲酒禁止法、アメリカの禁酒法、各地のふぐ取扱条例など、人類が扱いにくい物質に対して、社会はルールを模索してきた。そして、法による規制が始まって善悪の概念が付加されると、その区別が先行してしまい、依存しなければ癒すことができない当事者がもつ不快感情について検討されることが、明らかに後手に回った。

ハームリダクション
harm reduction

そのような社会に生まれたスティグマが、当事者の尊厳を踏みにじることは許されない。近年、ハームリダクションの考え方が世界に広がっている。それは、健康被害を起こす行動を直ちに止められない状況に対して、健康被害を低減させるための方略を打ち出すものである。その代表例として、薬物依存症者の感染リスク軽減を図った「注射針無料交換プログラム」が挙げられる。

日本の依存症医療では、これまで断酒目的の治療薬しかなかったが、2019年に初めて飲酒量低減薬であるナルメフェン（商品名：セリンクロ）が上市された。断酒を強いることのない新しい治療アプローチは、支援を開始するとき「実行不可能な約束」をする必要がなくなり、当事者とつながり続けられる可能性を広げている。

第3章 少年法と刑事司法手続

少年法は少年の可塑性に鑑みて、健全育成を理念とした法であり、成人とは異なる処遇を規定している。2022（令和4）年に成人年齢が20歳から18歳に引き下げられたことに伴い、18歳・19歳の特定少年には18歳未満とは異なる処遇を導入し、引き続き20歳未満を対象としている。また、被害者への配慮の観点も取り入れるなど、時代の流れによる影響を受けてきた少年法は変遷も著しく、それらの背景を理解しながら学ぶ。

1

少年が刑罰法令に触れる行為をした場合、14歳以上は犯罪少年、14歳未満は触法少年と呼ばれる。重大な事件については検察官送致となり成人と同じ扱いになることもあるが、あくまで少年の健全育成という少年法の理念に基づいた処遇が行われることを学ぶ。

2

家庭裁判所の決定により少年院送致となった場合の処遇を中心に、少年法における施設内処遇について学ぶ。

3

児童福祉法上の処遇を受ける、14歳未満の少年や将来犯罪行為を行うおそれがあるとされた虞犯少年について学ぶ。

1. 少年法の基本原理・概要と刑事手続

A. 少年法

刑法は41条で14歳未満を**刑事未成年**とし、14歳未満の行為については処罰しないとしているが、14歳に達している者については基本的には責任能力を認めている。そして成人の刑事事件の場合には、犯罪事実が認定されれば、被告人の責任に応じて刑罰が決まる。

しかし、20歳未満の少年（男子・女子を含む）は、成長発達途上にあって可塑性に富むことから成人とは異なる刑事手続が行われる必要があることを理由に、**少年法**が適用される。少年の成育歴や性格、家庭環境など、**要保護性**が問題とされる。非行の重大性などの内容は、必ずしも要保護性を直接的に反映させるものではないため、軽微な非行について深刻な要保護性が見いだされることもあるのである。

少年法は、その目的を少年の**健全育成**としており、「少年の健全な育成を期し、非行のある少年に対して性格の矯正及び環境の調整に関する保護処分を行うとともに、少年及び少年の福祉を害する成人の刑事事件について特別の措置を講ずること」（1条）と定め、現在は成人である18歳以上であっても、20歳未満をその対象としている。そして、少年法は、科学的調査機構として**家庭裁判所**を設置し、**少年保護事件**については、基本的には、**全件送致主義**として全件を家庭裁判所に送致することにしている。

少年は、少年法3条により、①犯罪少年、②触法少年、③虞(ぐ)犯少年に分けられる。①**犯罪少年**とは、14歳以上20歳未満で犯罪行為をした者、②**触法少年**とは、14歳未満で、刑罰法令に触れる行為をした者、つまり、同じ行為をしても、年齢によって、犯罪少年か触法少年に区別される。③**虞犯少年**は、20歳未満で、次のいずれかの事由があって、その性格または環境に照らして、将来、罪を犯し、または刑罰法令に触れる行為をするおそれのある者である。「保護者の正当な監督に服しない性癖のあること」、「正当の理由がなく家庭に寄り附かないこと」、「犯罪性のある人若しくは不道徳な人と交際し、又はいかがわしい場所に出入すること」、「自己又は他人の徳性を害する行為をする性癖のあること」である（少年法3条1項3号）。

B. 少年法の改正と特定少年

少年の重大事件の後には手続等が見直されて少年法は改正され、少年司法は大きな変化を遂げてきた。2000（平成12）年改正では、少年への刑事処分相当性について、刑事処分可能年齢が14歳以上にまで引き下げられ（少年法20条1項）、事実認定手続への検察官関与（同法22条の2）のほか、被害者等への配慮という点から、被害者等の申出による意見の聴取（同法9条の2）、被害者等による記録の閲覧および謄写（同法5条の2）、被害者等に対する審判結果等の通知（同法31条の2）等が規定された。

また、14歳未満の少年による事件を契機として、2007（平成19）年改正で、重大な触法事件については警察から児童相談所への送致と児童相談所等から家裁への送致を義務づけた（同法6条の6、6条の7）ほか、14歳未満の少年の少年院送致が可能になった（同法24条1項）。

さらに2004（平成16）年に成立した**犯罪被害者等基本法**とその翌年の**犯罪被害者等基本計画**が、刑事手続に被害者等が参加する機会の必要性を謳ったことから、被害者への配慮という点で、少年事件にいても法整備が行われた。2008（平成20）年改正による、一定の重大事件において被害者等による少年審判の傍聴（少年法22条の4、22条の5）、被害者等の記録の閲覧・謄写の範囲の拡大（同法5条の2）などである。

直近では、18歳と19歳の者についてはいわゆる「**特定少年**」とされた改正法が2022（令和4）年4月より施行されている。これは、選挙権年齢を18歳に引き下げること等を内容とする「公職選挙法等の一部を改正する法律」附則11条、また、民法改正に伴う**成年年齢の引下げ**により、**少年法適用対象年齢の引下げ**が検討され、18歳以上20歳未満の者と20歳以上の者との均衡等を勘案したものである。つまり、18歳と19歳の特定少年は、それまでと同様に少年法の対象ではあるものの、社会において、成人として責任ある主体としての役割が期待される立場となることから、17歳以下の少年とは異なる扱いをされることになったのである。①後述の**原則逆送事件**の対象が拡大されて、18歳以上のときに犯した死刑、無期または短期（法定刑の下限）1年以上の懲役・禁錮に当たる罪が追加された（同法62条1項・2項）。②逆送決定後は20歳以上の者と原則同様に扱われるため、有期懲役刑の期間の上限は、17歳以下の少年の場合は15年である（同法52条1項）のに対して、特定少年の場合には刑法14条2項の規定を準用して30年となった（同条2項）。

さらに、③少年のときに犯した事件については、実名・写真等の報道が禁止されている（同法61条）が、特定少年のときに犯した罪により起訴された場合には、特例として禁止が解除されることになった（同法68条）。

C. 少年犯罪の動向

少年犯罪がどのように変化しているのか見てみることにする（**図3-1-1**）。

少年による刑法犯の検挙人員を、20歳以上の者と比較してみると、少年の刑法犯の検挙人員は、少子化の影響もあり、2004（平成16）年以降減少し続けていたが、2022（令和4）年は前年比2.5%増の2万912人であった。20歳以上の者の検挙人員の人口比と比べると高いものの、検挙人員における少年の人口比は低下傾向であり、人口比の最も高かった1981（昭和56）年の1432.2と比較すると、2022（令和4）年は193.3で約7分の1にすぎない。

図3-1-1　少年による刑法犯の検挙人員・人口比の推移

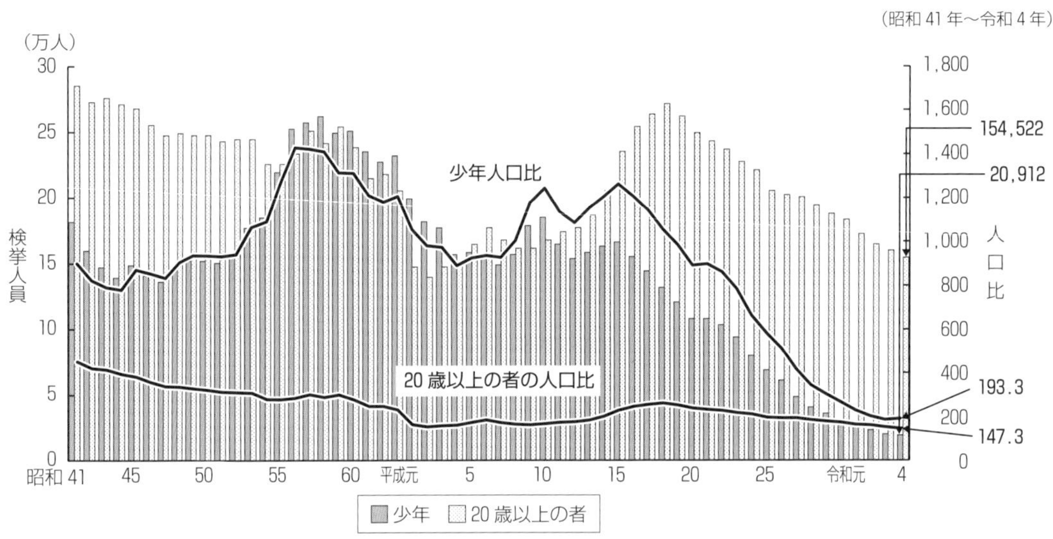

注　1　警察庁の統計、警察庁交通局の資料及び総務省統計局の人口資料による。
　　2　犯行時の年齢による。ただし、検挙時に20歳以上であった者は、20歳以上の者として計上している。
　　3　触法少年の補導人員を含む。
　　4　「少年人口比」は、10歳以上の少年10万人当たりの、「20歳以上の者の人口比」は、20歳以上の者10万人当たりの、それぞれの検挙人員である。
　　5　昭和40年以前は、道路上の交通事故に係らない業務上（重）過失致死傷はもとより、道路上の交通事故に係る業務上（重）過失致死傷についても、「刑法犯」に含めて計上している。

出典）法務省法務総合研究所編「令和5年版犯罪白書─非行少年と生育環境」法務省ウェブサイト，p.115を一部変更．

D. 非行少年処遇の概要

非行少年についての司法手続の流れは**図 3-1-2** の通りである。

図 3-1-2　非行少年の処遇の概要

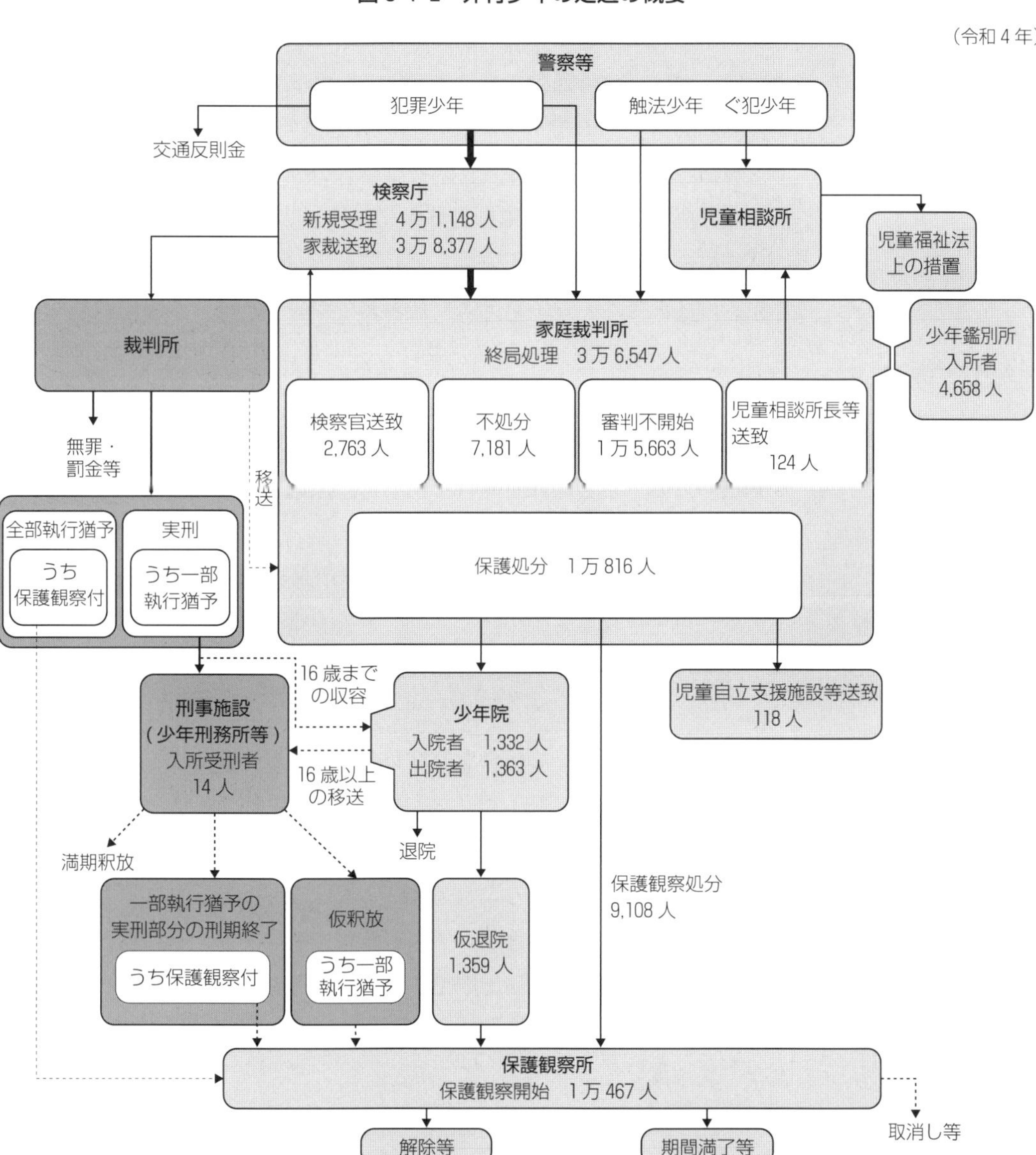

注 1 検察統計年報、司法統計年報、矯正統計年報、少年矯正統計年報及び保護統計年報による。
2 「検察庁」の人員は、事件単位の延べ人員である。例えば、1 人が 2 回送致された場合には、2 人として計上している。
3 「児童相談所長等送致」は、知事・児童相談所長送致である。
4 「児童自立支援施設等送致」は、児童自立支援施設・児童養護施設送致である。
5 「出院者」の人員は、出院事由が退院又は仮退院の者に限る。
6 「保護観察開始」の人員は、保護観察処分少年及び少年院仮退院者に限る。
7 本図及び数値は、令和 4 年 3 月までは少年法の一部を改正する法律（令和 3 年法律第 47 号）施行前の手続により、同年 4 月以降は同法施行後の手続による。

出典）法務省法務総合研究所編「令和 5 年版犯罪白書―非行少年と生育環境」法務省ウェブサイト，p.127.

刑罰法令に触れる行為を行った場合でも、処遇は、少年の年齢（14歳以上の**犯罪少年**か、14歳未満の**触法少年**か）によって異なるし、虞犯少年の場合も14歳以上かどうかによって異なる。

まず、犯罪少年の場合、警察は、反則金納付済みの道交法違反事件を除き、罰金刑以下の犯罪の被疑事件は**家庭裁判所**に送致し、その他は**検察官**に送致する。検察官は捜査の後、事件を家庭裁判所に送致する。これは、いわゆる前述の**全件送致主義**によって、家庭裁判所が**保護処分**か**刑事処分**かの判断を行うからである。ただし、刑事処分がありえない14歳未満である触法少年（刑事未成年）と虞犯少年については、**児童相談所**の管轄権が家庭裁判所に優先し（**福祉処分優先主義**）、少年法3条2項は福祉法上の福祉処分が保護処分に優先するとしている（本章3節参照）。

犯行の状況等から保護処分より刑事処分が妥当であると家庭裁判所が判断した場合には検察官へ逆送致される（少年法20条1項）。犯行時16歳以上の少年による故意の犯罪行為で被害者を死亡させた罪の事件については、原則として検察官に送致される（同条2項）。これを「**原則逆送制度**」という。そしてそれを受けた検察官は原則として**地方裁判所**に起訴し、成人と同様に公開の裁判となる。

また、触法少年および14歳未満の虞犯少年については、**児童福祉法**上の措置が優先されるものの、殺人等の重大な事件の場合や家庭裁判所の審判に付すことが適当である場合には、警察官に児童相談所への送致義務を認め（少年法6条の6第1項）、送致を受けた児童相談所長または都道府県知事は原則としてその事件を家庭裁判所に送致することを義務づけられている（同法6条の7第1項）。

家庭裁判所は、送致を受けた事件について、家庭裁判所調査官による調査を行う。必要に応じて**少年鑑別所**（本章2節A. 参照）に送致して少年の資質鑑別を行うこともある。調査の結果、要件を満たせば審判開始の決定を行うが、審判に付すことができない場合や相当でない場合には、**審判不開始**の決定を行わなければならない（同法19条）。少年保護事件の約4割は審判不開始で終結する（図3-1-2）。

E. 家庭裁判所での審判と保護処分

少年の健全育成を目的とする少年法の理念の下、**家庭裁判所**での**審判**は、「懇切を旨として、和やかに行うとともに、非行のある少年に対し自己の非行について内省を促すものとしなければならない」（少年法22条1項）とされ、**非公開**で行われる（同条2項）。しかし、一定の重大事件の被害者等から審判傍聴の申出があった場合、少年の健全な育成を妨げるおそれがなく相当と認めるときは、家庭裁判所は**傍聴**を許すことができる（同法22条の4）。

少年法では、家庭裁判所が審判で決定する**保護処分**として、①**保護観察**処分（同法24条1項1号）、②**児童自立支援施設**または**児童養護施設**送致処分（同条1項2号）、③**少年院**送致（同条1項3号）を定めている。なお、審判開始後、保護処分に付しない場合については、不処分の決定をする（同法23条1項）。それらの処分は、少年に対する**要保護性**を基本として決定されるものであるが、18歳が成年とされるようになってからは、18歳と19歳の**特定少年**については、必ずしも要保護性だけではなく、責任ある立場として期待される側面がある。

なお、少年法制定当初は、家庭裁判所に係属した少年保護事件に検察官が関与することは認められていなかった。しかし、少年事件では一般的には単独犯ではなく共犯で行われる事例が多いことから少年同士の言い分が異なっていたり、1993（平成5）年に起きた**山形マット死事件**など、非行事実の認定や真相解明が困難な事例が出てきたことから、2000（平成12）年の少年法改正によって、一定の要件の下で、事実認定手続に**検察官の関与**が認められるようになった（同法22条の2）。ただし、少年事件における検察官の役割は厳格な事実認定を目的とするものにすぎず、責任非難を求める役割が検察官に期待されているわけではない。

山形マット死事件
1993年1月、山形県新庄市立の中学校の体育館用具室内で、中学1年生の生徒が、体育用マットの中で逆さになったまま窒息死しているのが発見された事件。当時14歳の3人と、13歳の3人、12歳1人の合計7人が警察に逮捕されて犯行を認めていたが、その後犯行を否認した。同年、山形家裁は14歳の3人を不処分とし、13歳の2人を少年院送致、1人を児童自立支援施設送致、12歳の少年を児童相談所送致とした。しかし、その後、保護処分決定を受けた3人の抗告審において、不処分決定を受けた3人の少年についても非行事実に関与していた疑いが指摘されるなど、少年審判における事実認定のあり方を見直す契機となった。

F. 被害者への配慮

少年法の理念は非行少年の**健全育成**というあくまで加害者側を中心としたものであり、そのために被害者への配慮の観点と両立させることが困難ではある。しかし、少年の自立更生や共感性の涵養のためにも、被害者等からの意見が重要であるという認識が高まり、2000（平成12）年には家庭裁判所における**記録の閲覧や謄写**の制度が導入され（少年法5条の2）、被害者等の申出による**意見聴取**（同法9条の2）や被害者等に対する**審判結果通知**（同法31条の2）が行われるようになった（第10章参照）。

2008（平成20）年の改正では、**意見聴取**の対象者の範囲が広げられ、殺人事件等一定の重大事件の被害者等からの申出がある場合には、少年の年齢や心身の状態等の事情を考慮して、少年の健全な育成を妨げるおそれがなく相当と認めるときは、**少年審判の傍聴を許す制度**が創設された。また、**記録の閲覧や謄写**の範囲を広げ、少年保護事件の記録のうち、犯行の動機や対応およびその結果等、重要な事実を含む非行事実に加えて、少年の心情に関する供述調書や、審判調書、少年の生活状況に関する保護者の供述調書等についてなど、家庭裁判所の保管する保護事件の記録全体が対象とされることになった。ただし、社会記録（少年の要保護性に関して行われる調査に関する記録）については、少年や関係者のプライバシーに深くかかわる内容を含むことから、対象から外されている。

さらに、更生保護法の2008（平成20）年からの全面施行に先立ち、2007（平成19）年12月から一部施行が行われ、少年院仮退院者に対する犯罪被害者等からの意見聴取と、保護観察少年への心情等伝達制度が開始された。また、犯罪被害者通知制度の対象が拡大されて、保護観察処分を受けた少年の審判後の状況、つまり少年院送致の場合には少年院での教育状況や少年院仮退院の事実、保護観察処分の場合には保護観察中の処遇状況等についても、被害者等に通知されるようになった。

これらに加えて、2022（令和4）年の刑法等改正によって、2023（令和5）年12月からは、少年院においても矯正教育に生かすため、**犯罪被害者等の心情等の聴取・伝達制度**が開始された。これは、少年院に配置されている専任の被害者担当官が、希望する犯罪被害者等の心情を聴取し、その内容を書面にして、加害少年に伝達する制度である。少年院では、伝達の際に加害者の保護者等が同席する場合など、受刑者への伝達と異なる場面も想定されている。

2. 少年法における施設内処遇と社会内処遇

少年法における**施設内処遇**が行われるのは、観護措置による少年鑑別所送致と、保護処分での少年院送致と児童自立支援施設等送致の場合である。児童自立支援施設は**児童福祉法**の規定による手続であるので、本章3節で述べることにする。また、施設内処遇以外に社会内処遇として、保護処分としての保護観察処分がある（第4章3節参照）。

法務省式ケースアセスメントツール
MJCA: Ministry of Justice Case Assessment tool
心理学や犯罪学等の人間科学の知見を踏まえて、少年鑑別所における実証データに基づき、統計学的な分析を経て開発されたもので、対象者の再非行の可能性等を把握し、再非行防止のために必要な、保護者との関係性の調整や社会適応力の向上などの目標を明らかにしようとするもの。

A. 少年鑑別所

少年鑑別所は、家庭裁判所の**観護の措置**の決定によって送致された少年を、原則として2週間、最長8週間収容（少年法17条）する施設である。医学、心理学、教育学、社会学その他の専門的知識や、**法務省式ケースア**

図 3-2-1　少年鑑別所における収容審判鑑別の流れ

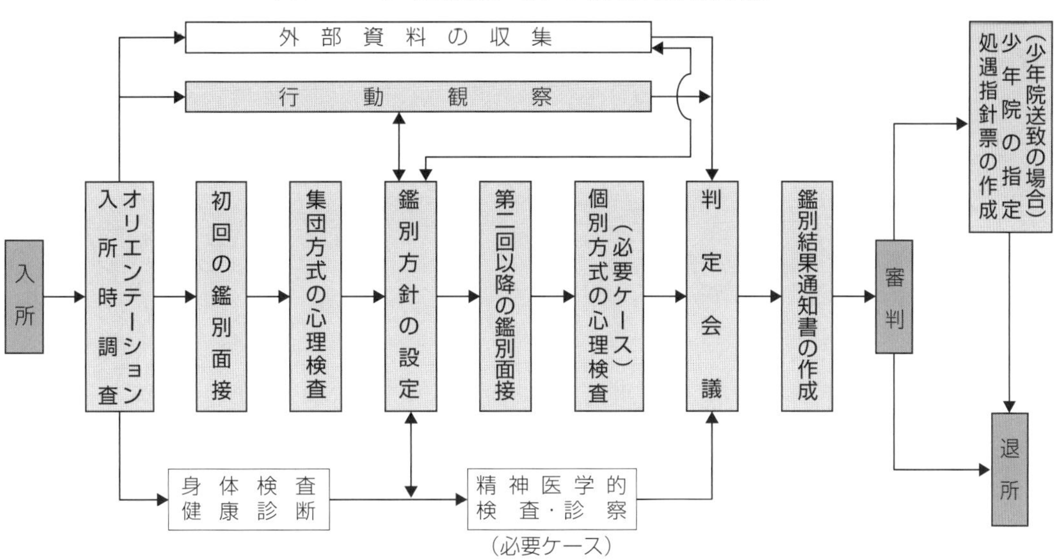

出典）法務省法務総合研究所編「令和５年版犯罪白書―非行少年と生育環境」法務省ウェブサイト，p.140.

セスメントツール（MJCA）に基づいて、少年の資質の鑑別が行われ、家庭裁判所の行う少年に対する審判の資料とされたり、審判の結果、少年院送致や保護観察処分の決定がなされた場合の処遇の参考とされる。2023（令和5）年4月現在、全国に52庁（分所8庁を含む）の少年鑑別所が設置されている（**図 3-2-1**）。

少年鑑別所の管理運営および在所者の処遇に関しては、2014（平成26）年6月に**少年鑑別所法**が改正**少年院法**と同時に新たに制定され、翌年6月に施行された。少年鑑別所法の下で、少年鑑別所は**法務少年支援センター**という名称で、地域社会における非行および犯罪の防止に対する援助（**地域援助**）も行っている。少年鑑別所が有する少年非行等に関する専門的知識を活用し、少年や保護者等からの相談に応じるほか、学校や教育委員会、検察庁等の関係諸機関からの依頼に応じ、情報提供や各種心理検査等の調査、心理的援助を行い、地域社会のニーズに対応している。

B. 少年院

少年院とは、家庭裁判所が少年院送致の決定を受けた、おおむね12歳以上で原則として20歳までの少年を収容し、**矯正教育**を行う施設である。少年の年齢・犯罪傾向の進度、心身の状況等に応じて、以下の者を収容する。①第1種には、心身に著しい障害がないおおむね12歳以上23歳未満の者、②第2種には、心身に著しい障害がない犯罪的傾向が進んだ、おお

図 3-2-2　少年院入院者の人員・人口比の推移

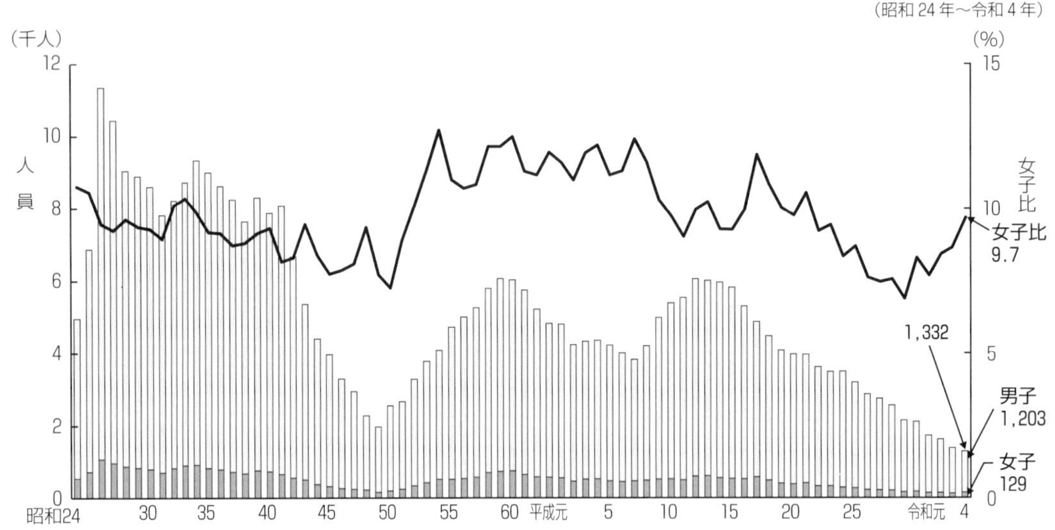

注　少年矯正保護統計、少年矯正統計年報及び矯正統計年報による。

出典）法務省法務総合研究所編「令和 5 年版犯罪白書―非行少年と生育環境」法務省ウェブサイト，p.146.

むね 16 歳以上 23 歳未満の者、③第 3 種には、心身に著しい障害があるおおむね 12 歳以上 26 歳未満の者、④第 4 種には少年院において刑の執行を受ける者、⑤第 5 種には、2 年の保護観察に付されている特定少年であって、かつ、当該保護観察中に遵守すべき事項を遵守しなかったと認められる事由があり、その程度が重く、かつ、少年院において処遇を行わなければ本人の改善および更生を図ることができないと認められ、少年院収容の決定を受けた者、である。

少子化や少年非行件数の減少に伴い、少年院入院者の人員は減少しているが、近年は閉庁される少年院もあり、2023（令和 5）年 4 月現在、全国に 44 庁（分院 6 庁を含む）が設置されている。しかし、女子比は微増している（**図 3-2-2**）。

また、少年院入院者の非行名別構成比は次頁の図の通りである。男子女子ともに窃盗と傷害・暴行が多くを占めるが、女子の場合、覚醒剤取締法違反と虞犯の多さが特徴として挙げられる（**図 3-2-3**）。

少年院における処遇に関しては、2014（平成 26）年 6 月に改正少年院法が制定され、1 条で在院者の人権尊重が謳われて、在院者の権利義務関係や職員の権限が明確化されたほか、社会に開かれた施設運営の推進や再非行防止に向けた取組みの充実が図られたものとなり、少年鑑別所法と同時に翌年 6 月に施行された。

少年院における矯正教育では、生活指導・職業指導・教科指導・体育指

図 3-2-3　少年院入院者の非行名別構成比（男女別・年齢層別）

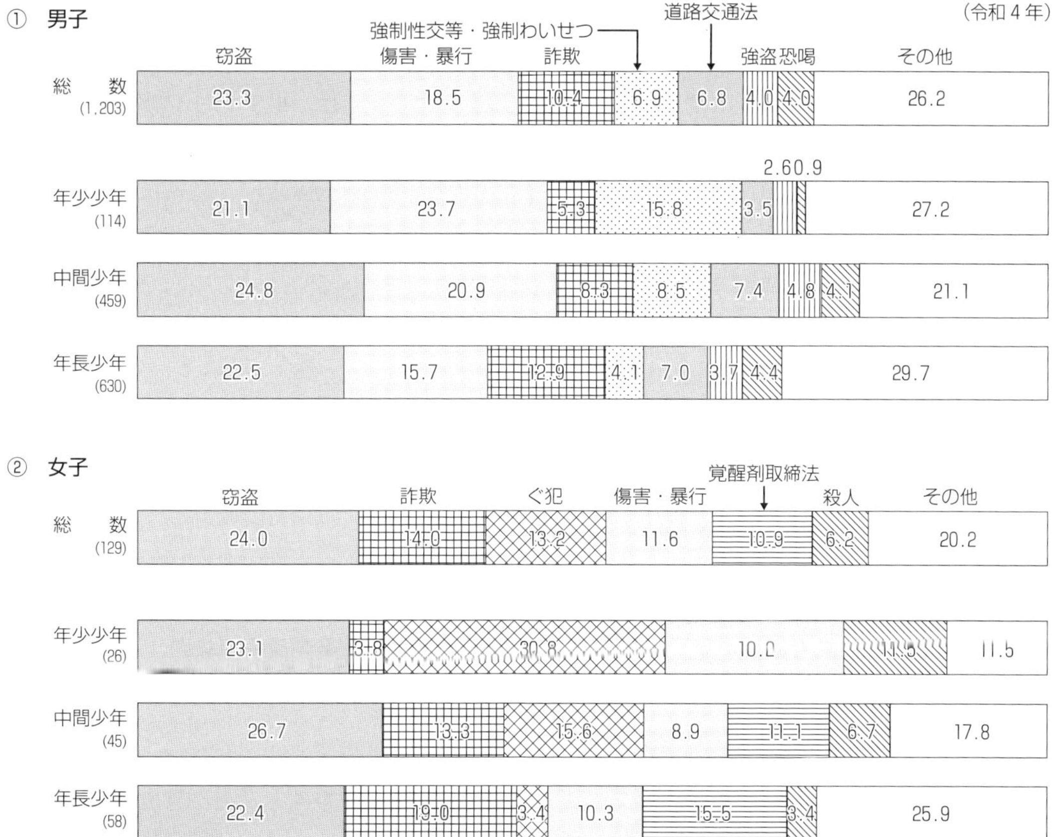

注　1　少年矯正統計年報による。
　　2　入院時の年齢による。ただし、在宅事件等で少年院送致決定を受けた者は、少年院送致決定時の年齢による。また、「年少少年」は14歳未満の者を含み、「年長少年」は入院時に20歳に達している者を含む。
　　3　（　）内は、実人員である。

出典）法務省法務総合研究所編「令和5年版犯罪白書―非行少年と生育環境」法務省ウェブサイト，p.148.

導・特別活動指導の5つの分野の指導が行われることとされ、また、少年の改善更生の状況に応じて進級する仕組みになっている（少年院法24条以下）。**生活指導**では、**薬物非行防止指導**と**性非行防止指導**について重点指導施設が指定され、グループワーク等によって重点的かつ集中的な指導が行われている。また、**教科指導**では、当該少年の学力に応じた指導が行われ、法務省と文部科学省の連携によって、少年院内で高等学校卒業程度認定試験も実施されている。

また、在院少年の**人権擁護**のために、法務大臣が任命する7人以内の外部委員で構成される**少年院視察委員会**が設けられている（少年院法8条）。これは、**刑事収容施設法**による刑事施設視察委員会にあたる。

刑事収容施設法
正式名称は「刑事収容施設及び被収容者等の処遇に関する法律」。

少年の再非行防止のため、保護者との関係性の調整については、処遇においても重要である。少年院長は、少年の保護者に対して、処遇について理解と協力を得るよう努めるものとされる（少年院法17条1項）。さらに同法17条2項は、少年の監護に関する責任を自覚させるため、必要な場合には、少年の保護者に対する指導等の措置を執ることを認めている。

一方、**児童虐待**の被害経験を有する少年は、男子で約4割女子で約7割を占める。この数値は本人が入院段階で申告し把握できたものであり、実際にはこの数値より多数の少年が虐待を経験していると予想される（**図3-2-4**）。

なお、少年院の多くは仮退院で出院する。たとえば、2022（令和4）年における少年院出院者1,363人のうち、99.7%に当たる1,359人が仮退院によるものである[1]。退院後であっても、本人や保護者から交友関係、進路選択等の問題について相談等を求められた場合で相当と認めるときは、少年院の職員が相談に応じる（少年院法146条）。

C. 保護観察処分

従来から、保護処分が決定された少年のうち、約8割が**保護観察処分**に付されているが、このほかに、**地方更生保護委員会**の決定により少年院からの仮退院が許可された場合にも、出院後、収容期間満了まで保護観察に付される（**図3-2-5**）（第4章3節参照）。

地方更生保護委員会
刑事施設・少年院からの仮釈放・仮退院の許可や、取消、不定期刑の終了の決定を行う法務省の機関。各管区ごとに全国に8ヵ所に置かれている。

保護観察処分少年および少年院仮退院者少年の非行名別の構成比は**図3-2-6**の通りである。窃盗、傷害・暴行が多くを占めているが、保護観察処分少年は、少年院仮退院者と比較すると、道路交通法違反と過失運転致死傷等の多さが目立つ。

図3-2-4　少年院入院者の被虐待経験別構成比（男女別）

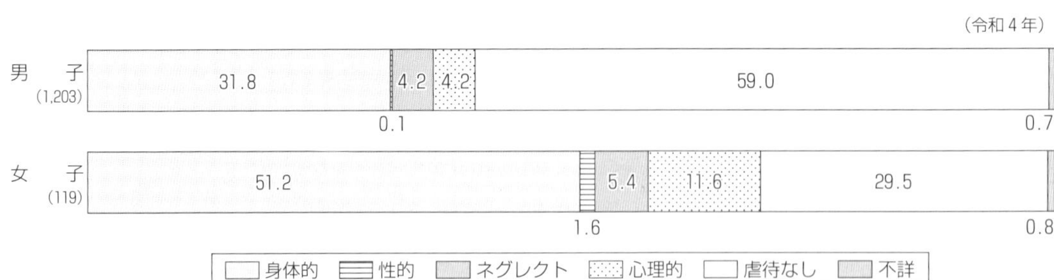

注　1　法務省大臣官房司法法制部の資料による。
2　虐待の定義は、児童虐待防止法による。ただし、ここでは保護者以外の家族による少年に対する虐待や、18歳以上の少年に対する虐待も含む。
3　「身体的」は、少年の身体に外傷が生じ、又は生じるおそれのある暴行を加えることをいい、「性的」は、少年にわいせつな行為をすること又は少年をしてわいせつな行為をさせることをいい、「ネグレクト」は、少年の心身の正常な発達を妨げるような著しい減食又は長時間の放置その他の保護者としての監護を著しく怠ることをいい、「心理的」は、少年に著しい心理的外傷を与える言動を行うことをいう。
4　複数の類型に該当する場合は、主要なもの一つに計上している。
5　（　）内は、実人員である。

出典）法務省法務総合研究所編「令和5年版犯罪白書─非行少年と生育環境」法務省ウェブサイト，p.150.

図 3-2-5　少年の保護観察開始人員の推移

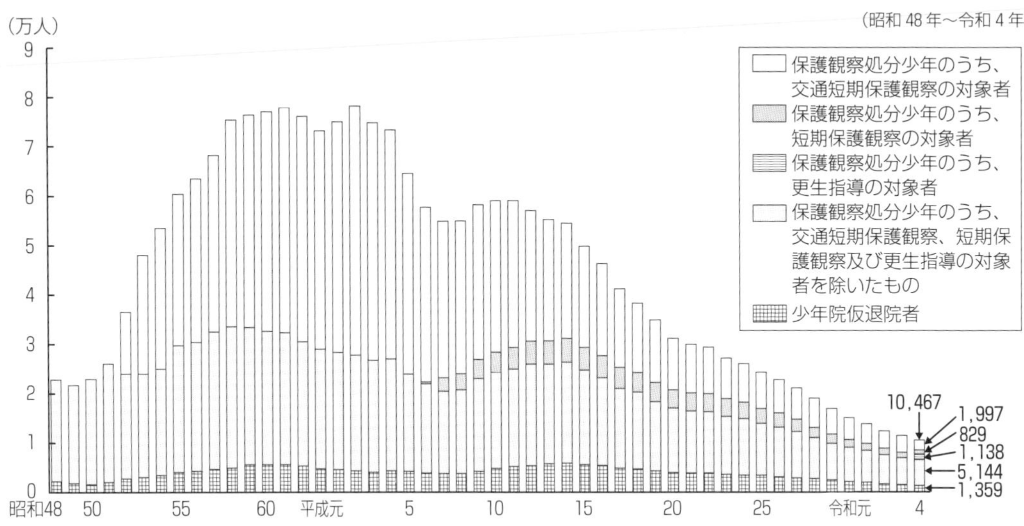

注　1　保護統計年報による。
　　2　「交通短期保護観察」、「短期保護観察」及び「更生指導」については、それぞれ制度が開始された昭和 52 年、平成 6 年、令和 4 年以降の数値を計上している。
　　3　「更生指導」とは、少年法 64 条 1 号の保護処分をいう。

出典）法務省法務総合研究所編「令和 5 年版犯罪白書―非行少年と生育環境」法務省ウェブサイト，p.160 を一部変更．

図 3-2-6　保護観察開始少年の非行名別構成

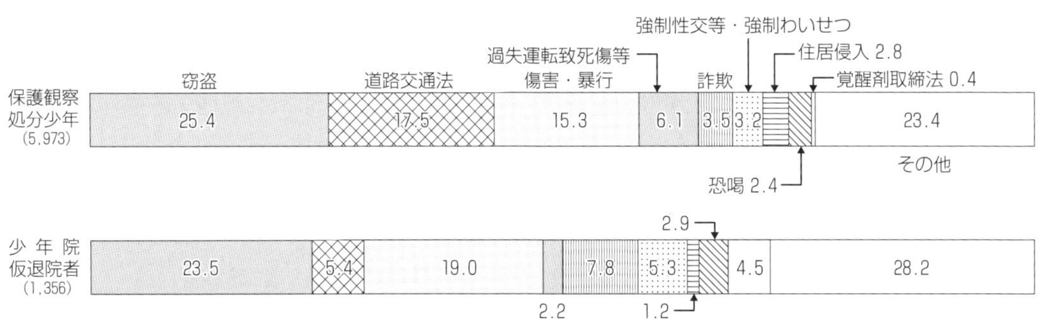

注　1　保護統計年報による。
　　2　保護観察処分少年は、交通短期保護観察及び更生指導の対象者を除く。
　　3　少年院仮退院者は、施設送致申請に基づき少年法 26 条の 4 第 1 項の決定により少年院に収容され仮退院した 3 人を除く。
　　4　（　）内は、実人員である。

出典）法務省法務総合研究所編「令和 5 年版犯罪白書―非行少年と生育環境」法務省ウェブサイト，p.161.

3. 児童福祉法による措置

触法少年が警察官により発見されると、**警察官**は事件について**調査**を行い（少年法6条の2第1項）、事件の調査の結果、少年が要保護児童である等と判断した場合には、少年を**児童相談所**に通告等することとなる（同法6条の6第1項、児童福祉法25条1項）。触法少年に対する調査は、少年の**情操の保護**に配慮し、少年の**健全な育成**を期する精神をもって、**少年法**および**児童福祉法**に基づく措置に資するように行わなければならない（少年法6条の2第2項、少年警察活動規則15条1項）。

前述のように、触法少年の調査・処遇は、**児童福祉機関先議の原則**によって、原則として児童福祉機関による措置に委ね児童福祉機関が適当と認めた場合にのみ**家庭裁判所**に送致し、その場合にのみ家庭裁判所は**審判**に付することができるのである（児童福祉法25条、少年法3条2項）。警察官から通告等を受けた児童相談所は、当該少年の状況の把握のために調査を行い（児童福祉法25条の6）、専門家の診断や**児童福祉司**らによる会議等を経て、当該少年に対する措置を決定する。自ら福祉的措置を行うこともできるが、児童福祉司等に児童または保護者に対する指導の委託等の措置（同法26条1項2号）のほか、都道府県知事に報告し（同法26条1項1号）、都道府県知事が、児童または保護者に対し訓戒や誓約書を提出させる、あるいは、児童福祉施設（児童養護施設や児童自立支援施設等）への入所措置や里親委託等の措置等を採る（同法27条1項1号ないし3号）。ただし、施設への入所措置や里親委託等については、親権者または後見人の意に反して措置を取ることはできない（同法27条4項）。

児童福祉司
児童の保護や福祉に関する事項について、相談に応じたり、専門的技術に基づいて必要な指導を行い、児童の福祉増進に努めるとされ、児童福祉法13条1項により、都道府県・指定都市・児童相談所設置市は、児童相談所に必ず配置しなければならない。

なお、家庭裁判所の審判に付すことが適当である場合には事件を家庭裁判所に送致する（同法27条1項4号）。

注）

(1) 法務省法務総合研究所編「令和5年版犯罪白書—非行少年と生育環境」法務省ウェブサイト，p.155.

理解を深めるための参考文献

- **宮口幸治『ケーキの切れない非行少年たち』新潮新書，2019.**

  当時少年院に勤める児童精神科医であった筆者が、境界知能と呼ばれ、認知能力が弱い非行少年たちの現状を描く。非行少年たちは、融通が利かず、不適切な自己評価をし、対人スキルが乏しく、周囲の大人は手を焼くが、実は、自分でも生きづらさを抱えている。大人や社会が彼らに適切な手助けをしなければ、少年たちは社会でうまく生きていくことができず、支援が社会の責務であることに気づかせてくれる。

- **野村俊明『刑務所の精神科医―治療と刑罰のあいだで考えたこと』みすず書房，2021.**

  タイトルは刑務所となっているが、精神科医である筆者が、刑務所の受刑者だけではなく少年院の非行少年たちとの出会いをもとに書かれた、エッセイ風の書籍である。犯罪や非行が社会的価値観を含んだ概念であり、少年のいわゆる育て直しが社会の責務であることを痛感させるエピソードに富み、筆者の広く深い視野からの考察に、非行少年の処遇やそれに対する社会の向き合い方について考えさせられる。

コラム　少年院在院者への社会復帰支援

ソーシャル・インパクト・ボンド
SIB: Social Impact Bond

少年法は少年の可塑性に鑑みた法律であり、非行少年の社会復帰支援は国の責務である。

少年院では少年院出院後の復学も支援する一方、教科教育として、法務省と文部科学省の連携により、少年院内において高等学校卒業程度認定試験を実施したり、2021（令和3）年8月からは、**ソーシャル・インパクト・ボンド（SIB）**による非行少年への学習支援事業として、少年院在院中から出院後まで継続して最長1年間の学習支援を実施している。

また、18歳・19歳の特定少年は民法上等で成年として位置づけられる一方、可塑性を有する存在であり、責任ある主体として積極的に社会参加すべき存在である。そのため、特定少年に対して、社会参加に必要な知識を付与し、成年であることの自覚および責任を喚起することなどを指導目標にして、契約や訴訟、結婚についてなど多岐にわたる矯正教育も開始された。

また、刑務所と同様、厚生労働省と連携したハローワークの職員による職業相談や、障害を有し、かつ、適当な帰住先がない在院者に対して、出院後速やかに福祉サービスを受けることができるようにするための特別調整を実施している。

一方、少年院出院後の引受人は、男子の約8割、女子の約6割が実父母・実母・実父等である。少年院においては、在院者の処遇への理解と協力を得るため、在院者の保護者等に対して処遇情報の提供、少年院職員による面接の実施、少年院の教育活動への参加依頼をしたり、家族関係調整のため、あるいは出院後の生活、被害弁償等の重要な問題について話し合うため、保護者等を宿泊させる宿泊面会をさせることがある。

出院後も、少年院では、出院者またはその保護者等から出院者の交友関係や進路選択等について相談を求められた場合において、少年院の職員がその相談に応じたり、保護観察所と連携したり他の適切な機関を紹介する。

このように、まだ成長途上にある少年の円滑な社会復帰のために、関係機関間の連携だけではなく、保護者等との連携、そしてそのための関係者の努力と支援は非常に重要な役割を果たす。

第4章 更生保護法の概要

刑事司法の最終段階を担う更生保護制度は、犯罪をした者や非行のある少年が社会内で再犯することなく自立し、改善更生することを助けるため、必要な指導や、関係機関等と連携した支援を行うものである。本章では、更生保護制度の基本的な枠組みについて「更生保護法」の規定等を通じて学ぶ。

1

更生保護制度の目的や制度生成の経緯、近年の制度改正の状況のほか、更生保護における措置の運用やこれに当たる者の態度に関する基本的な考え方を理解する。

2

受刑者を刑期満了前に釈放し、その改善更生を促す意義をもつ仮釈放制度等の基準や手続と、矯正施設収容中の者について行われる生活環境の調整の意義や方法について理解する。

3

更生保護の中核をなす措置として、保護観察官と保護司の協働態勢のもとで実施される保護観察について、その対象、期間、処遇の方法等の基本的な枠組みについて理解する。

4

満期釈放者などを対象に、その改善更生を保護するために行われる更生緊急保護等の援助の措置について、その対象や措置の内容、手続について理解する。

5

刑事政策的な観点から裁判を変更したり、有罪の裁判により制限されていた資格を回復させるなどの機能をもつ恩赦について、その種類や効果、手続について理解する。

1. 刑事司法の中の更生保護

A. 更生保護の目的

更生保護は、犯罪をした者や非行のある少年を社会の中で適切に処遇することにより、その再犯を防ぎ、非行をなくし、これらの者が改善更生することを助けるもので、警察、検察、裁判、矯正といった一連の刑事司法の流れの最終段階を担うものである（**図 4-1-1**）。

図 4-1-1　刑事司法における更生保護の位置づけ

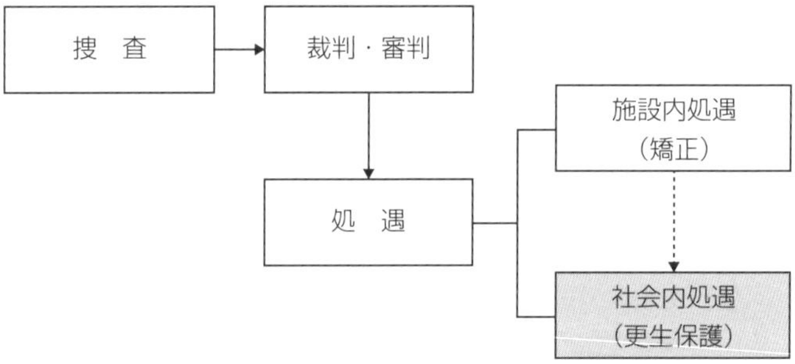

捜　査 → 裁判・審判 → 処　遇 → 施設内処遇（矯正）／社会内処遇（更生保護）

出典）筆者作成.

［1］更生保護法

更生保護法
平成 19 年法律第 88 号
2008（平成 20）年 6 月 1 日から全面施行された。従来「犯罪者予防更生法」と「執行猶予者保護観察法」の 2 法に分かれていた更生保護の基本的な法律を整理・統合し、更生保護の機能を充実強化するための所要の規定を整備したもの。

更生保護制度の基本となる法律は「**更生保護法**」である。その 1 条では、「目的」として、「この法律は、犯罪をした者及び非行のある少年に対し、社会内において適切な処遇を行うことにより、再び犯罪をすることを防ぎ、又はその非行をなくし、これらの者が善良な社会の一員として自立し、改善更生することを助けるとともに、恩赦の適正な運用を図るほか、犯罪予防の活動の促進等を行い、もって、社会を保護し、個人及び公共の福祉を増進することを目的とする」と定められている。これが、この法律の目的であり、また、更生保護の目的でもある。

［2］再犯を防ぐことと改善更生を助けること

更生保護法の目的の中でも、中核をなすのが「犯罪をした者及び非行のある少年に対し、社会内において適切な処遇を行うことにより、再び犯罪をすることを防ぎ、又はその非行をなくし、これらの者が善良な社会の一員として自立し、改善更生することを助ける」ことである。更生保護の対象が「犯罪をした者」と「**非行のある少年**」であり、これらの人を刑務所、少年院などの**矯正施設**に収容して処遇するのではなく、実社会の中で通常の社会生活を営ませながら処遇を行うことを通じて、その再犯防止と改善更生を図ろうとするものであることが明らかにされている。

この社会内における処遇の具体的内容が、保護観察、更生緊急保護、生活環境の調整などであり、更生保護におけるこれらの処遇は、矯正施設における「施設内処遇」との対比で「**社会内処遇**」と呼ばれている。

「再び犯罪をすることを防ぎ、又はその非行をなくし」とあり、「善良な社会の一員として自立し、改善更生することを助ける」とあるのは、社会内処遇によって目指すところが、再犯・再非行を防止することと自立・改善更生を助けることの双方であることを示している。

犯罪・非行をして保護観察に付された人、刑務所等を出所した人などの多くは、何らかの生活上の困難を抱えており、このような人については、就労の確保や生活習慣の改善、福祉サービスのあっせんなど、安定した社会生活を送るための支援、すなわち自立・改善更生を助けるための処遇を行うことが必要となるが、それとともに、更生保護が犯罪をした人や非行のある少年を対象とする刑事司法の一環として行われるものである以上、再犯・再非行を生じさせないという観点からの処遇もあわせて求められることとなる。もとより、その人が改善更生すれば再犯・再非行に至ることはなく、その人が再犯・再非行に至れば改善更生を大きく妨げることにもなるので、再犯・再非行を防ぐことと自立・改善更生を助けることとは、いわば不即不離の関係にあるとも言え、更生保護における処遇では、これらを一体のものとして常に意識しておくことが必要となる。

[3] 個人および公共の福祉の増進

更生保護法の目的には、さらに「恩赦の適正な運用」を図ることと「犯罪予防の活動の促進」を行うことが掲げられている。

「**恩赦**」には、有罪の言渡しを受けた人の事後の改善更生の状況などにより、刑事政策的見地から裁判を変更し、または有罪の言渡しにより制限されていた資格を回復させる機能があり、このような恩赦の機能は、刑務所出所者等の自立・改善更生に資する効果をも有することから、その適正な運用を図ることが更生保護の目的として掲げられているものである。

「犯罪予防の活動の促進」とは、犯罪の予防を図るため、世論を啓発し、社会環境の改善に努め、更生保護の目的の実現に資する民間団体や地域住民の活動を促進することである。犯罪をした人や非行少年が実社会の中で

非行のある少年
少年法1条の「非行のある少年」と同義である。少年法上、「少年」とは20歳に満たない者を言い、そのうち18歳以上の少年を「特定少年」と言う。また、「非行のある少年」には、「犯罪少年」（犯罪行為をした14歳以上の少年）、「触法少年」（刑罰法令に触れる行為をした14歳未満の少年）および「虞犯少年」（性格または環境に照らし、将来罪を犯し、または刑罰法令に触れる行為をするおそれのある少年）の区分がある（少年法3条）。

矯正施設
刑や保護処分を受けた人などを収容する法務省所管の施設で、刑務所、少年刑務所、拘置所（これらを総称して「刑事施設」と言う）、少年院および少年鑑別所がある。

社会内処遇
地域社会を基盤とする処遇であるという趣旨で、通常“community based treatment”と訳される。

改善更生し、円滑な社会復帰を果たしていくためには、国が保護観察などの処遇を適切に実施するだけでなく、犯罪・非行が生じにくい社会環境づくりや、犯罪をした人や非行少年の立ち直りに対する地域社会の人びとの理解や協力が重要な要素となる。このため、犯罪・非行からの立ち直りに対する地域住民の理解・関心を深めるとともに、犯罪・非行から立ち直ろうとする人が地域社会の一員として受け入れられるような社会環境が醸成されるよう、「**社会を明るくする運動**」などの広報活動を通じるなどして、広く国民・地域社会に向けた働きかけが行われている。

社会を明るくする運動
犯罪や非行のない明るい社会を築こうとする全国的な運動である。法務省の主唱により、毎年7月を強調月間として全国各地で広報活動や講演会などが実施されている。1949（昭和24）年、東京・銀座の商店街の人たちが、貧困による少年非行の状況に心を痛め、犯罪や非行の予防を広く訴える「銀座フェアー」を開催したことが運動のきっかけとなった。

そして、最後に更生保護の究極の目的として掲げられているのが、「社会を保護し、個人及び公共の福祉を増進すること」である。「社会を保護」するとは、犯罪から社会を守ることであり、社会を犯罪や非行のない安全なものにしていくことである。「個人」とは犯罪・非行をした本人をも含めたすべての個人を指し、「公共」とは社会全体を指す。

犯罪は、被害者にとってはもとより、社会全体にとっても不幸なことであり、また、犯罪をした本人にとってもある意味不幸なことである。更生保護は、犯罪をした人の改善更生を助けて社会復帰を促すとともに、その再犯を防止し、犯罪から社会を守ることによって、犯罪をした本人をも含めたすべての個人と社会全体の福祉を共に増進させることを目的としているのである。

B. 更生保護制度の生成

[1] 更生保護の源流

日本の近代的な更生保護の源流は、1888（明治21）年に、免囚保護を目的として、**金原明善**、川村矯一郎らの慈善篤志家によって設立された「**静岡県出獄人保護会社**」に求めることができる。同会社は、免囚（刑務所出所者）の宿泊保護や就職あっせんを行うとともに、県下全域に1,700人に及ぶ保護委員を配置して釈放者保護に当たらせるなど、現在の更生保護施設と保護司制度の先駆けとされている。その後、政府の積極的な奨励もあり、篤志家や宗教家によって、同様の釈放者保護団体が全国各地に設立されるようになった。

金原明善（きんばらめいぜん）
1832–1923
天竜川の治水事業に私財を投じて取り組むなど、生涯を通じ公益に尽くした実業家。監獄（刑務所）に教誨師を派遣し、出所後の保護を行う勧善会を組織し、日本で最初の更生保護施設である「静岡県出獄人保護会社」を設立した。「更生保護の父」と呼ばれている。

このようにして始まった日本の更生保護は、その後も民間の自発的な事業として発展する一方、次第に国の**刑事政策**の中に位置づけられるようになった。1923（大正12）年に施行された旧少年法では、保護処分の1つとして、少年保護司（官吏）と嘱託少年保護司（民間）により実施される保護観察の制度が初めて設けられ、1936（昭和11）年に施行された思想

刑事政策
一般に、犯罪の防止を目的とする諸施策全般を指す。また、これを対象とする学問を意味することもある。

犯保護観察法等を経て、1939（昭和14）年には「司法保護事業法」が制定・施行され、司法保護事業（現在の更生保護事業）を営む「司法保護団体」と保護司の前身である「司法保護委員」が法制化され、これによって更生保護は国の制度として明確に位置づけられることとなった。

戦後、刑事司法の分野において、刑事訴訟法、**少年法**等が全面的に改正されるなどの改革が進められる中、1949（昭和24）年7月1日の**犯罪者予防更生法**の施行により、更生保護制度が創設され、少年のほか成人（仮釈放者）に対する保護観察が導入された。翌1950（昭和25）年には「**保護司法**」、「**更生緊急保護法**」が制定され、民間における更生保護の担い手である保護司と更生保護会（現在の更生保護施設）の制度が整備されたほか、1954（昭和29）年の「**執行猶予者保護観察法**」の施行、1958（昭和33）年の売春防止法の一部改正により、保護観察の対象も拡大し、現行の更生保護制度の枠組みが整えられた。

このように、日本の更生保護制度は、明治以来、民間篤志家の発意によって生まれ、その多大の努力と貢献によって築かれた基礎の上に、国の制度が形づくられたという大きな特徴をもっている。当時、刑務所出所者等の境遇を慮(おもんぱか)り、その立ち直りのため、私財を投じてこの制度を興した民間篤志家の熱意は、百年以上を経たいまも、保護司、更生保護施設を始めとする多くの民間ボランティアに引き継がれ、「**官民協働**」という日本特有の更生保護の実施態勢を支える力となっているのである。

[2] 更生保護法の制定とその後の主な改正経過

その後、1995（平成7）年の「**更生保護事業法**」の制定による更生保護法人制度の創設、1998（平成10）年の保護司法の一部改正による保護司組織の法定化などの法整備があったものの、戦後50年以上にわたり大きな制度の見直しはなされずに経過していたところ、2004～2005（平成16～17）年にかけて、保護観察中の者の再犯事件が相次いだことなどを端緒として、その再犯防止の機能に対し厳しい目が向けられるようになり、2006（平成18）年6月には、法務大臣の委嘱を受けた委員からなる「**更生保護のあり方を考える有識者会議**」により、更生保護制度の抜本的改革の必要性を指摘する報告書「更生保護制度改革の提言―安全・安心の国づくり、地域づくりを目指して」がまとめられた。これを受け、更生保護制度全般にわたる改革が提言内容に沿って進められ、2007（平成19）年6月には、犯罪者予防更生法と執行猶予者保護観察法を整理・統合して新たな1つの法律とし、更生保護の機能の充実強化を図ることを目的とする「更生保護法」が制定された。

少年法
昭和23年法律第168号
非行のある少年に対する保護処分の内容、少年審判の手続等について定めている。保護処分は、非行のある少年の性格の矯正および環境の調整に関し、その健全な育成を期して行われるものである。

犯罪者予防更生法
昭和24年法律第142号
現行の更生保護制度を創設した法律であり、「更生保護」の語を初めて法律で規定した。仮釈放、保護観察等の更生保護の措置について定めたもので、その基本的な枠組みは更生保護法に引き継がれている。

保護司法
昭和25年法律第204号
保護司の使命や服務、任期、定数、委嘱の手続、保護司組織等について定めている。

更生緊急保護法
昭和25年法律第203号
満期釈放者等に対する更生保護の措置を国の責任において行うことを明らかにするとともに、更生保護事業の認可や「更生保護会」（現在の更生保護施設）の設立、監督等について定めたもので、その内容は更生保護法および更生保護事業法に引き継がれている。

執行猶予者保護観察法
昭和29年法律第58号
保護観察付執行猶予者に対する保護観察の方法等について定めたもので、その内容は更生保護法に引き継がれている。

更生保護事業法
平成7年法律第86号
更生保護事業の種類および内容、更生保護法人の設立および監督、更生保護事業の認可および届出の手続など更生保護事業の基本事項を定めたもの。

更生保護法は、2008（平成20）年6月1日から全面施行され、その目的には再犯を防止することと改善更生を助けることが一体のものとして明記されたほか、遵守事項を整理・充実するなど、めりはりのある保護観察の実施を可能とする規定が整備され、その施行を契機として、再犯防止と社会復帰支援のためのさまざまな施策が導入された。

また、2006（平成18）年7月に刑事施設に収容しないで行う処遇のあり方等について法務大臣から諮問を受けた法制審議会は、2010（平成22）年2月に、保護観察の特別遵守事項の類型に「**社会貢献活動**」を加えるとともに「**刑の一部の執行猶予制度**」を導入することを内容とする答申を行い、これを踏まえて改正された「刑法」および新たに制定された**薬物法**が2016（平成28）年6月から施行された。これにより、保護観察の対象として、刑の一部の執行猶予の言渡しを受けその猶予の期間中保護観察に付された者（保護観察付一部猶予者）が新たに加わることとなり、その主な対象である薬物事犯者に対する処遇の充実に向けた取組みが進められた。また、保護観察の特別遵守事項として「**社会貢献活動**」を加えることを内容とする**更生保護法**の一部改正もあわせて行われ、2015（平成27）年6月から施行された。

2021（令和3）年5月には、少年法等の一部を改正する法律（令和3年法律第47号）が成立し、2022（令和4）年4月から施行された。選挙権年齢や成年年齢が20歳から18歳に引き下げられるなど、18・19歳の者が社会において責任ある主体として積極的な役割を果たすことが期待される立場になった一方で、この年齢層の者がなお成長途上にあり可塑性を有する存在であることなどに鑑み、同法による改正後の**少年法**では、18・19歳の者が罪を犯した場合に、これらの者を「**特定少年**」として適用対象としつつ、その立場に応じた取扱いとするため17歳以下の少年とは異なる特例を定めている。**更生保護法**についても、これに応じた改正がなされ、特定少年が保護観察に付された場合の取扱いについて所要の改正が行われた。

さらに、2022（令和4）年6月には、刑法等の一部を改正する法律（令和4年法律第67号）が成立した。この法律には、犯罪者に対する処遇を一層充実させるため、①**懲役**および**禁錮**を廃止して拘禁刑を創設すること、②再度の刑の全部の執行猶予の言渡しをすることができる対象者の範囲を拡大するなど刑の執行猶予制度を拡充すること、③施設内処遇・社会内処遇の一層の充実を図ることなどの事項が盛り込まれている。同法による改正後の更生保護法（以下この章において、改正更生保護法）では、刑事手続の入口から出口、地域に至るまでの指導や支援を切れ目なくつなぐ観点

社会貢献活動
自己有用感の涵養、規範意識や社会性の向上を図るため、公共の場所での清掃活動や福祉施設での介護補助活動などの地域社会の利益の増進に寄与する社会的活動を継続的に行うことを内容とする。

刑の一部の執行猶予制度
3年以下の懲役または禁錮の言渡しをする場合に、刑期の一部を実刑としたうえで、その残りの刑期の執行を1～5年間猶予し、その猶予の期間中保護観察に付することを可能とする制度。禁錮以上の実刑に処せられたことのない初入者等を対象とする（この場合、猶予期間中に保護観察に付するかどうかは裁量的）ほか、薬物使用等の罪を犯した者については累入者であっても対象となり、この場合は猶予の期間中必ず保護観察に付される。

薬物法
平成25年法律第50号
正式名称は「薬物使用等の罪を犯した者に対する刑の一部の執行猶予に関する法律」。刑法に基づく一部猶予制度が、禁錮以上の実刑に処せられたことのない初入者等を対象とするのに対し、規制薬物等（覚醒剤、大麻、コカイン、あへん、シンナー等）の自己使用等の罪を犯した者については、累入者であっても一部猶予制度の対象とすることなどを定めている。

懲役
自由刑（受刑者を拘禁し、自由を剥奪することを内容とする刑罰）の一種であり、刑事施設に拘置して所定の作業を科すもの。有期懲役と無期懲役がある。

から、①更生緊急保護制度を拡充するとともに、②刑執行終了者等に対する援助、③更生保護における地域援助、④勾留中の被疑者に対する生活環境の調整等の規定が新設されている。また、犯罪被害者等の思いに応える保護観察処遇を推進する観点から、⑤保護観察等における措置をとるに当たっては、犯罪被害者等の被害に関する心情やその置かれている状況を十分考慮すべきことが明記されるなどの改正が行われ、これらの規定は2023（令和5）年12月から施行された。

禁錮
自由刑の一種であり、刑事施設に拘置して執行されるが、懲役と異なり作業は科されない。有期禁錮と無期禁錮がある。

C. 更生保護の方法

更生保護における措置の運用や保護観察を始めとする社会内処遇に当たる者の態度については、以下のような考え方を基本としている。

[1] 個別処遇の原則

更生保護における措置をとるに当たっては、これを受ける者の性格、年齢、経歴、心身の状況、家庭環境、交友関係等を十分に考慮して、その者に最もふさわしい方法により行うものとされている（更生保護法3条）。これは、罪を犯した者は、それぞれに犯罪に至った動機やその資質が異なるものであり、また、更生保護が実社会の中で生活している者を対象とする以上、その生活環境もさまざまであることから、保護観察を始めとする更生保護における措置は画一的に行うのではなく、個々の対象者に応じ、最もふさわしい方法により実施すべきことを示している。

個別処遇の原則
改正更生保護法では、更生保護における措置をとるに当たって考慮すべき事項として、「被害者等の被害に関する心情、被害者等の置かれている状況」が加えられている。

[2] 必要かつ相当な限度

更生保護における措置は、これを受ける者の改善更生のために必要かつ相当な限度において行わなければならない（更生保護法3条）。不必要かつ不相当な指導や援助を行うことは、過度の人権制約となるばかりでなく、対象となる者の反発を招いたり依頼心を助長したりして、かえってその改善更生を妨げかねないからである。

[3] 信頼関係に基づく処遇

更生保護における措置や調査の実施に当たっては、更生保護法の目的を踏まえ、公正を旨とし、処遇の対象となる者に対しては厳格な姿勢と慈愛の精神をもって接し、関係人に対しては誠意をもって接し、その信頼を得るように努めなければならない（**社会内処遇規則**3条）。保護観察官および保護司が公正を旨として処遇に当たることはもとより、保護観察対象者

社会内処遇規則
平成20年法務省令第28号
正式名称は「犯罪をした者及び非行のある少年に対する社会内における処遇に関する規則」。更生保護法を実施するために必要な事項等を定めたもので、仮釈放、保護観察、生活環境の調整、更生緊急保護等の手続や措置の基準が示されている。

等に対しては慈愛の精神に裏打ちされた厳格な姿勢をもって接し、また、その家族、雇用主等の関係人に対しては誠意をもって接することにより、これらの者との信頼関係を樹立するよう努めることが社会内処遇を実施するうえでの基本的な姿勢であることを示している。

[4] 国民の理解と協力

更生保護法は、その目的を達するため、国民がそれぞれの地位・能力に応じた寄与をするよう努めることを求めるとともに、国が、更生保護の目的の実現に資する民間の自発的活動を促進し、これらの者と連携協力するほか、更生保護に対する国民の理解を深め、その協力を得るように努めるべきことを定めている（更生保護法 2 条）。

犯罪や非行は地域社会で生ずるものであり、刑に服した人も、いずれ地域社会に戻ってくる。その意味で、これらの人の改善更生もまた、地域社会において実現されるものである。犯罪や非行から立ち直ろうとする人を、差別や偏見にとらわれることなく、一人の国民・地域の一員として受け入れ、彼らが地域社会に適応して生活をしていけるよう見守り、その立ち直りを支援し、共に生きることのできる社会を目指すことが、一見遠回りのようでいて、再犯に至る人を減少させ、安全・安心な社会を実現する。このような更生保護の基本的な考え方が国民に広く理解され、その協力を得られるようにすることが、更生保護が十分にその機能を発揮するために不可欠であって、更生保護においては、そのような理解・協力を得るための不断の努力が求められている。

2. 仮釈放等および生活環境の調整

A. 仮釈放等

[1] 仮釈放等の種類および概要

「**仮釈放等**」とは、刑、保護処分などの執行のため矯正施設に収容されている者を、定められた収容期間の満了前に釈放する制度の総称である。

仮釈放等には、以下の種類がある。

(1) 仮釈放

懲役または**禁錮**の刑の執行のため刑事施設等に収容されている者を、そ

仮釈放
2022（令和 4）年に仮釈放により刑事施設を出所した者（仮釈放者）は 1 万 636 人である。一方、同年に刑期終了（一部執行猶予の実刑部分の刑期終了を含む）により出所した者（満期釈放者）は 6,479 人であり、出所受刑者全体に占める仮釈放者の割合（仮釈放率）は、62.1%となっている。

の刑期の満了前に、仮に釈放する制度である（刑法28条）。仮釈放の期間中（残刑期が満了する日まで）は、**保護観察**に付され、その期間が経過すれば、刑の執行は終了することになる。

ただし、仮釈放中に再犯があったり、保護観察中に遵守すべき事項（**遵守事項**）に違反した場合には、仮釈放を取り消すことができるものとされ、この場合には刑事施設等に再び収容される。

(2) 少年院からの仮退院

家庭裁判所の審判で少年院送致の**保護処分**を受けて**少年院**に収容されている者を、その収容期間の満了前に、仮に退院させる制度である（更生保護法41条）。仮退院の期間中（20歳に達するまでまたは定められた収容期間が満了する日まで）は、**保護観察**に付され、その期間を経過するか、保護観察中の行状が良好で期間満了前に退院決定を受けたときは、保護観察が終了することになる。

ただし、仮退院中に遵守事項に違反した場合には、**戻し収容**の決定（18歳以上で少年院送致の決定を受けた**特定少年**については、**仮退院の取消し**の決定）により、少年院に再び収容できることとされている。

(3) 仮出場

労役場に留置されている者または**拘留**の刑の執行のため刑事施設に収容されている者を、その留置等の期間の満了前に、仮に出場させる制度である（刑法30条）。仮出場は、その期間中保護観察に付されることもなく、その取消しの制度もないので、実質的には終局的な釈放の措置である。

[2] 仮釈放の意義

仮釈放は、受刑者に将来的な希望を与えてその改善更生の意欲を喚起し、仮釈放期間中は保護観察に付して必要な指導や援助を行うことにより、その改善更生と円滑な社会復帰の促進を図ろうとするものである。

仮釈放の目的については、大別すると、①受刑者の刑事施設内での行状に対する恩恵とする見解、②刑罰を個別化するための制度とする見解、③社会防衛のための制度とする見解、④対象者の改善更生のための制度とする見解などがあるとされる(1)。

①恩恵のための制度とする見解では、仮釈放は、受刑者の刑事施設内での良好な行状に対する褒賞として与えられるものであり、これによって刑事施設内の秩序が維持されると考える。②**刑罰の個別化**のための制度とする見解では、仮釈放は、刑罰を個別化し、自由刑の弊害を避けるための制度と考える。③社会防衛のための制度とする見解では、犯罪者をいきなり完全に無拘束な状態で釈放するのではなく、仮釈放により、一定期間保護

少年院からの仮退院
2022（令和4）年の少年院からの出院者は1,363人であり、このうち1,359人（99.7%）が仮退院による出院者である。

保護処分
少年法に基づき、家庭裁判所の審判により決定されるもので、審判時18歳未満の少年については、①保護観察、②児童自立支援施設または児童養護施設送致、③少年院送致の3種類が（少年法24条）、審判時18歳以上の特定少年については、①6月の保護観察、②2年の保護観察、③少年院送致の3種類（少年法64条）がある。

少年院
少年院送致の保護処分を受けた者を収容し、矯正教育等を行う施設。収容する少年の年齢、犯罪的傾向の程度、心身の状況等に応じて、第1種から第5種までの5種類がある（少年院法4条）。

労役場
刑事施設に附置されるもので、罰金・科料を完納することができない者を一定期間労役に服させるために留置する施設。

拘留
自由刑の一種であり、30日未満の期間、刑事施設に拘置するもの。

刑罰の個別化
刑罰の目的は犯罪をした者の教育・改善にあたるとする立場から、刑罰を、犯罪をした者の個々の特性に応じ、その改善に適したものとすることをいう。

観察に付して再犯を防止するとともに、社会に適応できないことが明らかになったときは、再び施設に収容することが、社会防衛に資すると考える。そして、④改善更生のための制度とする見解は、仮釈放は、受刑者に満期前釈放の希望を与えて改善更生を促すとともに、仮釈放後、保護観察に付して監督援護しつつ、社会内での改善更生を図るための制度と考えるもので、更生保護法においても、仮釈放は改善更生のための制度とされている。

[3] 仮釈放等の許可基準

(1) 仮釈放の許可基準

法定期間
仮釈放の要件として定められている期間である。18歳未満で刑の言渡しを受けた者については、これを緩和する特則が少年法に設けられている。

仮釈放については、刑法28条に、有期刑についてはその刑期の3分の1、無期刑については10年を経過していること（この期間を「**法定期間**」と言う）と「**改悛（かいしゅん）の状（じょう）**」があることを要件とすることが定められている。

また、社会内処遇規則28条には、「改悛の状」をさらに具体化した仮釈放許可の基準が定められており、仮釈放を許す処分は「悔悟（かいご）の情及び改善更生の意欲があり、再び犯罪をするおそれがなく、かつ、保護観察に付することが改善更生のために相当であると認めるときにするものとする。ただし、社会の感情がこれを是認すると認められないときは、この限りでない」とされている。

(2) 少年院からの仮退院の許可基準

処遇の最高段階
少年院では、在院者の改善更生の状況に応じた矯正教育等の処遇を行うため「処遇の段階」を設けており、上位から順に1級、2級および3級がある（少年院法16条、少年院法施行規則8条）。処遇の最高段階とは、この処遇の段階の「1級」を言う。

少年院からの仮退院については、更生保護法41条に、保護処分の執行のため少年院に収容されている者が、「処遇の段階が最高段階に達し、仮に退院させることが改善更生のために相当であると認めるとき、その他仮に退院させることが改善更生のために特に必要であると認めるとき」に許すものと定められている。また、社会内処遇規則30条には、「特に必要であると認めるとき」に当たる場合について、「**処遇の段階が最高段階**に達していない場合において、その努力により成績が向上し、保護観察に付することが改善更生のために特に必要であると認めるとき」と定められている。

少年院からの仮退院については、少年院送致の保護処分が、少年院における矯正教育のみによって完結するものではなく、仮退院後における保護観察と一貫性を保つことにより、実効ある保護処分として処遇の効果を挙げ得るとの考え方から、施設内処遇と社会内処遇との有機的一体化を図ることに配慮した運用がなされており、少年院に収容された者の大部分は、仮退院が許され、社会内処遇に移行している。

［4］仮釈放等の判断機関

仮釈放等を許すか否かを判断するのは、**地方更生保護委員会**（以下、地方委員会）である。

地方委員会は、3人以上15人以下の委員をもって組織され、仮釈放等に関する事務（①仮釈放を許し、またはその処分を取り消すこと、②仮出場を許すこと、③少年院からの仮退院または退院を許すこと、④少年院からの仮退院中の者について、少年院に戻して収容する旨の決定の申請をし、または仮退院を許す処分を取り消すこと）をつかさどる。仮釈放等の決定は、3人の委員をもって構成する合議体による審理を経てなされることとされている。

また、地方委員会には事務局が置かれ、**保護観察官**が配置されている。

地方更生保護委員会
法務省の地方支分部局で、高等裁判所の所在地に対応して全国8ヵ所に置かれている。仮釈放等に関する事務のほか、保護観察所の事務の監督等の事務をつかさどる（更生保護法16条）。

［5］仮釈放等の手続

仮釈放等の手続の基本的な流れは、**図4-2-1**の通りである。

(1) 身上関係事項の通知

矯正施設の長は、懲役または禁錮の刑に処せられた者、少年院送致の保護処分を受けた者等を収容したときは、地方委員会およびその者の**帰住予定地**を管轄する保護観察所の長に対し、身上関係事項を通知することとされている。この通知は「**身上調査書**」により行われる。身上調査書は、地方委員会が行う仮釈放等の審理および保護観察所の長が行う生活環境の調整のための重要な資料となる。

帰住予定地
矯正施設に収容されている受刑者等が釈放された後に居住する予定の住居等の所在地または当該住居がないときはその者が釈放された後に居住することを希望する場所を言う。

身上調査書
矯正施設の長が受刑者等の身上関係事項を地方委員会等に通知する書面。氏名、生年月日等のほか、犯罪または非行の概要、動機および原因、共犯者の状況、被害者等の状況、生活歴、心身の状況、帰住予定地、引受人等の状況、釈放後の生活の計画などが記載される。

(2) 生活環境の調整

受刑者や少年院在院者の帰住予定地を管轄する保護観察所の長は、その社会復帰を円滑にするため必要があると認めるときは、釈放後の住居、就業先その他の「**生活環境の調整**」を行うものとされている。

(3) 82条調査

地方委員会は、生活環境の調整が有効かつ適切に行われるよう、必要に応じ、受刑者等に対する調査を行うとともに、保護観察所の長に対する指導、助言等を行うものとされている。この調査は、更生保護法82条に基づくことから、実務上「**82条調査**」と呼ばれる。

(4) 36条調査

地方委員会が仮釈放等の審理の開始前に行う受刑者等に関する調査である。更生保護法36条に基づくことから、実務上「**36条調査**」と呼ばれる。

地方委員会は、この調査結果に基づき、仮釈放等について「申出によらない審理」を開始するかどうかを判断する。また、この調査結果は、その後、仮釈放等の審理が行われた場合における資料となるほか、帰住予定地

図 4-2-1　仮釈放等の手続の流れ

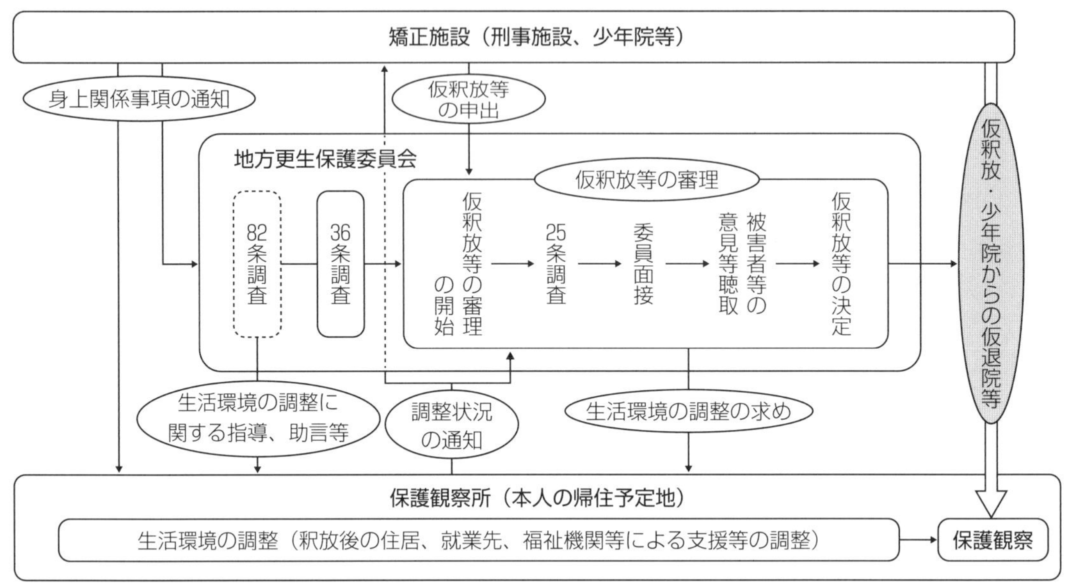

出典）筆者作成.

を管轄する保護観察所に送付され、生活環境の調整に活用される。

(5) 仮釈放等の申出

矯正施設の長は、受刑者等について、仮釈放等の基準に該当すると認める場合には、地方委員会に対し、仮釈放等を許すべき旨の申出をしなければならないこととされている。

(6) 仮釈放等の審理

仮釈放等の審理は、矯正施設の長からの申出を受けたときに開始するほか、申出がない場合であっても、36 条調査の結果に基づき、地方委員会自らが「申出によらない審理」を開始することができる。

(7) 25 条調査

地方委員会が仮釈放等の審理の対象となっている受刑者等について行う調査であり、更生保護法 25 条に基づくことから、実務上「**25 条調査**」と呼ばれる。25 条調査の一環として、合議体の構成員である委員は、原則として本人と「委員面接」を行うこととされている。また、地方委員会は、必要があると認めるときは、保護観察所の長に対し、調整すべき事項を定めて「**生活環境の調整の求め**」を行うことができる。

さらに、仮釈放等の審理の対象となっている受刑者等について、その刑または保護処分を言い渡される理由となった犯罪の被害者等から申出があったときは、仮釈放等に対する意見および被害に関する心情を聴取するものとされている（**意見等聴取制度**）（更生保護法 38 条）。

地方委員会は、これらの調査等の結果に基づいて評議を行い、本人について、仮釈放等の基準に該当するかどうかを判断することとなる。

(8) 仮釈放等の決定

地方委員会は、本人について、仮釈放等の基準に該当すると判断したときは、仮釈放等を許す旨の決定をする。他方、基準に該当しないと判断したときは、これをしない旨の判断をして仮釈放等の審理を終結させる。

仮釈放等の許可決定をした場合には、あわせてその釈放すべき日を定めるほか、保護観察所の長が行った**生活環境の調整**の結果に基づいて、本人が居住すべき住居を特定することとされている。また、釈放のときまでに、保護観察中に守るべき**特別遵守事項**の設定等をすることができる。

なお、釈放までの間に、刑事施設等における規律違反、帰住予定地の生活環境の著しい変化等の特別の事情が生じたと認めるときは、仮釈放等の審理を再開することとされ、この場合には、仮釈放等の許可決定は、その効力を失うこととなる。

(9) 仮釈放許可決定を受けた者に対する措置

矯正施設では、原則として釈放前の2週間、受刑者の帰住および釈放後の生活に関する指導が行われる。釈放前の指導は、講話、個別面接等の方法により、釈放後の社会生活においてただちに必要となる知識、社会復帰後の就職に関する知識および情報、保護観察制度その他更生保護に関する知識等を付与するほか、一般社会における生活にできる限り近似した日常生活を体験させることなどをその内容としている。

また、保護観察所では、**引受人等**と連絡をとるなどし、必要に応じ、釈放時の出迎え、衣類の準備その他帰住に関する調整が行われる。

引受人等
受刑者等が釈放された後に同居するなどしてその生活の状況に配慮し、その改善更生のために特に協力する者を「引受人」と言い、引受人以外の者でその改善更生に協力する者を含め「引受人等」と言う。

仮釈放等の際は、その許可決定書の謄本のほか、保護観察の期間中守るべき遵守事項が記載された「**遵守事項通知書**」が本人に交付される。矯正施設では、本人に対し、遵守事項を遵守する旨の誓約を求めるとともに、釈放後、保護観察所に出頭すべきことなどの注意事項を説明したうえで、本人を釈放することとされている。

B. 生活環境の調整

[1] 生活環境の調整の意義

犯罪をした者や非行のある少年の改善更生を図るうえで、**生活環境**は重要な意味をもつことから、更生保護のさまざまな場面で、その者の改善更生と社会復帰にふさわしい生活環境を調整する措置を講ずることとされている。更生保護法では、①矯正施設に収容中の者に対する生活環境の調整

生活環境
住居や家族、就業先、学校、地域等の本人を取り巻く状況であって、直接間接に本人に影響を及ぼすものを広く指すものとされる。

（更生保護法 82 条）、②保護観察付執行猶予の言渡しを受け、その裁判が確定するまでの者に対する生活環境の調整（同法 83 条）、③保護観察における補導援護として行われる生活環境の改善・調整（同法 58 条）、④更生緊急保護として行われる生活環境の改善・調整（同法 85 条）が定められており、改正更生保護法では、これらに加え、⑤**勾留中の被疑者に対する生活環境の調整**（改正更生保護法 83 条の 2）が設けられる。

勾留中の被疑者に対する生活環境の調整
勾留されている被疑者であって検察官が罪を犯したと認めたものについて、釈放された場合の社会復帰を円滑にするため必要があると認めるときに、保護観察所において、その者の同意を得て、釈放後の住居、就業先等の生活環境の調整を行うもの。刑事司法手続の入口段階における支援（入口支援）として位置づけられる。

この節では、これらのうち、矯正施設に収容中の者について行われる生活環境の調整（以下、収容中の生活環境調整）について取り上げる。

収容中の生活環境調整は、矯正施設に収容されていた者が社会に戻った際に適当な住居や引受人等が準備されていない場合には、再び犯罪・非行に至る要因ともなり得ることから、その収容中の段階から継続的に行われるものであり、受刑者等の円滑な社会復帰を図るうえで重要な意義をもつ。

[2] 調整の実施者

保護観察所の長は、刑または保護処分の執行のため刑事施設または少年院に収容されている者について、その社会復帰を円滑にするため必要があると認めるときは、その者の家族等の関係人を訪問して協力を求めるなどの方法により、釈放後の住居、就業先等の生活環境の調整を行うものとされている（更生保護法 82 条）。調整を行う保護観察所は、本人の釈放後の帰住予定地を管轄する保護観察所である。**帰住予定地**は、基本的に本人の希望により定められるものであるが、調整の実施状況に応じ、他に望ましい帰住予定地があると認める場合には、矯正施設を通じ本人に働きかけるなどして、より適切な帰住予定地が定められるよう努めることとされている。また、帰住予定地が定まっていない場合や複数の帰住予定地について並行して調整を行う場合などは、適当な帰住予定地が迅速に設定されるよう、地方委員会が 82 条調査の結果を踏まえるなどし、保護観察所に対する必要な指導・助言や保護観察所相互間の連絡調整を行うこととされている。

収容中の生活環境調整は、「社会復帰を円滑にするため必要があると認めるとき」に行うこととされているが、一般に、家庭環境、交友関係等の生活環境は犯罪・非行に何らかの影響を及ぼしていることが通例であり、また、犯罪・非行をしたことで従前の就業先への復職に困難を生じたり、家族等に受け入れられず住居が得られなくなったりするなど、その社会復帰に支障を生じる場合も多いことから、運用上は、受刑者や少年院在院者全般についてその必要性を認め、収容中の生活環境調整が行われている。

[3] 調整を行う事項

収容中の生活環境調整において調整を行う具体的な事項としては、以下のようなものが挙げられる（社会内処遇規則 112 条）。

①釈放後の住居を確保すること。

②**引受人等**を確保すること。

③釈放後の改善更生を助けることについて、家族その他の関係人の理解および協力を求めること。

④釈放後の就業先または通学先を確保すること。

⑤改善更生を妨げるおそれのある生活環境について、本人が釈放された後に影響を受けないようにすること。

⑥公共の福祉機関等から必要な保護を受けることができるようにすること。

⑦その他本人が健全な生活態度を保持し、自立した生活を営むために必要な事項。

適当な引受人等や釈放後の住居が確保できない者について、その者の希望、心身の状況、釈放後の生活の計画、家族の状況等を考慮して相当と認めるときは、**更生保護施設**またはNPO法人や社会福祉法人等の保有する施設（**自立準備ホーム**）での受入れについて調整が行われる。

また、高齢または障害を有し、適当な帰住先がない受刑者等については、釈放後速やかに必要な福祉サービスを受けることができるようにするための取組みとして、矯正施設、保護観察所および各都道府県が設置する**地域生活定着支援センター**が連携して実施する「**特別調整**」が行われている。

[4] 調整の方法

収容中の生活環境調整は、保護観察所の長が、矯正施設の長から**身上調査書**を受理したときに開始される。保護観察所では、調整開始時に、調査・調整を要する事項、調整の方法等について記載した**生活環境の調整の計画**を作成することとされ、この計画に沿って、**保護観察官**および指名を受けた**保護司**が協働し、以下の方法により継続的に行うこととされている。

①本人との面接または通信その他の方法により、釈放後の生活の計画等を把握し、必要な助言を行うこと。

②引受人または家族その他の関係人と必要な協議をし、これらの者に対し、必要な援助および協力を求めること。具体的には、引受人等の住居を訪問するなどして面談し、その引受意思を確認するほか、家族の状況、帰住予定地の近隣の状況、本人の収容前の生活状況、交友関係等の必要な調査事項について聴取し、本人の受入れに関する継続的な調整を行うこと。

更生保護施設
保護観察対象者、更生緊急保護の対象者等のうち、適当な住居がないなどのため自立更生が困難な者について、保護観察所から委託を受けるなどして、宿泊場所や食事を提供するとともに就職の援助や生活指導などの必要な保護を行う施設である。2023（令和 5）年 4 月現在、全国に 102 施設がある。このうち、高齢者または障害のある者を受け入れ、退所後の福祉サービスの調整などを行う「指定更生保護施設」が 77 施設、薬物依存からの回復に重点を置いた処遇を実施する「薬物処遇重点実施更生保護施設」が 25 施設、それぞれ指定されている。

自立準備ホーム
社会内の多様な受け皿を確保する方策として 2011（平成 23）年度から実施されている「緊急的住居確保・自立支援対策」において、あらかじめ保護観察所に登録されている民間の法人等に保護観察対象者等の保護を委託するもので、宿泊場所や食事の提供、生活指導（自立準備支援）等が行われている。この場合の宿泊施設を「自立準備ホーム」と言う。

地域生活定着支援センター
厚生労働省が行う「地域生活定着促進事業」により、各都道府県に設置されているもので、高齢または障害により福祉的な支援を必要とする受刑者等について、保護観察所や矯正施設と連携し、その社会復帰および地域生活への定着を支援している。2021（令和 3）年度からは、刑事司法手続の入口段階にある被疑者・被告人等に対し福祉サービスの調整等の支援を行う「被疑者等支援業務」を実施している。

③官公署、学校、病院、公共の福祉機関等に対し、必要な援助および協力を求めること。具体的には、高齢者や障害のある者など福祉による支援の必要が認められる受刑者等について、あらかじめ福祉機関等と協議し、釈放後、円滑に福祉による支援が受けられるよう調整すること。

④本人が収容されている矯正施設の長に対し、帰住予定地、釈放後の生活計画に関し、参考となる資料の提供、本人に対する助言その他必要な協力を求めること。

[5] 調整結果の活用

収容中の生活環境調整は、本人の釈放後の改善更生および社会復帰に資することはもとより、その調整の状況は、保護観察所から、本人が収容されている矯正施設および地方委員会に通知され、矯正施設における処遇に活かされるほか、地方委員会が仮釈放等の審理を行う際の重要な資料となる。また、仮釈放等を許された場合の保護観察においても活用される。

また、地方委員会は、仮釈放等を許すに当たっては、収容中の生活環境調整による住居の調整の結果に基づき、仮釈放等を許される者が居住すべき住居を特定するものとされ、仮釈放等の期間中は、転居の許可を受けない限り、その住居に居住することが義務づけられる。また、保護観察付一部猶予者についても同様に、地方委員会が、猶予期間中に居住すべき住居を特定することができるものとされている。

3. 保護観察

A. 保護観察の意義

保護観察は、その対象となる者（保護観察対象者）の改善更生を図ることを目的として、その者に通常の社会生活を営ませながら、一定の遵守事項を守ることを義務づけて、必要な「**指導監督**」と「**補導援護**」を行うことにより実施されるものであり、更生保護の中核をなす措置である。

指導監督は、保護観察の中でも権力的・監督的な側面をもち、補導援護は、援助的・福祉的な働きかけである。保護観察を実施するうえでは、これらが 体的かつ有機的に行われることにより、その効果が十分に発揮されるようにすることが必要である。

B. 保護観察の対象および期間

保護観察の対象となる者とその保護観察期間は、以下の通りである。なお、保護観察を早期に終了させる**良好措置**または遵守事項違反等の事由により矯正施設に収容する**不良措置**がとられた場合など、保護観察の実施状況等により当初の保護観察期間が変更となる場合がある。

(1) 保護観察処分少年

家庭裁判所の決定（少年法24条1項1号または同法64条1項1号もしくは2号）により保護観察に付されている者を「**保護観察処分少年**」と言う。保護観察の期間は、18歳未満で保護観察に付された少年の場合は、原則として、保護処分言渡しの日から20歳に達するまでとされ、20歳に達するまでの期間が2年に満たないときは2年とされている。18歳以上の**特定少年**に対する保護観察については、「**6月の保護観察（更生指導）**」および「**2年の保護観察**」の2種類があり、保護観察の期間は、それぞれ処分の名称の通り6ヵ月および2年とされている。

保護観察処分少年に対する保護観察には、一般のもののほか、家庭裁判所の処遇勧告により、短期間の保護観察で改善更生が期待できる者を対象とする「**短期保護観察**」および「**交通短期保護観察**」がある。

(2) 少年院仮退院者

家庭裁判所の決定（少年法24条1項3号または同法64条1項3号）により少年院送致の保護処分を受けた後、地方委員会の決定（更生保護法41条）により少年院からの仮退院を許されて保護観察に付されている者を「**少年院仮退院者**」と言う。保護観察の期間は、18歳未満で少年院送致の保護処分を受けた少年の場合は、原則として、仮退院の日から20歳に達するまでとされ、家庭裁判所の決定等により少年院の収容期間が延長されているときは、その期間の満了日までとなる。また、18歳以上で少年院送致の保護処分を受けた**特定少年**の場合は、家庭裁判所が少年院送致の決定と同時に3年以下の範囲内において少年院に収容する期間を定めるものとされ、保護観察の期間については、仮退院の日からその収容期間の満了日までとなる。

(3) 仮釈放者

懲役または禁錮の刑に処せられて刑事施設等に収容された後、地方委員会の決定（刑法28条、更生保護法39条1項）により仮釈放を許されて保護観察に付されている者を「**仮釈放者**」と言う。保護観察の期間は、仮釈放の日からその残刑期間の満了日までである。無期刑受刑者が仮釈放を許された場合は、**恩赦**によらない限り、終身保護観察が継続することとなる。

6月の保護観察（更生指導）
特定少年に対する保護処分の一つで、実務上「更生指導」と呼ばれている。最大6ヵ月の範囲で、遵守事項違反による不良措置をとることができない枠組みの下で実施される保護観察で、比較的軽微な罪を犯し、その問題性が比較的小さく、不良措置の仕組みがなくても改善更生を図ることのできる者が対象として想定されている。

2年の保護観察
特定少年に対する保護処分の一つで、最大2年の範囲で保護観察を実施するものである。家庭裁判所は、2年の保護観察の決定をするに当たっては、その犯情の軽重を考慮し、1年以下の範囲内において、不良措置により少年院に収容することができる期間を同時に定めることとされている。

短期保護観察
交通事件以外の事件により保護観察に付された少年のうち、非行性の進度がそれほど深くないなどの要件に該当する者を対象に、おおむね6～7ヵ月の期間で終了させることを目途に実施される。生活習慣、学校生活、就労関係、家族関係、友人関係等の中から重点的な指導領域を定め、これに対応する課題の履行を指導するなどの方法により行われる。

交通短期保護観察
交通事件により保護観察に付された少年のうち、一般非行性がないか、あってもその進度が深くないなどの要件に該当する者を対象に、3～4ヵ月の期間で実施される。交通に関する集団処遇を中心に行われ、安全運転に関する知識の向上、安全運転態度の形成を図ることなどを内容とする。

図 4-3-1　保護観察の種類

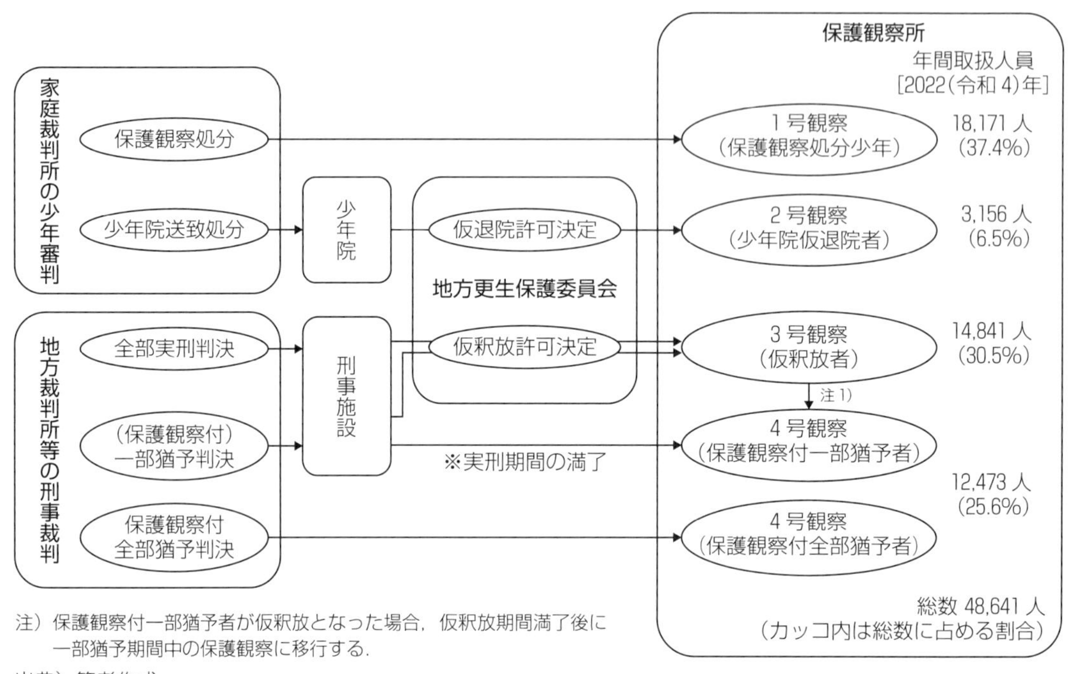

注）保護観察付一部猶予者が仮釈放となった場合，仮釈放期間満了後に一部猶予期間中の保護観察に移行する．

出典）筆者作成．

また、仮釈放中に所在不明となり保護観察が実施できなくなった場合は、地方委員会の決定により保護観察が停止され、その期間中は刑期の進行も停止し、期間満了日が延期されることとなる。

(4) 保護観察付執行猶予者

裁判所の判決により、刑の全部の執行を猶予され保護観察に付されている者（**保護観察付全部猶予者**）および刑の一部の執行を猶予され、その猶予の期間中保護観察に付されている者（**保護観察付一部猶予者**）の双方を「**保護観察付執行猶予者**」と言う。保護観察の期間は、保護観察付全部猶予者については判決が確定した日から、保護観察付一部猶予者については実刑部分の期間が満了した日から、それぞれ執行猶予の期間（いずれも 1 ～ 5 年の範囲で言い渡される）の満了日まででである。

これらの者に対する保護観察は、実務上、上記 (1) から (4) までの順に、それぞれ 1 号観察、2 号観察、3 号観察および 4 号観察と呼ばれている。これらの種別ごとの保護観察に付されるまでの流れは、**図 4-3-1** の通りである。

C. 保護観察の方法

[1] 保護観察の実施者

保護観察は、保護観察対象者の居住地を管轄する保護観察所がつかさどる。また、保護観察における指導監督と補導援護は、通常、保護観察所の専門職員（国家公務員）である**保護観察官**と法務大臣の委嘱を受けた民間篤志家である**保護司**の「**協働態勢**」により行われ、保護観察官のもつ専門性と保護司のもつ地域性・民間性の双方を活かしながら処遇が進められる。

保護観察を担当する保護観察官（主任官）およびその保護観察官と協働して指導監督・補導援護に当たる保護司（担当保護司）は、通例は各1名が指名されるが、担当保護司については、その負担等にも配意し、保護観察対象者の特性や保護司の経験年数等を考慮して複数人を指名する場合や、担当保護司を指名せずに保護観察官が直接担当する場合もある。

[2] アセスメントに基づく保護観察の実施

保護観察対象者に対する効果的な処遇を実施するため、保護観察所では、2021（令和3）年1月から、アセスメントツールである「**CFP**」を導入し、これを活用したアセスメントに基づく保護観察を実施している。

保護観察官は、保護観察の開始に際し、保護観察対象者と面接し、その結果や関係書類に基づき、犯罪や非行に結びつく要因および改善更生に資する事項（強み）を把握し、その分析結果等を踏まえて、保護観察対象者ごとに接触頻度等の処遇密度（処遇区分）を定めるとともに「**保護観察の実施計画**」を作成し、これに沿って指導監督および補導援護を実施することにより、その実効性を高めている。

[3] 指導監督

保護観察における**指導監督**は、①面接などの適当な方法により保護観察対象者と接触を保ち、その行状を把握すること、②保護観察対象者が遵守事項を遵守し、**生活行動指針**に即して生活・行動するよう、必要な指示等の措置をとること、③特定の犯罪的傾向を改善するための専門的処遇を実施することにより行われる（更生保護法57条）。

接触と行状把握は、保護観察の基本とも言えるものであり、保護観察対象者の自宅等を往訪し、あるいは保護観察所または保護司のもとへの来訪を求めて面接を行うほか、必要に応じ電話、郵便等の手段がとられる。接触を通じ、保護観察対象者の生活実態や心身の状況を知るとともに、必要な助言・指導を行うことはもとより、面接を重ねることで、保護観察対象

CFP
保護観察対象者の再犯リスクの程度の評価や処遇方針の決定に資する情報の収集および分析の方法を構造化したアセスメントツール（Case Formulation in Probation/Parole）であり、犯罪や非行に結びつく要因および改善更生に資する事項（強み）を抽出し、これらの相互作用、因果関係等について分析して図示するなどして、犯罪や非行に至る過程や処遇において介入すべき事項等を明らかにするものである。

生活行動指針
保護観察対象者の改善更生に資する生活または行動の指針となる事項であり、保護観察所の長が、指導監督を適切に行うため必要と認める場合に定めることができる。保護観察対象者は、これに即して生活し、および行動するよう努めなければならない（更生保護法56条）。具体的には「浪費をせず、堅実な生活に努めること」、「具体的な被害弁償の計画を立て、その実行に努めること」などの設定例が考えられる。

者との間の相互理解と信頼関係の促進が図られ、これを基盤とした処遇の実施に資することになる。

また、改正更生保護法では、これらに加えて、④更生保護事業者等の適当な者が行う特定の犯罪的傾向を改善するための専門的な援助（一定の基準に適合するもの）を受けるよう必要な指示等の措置をとること（改正更生保護法57条1項4号）、⑤当該保護観察対象者の犯罪・非行による被害者等の被害の回復または軽減に誠実に努めるよう必要な指示等の措置をとること（同項5号）が、指導監督の方法として定められた。

被害者等に対する謝罪や被害弁償に向けた指導監督としては、被害者のある重大な犯罪をした保護観察対象者に対し「**しょく罪指導プログラム**」を実施するなどし、犯した罪の責任を自覚させ、被害者等の心情や置かれている状況等への理解を促すことなどを内容とする指導が行われている。

しょく罪指導プログラム
しょく罪指導プログラムは、被害者に重大な被害を与えた保護観察対象者に対し実施されており、①自己の犯罪行為やその責任について考えさせること、②被害者等の置かれている状況等を理解させること、③被害者等への謝罪や被害弁償等について考えさせること、④具体的なしょく罪計画を作成させることの4課程から構成されている。

[4] 遵守事項

保護観察対象者は、保護観察の期間中「**遵守事項**」を遵守しなければならない。遵守事項は、これを遵守しなかった場合には仮釈放の取消しなどのいわゆる不良措置がとられ得るものであり、保護観察対象者の行為規範として、また、指導監督の中核をなすものとして重要な意義を有する。

遵守事項には、すべての保護観察対象者が遵守すべき「**一般遵守事項**」と、保護観察対象者ごとに定められる「**特別遵守事項**」がある。遵守事項は、保護観察対象者に対し、書面（遵守事項通知書）により通知することとされ、通知に際しては、遵守事項の重要性について自覚を促すため、これを遵守する旨の誓約を求めることとされている。

(1) 一般遵守事項

一般遵守事項は、保護観察の基本である接触・面接と生活実態の把握を確実にするための事項を主として、以下のようなものが法定されている（更生保護法50条）。

①再び犯罪をすることがないよう、または非行をなくすよう健全な生活態度を保持すること。

②次に掲げる事項を守り、保護観察官および保護司による指導監督を誠実に受けること。

イ　保護観察官または保護司の呼出しまたは訪問を受けたときは、これに応じ、面接を受けること。

ロ　保護観察官または保護司から、労働または通学の状況、収入または支出の状況、家庭環境、交友関係その他の生活の実態を示す事実であって指導監督を行うため把握すべきものを明らかにするよう求められたときは、これに応じ、その事実を申告し、またはこれに関する資料を提示すること。

③保護観察に付されたときは、速やかに、住居を定め、その地を管轄する保護観察所の長にその届出をすること。

④保護観察に付されたときに保護観察所の長に届け出た住居または転居をすることについて保護観察所の長から許可を受けた住居に居住すること。

⑤転居または7日以上の旅行をするときは、あらかじめ、保護観察所の長の許可を受けること。

改正更生保護法では、上記②のイおよびロの事項に加え、「保護観察官または保護司から、健全な生活態度を保持するために実行し、又は継続している行動の状況、特定の犯罪的傾向を改善するための専門的な援助を受けることに関してとった行動の状況、被害者等の被害を回復し、又は軽減するためにとった行動の状況等を示す事実であって、指導監督を行うため把握すべきものを明らかにするよう求められたときは、これに応じ、その事実を申告し、またはこれに関する資料を提示すること」が一般遵守事項として定められた（改正更生保護法50条1項2号ハ）。これにより、たとえば、指導監督として被害者等への謝罪や被害弁償等に努めるよう指示した場合などに、その履行状況の申告や資料提示の求めに応じることが義務づけられることとなる。

(2) 特別遵守事項

特別遵守事項は、保護観察対象者ごとに、その改善更生のために特に必要と認められる範囲内で、これが遵守されなかった場合には不良措置がとられ得ることを踏まえて具体的に定められる。特別遵守事項は、少年院仮退院者、仮釈放者、刑事施設に収容中の保護観察付一部猶予者および婦人補導院仮退院者については地方委員会が定め、保護観察中の保護観察処分少年および保護観察付執行猶予者については裁判所の意見に基づいて保護観察所の長が定めることとされている。

また、保護観察の開始後においても、設定、変更または取消しをすることが可能である。

特別遵守事項は、以下の各類型に該当する事項について定められる（更生保護法51条）。

①犯罪性のある者との交際、いかがわしい場所への出入り、遊興による浪費、過度の飲酒その他の犯罪または非行に結びつくおそれのある特定の行動をしてはならないこと。

この類型は、健全な生活態度を保持するため一定の行為を禁止するものであり、具体的には「覚せい剤の使用者や密売人と一切接触しないこと」、「パチンコ店に出入りしないこと」、「被害者等の身辺につきまとわないこと」などの設定例が考えられる。

②労働に従事すること、通学することその他の再び犯罪をすることがなくまたは非行のない健全な生活態度を保持するために必要と認められる特定の行動を実行し、または継続すること。

この類型は、社会一般から見て健全な生活の基本とされる労働や通学などの実行・継続を求めるものであり、具体的には「正当な理由のない欠席、遅刻または早退をすることなく、高等学校に通うこと」、「就職活動を行い、または仕事をすること」などの設定例が考えられる。

③7日未満の旅行、離職、身分関係の異動その他の指導監督を行うため事前に把握しておくことが特に重要と認められる生活上または身分上の特定の事項について、緊急の場合を除き、あらかじめ、保護観察官または保護司に申告すること。

④医学、心理学、教育学、社会学その他の専門的知識に基づく特定の犯罪的傾向を改善するための体系化された手順による処遇として法務大臣が定めるものを受けること。

この類型は、性犯罪者や薬物事犯者等について、**性犯罪再犯防止プログラム、薬物再乱用防止プログラム**等の「**専門的処遇プログラム**」を義務づけるものである。

⑤法務大臣が指定する施設、保護観察対象者を監護すべき者の居宅その他の改善更生のために適当と認められる特定の場所であって、宿泊の用に供されるものに一定の期間宿泊して指導監督を受けること。

この類型は、国が設置・運営する施設である「**自立更生促進センター**」に宿泊させて特に濃密な指導監督を受けさせる場合が想定されている。

⑥善良な社会の一員としての意識の涵養（かんよう）および規範意識の向上に資する地域社会の利益の増進に寄与する社会的活動を一定の時間行うこと。

この類型は、「**社会貢献活動**」として、公共の場所での清掃や福祉施設での介護補助等の社会に役立つ活動を行わせるものである。

⑦その他指導監督を行うため特に必要な事項。

この類型に該当するものとしては「更生保護施設の規則で禁じられた無断外泊をしないこと」などの設定例がある。

改正更生保護法では、これらの事項に加え、「更生保護事業法の規定により更生保護事業を営む者その他の適当な者が行う特定の犯罪的傾向を改善するための専門的な援助であって法務大臣が定める基準に適合するものを受けること」が特別遵守事項の新たな類型として定められた（改正更生保護法51条2項7号）。更生保護施設等の地域の支援機関・団体が行う、

性犯罪再犯防止プログラム
性犯罪に結びつくおそれのある認知の偏り、自己統制力の不足等の自己の問題性について理解させるとともに、再び性犯罪をしないようにするための具体的な方法を習得させることを内容とするもの。2022（令和4）年4月からは、小児に対する性加害や痴漢などの習慣的な行動とみなせる性加害を行った者等に対応した指導内容を追加して実施されている。

薬物再乱用性防止プログラム
依存性薬物の悪影響と依存性を認識させ、依存性薬物を乱用するに至った自己の問題性について理解させるとともに、再び依存性薬物を乱用しないようにするための具体的な方法を習得させることを内容とするもので、ワークブックを用いて行う教育課程（コアプログラムおよびコアプログラムの内容を定着・応用または実践させるためのステップアッププログラム）と断薬意志の維持・促進を図るための簡易薬物検出検査があわせて実施される。

専門的処遇プログラム
特定の犯罪的傾向を有する保護観察対象者について、その傾向を改善するため、心理学等の専門的知識に基づき、認知行動療法（自己の思考〔認知〕のゆがみを認識させて行動パターンの変容を促す心理療法）を理論的基盤とし、ワークブック等を用いて個別またはグループで実施されている。現在、性犯罪再犯防止プログラム、薬物再乱用防止プログラム、暴力防止プログラムおよび飲酒運転防止プログラムの4種がある。

たとえば、薬物依存からの回復に資する専門的な援助等（一定の基準に適合するもの）を保護観察対象者に受けさせることは、保護観察終了後も継続して地域の専門的な援助を受け続ける一助となり、その再犯防止・改善更生に資することから、そうした地域の専門的な援助の受講を義務づけることが可能とされたものである。

［5］補導援護

補導援護は、保護観察対象者が自立した生活を営むことができるようにするため、その自助の責任を踏まえつつ、以下の方法により行うものとされている（更生保護法58条）。

①適切な住居その他の宿泊場所を得ることおよび当該宿泊場所に帰住することを助けること。

②医療および療養を受けることを助けること。

③職業を補導し、および就職を助けること。

④教養訓練の手段を得ることを助けること。

⑤生活環境を改善し、および調整すること。

⑥社会生活に適応させるために必要な生活指導を行うこと。

⑦その他保護観察対象者が健全な社会生活を営むために必要な助言その他の措置をとること。

補導援護の具体的な方法としては、たとえば、公共職業安定所に対し就労支援または職業紹介を依頼すること、**協力雇用主**に雇用を依頼すること、通学を継続できるよう学校に対し理解・協力を求めること、福祉施設等への入所をあっせんすること、医療機関に対し必要な診察・治療を依頼すること、健康保険等の手続をとることを助けることなどが行われている。

また、上記④の生活指導としては、**SST（社会生活技能訓練）**など社会生活に適応するために必要な能力を習得させるための訓練を行うこと、薬物やアルコール等の依存からの回復を支援する自助グループ等に関する情報を提供すること、調理、洗濯、掃除等の日常生活を営むための知識、技術等を習得させることなどが行われている。

これらの補導援護は、保護観察所の長が自ら行うほか、**更生保護施設**を営む法人等に委託して行うことができることとされている。

［6］応急の救護

保護観察所の長は、保護観察対象者が、適切な医療、食事、住居その他の健全な社会生活を営むために必要な手段を得ることができないため、その改善更生が妨げられるおそれがある場合であって、医療機関、福祉機関

自立更生促進センター
保護観察所に付設された宿泊施設で、国により運営されている。民間の更生保護施設では適当な生活環境を整えることができない刑務所出所者等を入所させ、保護観察官が濃密な指導監督と手厚い就労支援等を行う。現在、北海道沼田町と茨城県ひたちなか市に、主として農業等の職業訓練を行う「就業支援センター」が、福島県福島市と福岡県北九州市に、特定の問題性に応じた重点的・専門的処遇を行う「自立更生促進センター」が、それぞれ設置されている。

協力雇用主
保護観察対象者や更生緊急保護の対象者を、その事情を理解したうえで雇用し、その自立・社会復帰に協力する事業主。2022（令和4）年10月現在、全国で約2万5千の協力雇用主が保護観察所に登録されている。

SST（社会生活技能訓練）
SST（Social Skills Training）は、社会生活を送るうえで必要となる対人行動能力を伸ばすよう支援する処遇方法。就職面接や職場でのあいさつ、電話の受け応え、悪い誘いの断り方など、具体的に想定される対人関係上の課題を取り上げて、練習（ロールプレイ）を繰り返すことなどを通じ、当事者の認知や行動の改善を図る。グループまたは個別面接の中で実施される。なお、SST普及協会では、「社会生活スキルトレーニング」の和語を用いることを提唱している。

等から保護を受けられないときは、以下のような**応急の救護**を行うこととされている（更生保護法62条）。

①適切な住居その他の宿泊場所がない者に対し、宿泊場所ならびに宿泊に必要な設備および備品を供与すること。

②適切な食事を得ることができない者に対し、食事を給与すること。

③住居その他の宿泊場所への帰住を助けるため、旅費を給与し、または貸与すること。

④その他就業または当面の生活を助けるために必要な金銭、衣料、器具その他の物品を給与し、または貸与すること。

これらの応急の救護は、保護観察所の長が自ら行うほか、宿泊場所の供与等については、**更生保護施設**を営む法人等に委託して行われる。

[7] 保護者に対する措置

保護観察所の長は、必要があると認めるときは、保護観察に付されている少年（18歳未満の者）の保護者に対し、少年の監護に関する責任を自覚させ、その改善更生に資するため、指導、助言その他の適当な措置をとることができることとされている（同法59条）。

具体的には、保護観察において指示した事項を守らせることについて家庭における協力を求めたり、保護者に暴力行為や少年の非行を助長するような問題が認められる場合にこれを改めるよう働きかけたり、保護者が少年との関係のもち方などについて不安や悩みを抱えていたり、薬物乱用や不登校などに関する知識や情報を求めている場合に、保護観察所において開催される保護者会や他機関が開催する適当な講習会などへの参加を促したりすることが行われる。なお、これらの措置をとるに当たっては、少年と保護者が良好な関係を築くことができるよう配意するものとされている。

[8] 良好措置と不良措置

(1) 良好措置

保護観察対象者が健全な生活態度を保持し、善良な社会の一員として自立し、保護観察を継続しなくとも、確実に改善更生することができると認められる場合には、良好措置がとられ、保護観察が早期に終了することとなる。保護観察の種類ごとの良好措置は、**図4-3-2**の通りである。

(2) 不良措置

保護観察対象者に、再犯を含む遵守事項違反が認められた場合には、保護観察の実施状況、遵守事項違反の程度等を考慮したうえで、不良措置がとられ得る。保護観察の種類ごとの不良措置は、**図4-3-3**の通りである。

図 4-3-2　保護観察における良好措置

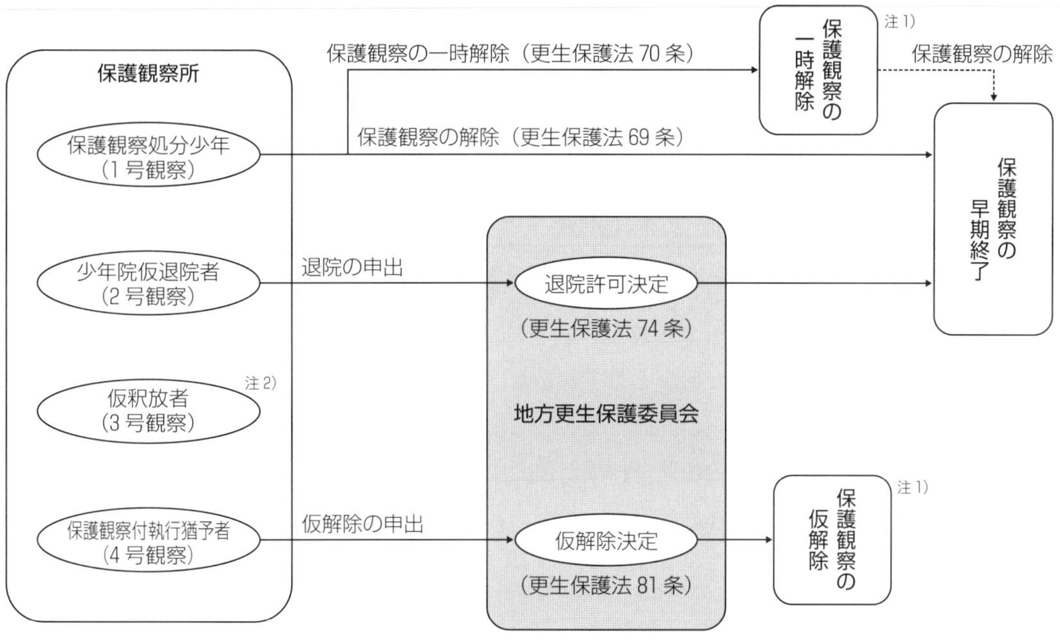

注 1）保護観察の一時解除中の者および仮解除中の者については，指導監督・補導援護が実施されない．ただし，行状により，一時解除または仮解除の処分が取り消されると，保護観察が再開される．

注 2）3 号観察対象者一般に対する良好措置はない．

出典）筆者作成．

図 4-3-3　保護観察における不良措置

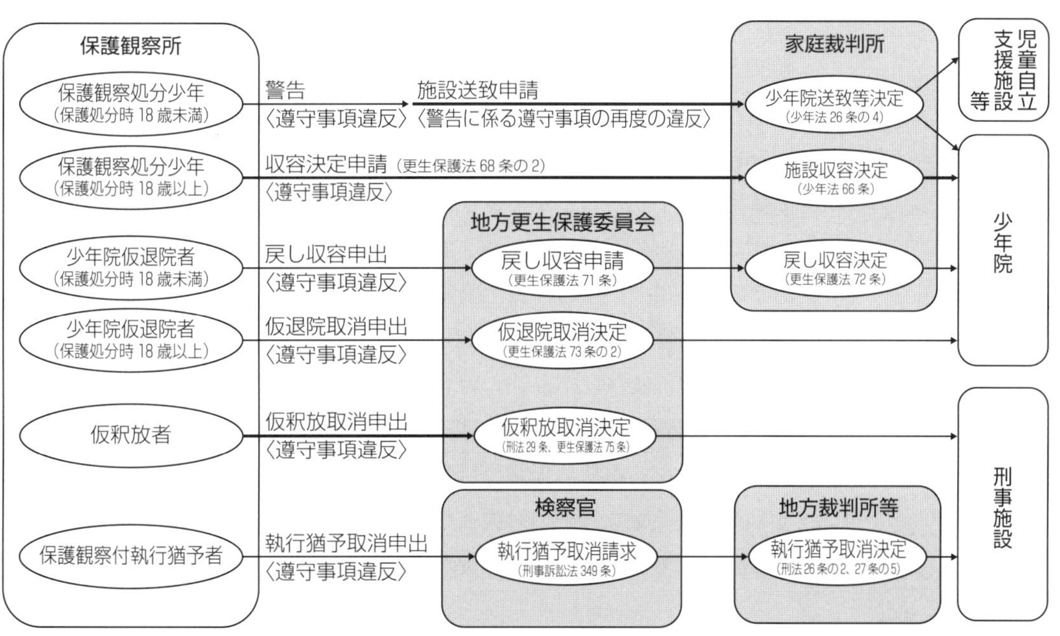

出典）筆者作成．

4. 更生緊急保護およびその他の援助

A. 更生緊急保護

[1] 更生緊急保護の意義

更生緊急保護は、刑事施設から刑期終了により出所した者（**満期釈放者**）など刑事上の手続または保護処分による身体の拘束を解かれた者が、親族からの援助や公共の福祉機関等の保護を受けることができず、またはこれらの援助や保護だけでは改善更生することができないと認められる場合に、保護観察所の長が、緊急に、金品の給与、宿泊場所の供与、就職の援助、生活環境の改善・調整等の保護を行うものである（更生保護法85条）。

公共の福祉機関等による保護は、すべての国民に対し適用されるものであって、刑務所出所者等でも、保護を受ける要件を満たすのであれば一般の福祉サービスを受け得るものであるが、刑務所出所者等の中には、保護を必要としているものの、実際は出所後一般の福祉サービスを受けることができるまで一定の日数を要したり、それのみでは改善更生が難しいといった者も多くいるため、刑事政策上の観点から、保護観察所による保護の制度が設けられているものである。

このようなことから、更生緊急保護は、公共の福祉機関等からの保護を優先し、これを受けることができない場合またはこれらの保護のみによっては改善更生することができないと認められる場合に行われるものと規定されている。**生活保護法**4条2項に規定されているいわゆる他法優先の原則との関係についても、更生緊急保護の制度を最初に定めた**更生緊急保護法**の制定当時、当時の厚生省から「刑事政策上の特殊な措置を規定したのが更生緊急保護法であり、この点よりすれば更生緊急保護法の対象者が本法（生活保護法）の保護を受けることに支障のない限りは、更生緊急保護法とは関係なく本法の保護が行われるべきものである」との見解が示されており、更生緊急保護の対象となる者であっても、生活保護法の保護の要件に該当する場合は、生活保護が行われるべきことが明らかにされている。

[2] 更生緊急保護の対象および期間

(1) 更生緊急保護の対象

更生緊急保護の対象者は、以下の①から⑧までの者であって、刑事上の手続または保護処分による身体の拘束を解かれた者である。

①**懲役**、**禁錮**または**拘留**の刑の執行を終わった者

刑事施設から刑期終了により出所した**満期釈放者**、**仮釈放**を許された後その仮釈放期間を満了した者などが該当する。

②懲役、禁錮または拘留の刑の執行の免除を得た者

恩赦等により刑の執行を免除された者が該当する。

③懲役または禁錮につき刑の全部の執行猶予の言渡しを受け、その裁判が確定するまでの者

刑の全部の執行猶予の言渡しを受けて釈放され、その裁判が確定するまでの間（通常は14日間）の者が該当する。

④懲役または禁錮につき刑の全部の執行猶予の言渡しを受け、保護観察に付されなかった者

刑の全部の執行猶予の裁判が確定した者のうち、保護観察に付されなかった者が該当する。

⑤懲役または禁錮につき刑の一部の執行猶予の言渡しを受け、その猶予の期間中保護観察に付されなかった者であって、その刑のうち執行が猶予されなかった部分の期間の執行が終わったもの

刑の一部の執行猶予の言渡しを受けて受刑し、その実刑部分の期間の満了により釈放となった者および仮釈放を許された後その仮釈放期間（実刑部分の残期間）を満了した者（いずれも猶予の期間中保護観察に付されなかった者に限る。）が該当する。

⑥検察官が直ちに訴追を必要としないと認めた者

検察官により不起訴とされた者のうち、犯罪の嫌疑が認められるものの、犯罪の情状等により、いわゆる起訴猶予処分を受けて釈放されたものに加えて、改正更生保護法では、検察官が罪を犯したと認めたものの、起訴猶予処分を受けることなく釈放された、いわゆる処分保留釈放者が更生緊急保護の対象とされた（改正更生保護法85条1項6号）。

⑦罰金または科料の言渡しを受けた者

罰金または科料の言渡しを受けて釈放された者が該当する。

⑧**労役場**から出場し、または仮出場を許された者

罰金または科料を納めることができず労役場に留置され、その後労役場から出場し、または仮出場を許された者が該当する。

⑨**少年院**から退院し、または仮退院を許された者（保護観察に付されてい

る者を除く。)

少年院から満齢または期間満了により退院した者または少年院から仮退院した後に退院決定を受け、または仮退院期間を満了した者が該当する。

(2) 更生緊急保護の期間

更生緊急保護は、その対象となる者が、刑事上の手続または保護処分による身体の拘束を解かれた日の翌日を起算日として、原則として6ヵ月を超えない範囲内において行うこととされている。ただし、その者の改善更生を保護するため特に必要があると認めるときは、さらに6ヵ月を超えない範囲内において保護を行うことができることとされ、高齢、疾病などのため、当初の6ヵ月の期間内では自立した生活を営むことが困難な者について期間の延長が行われている。

改正更生保護法では、更生緊急保護の措置のうち、金品の給与または貸与および宿泊場所の供与以外の措置を行い得る期間について、当初の6ヵ月に加えて1年6ヵ月を超えない範囲内に延長され、更生緊急保護を行い得る期間は最長2年となった(改正更生保護法85条4項)。これは、対象となる者の心身の状況や生活環境等により、更生緊急保護による援助的な措置をさらに継続して行うことが改善更生を図るため必要である者が存在することなどを考慮し、保護観察所において、こうした者を地域における必要な支援につなげるための期間を確保する趣旨で改められたものである。

[3] 更生緊急保護の措置の内容および手続等

(1) 更生緊急保護の実施の基準等

更生緊急保護は、その対象となる者の改善更生のために必要な限度で、その意思に反しない場合に限り行うものとされている(更生保護法85条)。このため、保護観察所では、対象となる者から書面による申出を受けたうえ、その必要を認めたときに更生緊急保護を実施することとされている。

また、更生緊急保護は、その対象となる者について、進んで法律を守る善良な社会の一員となり、速やかに改善更生する意欲を有すると認められることが実施の基準とされており、実施に当たっては、公共の福祉機関等から必要な保護を受けることができるようあっせんするとともに、その効率化に努め、期間の短縮と費用の節減を図ることとされている。

(2) 更生緊急保護の措置の内容

更生緊急保護は、保護観察所の長が自ら行い、または更生保護施設を営む法人等に委託して行うものとされ、措置の内容としては、以下のようなものがある(更生保護法85条、社会内処遇規則116条)。

①住居その他の宿泊場所がない者に対し、宿泊場所ならびに宿泊に必要な

設備および備品を供与すること。

②食事を得ることができない者に対し、食事を給与すること。

③住居その他の宿泊場所への帰住を助けるため、旅費を給与し、または貸与すること。

④その他就業または当面の生活を助けるために必要な金銭、衣料、器具その他の物品を給与し、または貸与すること。

⑤医療または療養を助けること。

⑥就職を助け、または職業を補導すること。

⑦教養訓練を助けること。

⑧社会生活に適応させるために必要な生活指導を行うこと。

⑨生活環境の改善または調整を図ること。

保護観察所の長が自ら行う更生緊急保護の措置としては、食事の給与、住居等への帰住を助けるための旅費や当面の生活を助けるための衣料品等の給与、公共職業安定所に対する職業紹介や**協力雇用主**に対する雇用の依頼、福祉機関等による保護の調整等があり、宿泊場所の供与およびそれに伴う食事の給与や生活指導等については、**更生保護施設**または**自立準備ホーム**を営む法人等に委託して行われている。

(3) 更生緊急保護の手続

更生緊急保護は、その対象とされている者から**更生緊急保護の申出**があった場合に行うものとされ、保護観察所では、更生緊急保護を受けようとする者に、書面による申出を求めている。

従来、更生緊急保護の申出は、保護観察所に出頭して行うこととされていたが、改正更生保護法では、矯正施設に収容中の受刑者等については、その収容中から申出ができることとし（改正更生保護法86条1項）、出所後の円滑な更生緊急保護の実施に資することとされた。

検察官または矯正施設の長は、更生緊急保護の対象となる者について、刑事上の手続または保護処分による身体の拘束を解く場合において、更生緊急保護の必要があると認めるときまたは本人がこれを希望するときは、更生緊急保護の制度および申出の手続について記載した書面を交付して、その内容を教示することとされている。また、釈放時において、更生緊急保護の必要性に関する意見その他参考となる事項を記載した「**保護カード**」を本人に交付することとされ（社会内処遇規則118条）、これらの手続を通じ、更生緊急保護を必要とする人が、保護を受ける機会を逸することのないよう配慮することとされている。

保護観察所では、更生緊急保護の申出を受けたときは、保護観察官が申出をした者と面接するなど必要な調査を行うとともに、検察官または矯正

更生緊急保護の申出
2022（令和4）年に、保護観察所において更生緊急保護の申出を受けた人員は7,506人であり、種別ごとの人員では、刑の執行を受け終わった者からの申出が最も多く5,076人である。申出のあった者について、保護観察所において保護を行った人員は4,990人、更生保護施設等への宿泊を伴う保護を委託した人員は4,280人となっている。

保護カード
矯正施設の長または検察官が交付する書面で、更生緊急保護の必要性に関する意見のほか、釈放の事実その他本人に対する更生緊急保護の必要性を判断するための参考事項が記載される。更生緊急保護の申出にあわせて本人が保護観察所に提示することで手続が円滑に進められる。

施設の長の意見を確認し、更生緊急保護を行う必要があると認めるときは、当該調査の結果および意見を踏まえ、とるべき措置の内容を選定する（社会内処遇規則 119、120 条）。この場合において、宿泊場所の供与、食事の給与等を委託して行う必要があると認めるときは、委託先および委託期間を定めて、**更生保護施設**を営む法人等にこれを委託し、当該委託した法人等から保護措置の実施状況の報告を受けることとされている（社会内処遇規則 122 条）。

B. 刑執行終了者等に対する援助

改正更生保護法では、保護観察所の長が、満期釈放者などの刑執行終了者等について、その改善更生を図るため必要があると認めるときは、その意思に反しないことを確認したうえで、更生保護に関する専門的知識を活用し、情報の提供、助言その他の必要な援助を行うことができる旨の規定が設けられた（改正更生保護法 88 条の 2）。この規定に基づく援助を「**刑執行終了者等に対する援助**」と言う。

刑執行終了者等に対する援助
「刑執行終了者等」とは、①懲役、禁錮または拘留の刑の執行を終わり、または執行の免除を得た者、②刑の一部の執行猶予の言渡しを受け、その猶予の期間中保護観察に付されなかった者であって、実刑部分の期間の執行を終わったもの、③少年院を退院し、または仮退院を許された者（保護観察に付されている者を除く。）である。援助の内容としては、地域の関係機関等により行われている改善更生に資する援助に関する情報の提供、それら援助を受けることの調整、就労支援等が考えられる。

刑執行終了者等は更生緊急保護の対象ともなり得るが、保護の必要性が認められるにもかかわらず自発的な保護の申出がなく、結果として更生緊急保護を受けることなく生活を不安定化させて再犯に至る事案もあることから、保護観察所の長が、生活環境の調整や保護観察を通じて改善更生のための保護の必要性を把握している場合等に、その者の意思に反しない限りにおいて必要な援助を行うことができることとするもので、更生緊急保護を補完し、保護観察所による積極的かつ能動的な援助の実施を可能とするものである。また、更生緊急保護を行い得る期間の経過後に、改善更生のための保護の必要性が生じた場合等にも対応できるよう、必要な援助を行い得る期間の定めは設けられていない。もとより、保護観察所による保護は改善更生のため必要かつ相当な限度で行われるべきものであり、漫然と長期にわたる保護を自ら行うのではなく、地域の関係機関等による援助を受けることができるよう必要な調整を行うこととなる。

C. 更生保護に関する地域援助

改正更生保護法では、保護観察所の長が、地域社会における犯罪をした者等の改善更生および犯罪の予防に寄与するため、地域住民または関係機関等からの相談に応じ、更生保護に関する専門的知識を活用し、情報の提供、助言その他の必要な援助を行うものとする旨の規定が設けられた（改正更生保護法88条の3)。この規定に基づく援助を「**更生保護に関する地域援助**」と言う。

地域住民や関係機関等からの相談としては、たとえば、子どもの非行に関する相談や地域の犯罪予防に関する相談、元保護観察対象者からの生活上の相談、刑務所出所者等を雇用している協力雇用主や福祉サービスを提供している福祉機関等からの相談などが想定される。保護観察所では、これまでもこうした相談に可能な範囲で対応してきたが、地域の犯罪予防等に一層貢献する観点から、これを保護観察所の本来業務として位置づけたうえで積極的に推進することとされたものである。また、こうした地域援助を通じて関係機関等との連携を深め、犯罪をした者等が必要な支援に対する地域支援のネットワーク構築等に取り組むこととされている。

5. 恩赦

A. 恩赦の本質および機能

恩赦は、行政権の作用によって、国の刑罰権を消滅させ、裁判の内容を変更し、または裁判の効力を変更もしくは消滅させる制度である。行政権により立法権および司法権の効果を変動させるという意味において、三権分立の例外的な制度であるため、慎重に運用されるべきものであり(**恩赦の謙抑性**)、また、他の法律制度の活用によって妥当な解決が図れない場合に補充的に行われるべきものとされている(**恩赦の補充性**)。

恩赦の機能としては、

①法の画一性に基づく具体的不妥当の矯正

②事情の変更による裁判の事後的変更

③他の方法をもってしては救い得ない誤判の救済

④有罪の言渡しを受けた者の事後の行状等に基づく、いわゆる刑事政策的な裁判の変更もしくは資格の回復

の4点があるとされているが、法体系が整備され、裁判制度も完備している今日においては、①から③までの機能が働く余地はほとんどなく、④の機能による刑事政策的な観点による運用が主となっている。

恩赦
明治憲法下においては、恩赦は天皇の大権事項とされ、主として国家または皇室の慶弔時に行われていた。現行憲法下においては、恩赦は内閣の決定により行われ、天皇が国事行為の一つとして、これを認証することとされている(憲法7条、73条)。

B. 恩赦の種類

恩赦には、大赦、特赦、減刑、刑の執行の免除および復権の5種類がある。また、これを行う方法から見ると、政令によって一律に行われる政令恩赦と、特定の者に対して個別に行われる個別恩赦に大別される。

[1] 政令恩赦と個別恩赦

政令恩赦は、政令で罪や刑の種類等の要件を定め、これに該当する者について、一律に行われるものであり、大赦、減刑および復権の3種類がある。現行憲法施行後は、平和条約発効、国際連合加盟、明治百年記念、沖縄復帰、昭和天皇御大喪、今上天皇御即位等に際し行われている。

個別恩赦は、特定の者について、個別の審査を経たうえで行われるものであり、特赦、減刑、刑の執行の免除および復権の4種類がある。

個別恩赦は、さらに、本人からの出願等に応じ随時審査のうえ行われる**常時恩赦**と、政令恩赦と同様、内閣が一定の基準を設け、一定の期間を限って行われる**特別基準恩赦**とに分けられる。

個別恩赦は、更生保護制度との関連では、あくまでも補充的にその機能を果たすことになるものの、刑事政策的な観点からこれを有効適切に活用することで、保護観察に付されていた者の自立・改善更生に資する効果をも有することから、「**更生保護の総仕上げ**」と言われている。

[2] 恩赦の効力

恩赦の種類ごとの効力は、以下の通りである。

①**大赦**は、有罪の言渡しが確定した者についてはその効力を失わせ、捜査・公判中の者については公訴権を消滅させるものである。

②**特赦**は、有罪の言渡しが確定した者について、その言渡しの効力を失わせるもので、個別恩赦の中では最も強い効力を有する。

③**減刑**は、刑の言渡しが確定した者について、刑を減軽し、または刑の執行を減軽するものである。刑の減軽とは、たとえば、刑種を死刑から無期懲役に変更することや刑期を短縮することであり、刑の執行の減軽とは、未執行の刑の一部を免除することである。また、刑の執行猶予中の者については、刑の減軽とあわせ、執行猶予期間を短縮することができる。

④**刑の執行の免除**は、刑の言渡しが確定した者について、残刑の執行を免除するものである。刑の執行の免除が行われると、自由刑の場合は残刑期間の服役が免除され、仮釈放中の場合は保護観察が終了する。

⑤**復権**は、刑の執行を終了し、または執行の免除を受けた者について、有罪の言渡しを受けたことによる**資格制限**を回復させるものである。

有罪の言渡しが確定すると、法令の定めるところにより、たとえば、国や地方公共団体などの公的機関が実施する資格試験を受験できなくなったり、たとえ試験に合格しても資格を取得できなかったり、あるいは特定の地位、職種に就くことができないなどの資格や権利の制限を受けることがあり、復権は、このような資格制限について、その全部または一部を回復させる効力を有するものである。

個別恩赦における復権は、具体的に特定の資格を回復する必要がある場合はもとより、将来的に支障の生じ得る資格の制限を事前に回復することにより、社会復帰を促進するという趣旨で行われる場合もある。

資格制限
たとえば、社会福祉士及び介護福祉士法と精神保健福祉士法には、それぞれ欠格事由についての規定があり、「禁錮以上の刑に処せられ、その執行を終わり、又は執行を受けることがなくなった日から起算して2年を経過しない者」は、社会福祉士、介護福祉士または精神保健福祉士となることができないものとされている。

C. 個別恩赦の手続

個別恩赦の手続は、恩赦の上申権者（恩赦の種類等によって検察官、刑事施設の長または保護観察所の長が上申権者となる）が、**中央更生保護審査会**に対し、恩赦の上申をすることによって開始される。恩赦の上申は、上申権者の職権によるほか、恩赦を受けることを希望する者から上申権者に出願があった場合に行われることとされている。

上申を受けた中央更生保護審査会では、個々の事案について、本人の性格、行状、違法な行為をするおそれの有無、その者に対する社会の感情等について必要な調査を行い、審査の結果、恩赦を相当と認めるときは、法務大臣に対しその旨の申出を行うこととされている。申出がなされた者について、内閣が閣議により恩赦を決定し、天皇がこれを認証することによって、恩赦の効力が生ずる。

中央更生保護審査会
法務省に置かれる機関であり、個別恩赦の実施について法務大臣に申出をする権限を有する（更生保護法4条）。委員長および委員4人をもって組織され、委員長および委員は、国会の同意を得て、法務大臣が任命することとされている。

注）

(1) 大塚仁・河上和雄・中山善房・古田佑紀編『大コンメンタール刑法（第3版）』第1巻，青林書院，2015，pp.712–713.

理解を深めるための参考文献

● **法務省法務総合研究所編『犯罪白書』（各年版）.**
最新の犯罪および非行の動向と犯罪者および非行少年に対する処遇の実情等について統計を含めて解説されているほか、刑事政策上の重要課題について、毎年特集テーマを設けて紹介されている。法務省ウェブサイト上でも閲覧することができる。

コラム1 刑事司法分野で活躍する社会福祉士・精神保健福祉士

犯罪をした者の高齢や障害といった特性を踏まえた社会復帰を促進するため、刑事司法手続の各段階で、刑事司法機関と福祉機関等との連携強化が図られているほか、刑事司法機関にも社会福祉士や精神保健福祉士の配置が進んでいる。

たとえば、地方検察庁では「社会復帰支援室」等の部署において、社会福祉士を「社会福祉アドバイザー」として採用し、その専門的知見を活用して、担当検察官等への助言のほか、対象となる者を福祉機関等に同行するなどの各種支援が行われている。また、矯正施設には、社会福祉士または精神保健福祉士が非常勤職員として配置されているほか、これらの資格を有する常勤の「福祉専門官」が刑事施設58庁と少年院12庁（2023〔令和5〕年度）に配置され、高齢または障害のある受刑者等のニーズを的確に把握するとともに、その者への助言や福祉機関等との調整等の支援業務を担っている。

コラム2 保護観察官を目指す人のための採用試験

保護観察所の「保護観察官」、少年院の「法務教官」、少年鑑別所の「矯正心理専門職」といった犯罪をした者や非行のある少年の指導や教育、社会復帰支援に取り組む専門職員を採用するための試験として、「法務省専門職員（人間科学）採用試験」が実施されている。

この試験は、心理学、教育学、福祉および社会学といった人間諸科学に関する科目が受験科目となっており、福祉分野を専門に学んだ学生やこれらの職域に従事する人にとっても受験しやすいものとなっている。これからの更生保護を担うにふさわしい熱意と専門性を兼ね備えた人材が、広く保護観察官を志すことが期待される。

第5章 更生保護制度における団体・専門職等

刑務所等の矯正施設で過ごした人の中には、高齢者や障害者、貧困を抱える人たちが存在する。彼らを更生させ、社会復帰させるために、更生保護施設や保護司など、多くの支援団体や専門職が活動している。こうした仕組みを支える更生保護のネットワークについて理解する。

1

罪を犯した者や非行少年は矯正施設を出所後、地域社会に戻る。その彼らと地域社会をつないでいくのが更生保護制度である。さまざまな社会・人的資源を駆使し、彼らが新たな歩みを築けるような環境を創るのもソーシャルワーカーの仕事であることを理解する。

2

更生保護の対象者には、貧困や疾病や家庭環境の脆弱さなどさまざまな障壁が存在する。その障壁を乗り越えるためには就労や生活全般に対しての支援や福祉サービスが不可欠であることから、公共職業安定所（ハローワーク）や福祉事務所などの公的機関や制度、および法テラスや自助グループなどの民間団体の役割を理解する。

3

矯正施設における高齢者、障害者の動向やその状況、矯正施設やその出所後の福祉的支援、矯正施設と連携する福祉施設等について理解する。

1. 更生保護制度の担い手

A. 地方更生保護委員会

[1] 地方更生保護委員会

地方更生保護委員会（以下、地方委員会）とは、法的根拠を**法務省設置法** 15 条、**更生保護法** 16 条以下に置き、全国 8 ヵ所の高等裁判所の管轄区域ごとに置かれている法務省の地方支分部局である（**図 5-1-1**）。すなわち、北海道（札幌）、東北（仙台）、関東（さいたま）、中部（名古屋）、近畿（大阪）、中国（広島）、四国（高松）、九州（福岡）の各管区(1)に置かれている機関であり、那覇に九州地方更生保護委員会那覇分室が置かれている。

地方委員会は、3 人以上 15 人（上限）以下の委員と事務局とで構成されており、委員は、常勤の国家公務員で、更生保護官署や検察庁、矯正施設などの出身者で占められている。

図 5-1-1　更生保護の実施体制

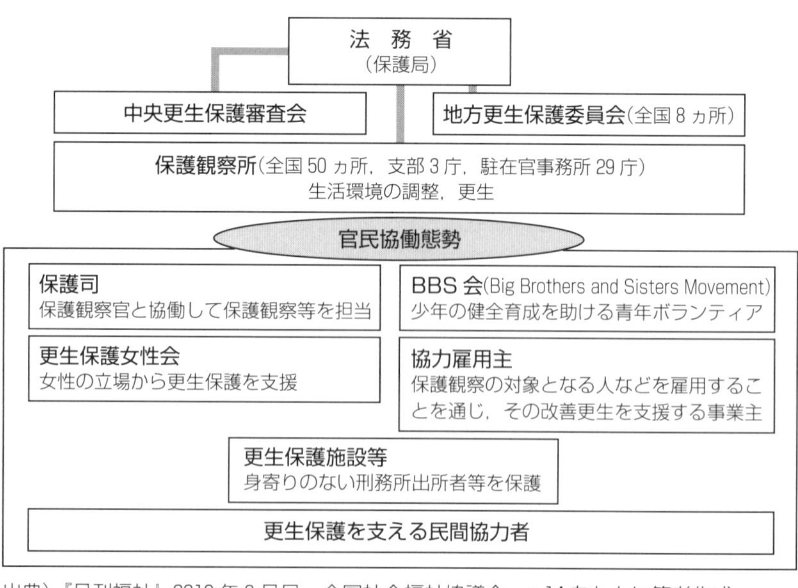

出典）『月刊福祉』2010 年 3 月号，全国社会福祉協議会，p.14 をもとに筆者作成.

[2] 地方委員会の仕事内容

地方委員会の仕事内容としては[(2)]、

①**仮釈放**および仮出場の許可ならびに仮釈放の取消し

②不定期刑の終了

③少年院からの仮退院および退院の許可

④その他法律に定められた事務等

を行う（更生保護法16条)。これらの事項に関して、地方委員会の全委員のうちから、3人の委員が合議体を構成し、審理する（更生保護法23条1項)。

仮釈放
拘留については仮出場、少年院および婦人補導院については仮退院と呼ばれるが、これらを総称して仮釈放と言う。

B. 保護観察所

[1] 保護観察所

保護観察所とは、法的根拠を法務省設置法15条および更生保護法29条に置き、全国50ヵ所の地方裁判所の管轄区域ごとに置かれている法務省の地方支分部局であり、支部3庁、駐在官事務所29庁が置かれている（**図5-1-1**)。

保護観察所は、一般職国家公務員の常勤である保護観察官および社会復帰調整官、事務局のほか、更生保護に携わる民間協力者として、ボランティアとしての保護司、更生保護女性会、BBS会、協力雇用主、更生保護施設等により支えられている。

[2] 保護観察所の事務内容

保護観察所の事務内容を列挙すると、①保護観察、②生活環境の調整、③更生緊急保護、④恩赦の上申、⑤犯罪予防活動、⑥精神保健観察[(2)]などの事務を行っている。

保護観察所の主な仕事は、**矯正施設**に収容されている者たちが釈放後に、改善更生するために適した環境の中で生活が送れるような条件を整えていくことである。すなわち、社会の一員としての自覚を促すべく、家族との絆を取り戻したり、就職先の斡旋など、社会復帰後のその受け入れ先を整えていくための生活の環境調整を行う。さらに、更生保護法29条2号には、犯罪の予防を図るため、世論を啓発し、社会環境の改善に努め、および地域住民の活動を促進することと定められている。「**社会を明るくする運動**」などがこれに該当する。また、更生保護法30条には、保護観察所の長は、これらの事務を遂行するため、官公署、学校、病院、公共の衛生福祉に関する機関その他の者に対し、必要な援助および協力を求めること

矯正施設
矯正施設とは、法務省管轄の刑務所、少年刑務所、拘置所、少年院、少年鑑別所、および婦人補導院のことを指す。

社会を明るくする運動
これは、犯罪予防活動として行われるもので、地域に住む人びとが、犯罪や非行の防止と罪を犯した人たちの更生について理解を深めることで、それぞれの立場において協力し合い、犯罪のない明るい社会を築いていこうとする運動で、更生保護女性会などでも行われている。

ができるとされている。

[3] 保護観察官

保護観察官とは、地方委員会の事務局と保護観察所に配置されている常勤の国家公務員であり、医学、心理学、教育学、社会学その他の更生保護に関する専門的知識に基づき、保護観察、調査、生活環境の調整その他犯罪をした者および非行のある少年の更生保護ならびに犯罪の予防に関する事務に従事する（更生保護法31条2項より）者を言う。

犯罪をした者や非行のある少年に対して、普通の社会生活を送らせながら、その円滑な社会復帰のために指導・監督を行う「**社会内処遇**」の専門家ともいうことができる。社会内処遇の専門家である保護観察官は、保護観察対象者に対する援助者として生活再建の助力となる。そこでは、単に一方的かつ有権的な観察ではなく、当該対象者が居住し、生活再建を目指す地域での重要な架け橋となるべく、当該対象者に情報提供や助言などの必要な援助などを行う(3)。そのためには、地域社会におけるネットワークを創り、それをうまく活用する能力も必要とされる。

社会内処遇
再犯防止や円滑な社会復帰に向けた働きかけとして、刑事施設内で「作業」、「改善指導」、「教科指導」が実施されるが、これを「社会内処遇」に対して、「施設内処遇」と言う。

このように、保護観察官はさまざまな能力が要求されるので、処遇能力向上のための専門的な研修が、職場内外で行われるほか、他の刑事司法機関との交流も行われている。

しかし、過ちを犯した者の社会復帰を助ける一方、必要と認められれば、再犯を防止するため保護観察を受けている者の身柄を拘束し、矯正施設に収容するための手続を行うこともある(4)。

このように専門性を有する保護監察官の仕事は、特に後で述べる地域性を有する保護司と連携を保つことで、その効果が期待できる。なお、保護観察官の人数は、2022（令和4）年1月1日現在、1,100名であり、このうち、保護観察所に属する保護観察官の数は、約1,000名である(5)。

C. 民間協力者

[1] 民間協力者の役割

犯罪をした者および非行のある少年も、何らかの処分を受けた後は、地域社会で生活を続けるが、これを支えていくのが、更生保護制度である。いいかえれば、この制度は、人の立ち直りを支える活動とも言える。被害者感情を考慮すると、犯罪をした者たちと同じ社会の中でともに生活をしていくことには、耐え難いものが生じることは容易に想像できる。

しかし、過去に犯罪をした者たちであっても、罪を償い、自己の意思と周りの協力などで生活を再建することと社会復帰を誓ったのであるならば、国民もそれを許容する社会を創っていかなければならない。なぜならば、過去に罪を犯した者たちであっても、再起を誓った以上、彼らの人権も尊重しなければならないからである。そうすることが、ひいては更生保護法の目的でもある、個人および公共の福祉の増進にもつながる。しかし、国の刑事政策のみでは、更生保護の実現は不可能である。

人は、自立するためには、まず、就労の場を確保しなければならない。職に就き働くことで、責任のある社会生活を営むことができ、立ち直りに向けた一歩を踏み出すことができる。

そこで、地域に根ざす保護司を始めとする民間協力者の役割が重要となってくる。すなわち、更生保護は、専門職員志向の「保護観察官」と篤志家志向の「保護司」だけに限られた関係ではなく、広く更生保護に関心を有する人びとや地域に開かれたものでなくてはならない。

現在の更生保護制度のネットワーク化で、最も必要とされていることは、民間協力者との連携である(6)。以下、概説する。

［2］保護司

(1) 保護司

保護司とは、法務大臣から委嘱を受けた非常勤の国家公務員であり、一定の実費弁償金は支給されるが、その活動内容に対して、報酬はない。いわゆる民間のボランティアである。なお、この保護司は、法務大臣が都道府県の区域を分けて定める区域（以下、**保護区**）に置かれている（**保護司法**2条1項）。

保護区
法務大臣がその土地の人口、経済、犯罪の状況その他の事情を考慮したうえで、都道府県の区域を分けて定める区域（保護司法2条1項、3項）のことをいい、全国に886ある（2023〔令和5〕年1月1日現在。法務省保護局の資料による）。

保護司法1条には、社会奉仕の精神をもって、犯罪をした者および非行のある少年の改善更生を助けるとともに、犯罪の予防のため世論の啓発に努め、もって地域社会の浄化を図り、個人および公共の福祉に寄与することを、その使命とする者であると記されており、実質的な保護観察の実施者として貴重な人的資源である。

保護司として活躍している人びとの職種は、さまざまであるが(6)、その地域に通暁（つうぎょう）した人材であることが大切な条件になってくる。その他、法務大臣が保護司として委嘱の条件として挙げているものの中には、

①人格および行動について、社会的信望を有すること
②職務の遂行に必要な熱意および時間的余裕を有すること
③生活が安定していること
④健康で活力を有すること

がある（保護司法3条1項）。その結果、定年退職をした、比較的年齢の

高い人びとがその職務を担っているのが実情である[7]。

一方、保護司は、公的資格であるため以下の各号のいずれかに該当する場合、保護司になれない（保護司法4条1号から3号）。

①禁錮以上の刑に処せられた者

②日本国憲法の施行の日以降において、日本国憲法又はその下に成立した政府を暴力で破壊することを主張する政党その他の団体を結成し、又これに加入した者

③心身の故障のため職務を適正に行なうことができない者として法務省令で定めるもの

これらを、**保護司の欠格事項**と言う。保護司の定数は、5万2,500人を超えないものと定められている（保護司法2条2項）が、全国で活躍している保護司は、2023（令和5）年1月1日現在、4万6,956人[8]であり、近年減少傾向にある。

(2) 保護司の仕事内容

保護司の仕事内容は、

①毎月、保護観察対象者が保護司の家を訪問し、そこで、保護司が対象者の生活状況を聞き、それに対して相談にのったり指導・助言を行ったりする。また、これらは、保護司自らが対象者の家に出向き行われることもある。保護司は、これらの内容を、毎月1回、報告書にまとめ、保護観察所に提出することになっている。

②保護観察中に何か問題が生じたときには、保護観察官に助言したり、援助を受けたりする。

③保護観察官とともに、刑事施設などに収容されている者の社会復帰をスムーズに行うべく、その者の家族などと連絡を取り、釈放後の住居、就労に関しての生活環境の調整を図る。

④犯罪や非行を未然に防ぐため、世論の啓発などに努める。

保護司会
保護司は、その置かれた保護区ごとに保護司会を組織する（保護司法13条）。

⑤その他、各地域に**保護司会**があり、定期的に会合を行っている。保護司の任期は、原則2年であるが、再任を妨げない（保護司法7条）。ただし、新任の場合、委嘱予定日現在66歳以下であることを原則とするが、再任の場合、委嘱予定日現在76歳未満であることが要件となっている。

また、2023（令和5）年1月1日現在、保護司の平均年齢は、65.5歳である[8]。

保護司は、保護観察官のような専門家と違い、保護観察対象者と接し、対象者と苦難をともにする中で、相互作用的に更生保護の担い手として成長するものであり、その手助けとして保護観察所から専門的な研修を受けたりすることで、その処遇能力を上げていく必要がある[4]。確かに、保護

司は、責務上、専門的な処遇や指導監督的な観察は行えないが、保護観察の実務上、大きな担い手であることには違いないので、本来、保護観察官が知っていれば足りるような情報であっても、それを保護司と共有していくように努めなくてはならないが、保護司は被害者を担当する間、加害者の保護観察は行わない。保護司が当事者を担当することで、加害者の更生の意欲を損なうことがあってはならないからである。

なお、保護司やその制度のあり方について議論してきた法務省内の検討会「**保護司制度の基盤整備に関する検討会**」は、2010（平成22）年に保護司の自宅が保護観察中の少年に放火され全焼したことを受けて、活動で受けた被害を補償する制度を創設するという提言を公表した。それにより、2012（平成24）年度から、保護観察対象者から物的被害（器物損壊、盗難等）を受けた場合、補償する制度が設けられた。また、保護司は、非常勤の国家公務員であるので、公務により人的損害（治療を必要とするケガ等）を受けた場合、**国家公務員災害補償法**の適用がある。

(3) 保護司組織

保護司会の組織としては、全国を統括する「**更生保護法人全国保護司連盟**」を筆頭に、地方委員会単位に「**地方保護司連盟**」、保護司観察所単位に「**保護司会連合会**」、各保護区ごとに「**保護司会**」という組織で構成されている。

保護司は、それぞれに配属された保護区（政令で定められた区域）において、保護司会に入会し、研修を受けたり、犯罪予防活動さらには関連機関と連絡調整、広報活動などの組織的な活動も行っている。

(4) 更生保護サポートセンター

2008（平成20）年度から、保護司会の活動拠点として、また、個々の保護司が自宅等で対象者との面接が困難な場合、この場所内に作られた面接室で面接指導を行っている。これは、最近の住宅事情等の変化にもよるもので、自宅での面接が困難になってきており、保護司の面接場所を自宅外の場所に設ける必要が出てきた。そこで、保護区（地域）ごとに公共施設等の一部を借りるなどの方法により、場所を確保した。この場所を「**更生保護サポートセンター**」と言い、2008（平成20）年から整備を始めており、2019（令和元）年度の予算で、すべての保護区に設置し、全国合計886ヵ所となった(9)。この「更生保護サポートセンター」は、保護司会を始めとする更生保護関連機関や地域住民との連携を図ることで、対象者の立ち直りを支援するためのネットワークを創り、地域での更生保護の拠点の役割を果たす役目も担っている。

(5) 地方公共団体の協力

更生保護の担い手として、保護司の地域性を重視するに当たり、地方公共団体は、保護司、保護司会および**保護司会連合会**の活動が、犯罪をした者および非行のある少年の改善更生を助けるとともに犯罪を予防し、地域社会の安全および住民福祉の向上に寄与するものであることにかんがみ、その地域において行われる保護司、保護司会および保護司会連合会の活動に対して必要な協力をすることができる（保護司法 17 条）とされている。

保護司会連合会
保護司会は、都道府県ごとに組織する。ただし、北海道にあっては、法務大臣が定める区域ごとに組織するものとする（保護司法 14 条）。

[3] 更生保護女性会

更生保護女性会
更生保護女性会の組織は、上から、日本更生保護女性連盟、地方更生保護女性連盟、県更生保護女性連盟、地区更生保護女性会となっている。

更生保護女性会とは、女性として、あるいは母親の視点から、犯罪をした者および非行のある少年の更生に協力すると同時に、青少年の健全な育成を助け、地域社会の犯罪・非行の未然防止のための啓発運動を行うことを目的とする女性のボランティア団体である。

その活動の理念として、

①一人ひとりが人として尊重され、社会の一員として心豊かに生きられる明るい社会をめざす

②更生保護の心を広め、時代を担う青少年の健全な育成に努めるとともに、関係団体と提携しつつ、過ちに陥った人たちの更生のための支えとなる

③知識を求め自己研鑽に励むとともに、あたたかな人間愛をもって明るい社会作りのために行動する

ことを掲げている。

主な活動は、

①保護司活動に対する協力

②刑務所や少年院などの刑事施設を訪問し、援助すること

③地域の公民館、学校などにおいて地域住民の参加を求め、その地域における身近な非行問題について話し合う「ミニ集会」

④親子ふれあい行事や子育て支援の活動など

であり全国的に行っている。

会員数は、2023（令和 5）年 4 月 1 日現在、12 万 7,307 人である[(8)]。

[4] BBS 会

BBS 会の BBS とは、Big Brothers and Sisters Movement の略である。そのまま訳すと、「大きいお兄さん、お姉さん運動」である。すなわち、「兄」や「姉」のような身近な立場として、さまざまな問題を抱えた少年たちと時間を共有し、遊んだり、相談にのったりする。そうすることによって、少年自身で問題を解決する能力を養ったり、健全に成長していける

ように援助することを、主な目的とするボランティア団体である。この団体の理念は、**日本BBS連盟**が定めたBBS運動基本原則によると、友愛とボランティア精神を基礎とし、少年と同じ目の高さでともに考え学び合うことにある、とされている。一方、犯罪や非行のない地域社会の実現をも目指している。

日本BBS連盟
BBS会の組織として、この日本BBS連盟のほかに、地方BBS連盟、都道府県BBS連盟、地区会がある。

最近では、児童自立支援施設における家庭教師派遣や、心と心のふれあいを求めて児童館における子どもたちとの行事などが催されている。

2023（令和5）年1月1日現在、この会に所属し、全国で活躍しているBBS会員は、4,404人である[(8)]。

[5] 協力雇用主

(1) 協力雇用主

犯罪をした者および非行のある少年が、矯正施設を出所した後は、生活を再建させ、立ち直っていくために、まず就労の場を確保する必要がある。そうすることが、生活の安定につながるからである。

しかし、そのような者たちは、時として一般的に社会の中に存在するであろう、社会的偏見と戦わなくてはならない。そこで、こうした人びとを差別することなく積極的に雇用し、その者に対して立ち直りの援助をするのが、**協力雇用主**（個人・法人を合わせたものを言う。以下同じ）と呼ばれる民間の事業者である。この協力雇用主は、最寄りまたは事業所の所在地を管轄する保護観察所への登録制であり、2015（平成27）年4月1日現在、551社であったが、2022（令和4）年10月1日現在、協力雇用主は、2万5,202社に増加している。社会復帰を希望する刑務所出所者等の中で、実際に雇用されている人数を見ると、協力雇用主の受け皿が増えてきていることもあって、1,384人になっている[(8)]。

(2) 協力雇用主の制度

まず、協力雇用主は、その仕事内容や雇い入れ条件などを保護観察所に登録し、保護観察所と公共職業安定所とで情報を共有し、犯罪をした者および非行のある少年がスムーズに就職ができるようにする。パート、アルバイトや派遣社員のみの求人でも登録可能である。

また、**トライアル雇用制度**[(10)]というものが設けられており、その期間の働きぶりを見てから採用することも可能である。なお、保護観察官と協力雇用主との連携の下、協力雇用主に雇用された者の職場定着を促進するとともに、協力雇用主の不安等の軽減を図ることで、保護観察者の雇用を拡大するため、2013（平成25）年5月から、更生保護施設等に委託されている仮釈放者または更生緊急保護者を雇用し、職場定着に向けて尽力し

トライアル雇用制度
協力雇用主が、この制度を利用すると奨励金（トライアル雇用奨励金）が支給される。トライアル雇用期間は、原則として3ヵ月間である。

ている協力雇用主に対し、**職場定着協力者謝金**を支給する取組みが、実施された。2015（平成27）年4月からは、これをさらに発展させ、これらの者に、就労継続に必要な技能および生活習慣等を習得させるための指導および助言を行う協力雇用主に対して、**就労・職場定着金および就労継続奨励金**を支給する制度が創設された(11)。非行および犯罪を犯した者に対して、雇用の機会が拡大される環境が整えられつつある。

協力雇用主は、保護観察対象者に対して就労の意欲を導き出し、さらに就業への自信につなげるためにも、実際の職場などの見学や職場環境や業務を体験させることが望ましい。

(3) 協力雇用主の業種

2022（令和4）年10月1日現在、多種にわたる業種の雇用主の協力が得られている。刑務所出所等の人数が多く就く業種の多い順に、①建設業（56.3%）、②サービス業（16.0%）、③製造業（9.0%）となっている(8)。

以前は、圧倒的に建設業が多かった。建設業は、日雇い形式を採るところが多く、就労の機会に断絶が生じやすく、他の業種と比較すると就労の場として定着することが難しく社会復帰の第一歩とは、なり難かった。

しかし、さまざまな業種に雇用主の協力が得られた背景には、保護観察対象者の社会復帰への並々ならぬ意欲が、協力雇用主の登録参加につながったということがあるとも考えられる。これからも、経済諸団体や地域の商工会などとも密に情報交換・連携を行い、保護観察対象がより安定的に雇用されるサービス業や製造業の領域での雇用(4)の、さらなる開拓が望まれる。

D. 更生保護施設

[1] 更生保護施設

(1) 更生保護施設

犯罪をした者および非行のある少年の中には、矯正施設から釈放された後もしくは保護観察中の者で、頼ることのできる人がいなかったり、家族との折り合いが悪く生活環境に恵まれなかったり、現在住んでいる所では、改善更生が期待できないなど、直ちに自立することが難しい人もいる。**更生保護施設**とは、こういう人たちに対して、一定期間、宿泊場所や食事を提供したり、就職指導や社会適応のために必要な生活指導をしながら、社会復帰、自立を援助する施設を言う。この施設は、2023（令和5）年4月1日現在、全国に102施設があり、すべて民間の非営利団体によって運営されている（**図5-1-2**）。そのうち99施設は、法務大臣により更生保護事

図 5-1-2　全国の更生保護施設の設置状況

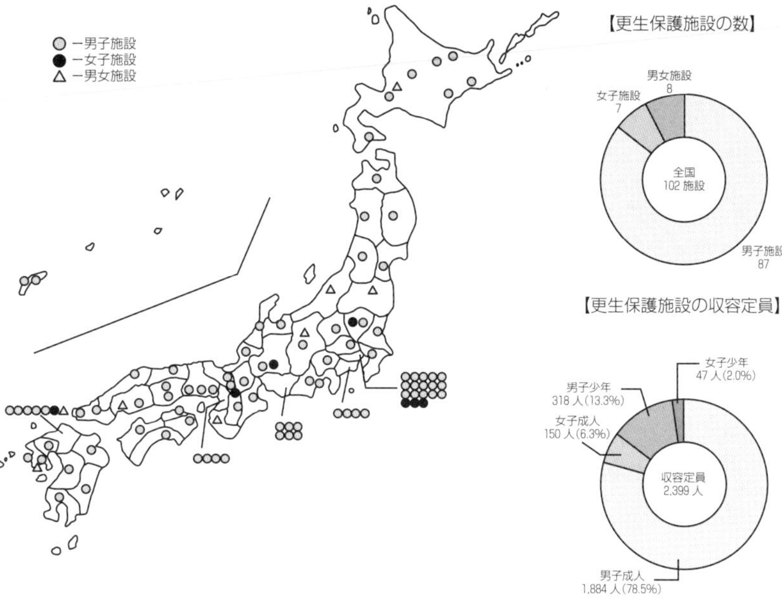

出典）法務省ウェブサイト「更生保護施設等」(令和5年4月1日現在).

業を営むことを認可された「**更生保護法人**」により運営されており、その他3施設は、**社会福祉法人**、**NPO法人**、**社団法人**により運営されている(12)。

> **更生保護法人**
> 更生保護事業法により創設された施設で、更生保護事業を営むことを目的とする団体が法務大臣の許可を受けて成立するものである。

(2) 更生保護施設における処遇の基準

更生保護施設に入所する被保護者たちは、さまざまな問題を抱えていることが多いので、個別に対応しながら、社会生活に適応できるように生活指導を行うなど、この施設は、専門的な処遇施設としての役割を担っている。その特色ある処遇対策を行う際、更生保護事業法は、更生保護施設における処遇の基準について、

①被保護者の人権に十分に配慮すること
②被保護者に対する処遇の計画を立て、常に被保護者の心身の状態、生活環境の推移等を把握し、その者の状況に応じた適切な保護を実施すること
③被保護者に対し、自助の責任の自覚を促し、社会生活に適応するために必要な能力を会得させるとともに、特に保護観察に付されているものに対しては、遵守すべき事項を守るよう適切な補導を行うこと

などを記している（更生保護事業法49条の2)。

更生保護施設における処遇の基準等に関する規則（平成14年法務省令第37号）においては、さらに細かく定められている。すなわち、処遇に

当たって心がけなければならない事項として、

①処遇の計画に従って、被保護者に最もふさわしい方法を用いて生活指導等を行うことにより、自立および協調の精神を会得させ、その他健全な社会生活に適応するために必要な態度、習慣および能力を養わせること

②読書の指導、教養講座の開催その他の方法で、被保護者の教養を高めることに努めること

③就労の意欲を喚起し、その習慣を身につけさせるように指導するとともに、被保護者の希望、適性、心身の状況等に十分配慮し、公共職業安定所等の協力を得るなどして、当該被保護者に適した職業が得られるように努めること

④浪費を慎み、その所有する金品は、改善保護に役立てるため適切に使用し、または貯蓄するように指導すること

⑤努めて親族との調和を図るなどして、生活環境の改善または調整を図ること

と記されている（更生保護施設における処遇の基準等に関する規則4条1項）。

(3) 更生保護施設の具体的な処遇

更生保護施設に入所する被保護者は、社会関係を取り結ぶ能力が不十分であったり、飲酒や薬物などさまざまな問題を抱えていたりしている場合が多い。そこで、更生保護施設は、それらの相談に応じるとともに、日常に必要な生活指導や、地域社会の一員として円滑に社会に溶け込み、人生の再出発が図れるよう手助けをするという役割を担っている。場合によっては、医療･福祉機関との連携も視野に入れなければならない。先の (2) に示された基準に基づき、個々の被保護者に適した処遇を行っていかなければならない。

具体的には、

①生活基盤の提供

②円滑な社会復帰のための指導や援助

③自立に向けた指導や援助

④入所者の問題性に応じた専門的な処遇

などである。

SST
Social Skills Training

④に関しては、アルコールや薬物の害を知り、それに依存しないで生活を営むために医療機関や福祉機関と協力して行われる**酒害・薬害教育**、心理学の認知行動療法に基づき対人関係での振る舞い方を学ぶ**SST**、また芸術療法の一種で、雑誌などから好きな写真やイラストを切り抜いて自由に貼りつけ、言葉に表せない感情などを表現する**コラージュ療法**、さらに

パソコン教室、料理教室、ワークキャンプなど、被保護者に応じた処遇が実施されている。

(4) 更生保護施設の職員

①施設長

更生保護施設長は、実務の執行を総括するために必要な能力を有する者であって、犯罪をした者および非行のある少年の更生保護に関する事業に2年以上従事した者、またはこれに準ずる者であって、法務大臣が施設長として適当であると認めた者が選任される（更生保護施設における処遇の基準等に関する規則29条）。

②補導主任

補導主任は、教育学、心理学または更生保護に関係のあるその他の学科について相当な教養を有する者であって、犯罪をした者および非行のある少年の更生保護の実務に2年以上従事した者、またはこれに準ずる者であって、法務大臣が補導主任として適当な者と認めた者が選任される（同規則30条）。なお、施設長や補導主任など幹部職員は、人格高潔で思慮円熟し、指導力をもち、被保護者に対する処遇に関する熱意および能力を有する者でなければならない（同規則28条）。

③その他

更生保護施設には、施設長、補導主任のほか、補導員、調理員などが置かれている。

注）

ネット検索によるデータ取得日は，いずれも2023年12月8日．

(1) カッコ内は、その所在地。
(2) 法務省ウェブサイト「更生保護の組織」．
(3) 刑事立法研究会編『更生保護制度の改革のゆくえ―犯罪をした人の社会復帰のために』現代人文社，2007，p.165，p.168，p.169，p.171，p.176．
(4) 法務省ウェブサイト「保護観察官になるには」．
(5) 法務省保護局資料による．
(6) 保護司の職業は、さまざまである。列挙すると、無職（主婦を含む）、会社員等、その他の職業、宗教家、商業・サービス業、農林漁業、製造・加工業、教員などである（平成27年1月1日現在、法務省保護局資料による）。
(7) 西川正和・寺戸亮二・大場玲子・押切久遠・小國万里子「保護司の活動実態と意識に関する調査」法務総合研究所研究部報告26，2005，p.11以下によると「定年退職した者など比較的高齢の人材に依存せざるをえない現実があり、法務総合研究所の近年の調査によれば平均年齢は60歳代半ばであり、70歳代の者も約4分の1存在する」と記されている。
(8) 法務省法務総合研究所編「令和5年版犯罪白書―非行少年と生育環境」法務省ウェブサイト，p.94，p.98．
(9) 全国保護司連盟ウェブサイト「全国の保護司会一覧」．
(10) トライアル雇用期間中に、雇用主の都合により、保護観察者を解雇する場合は、奨励金は支給されない。しかし、保護観察対象者の責に帰すべき事由により解雇した場合や自ら退職した場合は、奨励金は支給される。

(11) 法務省法務総合研究所編『平成27年版犯罪白書―性犯罪者の実態と再犯防止』日経印刷, 2015, p.89.

(12) 法務省ウェブサイト「更生保護を支える人々」.

理解を深めるための参考文献

● **長崎新聞社「累犯障害者問題取材班」『居場所を探して―累犯障害者たち』長崎新聞社, 2012.**

本書は、2011(平成23)年7月からの約1年間、矯正施設出所後の累犯障害者たちの生活をまとめたものである。彼らは、高齢や障害を抱えており、生きづらさの中から罪を犯してしまったが、彼らが罪を犯すことなく地域に定着できるような支援を提供するため奔走する、地域生活定着支援センターのスタッフたちの姿が印象的である。

● **大石剛一郎編『知的・発達障害のある人の支援と犯罪ノート―司法・刑事における適正な手続きの保障とそのための支援』S-planningブックレット13, Sプランニング, 2010.**

障害のある人たちの犯罪が、社会で注目されている。彼らは、コミュニケーション能力の不足など周囲から理解を得ることが難しい。が、彼らの特性等を理解すれば、共生が可能であることや、彼らが社会で孤立しないよう、支援の必要性や方法論も論じられており、障害を有する者への支援に一石を投じる一冊である。

2. 更生保護制度における関係機関・団体

A. 公共職業安定所（ハローワーク）

公共職業安定所（通称**ハローワーク**）は、国民に安定した雇用機会を確保することを目的として、**厚生労働省設置法** 23 条に基づき国（厚生労働省）が設置する行政機関である。ハローワークは、職業紹介、雇用保険、雇用対策（企業指導・支援）の 3 業務を一体的に実施することで、増加している就職困難者の方などへの就職支援を効果的に実施している。ハローワーク（544 ヵ所）の全国ネットワークによる支援のほか、**雇用対策協定**（268 自治体）に基づく連携施策や自治体とのワンストップ窓口（340 ヵ所）等により、地域密着型の就職支援を実施している（2023〔令和 5〕年 4 月 1 日時点）[(1)]。

公共職業安定所（ハローワーク）
国民に安定した雇用機会を確保することを目的として、厚生労働省設置法（平成 11 年法律第 97 号）に基づき国（厚生労働省）が設置する行政機関。

B. 刑務所出所者等総合的就労支援対策

厚生労働省および法務省は、2006（平成 18）年度から、刑務所出所者等の就労の確保のため、「**刑務所出所者等総合的就労支援対策**」を実施している。この施策は、昨今の厳しい雇用環境の中、一般求職者に比べはるかに門戸の狭い求職・就職状況に置かれる更生保護の対象者のために、国が包括的かつ有効な就労支援を積極的に行うことにより、社会復帰の促進と生活基盤の安定化を図ろうとするものである。

具体的には、①対象者選定と個別支援計画の策定、②就職能力向上のための施策、③求人企業へのあっせんの推進、という展開である。まず①では、矯正施設・保護観察所による支援対象者を適切に選定し、公共職業安定所への求職登録を行い、そのうえで個別支援計画を作成する。これは、地域労働市場との接点が少ない刑務所出所者等を積極的に市場に送り出すべく、就労支援の専門機関である公共職業安定所との間で定職による立直りのための方途を確立するものである。

次に②では、就職に必要な能力に加え、就職した職場に長期定着するために必要な能力を身につけさせる目的のもと、「刑務所出所者等を対象とした支援施策」（職場体験講習、セミナー・事業所見学会）、「受刑者等を対象とした支援施策」（職業訓練、釈放前指導、公共職業安定所出張講

刑務所出所者等総合的就労支援対策
平成 18 年度から法務省と厚生労働省との連携により、「刑務所出所者等総合的就労支援対策」を実施している。これは、矯正施設、保護観察所および公共職業安定所等が連携する仕組みを構築したうえで、矯正施設入所者に対して、公共職業安定所職員による職業相談、職業紹介、職業講話等を実施している。また、保護観察対象者等に対しては、公共職業安定所において担当者制による職業相談・職業紹介を行うほか、①セミナー・事業所見学会、②職場体験講習、③トライアル雇用、④身元保証等の支援メニューを活用した支援を実施している。

話・相談、公共職業安定所作成の就職案内書の配布)、「公共職業安定所による一般支援施策の活用」(就職助言者や職業適性検査等を活用したきめ細かな職業指導と適職選定支援、職業訓練の受講あっせん、履歴書の個別添削、模擬面接等)を行っている。そして③では、求人企業に対する紹介あっせんを積極的に実施するとともに、出会い後の職場定着を支援することを図るべく、**試行(トライアル)雇用制度**、**身元保証制度**、職場適応・定着推進員による事後支援、などが行われる。

試行(トライアル)雇用制度
トライアル雇用とは、働いた経験が少ないことから、期間の定めのない雇用(常用雇用)での就職に不安のある方などが、常用雇用への移行を前提として、原則3ヵ月間その企業で試行雇用として働いてみる制度。トライアル雇用の期間中は、仕事や企業について理解を深めることができ、また、労働基準法などの法律が適用され、賃金も支払われる。

2011(平成23)年度からは一部の保護観察所において、民間のノウハウ・ネットワークを活かし、矯正施設入所中から就職後の職場定着まで、継続的かつきめ細かな支援等を行う「**更生保護就労支援事業**」が実施されている。この事業では、就労の確保が困難な者の就労支援や雇用管理に関する専門知識および経験を有する就労支援員により、①就職活動支援、②職場定着支援の2つの支援が実施されている。

C. 福祉事務所・社会福祉協議会

[1] 応急の援護

更生保護法62条には、「保護観察所の長は、保護観察対象者が、適切な医療、食事、住居その他の健全な社会生活を営むために必要な手段を得ることができないため、その改善更生が妨げられるおそれがある場合には、当該保護観察対象者が公共の衛生福祉に関する機関その他の機関からその

図5-2-1 応急の救護等および更生緊急保護

種別	対象	期間	措置の内容
応急の救護等	保護観察中の人で、改善更生が妨げられるおそれのある場合	保護観察期間	・食事の給与 ・医療及び療養の援助 ・帰住の援助 ・金品の給貸与 ・宿泊する居室及び必要な設備の提供 ・就職の援助や健全な社会生活を営む(適応する)ために必要な指導助言の実施
更生緊急保護	次の①②③のすべてにあてはまる人 ①刑事上の手続又は保護処分による身体の拘束を解かれた人 ②親族からの援助や、公共の衛生福祉に関する機関等の保護を受けられない、または、それらのみでは改善更生できないと認められた人。 ③更生緊急保護を受けたい旨を申し出た人	原則として6か月 例外的にさらに6か月を超えない範囲で延長可能	

※措置は、保護観察所長が行う場合と、更生保護事業を営む者等に委託して行う場合があります。

出典)法務省ウェブサイト「『更生保護』とは」.

目的の範囲内で必要な応急の救護を得られるよう、これを援護しなければならない（1 項）。前項の規定による援護によっては必要な応急の救護が得られない場合には、保護観察所の長は、予算の範囲内で、自らその救護を行うものとする（2 項）」とある（**図 5-2-1**）。保護観察対象者のうち貧困や疾病などにより援助や保護を必要としている場合、一時的には生活保護を受給することになる。また、高齢、身体障害、知的・精神・発達障害等のさまざまな問題を抱えている者も多く、ニーズに応じた社会保障や福祉サービスを利用して生活再建を図る場合もある。

［2］福祉事務所とは

福祉事務所は、**社会福祉法** 14 条に規定されている、**福祉六法**に定める援護、育成または更生の措置に関する事務を司る第一線の社会福祉行政機関である。都道府県および市（特別区を含む）では必置機関であり、町村は任意で設置することができる。配置すべき職員も、所長、指導監督を行う所員（**社会福祉主事**）、現業を行う所員（社会福祉主事）および事務を行う所員として法定されており、その定数も条例等で定められる。2023（令和 5 年）4 月 1 日現在の設置状況は 1,251 ヵ所（都道府県 205、一般市および特別区 742、政令・中核市 257、町村 47）となっている[(2)]。生活保護の受給、介護保険サービスや障害福祉サービスの利用など、福祉事務所の理解と協力は欠かせない。

［3］社会福祉協議会とは

社会福祉協議会は、社会福祉法 109 条および 110 条に規定される、地域福祉の推進を図ることを目的とする団体である。社会福祉協議会を実施主体として、「低所得者や高齢者、障害者の生活を経済的に支えるとともに、その在宅福祉及び社会参加の促進を図ること」を目的とした「生活福祉資金貸付制度」を実施している。それぞれの世帯の状況と必要に合わせた資金、たとえば、就職に必要な知識・技術等の習得や向上、介護サービスを受けるための費用等の貸付けを行っている。

生活保護受給者以外の生活困窮者に対する、いわゆる「第 2 のセーフティネット」の充実・強化を図ることを目的として、2015（平成 27）年 4 月に**生活困窮者自立支援法**が施行されている。この制度のもとで、生活困窮者に対して、生活や就労等の幅広い相談支援を行う「**自立相談支援事業**」が全国で実施されている。自立相談支援事業は、自治体の直営あるいは民間団体への委託により行われており、その比率はおおむね 4：6 となっているが、委託先の約 8 割は社会福祉協議会となっている。

福祉事務所
福祉事務所とは、社会福祉法（昭和 26 年法律第 45 号）に規定されている「福祉に関する事務所」を言い、福祉六法に定める援護、育成または更生の措置に関する事務を司る第一線の社会福祉行政機関。都道府県および市（特別区を含む）は設置が義務づけられており、町村は任意で設置することができる。1993（平成 5）年 4 月には、老人および身体障害者福祉分野で、2003（平成 15）年 4 月には、知的障害者福祉分野で、それぞれ施設入所措置事務等が都道府県から町村へ移譲されたことから、都道府県福祉事務所では、従来の福祉六法から福祉三法（生活保護法、児童福祉法、母子及び寡婦福祉法）を所管することとなった。

福祉六法
福祉に関する、生活保護法・児童福祉法・母子及び寡婦福祉法・身体障害者福祉法・知的障害者福祉法・老人福祉法の総称。

社会福祉主事
福祉事務所現業員として任用される者に要求される資格（任用資格）であり、社会福祉施設職員等の資格に準用されている。社会福祉各法に定める援護または更生の措置に関する事務を行うために、福祉事務所には必置義務がある。

社会福祉協議会
社会福祉法（昭和 26 年法律第 45 号）で規定。全国、都道府県、特別区、政令指定都市（行政区＝地区）、市町村単位で組織されている。民間の社会福祉活動を推進することを目的とし営利を目的としない民間組織で、基本的には社会福祉法人格をもつこととなっている。

D. 日本司法支援センター（法テラス）

法テラス
法テラス（日本司法支援センターの通称）は、総合法律支援法（平成16年法律第74号）に基づき、独立行政法人の枠組みに従って設立された法人で、総合法律支援に関する事業を迅速かつ適切に行うことを目的としている（総合法律支援法14条）。

日本司法支援センター（通称「**法テラス**」、**図5-2-2**）は、**総合法律支援法**に基づき2006（平成18）年4月に設置された法務省所管の法人である。刑事・民事を問わず、国民がどこでも法的なトラブルの解決に必要な情報やサービスの提供を受けられるようにしようという構想をもとに、2023（令和5）年4月1日現在、全国103ヵ所に事務所（地方事務所・支部・出張所・地域事務所）が設置されている[(3)]。

主な業務は、①情報提供業務（法的問題の解決に役立つ制度や、適切な相談機関・団体に関する情報を収集・整理し、電話、面談、電子メール等による問合せに対して提供する業務）、②民事法律扶助業務（経済的に余裕のない方に対し、無料法律相談や民事裁判手続等に係る弁護士・司法書士費用等の立替えを行う業務）、③国選弁護等関連業務（貧困等の理由で自分では弁護士を頼めない被疑者・被告人のため、裁判所等からの求めに応じて国選弁護人になろうとする弁護士との契約、国選弁護人候補の指名および裁判所等への通知を行い、国選弁護人に対する報酬・費用の算定・支払などを行う業務）、④司法過疎対策業務（身近に弁護士や司法書士がいないなど、法律サービスへのアクセスが容易でない地域に法律事務所を設置し、法テラスに勤務する常勤弁護士を常駐させ、有償での法律サービ

図5-2-2　法テラスの概要

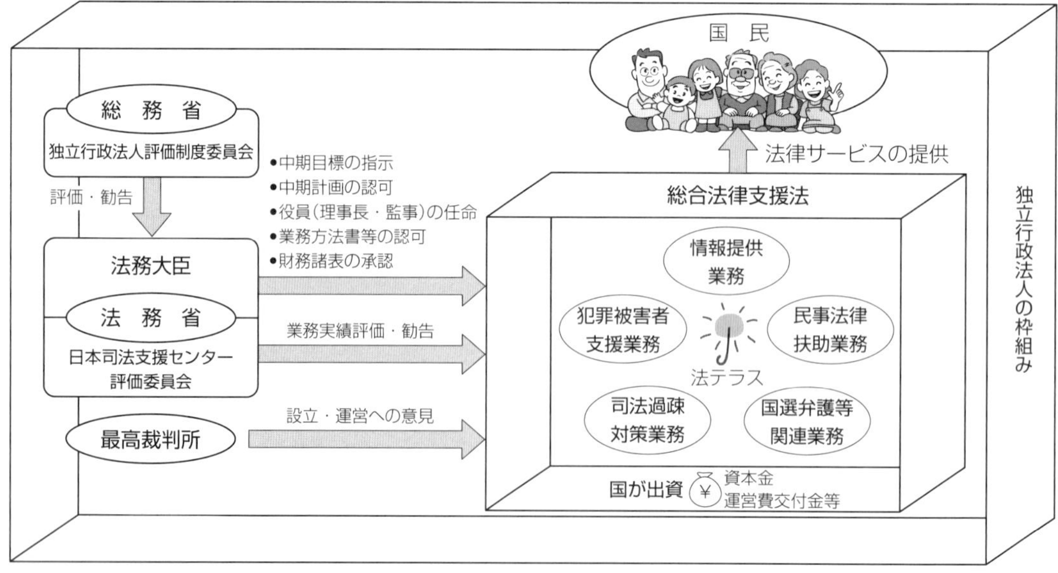

出典）日本司法支援センター編「令和4年度版法テラス白書」日本司法支援センター（法テラス）ウェブサイト，2023，p.8.

スを含む、法律サービス全般の提供を行う業務)、⑤犯罪被害者支援業務(犯罪の被害にあわれた方やご家族の方などに対し、そのとき最も必要な支援が受けられるよう、損害の回復や苦痛の軽減を図るための制度に関する情報を提供するとともに、適切な相談窓口の紹介や関係機関・団体への取次ぎ、犯罪被害者支援の経験や理解のある弁護士の紹介などを行う業務)、である。

E. 自助グループ

保護観察所では、薬物依存のある保護観察対象者に対し、薬物処遇プログラムを実施することで、薬物を断つ意思の維持・強化を図っている。しかし、薬物依存のある保護観察対象者の再犯（薬物の再使用）を防止するためには、保護観察終了後に、薬物依存からの回復に向けて支援を継続して受けることが必要である。このため、保護観察所においては、家族会や当事者会など自助グループとの連携強化に努め、薬物依存のある保護観察対象者に対する支援体制の構築を目指している（図5-2-3）。

自助グループ
self-help group
「セルフヘルプグループ」とも呼ぶ。

図 5-2-3　薬物依存のある保護観察対象者の処遇における地域連携

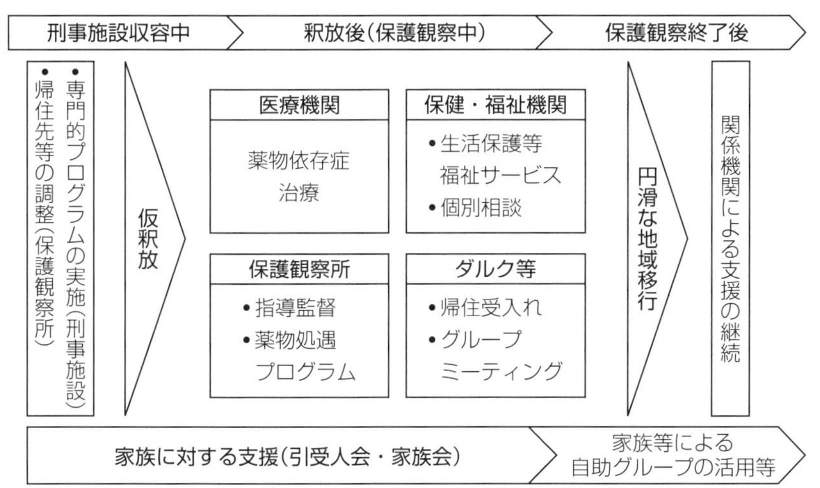

出典）法務省ウェブサイト「保護観察所」.

ダルク（DARC）とは、民間の薬物依存症リハビリ施設で、スタッフは薬物依存者である。ダルクでは、医療機関、行政機関、司法機関、などと連携を取りつつ、プログラムの一環として薬物依存者同士が病気の分かち合いをしながら回復、成長し、（薬物を）使わない生き方の実践を目指している。

ダルク（DARC）
Drug Addiction Rehabilitation Center

また、NPO 法人**全国薬物依存症者家族会連合会（やっかれん）**は、全国の薬物依存症家族会の集まりである。薬物依存症者を抱える家族と家族会、また依存症者本人や回復施設を支援し、行政とも連携して依存症に対する社会の理解を広げていく活動をしている。

注）

ネット検索によるデータ取得日は，いずれも 2023 年 2 月 28 日.

(1) 厚生労働省 職業安定局「公共職業安定所（ハローワーク）の主な取組と実績（令和 5 年 10 月）」厚生労働省ウェブサイト.

(2) 厚生労働省ウェブサイト「福祉事務所」.

(3) 日本司法支援センター編「令和 4 年度版法テラス白書」日本司法支援センター（法テラス）ウェブサイト，2023，p.10.

理解を深めるための参考文献

- **松本勝編／前川泰彦・御厨勝則ほか『更生保護入門（第 6 版）』成文堂，2022.**

  更生保護の意義と歴史から、保護観察、犯罪被害者支援活動、心神喪失者等医療観察制度の概要まで、日本の更生保護のあり方について平易に解説している。

- **内田博文『更生保護の展開と課題』法律文化社，2015.**

  刑事司法と福祉の連携が叫ばれる中で、日本における更生保護の展開を歴史的に検証し、これからの課題について解説している。

3. 社会復帰支援の動向

A. 刑事施設における高齢者、障害者

[1] 高齢者の状況

日本の刑事施設では、成人全体の入所受刑者数は、2006（平成18）年の3万2,980人をピークとして2022（令和4）年には、1万4,460人と大幅に減少し続けている。しかし、高齢者（65歳以上）の入所受刑者数は、2006年の1,882人から増加を続け、2016（平成28）年には2,498人までになる。その翌年（2017〔平成29〕年）には、一時、2,278人と大きく減少するも、その後は、2,200人前後で、高止まりのまま、ほぼ横ばいで推移している（2022年の高齢者入所受刑者数は2,025人）。

一方、刑事施設における高齢者の割合は、上昇し続けている。前述のように、入所受刑者数では、ほぼ横ばいとなっている高齢者ではあるが、成人全体の入所受刑者数に占める高齢者数の割合は、ほぼ上昇し続けており、

図5-3-1　刑事施設における受刑者数の推移

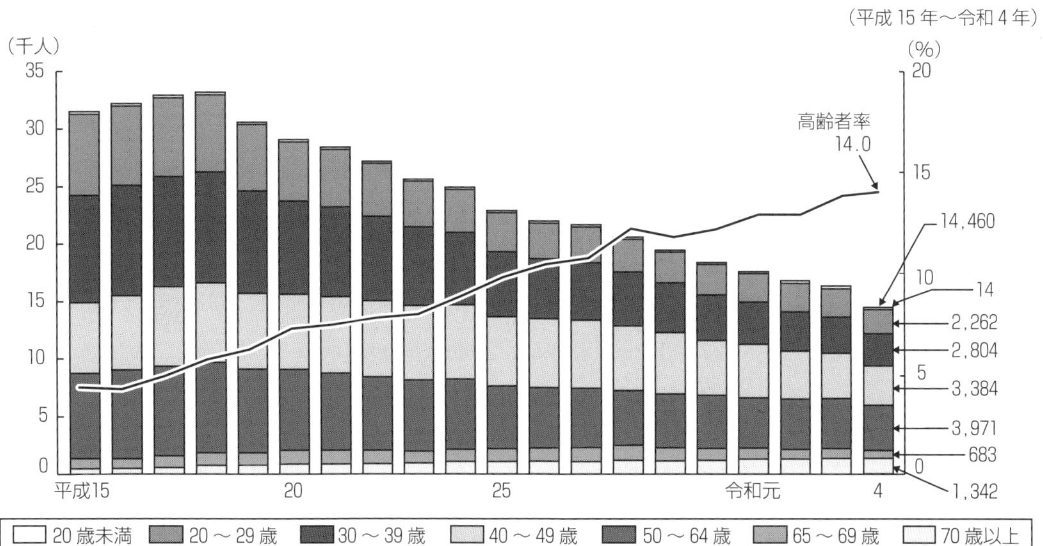

注　1　矯正統計年報による。
　　2　入所時の年齢による。ただし、少年時に刑の言渡しを受けた者は、言渡し時の年齢によることとし、入所時に20歳以上であっても、20歳未満に計上している。
　　3　「高齢者率」は、入所受刑者総数に占める高齢者の比率をいう。

出典）法務省法務総合研究所編「令和5年版犯罪白書―非行少年と生育環境」法務省ウェブサイト，p.230.

2006年には、5.7%だったものが、2022年には、14.0%まで増加している（**図5-3-1**）。

刑法犯全体の認知件数自体は、2006（平成18）年には205万850件であったものが、2022（令和4）年には、60万1,331件となるなど、一貫して減少傾向にある。そのため、成人全体の入所受刑者も、前述のように大きく減少する結果となっているが、その中で、入所受刑者数が、ほぼ横ばいの高齢者は、全年齢層の中でも目立って、その割合を増やしている。

また、2007（平成19）年～2016（平成28）年の出所受刑者の2年以内の刑事施設への再入所率を見ると、調査したこの10年間に、高齢者の再入所率は、どの年次においても、他の年齢層より高い。2016年では、20.6%となり、ほぼ5人に1人の高齢者の出所受刑者が、2年以内に刑事施設へ再入所してくることになる。このような状況の理由として挙げられているのが、高齢者の就職・就労が難しいこととともに、出所時に離別・死別などで配偶者が居ない高齢者が過半数を占めていることである。そのため、他の年齢層では、出所後の帰住先となる「配偶者」、「両親」など家族等が極端に少なく、「その他（明確な帰住先がない）」、「更生保護施設」となっている場合が多い。

[2] 障害者の状況

医療観察法
正式名称は「心神喪失等の状態で重大な他害行為を行った者の医療及び観察等に関する法律」。「心神喪失者等医療観察法」とも略す。

精神保健福祉法
正式名称は「精神保健及び精神障害者福祉に関する法律」。

医療観察法が、2005（平成17）年に施行されたことで、以降に心神喪失・耗弱状態で重大な他害行為（殺人、放火、強盗、不同意性交等、不同意わいせつ、傷害）を行った精神障害者については、刑事施設ではなく、医療観察法で規定されている指定入院・通院医療機関で処遇されることになっている。しかし、重大な他害行為以外の罪を犯した精神障害者（知的障害者を含む）については、**精神保健福祉法**で、精神科医療機関に入院となる場合もあるが、責任能力が認められる場合など刑事施設に入所する場合がある。

医療観察法の施行以後の法務省の統計資料では、刑事施設における精神障害者の入所受刑者数は、2009（平成21）年が2,151人（うち知的障害者が242人）、2022（令和4）年が2,435人（うち知的障害者が313人）と報告されており、この間精神障害者全体では13.2%増加し、知的障害者は29.3%増加している。そのうえで、前述のように、刑事施設の成人全体の入所受刑者数は、2009年の2万8,293人から、2022年の1万4,460人と、この期間においても大幅に減少し続けているため、成人全体の入所受刑者数に占める精神障害者数、知的障害者数の割合は、高齢者と同様、大きく増加している。

成人入所受刑者数全体に占める精神障害者の割合は、2009（平成 21）年には、7.6％だったものが、2022（令和 4）年には、16.8％まで増加しており、同じく成人入所受刑者数全体に占める知的障害者の割合は、2009 年には、0.9％だったものが、2022 年には、2.2％まで増加している。

また、2007（平成 19）年に厚生労働省の研究班が法務省とともに、知的障害者または知的障害を疑われる刑事施設の受刑者 410 人に対して行った調査によれば、再犯者は、全体の約 7 割を占め、その再犯者の約 6 割が出所後 1 年以内に再犯に及んでいた。また、その犯罪動機については、36.8％が「生活苦」を挙げている(2)。このような生活苦による再犯の傾向は、程度の差はあれ、刑事施設にいる精神障害者、身体障害者（加齢による障害を含む）についても同様のことが言われている。

B. 矯正施設における福祉的支援

［1］特別調整

法務省は、厚生労働省と連携して、高齢または障害を有し、かつ、適当

図 5-3-2　特別調整の概要

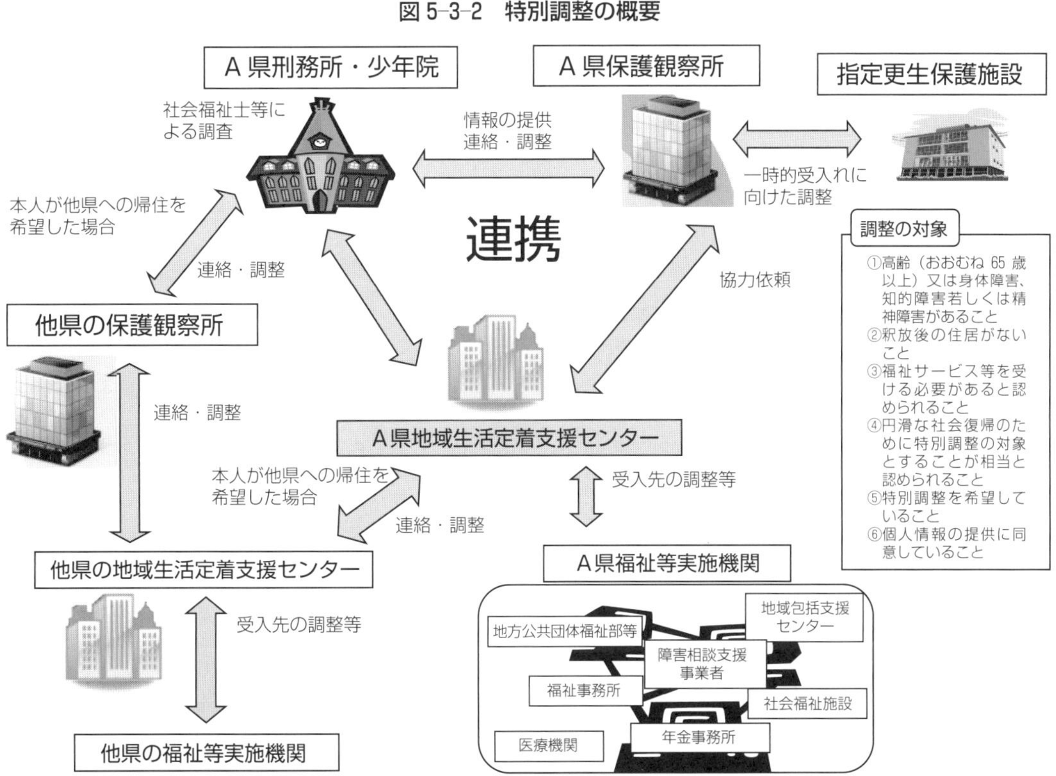

出典）法務省法務総合研究所編「平成 30 年版犯罪白書—進む高齢化と犯罪」法務省ウェブサイト，7-5-1-2 図.

な帰住先がない刑事施設の入居受刑者について、釈放後速やかに、適切な介護、医療、年金等の福祉サービスを受けることができるようにするための刑事施設と保護観察所において「特別調整」を実施している（**図5-3-2**）。

また、特別調整では、福祉関係機関等との効果的な連携が求められるところから、厚生労働省の地域生活定着促進事業により各都道府県が設置した**地域生活定着支援センター**と連携し、司法と福祉との多機関連携による支援が行われている。

［2］社会復帰支援指導プログラム

刑事施設において、高齢または障害を有する受刑者のうち、福祉的支援を必要とする者または受講させることにより改善更生および円滑な社会復帰に資すると見込まれる者を対象に、比較的早期の段階から、出所後の円滑な社会生活を見据えた指導を実施することを目的とした「社会復帰支援指導の標準プログラム」が2014（平成26）年度から一部の刑事施設において試行的に実施、2017（平成29）年より全国で実施されてきている。

具体的な指導内容は、生活能力（金銭管理、会話スキル、対人関係スキル等）の習得、動作能力・体力の維持・向上、健康管理能力の習得といった、日常生活を送るうえで必要となる基本的な内容に関する指導のほか、各種福祉制度に関する基礎的な知識を習得させるための指導、再犯防止のための自己管理スキルの習得など多岐にわたっている。同プログラムは、刑事施設の職員による指導のほか、地方公共団体、福祉関係機関等の職員や民間の専門家を指導者として招聘するなど、関係機関との連携の下で実施されている。

［3］刑務所出所者等総合的就労支援対策

法務省は、厚生労働省と連携し受刑者等の出所時の就労の確保に向けて、矯正施設、保護観察所およびハローワークが連携する仕組みを構築したうえで、入所受刑者等の希望や適性等に応じ、計画的に就労支援を行っている。

具体的には、入所受刑者等に対し、ハローワークの職員による職業相談、職業紹介、職業講話等を行う。また、刑務所出所者等の採用を希望する事業者が、矯正施設を指定したうえでハローワークに求人票を提出することができる「**受刑者等専用求人**」の運用や事業者と就職を希望する受刑者とのマッチングなどの試みなどを行うとともに、受刑者等の就労先を在所中に確保し、出所後速やかに就労に結びつけるため、全国８ヵ所のすべての矯正管区に設置されている**矯正就労支援情報センター**が、受刑者等の帰住地や取得資格等の情報を一括管理し、出所者等の雇用を希望する企業の相談に対応して、企業のニーズに適合する者を収容する施設の情報を提供する（**雇用情報提供サービス**）などして、広域的な就労支援等、総合的な就労支援対策を行っている。

[4] 矯正施設における福祉専門職等の配置状況

前述の刑事施設入所受刑者の高齢者、障害者の比率の増加や、それに伴う刑事施設内での福祉的支援のニーズの高まりから、法務省では、主要な刑務所や医療刑務所に、少しずつ社会福祉士、精神保健福祉士のような福祉専門職を配置し始めていたが、2008（平成20）年頃まで、その配置施設数は、全国78施設中8施設と少なかった。しかし、2009（平成21）年より、法務省では、全国にある刑務所78施設すべてに、社会福祉士等を配置することを決定し、国家資格をもった社会福祉士や精神保健福祉士を刑事施設内に配置することとした。そして、刑事施設入所中から本格的に福祉的支援を行えるような各福祉系専門職の採用、人員配置の体制を整え始めた。

現在、刑事施設においては、前述の「特別調整」や「社会復帰支援指導プログラム」を始めとする福祉的支援を必要とする者に対応するため、社会福祉士または精神保健福祉士の資格を有する非常勤職員を配置しているほか、**福祉専門官**（社会福祉士、精神保健福祉士または介護福祉士の資格を有する常勤職員）を配置している。2023（令和5）年度において、社会福祉士の配置施設数は67庁、精神保健福祉士の配置施設数は8庁、福祉専門官の配置施設数は58庁（刑務支所を含む）である。

また、認知能力や身体機能の低下した高齢受刑者等に対し、専門的な知識・経験を有する者が介助を行うため、介護福祉士および介護専門スタッフ（介護職員実務者研修または介護職員初任者研修の修了者等）を配置している。配置施設数は、介護福祉士が8庁、介護専門スタッフが40庁である。

C. 矯正施設と連携する福祉施設

[1] 地域生活定着支援センター

高齢または障害により福祉的な支援を必要とする刑務所出所者等に対し、保護観察所、矯正施設、留置施設、検察庁および弁護士会といった刑事司法関係機関、地域の福祉関係機関等と連携・協働しつつ、刑事上の手続または保護処分による身体の拘束中から釈放後まで一貫した相談支援を実施することにより、その社会復帰および地域生活への定着を支援している。

厚生労働省の地域生活定着促進事業により、現在、地域生活定着支援センターは、すべての都道府県に設置されており、社会福祉士や精神保健福祉士等の専門的知識をもつ職員を配置し、具体的には、下記のような役割を担っている。

①**コーディネート業務**とは、保護観察所からの依頼に基づき、矯正施設の被収容者を対象として、受入先となる社会福祉施設等のあっせんや福祉サービスの申請支援等を行う。

②**フォローアップ業務**とは、特別調整により対象者を受け入れた社会福祉施設等に対して、対象者の支援、福祉サービスの利用等について助言等を行う。

③**相談支援業務**とは、刑務所出所者等の福祉サービスの利用等に関して、本人やその家族、更生保護施設、地方公共団体、福祉事務所その他の関係者からの相談に応じて、助言や必要な支援を行う。

④**被疑者等支援業務**（※2021〔令和3〕年度から刑事司法手続の入口段階にある被疑者・被告人等で高齢または障害により自立した生活が困難な人に対する支援も開始している）とは、被疑者、被告人の福祉サービス等の利用調整や釈放後の継続的な援助等を行う。

［2］更生保護施設

主に保護観察所から委託を受け、刑務所出所者等で住居がなかったり、頼るべき人がいないなどの理由で直ちに自立することが難しい保護観察または**更生緊急保護**の対象者を宿泊させ、食事を給与するほか、就職援助、生活指導等を行ってその円滑な社会復帰を支援している施設である。また、更生保護施設では、適当な帰住先がなく、かつ、高齢または障害を有する者を一時的に受け入れ、その特性に配慮しつつ、社会生活に適応するための指導や退所後円滑に福祉サービスを受けるための調整等を行うことを内容とする特別処遇を実施している。

更生緊急保護
➡ p.70
第4章4節A.参照。

更生保護施設では、**生活技能訓練（SST）**、**酒害・薬害教育**等を取り入れるなど、処遇の強化に努めており、2022（令和4）年度においては、SSTが27施設、酒害・薬害教育が35施設で実施されている。さらに、依存性薬物に対する依存からの回復に重点を置いた処遇を実施する更生保護施設（**薬物処遇重点実施更生保護施設**）では、薬物処遇に関する専門職員が配置されている。

生活技能訓練（SST）
Social Skills Training
「社会生活技能訓練」とも呼ばれる。なお、SST普及協会では、「社会生活スキルトレーニング」の和語を用いることを提唱している。

酒害・薬害教育
医療・福祉機関や自助グループと連携して、薬物やアルコールの問題を抱える者に対し、酒害・薬害の知識を与え、薬物等に依存しない生活を築かせる目的で行われる。

2023（令和5）年4月1日現在、更生保護施設は、全国に102施設があり、更生保護法人により99施設が運営されているほか、社会福祉法人、特定非営利活動法人および一般社団法人などにより、3施設が運営されている。その内訳は、男性の施設87、女性の施設7および男女施設8である。収容定員の総計は、2,399人であり、男性が2,202人（うち少年318人）、女性が197人（うち少年47人）である。

[3] 自立準備ホーム

高齢または障害により福祉的な支援を必要とする刑務所出所者等の増加により、更生保護施設だけでは定員に限界があることなどから、あらかじめ保護観察所に登録した民間法人・団体等の事業者に、保護観察所が、宿泊場所の供与と自立のための生活指導（**自立準備支援**）のほか、必要に応じて食事の給与など委託するため自立準備ホームが「緊急的住居確保・自立支援対策」により実施された。自立準備ホームには、薬物依存症リハビリテーション施設も登録されており、薬物依存のある保護観察対象者を委託するなどもある。2023（令和5）年4月1日現在の登録事業者数は、506ヵ所である。

参考資料）

ネット検索によるデータ取得日は，いずれも2023年12月8日.

(1) 「第2編　犯罪者の処遇」および「第4編　各種犯罪の動向と各種犯罪者の処遇」法務省法務総合研究所編「令和5年版犯罪白書—非行少年と生育環境」法務省ウェブサイト.

(2) 「第2編　犯罪者の処遇」法務省法務総合研究所編「平成29年版犯罪白書—更生を支援する地域のネットワーク」法務省ウェブサイト.

理解を深めるための参考文献

- **日本更生保護学会編『更生保護学事典』成文堂，2021.**

  更生保護に関する法学、医学、心理学、社会学、社会福祉学などの理論とともに、保護観察や医療観察制度、そして、関連する福祉的支援、犯罪予防活動や被害者支援など、その実践についても幅広く掲載している更生保護全般を網羅した事典。

- **今福章二・小長井賀與編『保護観察とは何か—実務の視点からとらえる』法律文化社，2016.**

  「保護観察」について、その制度概要とともに、現場の視点からみた実際の状況や運用などが、具体的なシミュレーションや事例なども入れ、わかりやすく解説されている。

小さな出来心と店長のささやかな計らい

あるショッピングセンターの雑貨店での出来事である。週末になると、その店内でウィンドウショッピングを楽しんでいる、小学生高学年くらいの少女の姿を、店員のＡ子は微笑ましく見ていた。が、思わぬことが起きた。その少女が商品に手を出し、そのまま自分の袋に入れ、そっと店を出ようとしたのである。

Ａ子は、慌ててこの少女を呼び止め事務室に連れて行き、店長に事実を報告した。店長は泣きじゃくる少女を落ち着かせ事情を聞くと、両親が離婚するらしく不安でたまらなく、思わずいけないとわかりつつも商品に手を出してしまったことを打ち明けた。

その後、少女の母と連絡を取ると、すぐに来店し、謝罪をしてその商品を買い取る旨の申し出があった。が、店長はこう言った。「いいえ、買い取りは結構です。これを持ち帰っても、それを見るたびに嫌な気持ちになるでしょう。代わりにまた、これからも買い物に来て下さい。お家の方と一緒に」。親子は、店長の配慮に感謝し、店を後にした。

それから、しばらくその親子は店に現れなかったが、約１年後、家族が揃って週末にショッピングセンターに買い物に来ては、雑貨店にも立ち寄ってくれるようになった。レジに立つＡ子の前でお互いが軽く会釈をして、元気でいたことを確認し合ったとのこと。

非行少年が犯罪に走る背景には、自分の居場所がないことがよく指摘される。両親が離婚するかもしれないという事態に戸惑いを覚え、自宅にいられなくなってしまった少女の姿が想像される。が、店長の小さな優しい配慮が、その家族のやり直しのきっかけになったのかもしれない。少女は、再び家庭に居場所を取り戻したようであるとＡ子は語っていた。

第6章 医療観察制度の概要

本章では、心神喪失などの状態で重大な他害行為などを行った精神障害者に対する処遇の中核となる医療観察法とその関連制度について学ぶ。

1

日本の医療観察法に大きな影響を与えた英国の司法精神医療・福祉関連制度とその変遷を理解する。

2

日本における重大な他害行為を行った精神障害者の処遇について、医療観察法成立以前の状況、成立過程、医療観察制度の概要を学ぶ。

3

医療観察法における審判について、その手続、裁判官、精神保健審判員、精神保健参与員の役割、審判内容などを学ぶ。

4

指定入院医療機関（医療観察病棟）の概要や機能とその治療・リハビリテーション・社会復帰支援などを理解する。

5

指定医療通院機関の仕組みと役割、および診療の流れについて概要を理解する。

1. 医療観察法

A. 日本の医療観察制度と英国の司法精神医療・福祉制度について

心神喪失・心神耗弱
「心神喪失」とは、行為当時、精神の障害によって事物の理非善悪を弁識する能力または弁識に従って行動する能力が欠如している状態。「心神耗弱」とは、行為当時、これらの能力が著しく劣っている状態（刑法39条の判例等）。

医療観察法
正式名称は「心神喪失等の状態で重大な他害行為を行った者の医療及び観察等に関する法律」。「心神喪失者等医療観察法」とも略す。

心神喪失など（**心神喪失、心神耗弱**（こうじゃく））の状態で重大な他害行為などを行った精神障害者に対して、日本では、医療観察法とその関連制度を中心に、対象者の処遇の決定、治療・支援などが行われる体制などが整備された。この日本の医療観察法とその関連制度は、英国の触法精神障害者の司法制度、医療・保健・福祉制度に、大きな影響を受けて成立した経緯がある。特に、1980年代から行われた英国の司法精神医療・福祉制度の改革は、日本で2005（平成17）年に施行された医療観察法と関連諸制度（専門病棟の規格や運営方針から治療内容、入院・通院における対象者の処遇まで）に大きな影響を与えることになる。そのため、ここでは、英国における司法精神医療の退院支援・社会復帰支援の変遷を追っていくことで、日本における医療観察制度についての理解を深めていくこととする。

現在の英国では、司法精神医療・保健・福祉分野の各関係機関が緊密に連携し、司法精神医療の入院対象者の退院支援や社会復帰支援が行われている。しかし、英国においても、1980年代前半頃まで、司法精神医療・保健・福祉分野の各関係機関は、それぞれ独自に司法精神医療の対象者へのサービスを行ってはいたが、各関係機関の連携は希薄であり、司法精神医療の対象者の退院支援や社会復帰支援などが、有機的に行われていなかった。司法精神医療と保健・福祉分野の関係機関の連携が改善され、司法精神医療を受けた入院対象者の退院促進・社会復帰が大きく進んでいったのは、1990年代に入ってからである。

B. 英国における司法精神医療・福祉制度の変遷

[1] 1980年代前半までの英国における司法精神医療・福祉制度

州精神収容施設法
County Asylums Act 1808

英国における司法精神医療制度の歴史は古く、その始まりは、国王暗殺未遂事件（ハットフィールド事件）を契機とした1808年の**州精神収容施設法**まで遡ることができる。しかし、この法律により整備された施設の多くは、医療機関というより収容所としての性格が強いものであった。その後、英国においても幾度かの制度改正が行われ、収容所ではなく医療機関としての**高度保安病院**が整備されていった（**写真 6-1-1**）。

最終的には英国国内に、4ヵ所（現在3ヵ所）の高度保安病院が整備され、いずれも400床以上の病床をもつ極めて大規模な司法精神医療専門の入院施設となっていった。これらの高度保安病院は、みな独立性が高く、専門的な治療やリハビリテーションとともに、退院調整などや福祉関係の支援も地域とあまり連携を取らず、その施設内のみで完結した形で行われていた。

医療・保健・福祉などの各関係機関の緊密な連携が、精神障害者の退院支援・社会復帰支援に有効であることは、英国では1970年頃には、一般精神医療・福祉の関係者に広く知られるところとなっている。しかし、一方で1980代前半頃まで、高度保安病院では、入院者の生活や福祉関連支援もすべて施設内のみで行われ、また、地域と連携のない退院調整は、非常に低調なものとなっていた。そもそも、英国で4ヵ所しか設置されていない高度保安病院では、英国全域の退院予定地域の行政機関や福祉施設などと連携し、各種手続や施設への試験的な通所、退院予定先への試験外泊訓練などを行っていくことは、制度上も物理的な距離の面からも困難であった。

また、当時の行政機関や福祉施設側も、高度保安病院の退院数自体が極端に少なく、また、閉鎖的で特殊な知識やスキルなどを必要とした司法精神医療の対象者の退院調整や支援に、関与することは少なかった。そのため、英国では、地域の精神障害者関連の社会復帰施設や制度が整備され一般精神障害者の退院促進が大きく進んだ1970年代以降になっても、司法精神医療・福祉分野における入院対象者の退院支援・社会復帰支援は、大きく立ち後れていた。

［2］1980年代後半からの司法精神医療・福祉制度の転換

このような状況の中で、1975年に英国の精神病者等関連法規について王立委員会から出された**バトラー報告書**は、高度保安病院の過剰収容の改善、そして入院対象者の長期入院や社会的入院の解消と社会復帰の促進のため、対象者の入院については、高度保安病院のような大規模な司法精神医療の専門病院ではなく、対象者の予定居住地域に近い一般精神病院内に司法精神医療を行える専門病棟での治療や支援を推奨した。そして、退院調整や社会復帰などの個別支援を行いやすい地域病棟（地域保安病棟）の整備を提言した。この提言を受け1983年に成立した英国の**精神衛生法**では、司法精神医療・福祉分野での**地域保安病棟**の整備を推進することが明記されることとなった（**写真 6-1-2**）。

高度保安病院
high security hospital
英国において、犯罪傾向の非常に高い精神障害者の治療を受けもっている司法精神医療専門病院（例：Broadmoor Hospital など）。

バトラー報告書
Butler report
1975年に発表された「精神病者等関連法規についての王立委員会」の報告書。1983年に制定された精神衛生法（Mental Health Act 1983）に大きな影響を与えた。

精神衛生法（英国）
Mental Health Act 1983
1983年に制定された英国の精神保健福祉分野の基本法。日本の精神保健福祉法に相当する法律。

地域保安病棟
regional secure unit
一般精神病院内に整備された、司法精神医療専門の病棟。

写真 6-1-1　ブロードモア病院
high security hospital

出典）筆者撮影.

写真 6-1-2　デニス・ヒル病棟
regional secure unit

出典）筆者撮影.

その後、1980 年代後半より英国は、司法精神医療の入院対象者への退院促進、社会復帰支援に積極的に取り組んでいくことになる。まず、司法精神医療を専門に行う医療機関については、退院予定地域の医療・保健・福祉の各関係機関とできるだけ連携しやすいように、対象者の予定居住地などに近い地域で整備することとし、司法精神医療を行う小規模（30 ～ 100 床程度）の地域保安病棟を、各地域の一般精神病院内に設置することとした。そして、人口 100 万人に対して 30 床程度を整備の目標として、このような地域保安病棟を英国全土に整備していった（**写真 6-1-2**）。

また、特に、医療・保健・福祉関係機関の緊密な連携が必要となる困難性の高い司法精神医療対象者の退院支援・社会復帰支援のためのケアマネジメント手法として、英国では、CPA の強化モデルである enhanced CPA を開発し、入院対象者の退院調整、地域支援等に活用している。

このような英国における司法精神医療における入院制度の抜本的な変更や支援システムの改善等により、司法精神医療における退院促進や地域の関係機関の連携が大幅に改善されていった。

CPA: care programme approach
英国のケアマネジメントの手法。複数の関係機関が連携して精神障害者の退院支援、社会復帰援助を行っていかなければならない難しいケースに対して行われる。利用者中心主義（利用者意向の尊重）や、ケア会議によるケア計画の調整と作成（透明性の確保、有機的な連携体制の構築）、文書化されたケア計画（ケア計画への契約的手法の導入と緊急時対応の明確化）、ケアの総括責任者（ケアコーディネーター）の選任（責任の明確化、情報の迅速な集約化と共有化）、定期的な見直し（ケア計画の変更の機会の確保と即応性のある柔軟な運用）などを特徴としている。

enhanced（強化型）CPA
CPA は、従来、enhanced（強化型）CPA と standard（標準型）CPA に、分かれていたが、2008 年の英国の制度改正により、enhanced（強化型）CPA のみを「CPA」と呼ぶように改められている。

精神保健福祉法
正式名称は「精神保健及び精神障害者福祉に関する法律」。

2. 日本における重大な他害行為を行った精神障害者の処遇

A. 医療観察法施行以前に他害行為を行った精神障害者の処遇

医療観察法の施行以前には、日本で医療観察法の対象となる精神障害者は、**精神保健福祉法**において、都道府県知事の命令により措置入院などで、精神科の医療機関に入院することが多かった（**図 6-2-1**）。

図 6-2-1　医療観察法以前の処遇

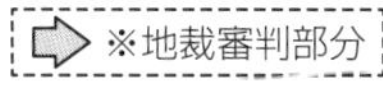

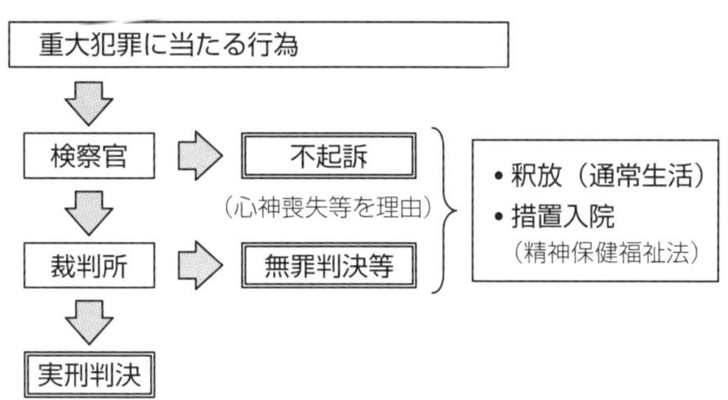

出典）厚生労働省ウェブサイト「心神喪失者等医療観察法」の「図　医療観察法制度の仕組み」を筆者改変．

しかし、このような精神障害者が措置入院などで治療を受ける場合に、①欧米諸国のような専門的な治療やリハビリテーション、社会復帰支援などを行うために訓練されたスタッフが配置されていないこと。②このような対象者に医療を提供するために必要な病棟の構造や治療プログラムなどが整備されていないこと。③退院後の継続的な医療を確保する仕組みが整っていないことなどが、以前から問題となっていた。

また、都道府県によって、措置入院の対象者の入院期間や処遇に大きな格差が出てしまうことも問題点として指摘されていた。たとえば、措置入院をした地域によっては、そのまま対象者の入院期間が 20 年を超えるような非常に長期になる地域がある一方で、入院期間は、短期間であっても対象者が必要とする退院後の通院医療機関の調整や紹介、退院における地域の環境調整や福祉等関連手続などを全く行うことなしに、退院させてしまうことで、その後、何度も同様の行為と措置入院を繰り返させてしまう地域などがあるなど、都道府県ごとの大きな格差が問題となっていた。

B. 医療観察法の成立過程と概要

［1］医療観察法の成立過程

重大な他害行為を行った精神障害者をどのように処遇していくかということは、1950 年代頃より日本の精神科医療・法律・行政機関など、各分野の関係者の間で、長く議論されてきた。特に 1980 年代後半より 1990 年代初頭にかけて、処遇困難精神障害者の処遇についての活発な議論が行われ、1991（平成 3）年の公衆衛生審議会精神障害者部会において、いわゆる処遇困難病棟の設置についての具体的な方針などが中間報告として出されたこともあった。しかし、結局、保安処分的な運用となるなどの危惧から、多くの問題が指摘されて、実現には至らなかった。

その後、1999（平成11）年の精神保健福祉法の一部改正案の審議過程において「重大な犯罪を犯した精神障害者の処遇のあり方について幅広い観点から検討を早急に進めること」との付帯決議が行われ、2001（平成13）年1月に法務省および厚生労働省による合同検討会が発足する。この合同検討委員会が継続していた2001（平成13）年6月に**大阪で起こった児童などへの無差別殺傷事件**により、世論などが重大な犯罪を犯した精神障害者への処遇に関する法律整備を求める意向に大きく傾き、国会における与党のプロジェクトチームが組織される。そして、この与党のプロジェクトチームは、重大な犯罪を犯した精神障害者への処遇について①新たな処遇手続の創設（裁判所の関与）、②対象者の処遇施設の整備（専門治療施設）、③退院後の体制の確立（保護観察所の観察）、④司法精神医療の充実などを提案した。

大阪で起こった児童などへの無差別殺傷事件
2001（平成13）年6月8日に大阪府池田市の大阪教育大学附属池田小学校で発生した無差別殺傷事件。逮捕当初、犯人は、精神障害者とされたが、後に鑑定で統合失調症ではなく、責任能力を減免するような精神障害はないとされた。

これらを受けて、法務省と厚生労働省により医療観察法案が作成され、閣議決定を経て、2002（平成14）年3月18日の第154回国会に提出される。そして、医療観察法は、継続審議となりながら、第155回国会では、自民党と公明党による修正案が提出され、翌2003（平成15）年7月10日の第156回国会の衆議院において可決され、成立した（平成15年法律第110号）。その後、医療観察法は、法制度などの整備や指定入院・通院医療機関、保護観察所などの準備・調整の期間を経て、2005（平成17）年7月15日に施行されることになる。

［2］医療観察法の概要（図6-2-2）

日本の刑法39条では「心神喪失者の行為は、罰しない」（1項）とされ、行為者に責任能力のない者が違法行為をした場合、責任能力が認められないがゆえに犯罪は成立しない。また、「心神耗弱者の行為は、その刑を減軽する」（2項）とされ、責任能力があるものの、その能力が著しく低い場合には、それに応じた刑の軽減がなされることになっている。

このような刑法における責任能力の規定は、現在、欧米諸国を始め、ほとんどの先進国で採用されており、近代刑法の共通理念となっている。特に、精神疾患に起因した心神喪失および心神耗弱での他害行為については、医療観察法のような特別な司法制度（司法精神医療・保健・福祉制度を含む）の仕組みを作り、対応している国が多い（**表6-2-1**）。

医療観察法は、その条文の1条で「心神喪失等の状態で重大な他害行為を行った者に対し、その適切な処遇を決定するための手続等を定めること

図 6-2-2　心神喪失者等医療観察制度における処遇の流れ

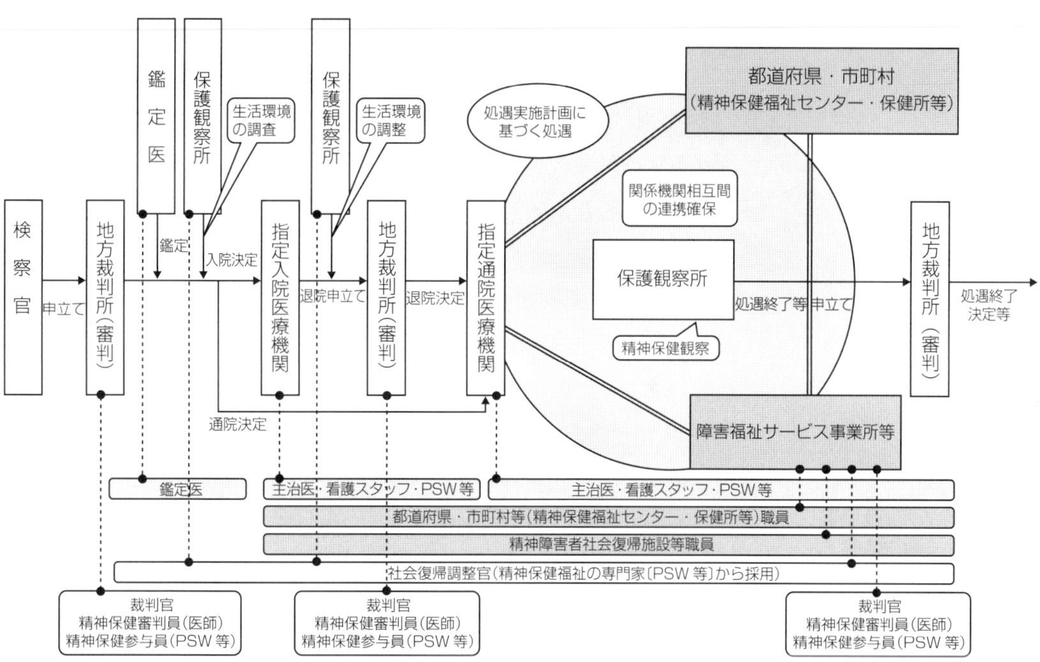

出典）法務省保護局「心神喪失者等医療観察法 Q&A ―精神障害者の社会復帰をすすめる新しい地域ケア体制の確立のために」pp.41–42 を筆者一部改変.

表 6-2-1　精神疾患等により責任無能力等の状態で犯罪に当たる行為をした者の審判制度に関する海外比較

	入院を決定する機関		更新期間等	終　了
アメリカ（ニューヨーク州）	裁判所	裁判所による入院命令の発令には、2名の精神科医の診断を経ることが必要	上限なし（1回の審査ごとの収容期間は最長2年であるが、更新可）	裁判所の判断
イギリス	裁判所	裁判所による入院命令の発令には、2名の登録された医師の意見に基づくことが必要	上限なし	医師等の判断（退院制限命令付きの場合は国務大臣等の判断）
ドイツ	裁判所	裁判所による入院命令の発令には、対象者の責任能力のほか、再犯危険性に関する鑑定を経ることが必要	上限なし（少なくとも1年ごとの審査）	裁判所の判断
フランス	県地方長官（又は警視総監）	県地方長官による入院命令の発令で、精神科医が作成した詳細な診断書が検討されることが必要	上限なし（6月ごと更新可）	県地方長官の判断（場合により、裁判官の判断）
フィンランド	法医療審査会	（社会保健省に属する機関であり、精神科医と法律家により構成される）	上限なし（6月ごと再評価）	医師の判断（一部裁判所判断）
スウェーデン	州立医療施設の医長		上限なし（当初は4月。その後は6月ごとに更新可）	医師の判断（退院特別審査が命じられた場合は裁判所の判断）
韓国	裁判所	検察官が治療処分を請求するには、精神科専門医による診断又は鑑定を経なければならない	上限なし（2月ごとの定期報告）	社会保護委員会の判断（法律家7人と医師2人で構成される行政機関）

出典）国立精神・神経医療研究センターウェブサイト「医療観察法審判ハンドブック（第2版改訂版 Ver.1.1）」p.2 を筆者一部改変.

により、継続的かつ適切な医療並びにその確保のために必要な観察及び指導を行うことによって、その病状の改善及びこれに伴う同様の行為の再発の防止を図り、もってその社会復帰を促進することを目的とする」としており、この法律の最終的な目的を対象者の社会復帰と位置づけている。

医療観察法の対象者（以下、対象者）とは、心神喪失または心神耗弱の状態（精神障害のため善悪の区別がつかないなどの刑事責任を問うことのできない状態）で重大な他害行為を行った精神障害者について、裁判所が、その審判において医療観察法による入院（入院医療の実施）決定、通院（入院によらない医療の実施）決定した者である。医療観察法における重大な他害行為とは、殺人、放火、強盗、**不同意性交等**、不同意わいせつ、傷害（軽微なものは除く）の**6罪種**である。

精神保健審判員は、精神科医療の専門家として、経験のある精神科医から選任される。また、**精神保健参与員**は、精神保健福祉の専門家として、経験のある精神保健福祉士または、精神科保健・福祉に長く従事していた保健師などから選任される。審判においては、鑑定医からの「鑑定書」や保護観察所が作成する「生活環境調査結果報告書」などの資料等をもとに、精神保健参与員の意見を聴いたうえで、裁判官と精神保健審判員の合議で審判決定がなされる。

医療観察法では、心神喪失または心神耗弱の状態で、重大な他害行為を行った精神障害者に対して、裁判所の審判により入院決定（医療を受けさせるために入院をさせる旨の決定）、通院決定（入院によらない医療を受けさせる旨の決定）など処遇の決定が行われる。そして、医療観察法における対象者には、その処遇の決定に基づき、厚生労働省の定めた医療機関（指定入院医療機関・指定通院医療機関）において、専門的な治療・リハビリテーション・社会復帰支援などの医療が提供される。

また、入院決定、通院決定、退院許可決定、（医療観察法における）医療終了の決定など、対象者の処遇を変更する決定については、そのほとんどが裁判所によって行われることになっている（通院処遇については、その期間中に対象者の病状や処遇に大きな問題がなく満期の3年が経過した場合のみ、裁判所の審判決定なしで自動的に、その処遇を終了することができる）。そのため、指定入院医療機関が、対象者の入院医療の継続が必要と判断した場合でも、裁判所に入院継続申立てを行う手続を指定入院医療機関の管理者から裁判所に対して6ヵ月に一度行わなくてはならない。また、地方裁判所の審判決定を受け、入院医療を継続することになる。指定入院医療機関が、対象者について、退院が相当と判断した場合でも、同様の手続が必要となる。

不同意性交等罪
かつては被害者が女性の場合のみ適用される強姦罪であったが、2017（平成29）年の刑法改正により被害者の性別を問わず適用される非親告罪の「強制性交等罪」と「準強制性交等罪」となった。その後、2023（令和5）年7月に改正刑法が施行され、強制性交等罪と準強制性交等罪は一本化され「不同意性交等罪」となり、相手が明確に同意する意思を示さず性交に及んだ場合を、より幅広く適用されるようになった。

6罪種
医療観察法における6罪種のうち、「傷害」罪以外は「未遂」を含む。

対象者の社会復帰については、そのコーディネーター役として、法務省の保護観察所に社会復帰調整官を配置し、対象者の退院支援、地域支援体制の構築、関係機関の調整の支援を行っている。この社会復帰調整官は、精神保健福祉士や精神障害者の社会復帰に深い経験をもつ保健師などから選任されていることが多い。保護観察所は、このような社会復帰調整官を通して、入院処遇中の対象者への退院支援や地域・関係機関の調整等（生活環境調整）を行うとともに、通院処遇中の対象者の支援や地域支援体制の構築、関係機関の調整等（精神保健観察）を行っている。

また、審判により直接通院となった対象者や退院後の通院決定を受けた対象者について、保護観察所は、対象者が必要な医療を受けているかなど、対象者の生活を見守るとともに、必要な指導や助言を行うなどの精神保健観察を実施する。また、対象者を支える指定通院医療機関、居住地域の行政機関、社会復帰施設の担当職員とのケア会議を主催し、対象者の治療、支援、地域生活におけるケア計画（以下、処遇実施計画）を作成していくなど、通院決定後の対象者処遇における中心的な支援者の役割を担っている。

3. 医療観察法における「審判」とは

A. 裁判所と医療観察法の審判

医療観察法の審判
地方裁判所で行われる医療観察法の審判、当初審判、入院継続申立審判、退院許可申立審判、医療終了審判などがある。

日本の裁判所は、最高裁判所、高等裁判所、地方裁判所、家庭裁判所、簡易裁判判所の5種類があり、役割分担がされている。そして、事件の内容によって、簡易裁判所か地方裁判所あるいは家庭裁判所で最初の裁判（第一審）が行われる。また、日本の裁判制度は、慎重・公正な判断を確保するため、**三審制**をとっている。刑事裁判においても、裁判に納得がいかないときは、上級の裁判所（高等裁判所）に不服を申し立てること（**控訴**）ができる（第二審）。そして、その裁判に憲法の違反があるときなどには、さらに上級の裁判所（最高裁判所）に不服を申し立てること（**上告**）ができる（第三審）。ただ、最高裁判所は、終審の裁判所であるので、その裁判は最終のものとなる。

これらの責任能力をもつ成人の「裁判」に対し、責任能力がない、あるいは一部減弱しているとされる「少年」や「医療観察法の対象者」では、その処分の決定等の手続は、通常、「裁判」ではなく「審判」といわれる。また、刑罰を与えることを目的とした成人の裁判とは異なり、その目的も、「少年法」では、「少年の健全な育成」とされており、また「医療観察法」では、「(対象者の）継続的かつ適切な医療並びにその確保のために必要な観察及び指導を行うことによって、その病状の改善及びこれに伴う同様の行為の再発の防止を図り、もってその社会復帰を促進すること」(1条）とされている（**図 6-3-1**)。

前述の三審制については、医療観察法の「審判」でも確保されており、地方裁判所で**当初審判**（第一審）が行われ、審判に納得のいかないときは、上級の裁判所（高等裁判所）に不服を申し立てること（**抗告**）ができる（第二審)。そして、その裁判に憲法の違反があるときなどには、さらに上級の裁判所（最高裁判所）に不服を申し立てること（**再抗告**）ができる（第三審)。最高裁判所での裁判が最終のものとなることも、刑事裁判と同様である。

当初審判
医療観察法での入院処遇、通院処遇、不処遇などを決める最初の審判。

地方裁判所の当初審判において入院決定となり、指定入院医療機関への

図 6-3-1　医療観察法における対象者の処遇の流れ

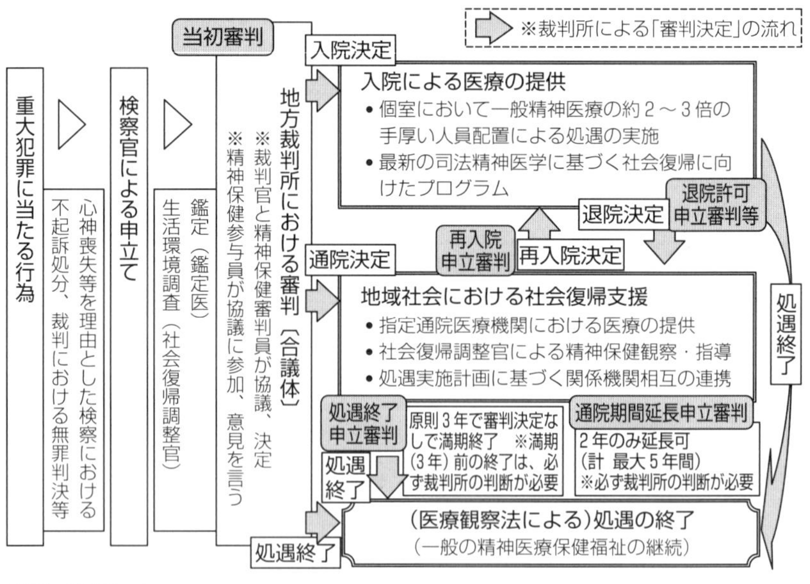

出典）筆者作成.

対象者の移送がされると、指定入院医療機関の担当多職種チームによる対象者の**インテーク面接**が行われる。このインテーク面接では、担当多職種チームそれぞれが、その専門分野の評価や支援等を行うことになる。精神保健福祉士は、インテーク面接において家族関係や経済的問題等のアセスメントを行うとともに、医療観察法の簡単な概要とともに権利関係の制度を説明している。

インテーク
intake
受理面接、初回面接。

特に、入院決定に対する「抗告」の申立ての権利は、対象者に認められている重要な権利でもあり、審判決定から2週間以内と、この「抗告」には時間的制約もあるため、入院初期のインテーク面接での抗告の説明やその後の手続支援は、精神保健福祉士の入院初期の重要な業務となる。そして、「抗告」の説明後に、対象者から依頼があれば、精神保健福祉士は、抗告申立て等について対象者の手続を支援し、付添人（弁護士）へ対象者の申請の意志等を連絡することなどを行っている。

このような指定入院医療機関の精神保健福祉士の入院時の業務については、「処遇改善、退院請求等についての説明・相談と手続き援助」として厚生労働省の**入院処遇ガイドライン**にも記載されている。

B. 医療観察法における審判手続と内容

医療観察法では、重大な他害行為を行った者に対して、心神喪失や心神耗弱を理由に不起訴や刑事裁判での執行猶予などの決定がなされると、検察官は、医療観察法の申立てを行うことになる。検察官からの医療観察法の申立てが地方裁判所に受理されると、地方裁判所は、厚生労働省が指定した鑑定医療機関に、対象者を鑑定入院させ在院を命じる決定を行う。この鑑定入院命令により対象者は、審判決定がなされるまでの期間（標準で2ヵ月、延長した場合3ヵ月程度）、鑑定医療機関に入院することになる。そして、地方裁判所から任命された鑑定医により、対象者は、医療観察法による審判のための鑑定を受けることになっている。また、この期間内に、保護観察所の社会復帰調整官による生活環境調査のための対象者への面接も行われる。

対象者が重大な対象行為を行い、検察官による申立てにより、地方裁判所で最初に行われるこのような「審判」は、当初審判と呼ばれている。当初審判では、対象者が鑑定入院（通常2ヵ月、1ヵ月の延長可能）の期間内に審判が行われ、医療観察法による指定入院医療機関への入院決定や入院処遇を経ずに指定通院医療機関への直接通院となる通院決定、医療観察法で処遇しない決定（不処遇決定）が下されることになっている。

当初審判以外にも、医療観察法では、その後の処遇の流れにおいて、指定入院医療機関の管理者、保護観察所の長、対象者自身、家族、**付添人**などから出される退院許可や入院継続、通院期間延長、医療終了の申立てなどによる「審判」がある。

付添人
医療観察法審判において、刑事事件の訴訟手続における弁護人にあたる（通常、弁護士が行う）。

[1] 審判における「裁判官」、「精神保健審判員」、「精神保健参与員」

医療観察法では、心神喪失や心神耗弱により対象者の不起訴や裁判での執行猶予などの決定がなされると、検察官は医療観察法の申立てをしていくことになる。検察官の医療観察法の申立てを受けて、地方裁判所の裁判官は、厚生労働大臣により作成される**精神保健判定医**の名簿の中から**精神保健審判員**を任命する。また**医療観察法の鑑定医**もこの名簿から別の精神保健判定医が鑑定医として任命される。精神保健審判員が任命されると裁判官と精神保健審判員からなる「合議体」がつくられ、処遇事件を取り扱うことになる。審判においては、精神保健参与員の意見を聴いたうえで、裁判官と精神保健審判員の合議で審判決定がなされていく。

裁判官は、司法権を行使して裁判等を行う官職にある者であり、医療観察法の審判では、精神保健審判員とともに「合議体」を構成し、審判の決定を行うとともに、審判全体を主催・管理する役割を担っている。

精神保健審判員は、精神科医療の専門家として、経験のある精神科医から選任される。また、精神保健参与員は、精神保健福祉の専門家として、経験のある精神保健福祉士または、精神科保健・福祉に長く従事していた保健師などから選任される。

精神保健参与員については、「裁判所は、処遇の要否及びその内容につき、精神保健参与員の意見を聴くため、これを審判に関与させるものとする」（医療観察法 36 条）としている。ただし「特に必要がないと認めるときは、この限りでない」とされており、精神保健参与員については、医療観察法の審判では、必ず関与させなくてはならないというものではない。

しかし、医療観察法が対象者の社会復帰を目的とした法律としているため、精神障害者の保健および福祉の専門家である精神保健参与員の意見は、重要なものとされており、最高裁判所による医療観察法の解釈においても、原則として各処遇事件において、精神保健参与員を審判に関与させ、意見を聴くことになっている。精神保健参与員の関与が「特に必要がないと認めるとき」とは、申立てが不適法であるなど、申立て自体を却下すべき場合や入院継続の確認の申立てなどで、明らかに病状・生活環境に変化がなく入院継続確認決定をすべき場合などが挙げられている。

精神保健判定医
医療観察法の精神保健審判員の職務を行うために必要な学識等を有している医師。厚生労働大臣が精神保健審判員の選任に資するため毎年、最高裁判所へ名簿を提出する。医療観察法の鑑定医も、通常、精神保健判定医より選任される。

精神保健審判員
医療観察法審判において、裁判官とともに、対象者の処遇を決定する。通常、精神保健判定医の中から選任される。

医療観察法の鑑定医
精神保健判定医（厚生労働大臣が、医療観察法の精神保健審判員の職務を行うために必要な学識等を有しているとして、最高裁判所の名簿に登録した医師）より、通常、選任される。

精神保健参与員
医療観察法審判において、裁判官と精神保健審判員の協議に参加・協力し、福祉的な見地から専門的な意見を伝える。

［2］審判における事前協議（カンファレンス）

医療観察法における審判の過程において、審判期日以前に、審判関係者が集まる事前協議（カンファレンス）が行われることが多くなってきている（医療観察法審判規則 40 条・審判準備）。医療観察法の審判では、医療観察法鑑定医の鑑定書、保護観察所の生活環境調査結果報告書、退院申立ての審判での指定入院医療機関の退院前基礎情報管理シート、保護観察所の意見書、処遇実施計画書（案）などが非常に重要な資料として取り扱われ、これらの書面資料を基にして、審判が行われていく。しかし、それらの資料は、それぞれが専門的なものであり、また、その内容が複雑で多岐にわたっているため、審判期日の短時間の審判の中で検討することが難しい場合が多い。そのため、審判期日前に、裁判官、精神保健審判員、精神保健参与員が実際に会って、それぞれの専門分野についての意見を伝え、課題や問題点を整理しておくことは、審判を行っていくうえで有効である。

また、これらの資料については、内容などへの疑問や鑑定・調査時の状況などを問い合わせる必要が生じることがある。このようなときにこれらの鑑定書や報告書、退院関連シートなどの作成者である鑑定医や社会復帰調整官、指定入院医療機関の担当職員（実際に治療を行った主治医や退院計画を調整した担当精神保健福祉士など）に、事前協議（カンファレンス）への出席を依頼することで、それぞれの資料の作成者に、その内容を直接問い合わせることができる。そして、作成者が参加することで、対象者やその資料内容についての理解をより深めるとともに、より詳しい症状や生活状況、環境要因や地域調整の進捗状況などを確認することができる。鑑定入院期間が、おおむね 2 ヵ月程度（1 ヵ月の延長が可能）に設定されており、その期間内において鑑定と調査を行い、審判をすることとなっている医療観察法では、事実上、審判期日は、その期間内に 1 回程度しか開くことができない。そのため、審判期日前に関係者が資料内容や事実関係についての協議や質疑を行うことができる事前協議（カンファレンス）は、医療観察法の審判過程において、非常に有意義なものとなっている。

審判における事前協議（カンファレンス）
医療観察法の審判において、審判期日以前に、審判関係者が準備のために行う協議。

C. 医療観察法における医療必要性の判断

刑事訴訟手続における鑑定は、「被鑑定人が当該行為を行ったときの精神状態を精査し、その責任能力の有無・程度について言及する」のに対して、医療観察法の鑑定では、「対象者の医療観察法における医療必要性について意見を述べる」ことになる。

医療観察法の審判とは、「対象者について医療観察法における医療必要性を判断する」ことである。医療観察法における医療必要性の判断は、「疾病性」、「治療反応性」、「社会復帰要因」の３つの評価軸に時間軸を組み合わせて評価を行うことになっている。医療観察法の医療必要性に係る３つの評価軸について、厚生労働省の**司法精神医療等人材養成研修会**で配布している**医療観察法鑑定ガイドライン**の中で、下記のように記載されている。

①**疾病性**とは、「対象者の精神医学的診断とその重症度、および対象者の精神障害と当該他害行為との関連を意味する」。

②**治療反応性**とは、「精神医学的な治療に対する、対象者の精神状態の望ましい方向への反応の強さを意味する」。

③**社会復帰要因**とは、「処遇の決定に当たっては、対象者の社会復帰という目的を果たすことを促進するあるいは阻害する要因について精査する」。

医療観察法における医療必要性があると判断するためには、「疾病性」、「治療反応性」、「社会復帰要因」のいずれもが一定水準を上回ることが必要であるとされている。そのため、急性一過性の精神疾患で鑑定時に「疾病性」が消失してしまっているものや、認知症などの**器質性精神疾患**などで「治療反応性」がないと判断されたものについては、医療観察法における医療を行わない決定がなされることになる。また、「社会復帰要因」についても、「治療反応性」があり、「疾病性」が高くても、家族や精神障害の福祉関連施設などの手厚いサポートが受けられるなど地域における対象者の社会復帰環境が整っているのであれば、あえて医療観察法の処遇を行う必要のない場合がありうるであろう。

医療観察法において入院中、通院中の対象者については、治療やリハビリテーション、社会復帰援助などにより「疾病性」や「社会復帰要因」のうちの双方、あるいはどちらかが改善された場合には、指定入院医療機関や保護観察所より退院申立てや処遇終了の申立てが行われることになっている。その場合、「対象者が指定入院医療機関において、引き続き医療観察法での入院治療が必要なのか」、治療や退院調整などによって改善された現在の「疾病性」や「社会復帰要因」において、「対象者に（指定通院医療機関の）継続的かつ適切な（精神科）医療並びにその確保をすることができうるか」、また、「必要な観察および指導を行うことによって、同様の行為の再発の防止できる環境が整っているか」などが、審判において議論されることになる。

D. 医療観察制度における審判などの統計

医療観察法施行後2005（平成17）年7月15日～2021（令和3）年12月31日）における地方裁判所の医療観察法当初審判（第1審）は[(1)]、全国で審判結果が決定している5,715件中で、3,932件（68.8％）が指定入院医療機関への対象者の入院処遇決定である。指定入院医療機関への入院処遇は、医療観察法全体の対象者処遇の6割を超える大きなものとなっている（**表6-3-1**）。

表6-3-1　当初審判の決定内容等と対象行為

当初審判決定等の内容※1,2（平成17.7.15～令和3.12.31）	総数	入院・通院等の決定			却下		取下げ	申立て不適法による却下
		入院 決定	通院 決定	（医療観察法の）医療を行わない旨の決定	対象行為を行ったとは認められない	心神喪失者等ではない		
決定数（人）計	5,715	3,932	702	866	14	166	32	3
%	100.0%	68.8%	12.3%	15.2%	0.2%	2.9%	0.6%	0.1%

出典）厚生労働省資料　医療観察法医療体制整備推進室調べ（平成17.7.15から令和2.12.31までの状況）より筆者一部改変のうえ構成.

当初審判決定等の内容と対象行為※1,2（令和4年1月1日～12月31日）	総数	入院・通院等の決定			却下		取下げ	申立て不適法による却下
		入院 決定	通院 決定	（医療観察法の）医療を行わない旨の決定	対象行為を行ったとは認められない	心神喪失者等ではない		
放火	100	76	12	11	0	1	0	0
強制性交等	14	10	1	3	0	0	0	0
殺人	84	66	7	9	0	2	0	0
傷害	106	88	4	13	1	0	0	0
強盗	9	8	0	1	0	0	0	0
決定数（人）計	313	248	24	37	1	3	0	0
%	100.0%	79.2%	7.7%	11.8%	0.3%	1.0%	0.0%	0.0%

出典）令和5年版犯罪白書「検察官申立人員・地方裁判所の審判の終局処理人員（対象行為別）」および「司法統計年報並びに法務省刑事局及び最高裁判所事務総局の資料」より筆者一部改変のうえ構成.

※1　複数の対象行為が認められた事件は、法定刑の最も重いものに、複数の対象行為の法定刑が同じ場合には対象行為の欄において上に掲げられているものに計上している。

※2　決定内容の表は、当初審判申立て（検察官申立人員）時期のものであり、対象行為別の表は、当初審判決定（終局処理人員）時期のものであるため、同年総件数に擦れが生じている。

4. 指定入院医療機関の役割

指定入院医療機関
国、都道府県または特定独立行政法人が開設した病院で、厚生労働省の指定を受けて医療観察法の入院処遇下で入院医療サービスを提供する医療機関。

医療観察法病棟
医療観察法の規定により厚生労働大臣から指定を受けた指定入院医療機関内に設置された司法精神医療を行う専門病棟。

A. 指定入院医療機関の整備状況

前述の英国の司法精神医療・福祉制度の変遷を踏まえ、日本においても、比較的小規模（30床程度）な**医療観察法病棟**をできるだけ対象者の予定居住地域の近くの一般精神病院内に整備することとした。そして、国は、各地域の既存の国公立精神病院を医療観察法の指定入院医療機関に指定し、医療観察法病棟を、全国に整備する方針を打ち出した。日本の医療観察法病棟（指定入院医療機関）の整備は、人口500万人に対して30床程度（英国の入院病床数は、人口100万人に対して30床程度）が必要と試算された。国では、この病床の整備基準に基づき、1病棟30床を基準とする医療観察法病棟（一部、30床以下の小規模医療観察法病棟も含め）を開棟させ、できるだけ全国各地に幅広く整備することを目指した(2)。

図 6-4-1　指定入院医療機関の整備状況

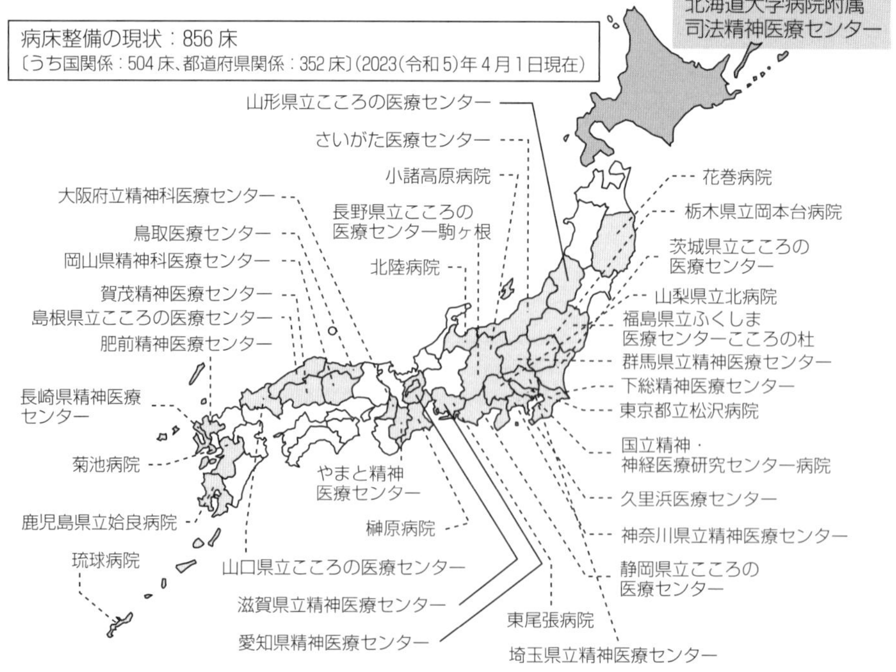

出典）厚生労働省ウェブサイト「指定入院医療機関の整備状況（令和5年4月1日現在）」より筆者一部改変のうえ作成.

2023（令和5）年4月1日現在、全国の国立および国立病院機構の医療機関では、医療観察法病棟が16ヵ所（504床）開棟している。また、都道府県関連の医療機関では、医療観察法病棟が19ヵ所（352床）開棟しており、全国で計35ヵ所（856床）の医療観察法病棟が整備されている。医療観察法施行初期には、病棟が未整備の地域が多く、対象者の居住地や退院予定地域から、非常に遠隔地の指定入院医療機関に入院することが多く、退院予定地の関係機関の連携や試験的な外出・外泊などが大きな問題となっていた。しかし、2022（令和4）年に、最後の大きな未整備エリアであった北海道においても、札幌市内に医療観察法病棟が開棟したことにより、国は、地域ごとの目標病床数を、おおむね達成させている（**図6-4-1**）。

B. 指定入院医療機関の概要について

医療観察法における指定入院医療機関の対象者の処遇、施設運営方法などについては、厚生労働省の入院処遇ガイドライン、**指定入院医療機関運営ガイドライン**に細かく定められている。以下は、それらのガイドラインと医療観察法病棟の構造などを中心に指定入院医療機関の施設概要を説明する。

[1] 指定入院医療機関における入院処遇の目標および理念

指定入院医療機関における入院処遇の目標および理念については、指定入院医療機関運営ガイドラインの中で「ノーマライゼーションの観点も踏まえた入院対象者の社会復帰の早期実現」、「標準化された臨床データの蓄積に基づく多職種のチームによる医療提供」、「プライバシー等の人権に配慮しつつ透明性の高い医療を提供」が挙げられている。そして、このような指定入院医療機関の目標および理念を実現するため、適正な医療の提供、情報管理、地域における連携、危機管理などの各面について、運営管理、人員配置、施設・設備などにおいて必要な水準を確保する基準を定め、指定入院医療機関の医療観察法病棟の構造や人員配置、プログラムなどが整備された。

[2] 医療観察法病棟の構造と機能

英国では、前述のように地域保安病棟を各地域に整備し、他害行為などを行った精神障害者の治療・リハビリテーション・社会復帰援助などを促進していった。特に、1990年代頃より整備された地域保安病棟は、治療の進行に合わせて、急性期・回復期などにセキュリティー分けされた病棟内の各居住ユニット（セキュリティー区分）の区画を対象者が治療の進行に合わせて移行していく[3]。この区分によって各ユニットにおける対象者の治療目標と治療内容を明確にし、各種の関連プログラムを有効に運用することができるようにしていた。そして、現在の英国では、各種の治療・リハビリテーション・社会復帰援助などのプログラムを病棟内において総合的に運用できるように、病棟敷地内にセラピー室、作業療法室、屋内スポーツ場などの施設をもつところが増えてきている。

日本の指定入院医療機関の医療観察法病棟においても、治療の各期（急性期・回復期・社会復帰期）に対応する各ユニットを整備するとともに、精神科リハビリテーションや治療プログラム、社会復帰関連の講座などを実施できる施設を病棟内に整備することが計画された（**図6-4-2**のリハビリテーションエリアなど）。

現在、標準的に整備されている国立および国立病院機構などの医療観察法病棟の場合、対象者定員は15～33床で、急性期ユニット、回復期ユニット、社会復帰期ユニット、女性ユニットの4ユニットに分かれている。各ユニットの規模は、対象者定員が、33床の場合、急性期6床、回復期14床、社会復帰8床、女性ユニット5床程度で、すべて病室は個室である。

各ユニットは、それぞれにデイルームといわれる食堂兼ミーティングルーム、トイレ、そして、屋外には運動場兼庭をもっており、それぞれのユニットが独立して運用できる構造になっている（**図6-4-3**）。どのユニットからも行ける中央部分には、アトリウムといわれる比較的大きな屋内の共用空間がある。これは、街中の広場や公園のようなイメージで作られ、ベンチやテーブルなども配置されている。アトリウムでは、対象者が思い思いに音楽鑑賞や読書、ゲームなどを行っており、各ユニットに入院している対象者の交流の場所になっている。また、各対象者に、それぞれの個室を用意し、プライベート空間を確保することで、病棟内における過度のストレスを軽減させ、病棟内での静穏の保持や暴力の予防に効果を上げている。

治療面では、医療観察法病棟のユニットを急性期、回復期、社会復帰期に分けたことにより、治療の進行に合わせて対象者が各ユニットを移動し、そのユニットごとに決められた規則の中で生活しながら、徐々に外出や外泊、服薬・金銭などの自己管理など、病棟内での生活や病棟外での活動の幅を広げていく。また、それぞれの対象者の治療状況に合わせて、各期に対応する各種のプログラムが提供されている。入院期間中、対象者は、急性期、回復期、社会復帰期に対応する居室とその所属ユニットで生活している。入院期間自体については、個々人の治療の進捗状況などにより、対

図 6-4-2　医療観察法病棟

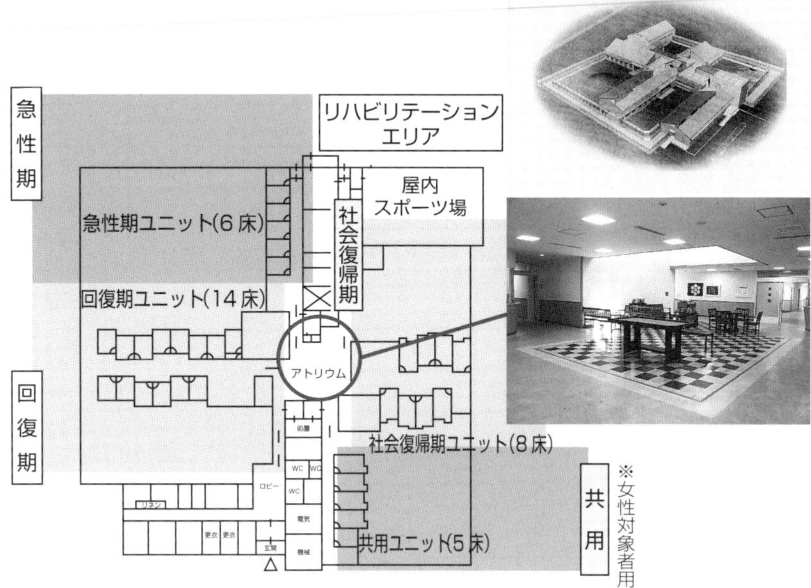

出典）指定医療機関従事者研修会資料.

図 6-4-3　アトリウムと回復期ユニット

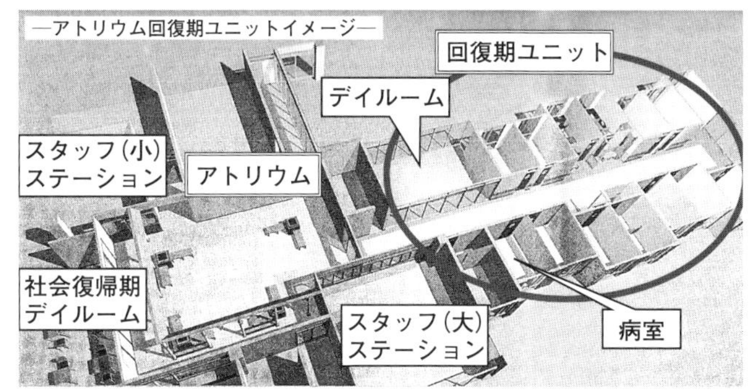

出典）指定医療機関従事者研修会資料.

象者の退院までの期間に差が出てくることになるが、厚生労働省の標準的モデルは、おおむね 18 ヵ月での退院を目指しており、各期の期間を急性期 3 ヵ月、回復期 9 ヵ月、社会復帰期 6 ヵ月としている。

各期における治療目標は、急性期（1 ～ 12 週）では、身体的回復と精神的安定、治療への動機づけの確認、対象者との信頼関係構築、回復期（13 ～ 48 週）においては、病識の獲得と自己コントロール能力の獲得、日常生活能力の回復、社会復帰期（49 ～ 72 週）では、障害の受容、社会生活能力（服薬管理、金銭管理など）の回復と社会参加の継続などとなっている（**表 6-4-1**）。

表 6-4-1　医療観察法による入院対象者の状況

ステージ別、男女別内訳

ステージ	男性	女性	合計	%
急性期	89	39	128	15.6%
回復期	360	97	457	55.9%
社会復帰期	178	55	233	28.5%
合計	627	191	818	100.0%
	76.7%	23.3%	100.0%	

疾病別（主）、男女別内訳

疾病別（主）／男女	男性	女性	合計	%
F0　症状性を含む器質性精神障害	12	3	15	1.8%
F1　精神作用物質使用による精神および行動の障害	36	1	37	4.5%
F2　統合失調症、統合失調型障害および妄想性障害	521	162	683	83.5%
F3　気分（感情）障害	33	17	50	6.1%
F4　神経症性障害、ストレス関連障害および身体表現性障害	0	2	2	0.2%
F5　生理的障害及び身体的要因に関連した行動症候群	0	0	0	0.0%
F6　成人のパーソナリティおよび行動の障害	2	0	2	0.2%
F7　精神遅滞［知的障害］	4	2	6	0.7%
F8　心理的発達の障害	18	4	22	2.7%
F9　詳細不明の精神障害	1	0	1	0.1%
合計	627	191	818	100.0%
%	76.7%	23.3%	100.0%	

※疾病名は指定入院医療機関による診断（主病名）.
※国際疾病分類第 10 改訂版（WHO 作成）に基づいて分類.
出典）厚生労働省ウェブサイト「心神喪失者等医療観察法による入院対象者の状況（令和 4 年 4 月 1 日現在）」を筆者により一部改変のうえ構成.

[3] 指定入院医療機関における人員配置

医療観察法病棟の人員配置は、標準的な対象者の定員 30 名の病棟において、医師は 3.75 名、看護師は 43 名（夜勤体制でも 5 〜 6 名）、作業療法士・臨床心理技術者・精神保健福祉士はそれぞれ 2 〜 3 名程度の配置で合計 7 名、事務職員は非常勤を含め 2 名となっている。医療観察法病棟には、医師、看護師以外に作業療法士、臨床心理技術者、精神保健福祉士が、それぞれ、この病棟に専任で配置されている。これは、指定入院医療機関での治療・リハビリテーション・社会復帰援助が**多職種チーム**により行われることになっているからである。英国においても、司法精神医療を専門に行う高度保安病院や地域保安病棟では、必ず医師、看護師、作業療法士、臨床心理技術者、精神保健福祉士などからなる多職種チームが編成され、対象者の治療・リハビリテーション・社会復帰援助などを行っている。

日本においても、対象者を担当する各多職種チームが、指定入院医療機関での治療・リハビリテーション・社会復帰援助などの個別の治療計画を作成し、各職種が連携を図りながらそれらのサービスを提供することが求められている。指定入院医療機関における多職種とは、医師、看護師、作業療法士、臨床心理技術者、精神保健福祉士の5職種を指している。

多職種チーム
MDT: multi-disciplinary team
チーム医療における担い手。多職種チームによる医療では、精神医療、身体、心理・社会的な多様な問題にきめ細かく対応でき、必要な治療・リハビリテーション・社会復帰援助などを総合的かつ有機的に提供することができる。

[4] 指定入院医療機関における多職種チーム医療（図6-4-4）

指定入院医療機関への対象者の入院決定があると、その対象者ごとに担当の医師（1名）、看護師（1～2名）、作業療法士（1名）、臨床心理技術者（1名）、精神保健福祉士（1名）がそれぞれの職種から選任され、5～6名の担当多職種チームが編成される。

多職種チームの役割は、各種治療プログラム（心理教育・内省プログラム、個別作業療法、社会復帰講座など）への対象者の参加の判断や各職種による個別面接、多職種チームによる面接、**CPA会議**についての方法や

図6-4-4　多職種チームによる医療

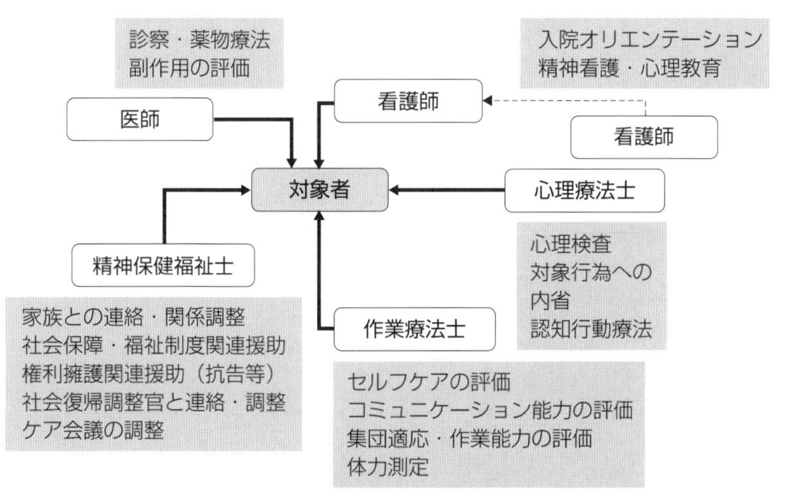

指定入院医療機関への医療観察法の対象者（以下、対象者）が入院すると、その対象者ごとに担当の医師（1名）、看護師（1~2名）、作業療法士（1名）、臨床心理技術者（1名）、精神保健福祉士（1名）がそれぞれ選任され、担当多職種チーム（5~6名）が編成される。

出典）筆者作成.

方針の決定、対象者の外出・外泊計画の作成など、そのかかわりは多岐にわたっている。また、**治療評価会議**、**運営会議**、対象者の処遇や退院などを決める指定入院医療機関の重要会議においても、各担当多職種チームが、それぞれの対象者の評価や処遇方針の説明などを担当し、そのような会議において重要な役割を負っている。

治療評価会議
治療の効果を評価し、今後の治療方針を決定するために、病棟のスタッフにより行われる会議（通常、指定入院医療機関において、1週間に一度開催される）。

（医療観察法病棟）運営会議
病棟の運営方法や急性期、回復期、社会復帰期への移行など、重要事項の決定をする会議（指定入院医療機関の管理者主催で、通常、1ヵ月に一度開催される）。

[5] 医療観察法病棟における治療プログラム（図 6-4-5）

医療観察法病棟は、急性期、回復期、社会復帰期の各期のユニットを病棟内にもち、その各期に対応する多様な治療・リハビリテーション・社会復帰援助などのプログラムが行われている。これらのプログラムについて

図 6-4-5　週間治療プログラム

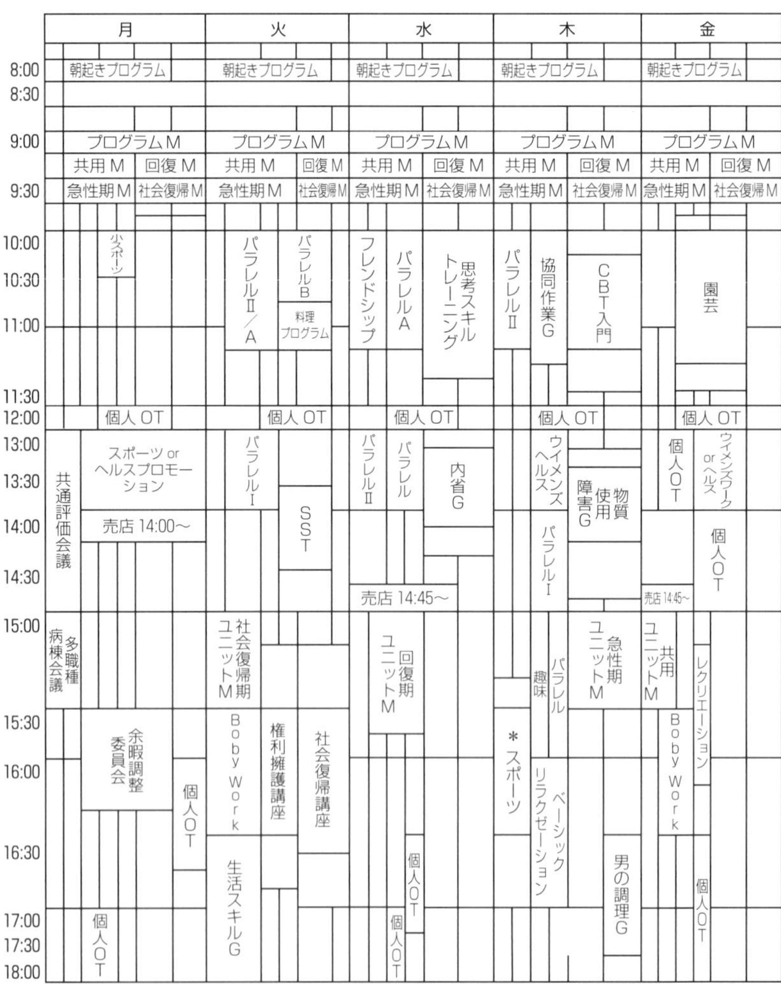

注）パラレル＝パラレルOT（作業療法），M＝ミーティング，G＝グループ，CBT＝認知行動療法．

出典）筆者作成．

は、指定入院医療機関の各職種が職種自体の特性を活かしながら作成と運営を行っている。こうした多様なプログラムを十分に機能させ、運営していくためには、医師、看護師、作業療法士、臨床心理技術者、精神保健福祉士などの多職種が、相互に連携していくことが必要である。

現在、指定入院医療機関では、看護師を中心とした心理教育（疾病教育、服薬教育）、臨床心理技術者を中心にした認知行動療法およびSST、作業療法士を中心とした各種の作業療法、精神保健福祉士を中心とした**社会復帰講座**や**権利擁護講座**など多様な治療プログラムが行われている。いずれも一職種だけで運営されているわけではなく、他の職種もかかわって、ほとんどが複数職種で運営されている。その中には、物質使用障害や内省のプログラムなどのように多職種チームが共同で連携しながら行うもの、職種の枠を超えて担当職員を固定して行うものなどもあり、各職種のかかわり自体も多様になっている。

社会復帰講座
指定入院医療機関において、精神保健福祉士が行う代表的な治療プログラム。入院対象者へ、医療観察法における退院支援や社会復帰援助について、病院内のケア会議（CPA会議）、社会復帰調整官、指定通院医療機関、審判などの役割、退院後の処遇などを伝えていく。

権利擁護講座
指定入院医療機関において、精神保健福祉士が行う代表的な治療プログラム。入院対象者へ医療観察法における入院対象者の諸権利や退院申立て、処遇改善申立てなどやその手続方法などを伝える。

［6］指定入院医療機関における対象者の権利擁護

指定入院医療機関の医療観察法病棟は、法律的にも物理的にも非常に拘束力の強い施設であるため、医療観察法では、入院対象者に対しては、その人権を保護するための権利擁護関連の諸制度が定められている。入院時インテーク面接での「**抗告**」の説明やその後の手続援助などは、精神保健福祉士の入院初期の重要な業務となっている。医療観察法病棟の職員は、研修を受け、医療観察法の権利擁護関連制度について、その内容を理解していることになっている。特に、指定入院医療機関の精神保健福祉士には、指定入院医療機関における対象者の権利擁護関連の諸制度（抗告や**退院請求**、**処遇改善請求**、倫理会議の役割、行動制限等）を熟知し、対象者に適切に説明できること、そして、その手続などについて対象者を援助できることが求められている。

また、外部の付添人（弁護士等）とも連携して、裁判所や法務省などの関係機関への手続援助等も行っている。そして、厚生労働省の入院処遇ガイドライン等で精神保健福祉士の業務とされている「権利擁護講座」を行い、医療観察法で規定された権利擁護等に関する包括的な知識を対象者に伝えていくとともに、講座終了後に対象者の希望があれば、個別面接を行い対応している。

抗告
対象者（家族、付添人）が、入院決定等に不服の場合、2週間以内に地方裁判所を通して高等裁判所へ異議申立てを行うことができる医療観察法の制度。

退院請求
入院対象者等は、地方裁判所に対して退院請求（退院許可申立て）を行うことができる。

処遇改善請求
入院対象者は、厚生労働大臣に対して、処遇改善請求を行うことができる。

［7］医療観察制度における医療観察法病棟内ケア会議

医療観察法の最終的な目的は、対象者の社会復帰であり、指定入院医療機関の入院処遇は、対象者の社会復帰に向けた取組みにつながる第一歩と位置づけられている。指定入院医療機関は、精神疾患の治療やリハビリテーションを行っていくとともに、**保護観察所**と協力し、行政機関、**社会復帰関連施設**などの外部機関と連携して、退院予定地での援助体制などを整備していくことにより対象者の退院、社会復帰を促進している。

指定入院医療機関では、対象者の社会復帰援助のため、退院予定地の保護観察所との協力体制を整え、家族の意向や退院予定地域の状況を確認する必要がある。そのため、入院当初のできるだけ早い時期に退院調整や社会復帰援助など、対象者のケアマネジメントを中心とした**病棟内ケア会議（CPA 会議）**を開催することになっている。

医療観察法病棟内ケア会議（病棟内ケア会議）
care programme approach meeting
CPA 会議。CPA の理念（利用者中心主義、文書化されたケア計画、定期的な見直しなど）を具体化していくための中核となる会議。具体的なケア計画を調整、作成し、また、定期的な見直しを行っていく。

この病棟内ケア会議（CPA 会議）を通して、入院後の比較的早い段階から対象者の意向確認を行うとともに、退院地域の状況や社会復帰施設の利用などについて、対象者に説明し関係機関を調整していく。指定入院医療機関の入院対象者に対する退院後のケア計画は、このような病棟内ケア会議（CPA 会議）により少しずつ整備されていく。また、通院予定の指定通院医療機関の職員、社会復帰施設の職員などが、病棟内ケア会議（CPA 会議）へ参加することにより、直接、対象者の通院・施設利用の意向を確認し、また社会復帰施設側の意見を対象者に伝えていくことになる。対象者が、回復期・社会復帰期に移行し、外出・外泊が可能になる時期には、対象者の利用施設見学や体験利用等も行われ、その結果が、病棟内ケア会議（CPA 会議）で報告され、ケア計画に反映されていく。

病棟内ケア会議の中では、対象者退院後の指定通院医療機関や社会復帰施設の選定、利用方法とともに**緊急時の対応（クライシスプラン）**なども話し合われ、退院後の「処遇実施計画」に盛り込まれていくことになる。そして、最終的には保護観察所が「処遇実施計画」として作成し、対象者が指定入院医療機関を退院後に、保護観察所より**ケア計画書**として交付される。

緊急時対応計画（クライシスプラン）
「（地域）処遇実施計画書」では、病状急変時の対応について、緊急を要する場合の対処法について記載する。内容は、担当者の連絡先のほか、①個別の対象者の病状悪化の誘因、前駆症状、②それに対する対象者自身、その家族、多職種チームの対処の仕方などがある。

5. 指定通院医療機関の役割

指定通院医療機関
厚生労働省の指定を受けて医療観察法の通院処遇下で通院医療サービスを提供する医療機関。病院、診療所、訪問看護ステーション、薬局など。

A. 通院処遇（地域処遇）と医療観察法（図 6-5-1）

医療観察制度による通院処遇は、前期通院治療（6ヵ月）、中期通院期間（18ヵ月）、後期通院期間（12ヵ月）を合わせ、原則3年間となる。そして、この通院処遇中、特に対象者の症状や通院状況等に問題がなければ、裁判所の審判を経ずに、そのまま終了となる。ただ、3年間を経過後も、なお、本制度による通院処遇が必要と考えられる場合には、裁判所の審判の決定により、2年間を超えない範囲で、通院処遇期間をさらに延長することができる。ただし、審判の決定であっても、最長5年間（原則3年間＋延長2年間）を超えて、通院処遇期間を延長することはできない。

一方、通院処遇期間が、3年以内であっても、対象者の病状改善などを理由に、保護観察所長もしくは対象者本人、その保護者または付添人により（医療観察法の）処遇終了の申立てがなされた場合、裁判所の審判を経て、通院処遇が終了することもある。

図 6-5-1　通院処遇の概要と医療観察法手続

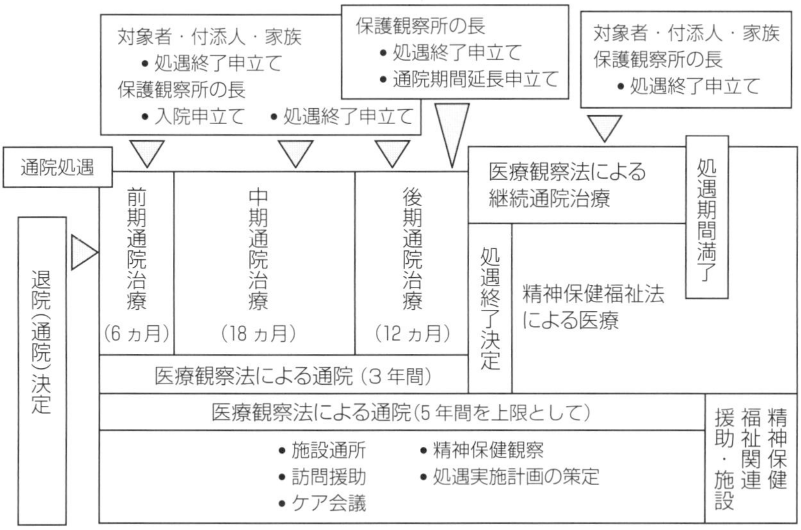

出典）「精神保健判定医等養成研究会資料」をもとに筆者作成.

この通院処遇中の医療は、厚生労働大臣が指定する指定通院医療機関で行われ、通院医療費は、全額国費で支払われる。ただ、通院処遇中に対象者の精神症状が悪化などして、一時的に指定通院医療機関に入院する場合には、その入院は、精神保健福祉法での入院となり入院医療費は、対象者の自己負担となる。ただ、病状悪化が指定通院医療機関の入院対応できる範囲を超えた場合などは、保護観察所の再入院の申立てにより、裁判所の審判決定を経て、医療観察法による指定入院医療機関での入院処遇となる。また、指定入院医療機関の入院医療費は、全額国費である。

医療観察法の通院処遇では、保護観察所が「処遇の実施計画書」を作成することが定められている。この「処遇の実施計画」には、保護観察所で行う「精神保健観察」の内容などとともに、指定入院・指定通院医療機関、行政機関、福祉関係機関等の意見をもとにした、必要となる医療、緊急時の対応（クライシスプラン）、リハビリテーション、社会復帰支援等の具体的な内容が詳しく記載されている。そして、この「処遇の実施計画」より有機的に提供されるそれぞれの関係機関の多くのサービスを、総合的に確認できるようになっている。

また、医療観察法での通院処遇中、保護観察所は、関係機関担当者による「**（保護観察所が主催する）ケア会議**」を実施することが定められている。指定通院医療機関は、この定期的に開催される「ケア会議」に参加し、通院処遇に携わる関係機関等から通院対象者に関する情報を収集するとともに、医療情報等を提供することで、最新の情報を参加する関係機関全体で共有するようにする。また、保護観察所による「処遇の実施計画」の見直しや医療観察法等の「各種申立て」の必要性の検討等に協力していく。

（保護観察所が主催する）ケア会議
個々の対象者（入院医療を受けている者を含む。）に対する地域社会における処遇の実施体制、実施状況等に関する情報の共有と処遇方針の統一を図るため、保護観察所が、指定通院医療機関、都道府県・市町村（その設置する保健所等の専門機関を含む。以下同じ。）のほか、必要に応じ、精神障害者社会復帰施設等の関係機関の参加を得て主催する会議（法務省保護局　厚生労働省社会・援護局障害保健福祉部「地域社会における処遇のガイドライン」〔2005（平成17）年7月15日〕より）。

B. 指定通院医療機関における治療・リハビリテーション・社会復帰支援等

厚生労働省の「（医療観察法）**通院処遇ガイドライン**」によれば、指定通院医療機関は、ノーマライゼーションの観点も踏まえた通院対象者の社会復帰の早期実現を目指し、プライバシーなどの人権に配慮しつつ、透明性の高い医療を多職種のチームにより提供するとされている。また、指定通院医療機関においては、当該通院対象者の状況に応じて専門的な通院医療を提供することが求められており、前述の通院処遇ガイドラインには、各期の通院治療の目標や提供される医療サービスの留意点なども、示されている。

このような医療観察法の通院処遇では、対象者は、原則、指定通院医療機関に通院し、また、医療や訪問援助、デイケア、精神療法などを受けな

表 6-5-1　通院等ケア計画週間予定表

通院等ケア計画週間予定（○○様）

	日	月	火	水	木	金	土
午前		デイケア 9：30-15：30		デイケア 9：30-15：30	デイケア 9：30-15：30 外来通院 10：00	デイケア 9：30-15：30	
午後			指定通院医療機関 MDT による訪問看護				○○生活支援センター 13：30-15：30
夕刻							
夜間							
備考			保健所訪問（1回/1M）	精神保健観察（1回/1M）（社会復帰調整官）	外来通院時 PSW 面接（1回/2W） 心理面接（1回/2W）	服薬指導（1回/1M） 栄養指導（1回/1M） ※糖尿病のため	

注）MDT ＝多職種チーム／W ＝ week（週）／M ＝ month（月）
出典）筆者作成.

がら、保護観察所による精神保健観察や行政機関、精神障害者等福祉関係機関により行われる各種行政・福祉制度等の必要なサービスを受け、病状の改善と社会復帰に努めることになる（**表 6-5-1**）。

保護観察所が主催し、数ヵ月に一度行う「（通院処遇にかかわる関係機関全体による）ケア会議」とは別に、指定通院医療機関では、通常 1 ヵ月に一度以上、対象者ごとの個別の治療計画を策定し、定期的に対象者の評価を行うなど各職種が連携を図りながら、医療を提供するために、対象者を担当する多職種チームにより「**多職種チーム会議**」を開催することが義務づけられている。この指定通院医療機関内の多職種チーム会議では、必要に応じて、当該医療機関以外の地域の医療・保健・福祉関係者および社会復帰調整官の参加を求めていく。また、対象者に対して複数の指定通院医療機関から医療が提供される場合（訪問看護等を他の機関との連携で行う場合）には、保護観察所が行うケア会議とは別に、医療機関相互の連携を十分に保つため、定期的な評価等の会議を行うこととされている。

（指定通院医療機関が主催する）多職種チーム会議
厚生労働省の「指定通院医療機関運営ガイドライン」、「通院処遇ガイドライン」に規定があり、指定通院医療機関の多職種チームによる対象者の治療、評価、チーム連携の中核となる会議。社会復帰調整官も参加する場合がある。

また、指定通院医療機関においては、当該通院対象者の状況に応じて専門的な通院医療を提供するとともに、一時的な病状悪化の場合などには、精神保健福祉法により入院医療を提供していくことになっており、通院（地域）処遇の対象者は、精神保健福祉法による指定通院医療機関への任意入院はもとより、措置入院、医療保護入院も可能である。ただ、その入院の期間中においても、医療観察法での保護観察所の精神保健観察やケア会議等は、継続する。

C. 指定通院医療機関における精神保健福祉士の役割

通院処遇は、前述のように「前期通院医療」、「中期通院医療」、「後期通院医療」の3期に分けられ、それぞれの治療目標と提供される医療サービスにより3年以内に一般精神医療への移行を目指している。そのため、指定通院医療機関の多職種チームは、対象者ごとに治療計画を作成し、定期的な評価を行うとともに、治療への動機づけ等を高めるために、十分な説明を行い通院対象者の同意を得られるように努める（必要に応じ当該対象者が参加する多職種チーム会議も実施する）。また、保護観察所や、その他行政機関（都道府県、市区町村）、精神障害者等福祉関係機関と連携をとりつつ対象者を支援することになっている。

指定通院医療機関の精神保健福祉士は、これらのことを踏まえて通院対象者の援助を行っていくことになる。まず、指定通院医療機関の精神保健福祉士は、鑑定入院から地方裁判所の審判の決定により医療観察法の通院となる**直接通院**や審判の入院決定による指定入院医療機関の入院を経て通院となる**移行通院**について、それぞれ地方裁判所、保護観察所、指定入院医療機関、行政機関等と指定通院医療機関との窓口となり保護観察所の社会復帰調整官と連携しながら、対象者の受け入れのための各種関係機関との調整などを行っていく。そして、保護観察所が定期的に主催する「ケア会議」に協力し、地域社会における処遇に携わる関係機関等が通院対象者に関する必要な情報を共有し処遇方針の統一を図る。また、処遇の実施計画の見直しや各種申立ての必要性等について検討していくことになっている。

また、指定通院医療機関の精神保健福祉士は、指定通院医療機関内においても多職種チームの一員として、通院対象者に**個別の治療計画**を作成し定期的に当該通院対象者の評価を行うなど各職種が連携を図りながら社会復帰援助を中心に、治療やリハビリテーションに積極的にかかわることになる。特に、指定通院医療機関による訪問看護等を中心とする訪問援助やデイケア、作業療法等の精神科リハビリテーションでの対象者との直接援助や調整などについては、指定通院医療機関の精神保健福祉士が中心となって業務を行っている。

個別の治療計画
指定通院医療機関の多職種チームが、個々の通院対象者（医療観察法による）に作成が義務づけられている治療計画。

注）

ネット検索によるデータ取得日は，2023年2月10日．

(1) 厚生労働省ウェブサイト「医療観察法の地方裁判所の審判の終局処理の状況」．
(2) 厚生労働省ウェブサイト「指定入院医療機関の整備状況」．
(3) 厚生労働省ウェブサイト「心神喪失者等医療観察法による入院対象者の状況」．

参考資料）

(1) 厚生労働省ウェブサイト「入院処遇ガイドライン」2020．
(2) 厚生労働省ウェブサイト「指定入院医療機関運営ガイドライン」2020．
(3) 厚生労働省ウェブサイト「通院処遇ガイドライン」2020．
(4) 厚生労働省ウェブサイト「指定通院医療機関運営ガイドライン」2020．
(5) 法務省保護局　厚生労働省社会・援護局障害保健福祉部「地域社会における処遇のガイドライン」厚生労働省ウェブサイト，2005．

理解を深めるための参考文献

● **三澤孝夫「医療観察法における地域（通院）処遇の現状と課題」『こころの科学』第199号，日本評論社，2018，pp.45-50.**

医療観察法の施行から10年以上を経て、医療観察制度の地域処遇や通院医療、保健、福祉分野において、見えてきた現状や各現場での問題点や課題について、司法精神医療・保健・福祉制度に長い歴史とノウハウをもつ英国などとの比較を通して、わかりやすく解説している。

● **三澤孝夫「指定入院医療における多職種チームの役割とプログラム」『精神科』第29巻第2号，科学評論社，2016，pp.139-144.**

医療観察法の施行に伴い、海外から移植され、あるいは、日本独自に開発され進化した指定入院医療機関の治療・リハビリテーション・福祉関連（権利擁護・社会復帰支援等）の各種プログラムについて、その実施状況と多職種チームのかかわりについて、詳しく説明している。

日本における司法福祉とソーシャルワーク

欧米諸国においては、「犯罪を行った人たちへの（社会復帰等の）支援」が早くから行われ、その支援にソーシャルワークを取り入れることも早かった。英国では、1940年頃には福祉の専門教育を受けたソーシャルワーカー（以下、SW）が、裁判所や保護観察所に配置され始め、1980年代頃までには、欧米諸国の多くの関連機関（裁判所、刑務所、保護観察所、司法精神医療機関、地方自治体、福祉施設等）で、SWが相互に連携し、総合的にかかわる体制が整えられていった。

一方、日本では、1980年代になっても、SW自身に、犯罪を行った人たちへの支援が、福祉の対象であるという認識自体が現場では薄く、障害や高齢、経済的問題などの支援対象者が、犯罪をしてしまった場合に、その担当者は、必要な支援に消極的になり、また、保護観察所と連携することも稀であった。そして、大学などのSWの教育課程においても、この分野を、あまり積極的には扱ってこなかった。

しかし、日本においても、以前には、ほぼ法務省単独で行っていた「犯罪を行った人たちへの支援」に、2000（平成12）年頃より、福祉関係の機関がかかわる事例が増え始めた。また、2005（平成17）年には、法務省と厚生労働省の共同で国会へ提出した医療観察法が成立したことで、司法精神医療・保健・福祉分野においては、欧米諸国同様、SW（精神保健福祉士）が、裁判所の精神保健参与員や保護観察所の社会復帰調整官など多く配置され、また、医療観察法の指定入院・通院医療機関などでも、その業務を担うSWが増員配置された。

このような状況の中、2009（平成21）年には、法務省は、全国すべての刑事施設（刑務所）に社会福祉士の配置を決定、その後も、「更生保護施設」、「地域生活定着支援センター」などへSWが採用されていく。また、教育面でも、2009年度より社会福祉士の教育カリキュラムに「更生保護制度」が加わり、2021（令和3）年度からは、内容、時間数とも拡充される形で「刑事司法と福祉」となり、また、精神保健福祉士との共通科目となるなど、SWがかかわる環境もより整いつつある。

欧米諸国などでは、通常の福祉領域とされ、普通にSWが支援しているこの分野の環境が、遅ればせながら日本でも整いつつある。そして、そのことが、今後、社会復帰を望む多くの人たちの支援の強化につながっていくこと願うとともに、偏見に囚われず、まずは、この分野に興味をもつ学生が、ひとりでも増えてくれることを期待している。

第7章 医療観察法における関係機関・専門職等の役割と連携

本章では、医療観察制度施行によって全国の保護観察所へ配置された社会復帰調整官の業務と役割について学ぶ。また、社会復帰調整官と関係機関等の連携について学ぶ。より具体的なイメージがもてるように、医療観察制度の処遇の流れから社会復帰調整官の業務の実際を理解する。

1

医療観察制度における地域処遇について、ケアコーディネーターの社会復帰調整官を中心に関係機関等との連携について理解する。

2

事例を通して医療観察制度の処遇の流れと社会復帰調整官の業務と役割を深める。

1．社会復帰調整官の業務と役割および関係機関等の連携

A. 社会復帰調整官の役割と連携

医療観察法
正式名称は「心神喪失等の状態で重大な他害行為を行った者の医療及び観察等に関する法律」。「心神喪失者等医療観察法」とも略す。

保護観察所は地方裁判所の管轄区域ごとに置かれた法務省の地方支分部局である。全国に50ヵ所設置され、専門職として保護観察官、社会復帰調整官（**医療観察法**20条）が配置されている。**社会復帰調整官**は、医療観察法の対象者に対し、唯一、当初審判の段階から処遇終了まで連続性をもってかかわる専門職で医療観察制度の中心的な役割を担う。医療観察法において社会復帰調整官は、総合的かつ包括的な**ケアコーディネート**を行うため新たな専門職として位置づけられている。本法に保護観察所が関与することになったのは、更生保護を担う保護観察所での社会内処遇の実績があり、国が統一的に処遇を行う必要があるためであった。

社会復帰調整官の資格要件について、「精神保健福祉士その他の精神障害者の保健及び福祉に関する専門的知識を有する者として政令で定めるものでなければならない」（同法20条3項）と規定されている。法務省は要件の詳細について、①医療観察制度の対象者となる精神障害者の円滑な社会復帰に関心と熱意を有していること、②精神保健福祉士の資格を有すること、または③精神障害者の保健および福祉に関する専門的知識を有し、かつ、社会福祉士、保健師、看護師、作業療法士、公認心理師もしくは臨床心理士の資格を有すること、④精神保健福祉に関する業務において8年以上の実務経験を有すること、⑤精神障害者に対する対人援助能力、⑥関係機関とのネットワーク形成・活用のためのコーディネート能力、⑦文書作成能力、⑧大学卒業以上の学歴を有すること等としている。社会復帰調整官の保有資格状況（重複含む）は、2010（平成22）年当時は、総数112人でこのうち精神保健福祉士105人、社会福祉士37人、保健師4人、看護師9人、作業療法士3人であった。社会復帰調整官は保有資格にかかわらずソーシャルワーカーとしてのアイデンティティが土台に存在するとされる。そのため精神保健福祉士の資格保持者が最も多い状況となっていた。社会復帰調整官は法施行当時56人の配置で、ほとんどが1人配置のスタートであった。また地域関係機関との連携確保を図るため、法施行の少し前より配置され業務を担っていた。現在は年々増員され、2019（令和元）年度では220人となり2人配置が大部分を占めている（**図7-1-1**）。また、

図 7-1-1　社会復帰調整官配置数の推移

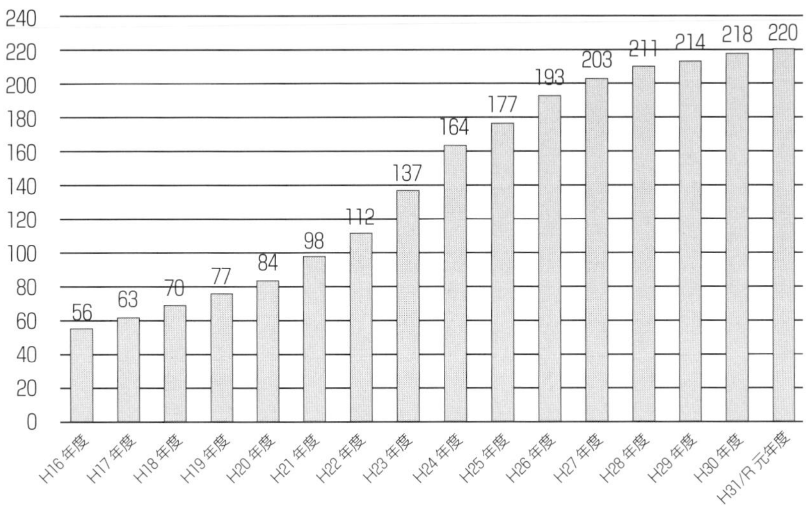

出典）法務省保護局「保護観察所における医療観察制度の運用状況（令和元年 6 月 25 日）」をもとに筆者作成.

社会復帰調整官の増員に当たっては、2008（平成 20）年、社団法人日本精神保健福祉士協会が法務省に対し、地域処遇の増加に伴う精神保健福祉における地域や医療機関関係者とのネットワーク形成、社会復帰調整官の質の向上や勤務の継続を図るためマンパワー向上の必要性を要旨として要望を出している。

社会復帰調整官の主な業務は、本法の目的に従い①審判前の対象者の**生活環境の調査**、②入院処遇中の対象者の**生活環境の調整**、③地域処遇中の対象者の**精神保健観察**である。そして各業務を通じて、対象者を取り巻く関係機関との**ネットワーキング**や**コーディネート**を行う役割を担う。このように精神保健福祉士に求められる役割と共通することが多い。また2018（平成 30）年度より、医療観察制度における被害者等の希望に応じて、保護観察所から対象者の処遇段階、地域処遇の状況等に関する事項の情報を提供している。

法務省保護統計表より 2005（平成 17）年度から 2021（令和 3）年度までの生活環境調査、生活環境調整、精神保健観察の状況についてグラフで示した。2022（令和 4）年 7 月 29 日現在、生活環境調査 5,899 件（累計、**図 7-1-2**）、生活環境調査 4,205 件（累計、**図 7-1-3**）、精神保健観察 3,450 件（累計、**図 7-1-4**）となっている。

図 7-1-2　生活環境調査事件数の推移（医療観察法 33 条 1 項・49 条・50 条申立て）

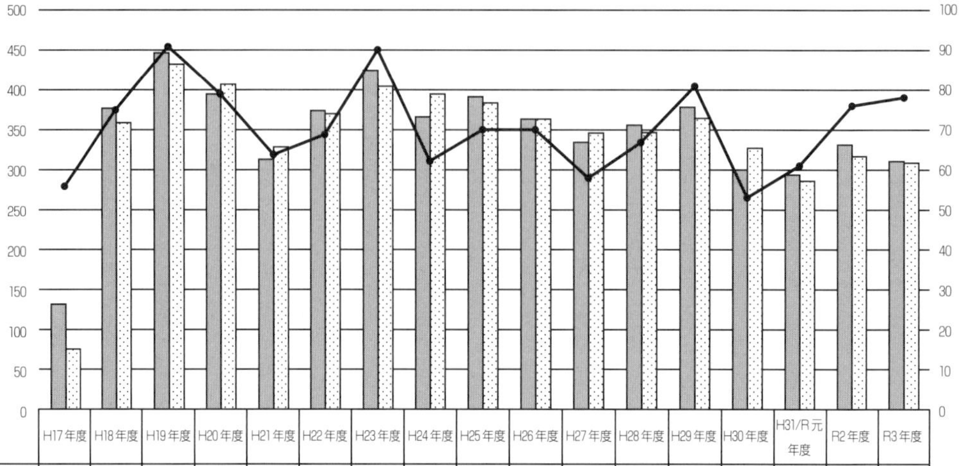

	H17年度	H18年度	H19年度	H20年度	H21年度	H22年度	H23年度	H24年度	H25年度	H26年度	H27年度	H28年度	H29年度	H30年度	H31/R元年度	R2年度	R3年度
開始件数	131	378	448	396	313	375	425	367	393	364	335	357	379	300	295	332	311
終結件数	75	359	432	408	328	370	404	395	385	364	347	348	365	328	287	317	309
年度末係属件数	56	75	91	79	64	69	90	62	70	70	58	67	81	53	61	76	78

出典）法務省ウェブサイト「保護統計」をもとに筆者作成.

図 7-1-3　生活環境調整事件数の推移

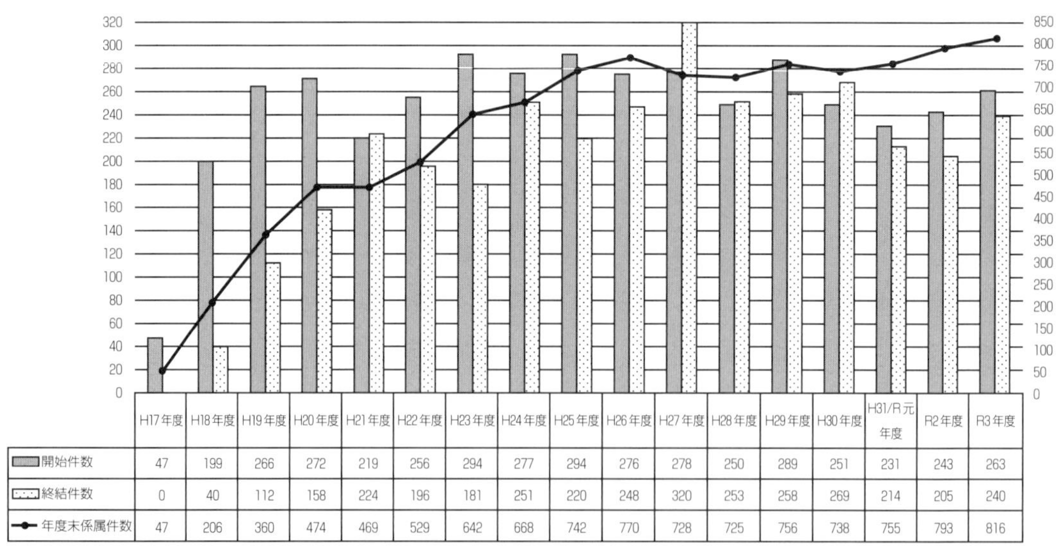

	H17年度	H18年度	H19年度	H20年度	H21年度	H22年度	H23年度	H24年度	H25年度	H26年度	H27年度	H28年度	H29年度	H30年度	H31/R元年度	R2年度	R3年度
開始件数	47	199	266	272	219	256	294	277	294	276	278	250	289	251	231	243	263
終結件数	0	40	112	158	224	196	181	251	220	248	320	253	258	269	214	205	240
年度末係属件数	47	206	360	474	469	529	642	668	742	770	728	725	756	738	755	793	816

出典）法務省ウェブサイト「保護統計」をもとに筆者作成.

図 7-1-4　精神保健観察事件数の推移

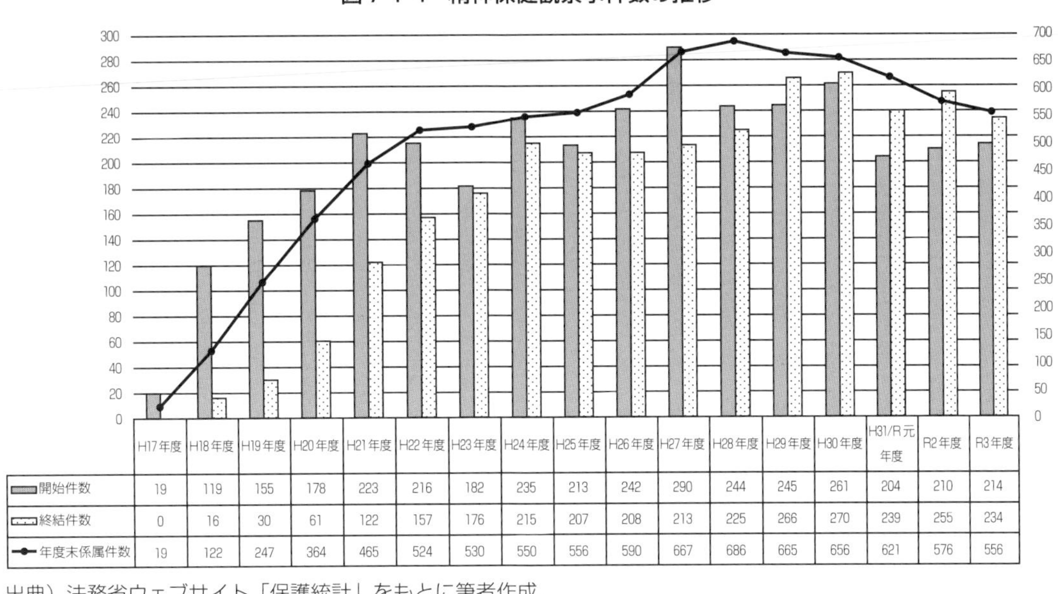

	H17年度	H18年度	H19年度	H20年度	H21年度	H22年度	H23年度	H24年度	H25年度	H26年度	H27年度	H28年度	H29年度	H30年度	H31/R元年度	R2年度	R3年度
開始件数	19	119	155	178	223	216	182	235	213	242	290	244	245	261	204	210	214
終結件数	0	16	30	61	122	157	176	215	207	208	213	225	266	270	239	255	234
年度末係属件数	19	122	247	364	465	524	530	550	556	590	667	686	665	656	621	576	556

出典）法務省ウェブサイト「保護統計」をもとに筆者作成.

B. 生活環境の調査（法 38 条）

保護観察所長は、裁判所から対象者の生活環境の調査およびその結果の報告を求められたとき、裁判所から命じられた事項を中心に調査を行うものとなっている。調査は社会復帰調整官が行い、調査項目は「**地域処遇ガイドライン**」にある①居住地の状況、②経済状況（収入、経済的自立度、健康保険の状況等）、③家族の状況、家族の協力の意思の有無・程度（家族機能の状態）、④地域の状況、地域住民等からの協力の可能性の有無・程度、⑤本件に至るまでの生活状況、過去の治療状況等、⑥想定される指定通院医療機関の状況、⑦利用可能な精神保健福祉サービス等の現況、⑧地域社会における処遇を実施するうえで、特に留意すべきと考えられる事項、⑨その他対象者の生活環境に関する事項である。都道府県・精神保健福祉センター・市町村は、保護観察所からの照会があった場合、対象者の居住地で利用可能な障害福祉サービス等の状況や対象者の生活状況等について報告する役割がある。また対象者に扶養義務者がいない場合、市町村長が保護者としてかかわることがある。

地域処遇ガイドライン
医療観察制度に基づく地域社会における処遇の統一を図るため厚生労働省と法務省とが共同でまとめて示したものである。現行ガイドラインは2020（令和 2）年 3 月に改正された。

C. 生活環境の調整（法 101 条 1 項）

合議体
法的には一人の裁判官と一人の精神保健審判員の合議体（法 11 条）であり、精神保健参与員は必ず関与させなくてはならないというものではない（法 36 条）。
➡ p.118 第 6 章 3 節 B.［1］参照。

MDT
multi-disciplinary team
➡ p.127 第 6 章 4 節 B.［3］側注参照。

CPA
Care Programme Approach

裁判所の**合議体**（裁判官、**精神保健審判員**、**精神保健参与員**）による審判の結果、入院医療が決定した対象者について、保護観察所長は退院後の生活環境の調整を行わなければならない。具体的な生活環境の調整は社会復帰調整官が担う。社会復帰調整官は、入院当初から指定入院医療機関に出向き、継続的に対象者と面談し、入院 **MDT** と緊密な連携に努めながら、対象者の社会復帰の促進を図る。退院予定地における生活環境調整計画書の作成、病棟内のケア会議（**CPA 会議**）に参加し、指定通院医療機関の選定準備、処遇実施計画案の作成などの業務を行う。また指定入院医療機関による入院継続の確認の申立て時、または退院許可の申立て時の保護観察所長の意見書提出を担う。対象者の社会復帰の促進のため、家族との面談や、居住予定地である都道府県・精神保健福祉センター・市町村や障害福祉サービス事業所等と協議し、退院後に必要となる障害福祉サービス等を受けられるよう調整する。

D. 精神保健観察（法 106 条）

処遇の実施計画
処遇の実施計画は、地域処遇時のケアプランである。保護観察所長は、指定通院医療機関の管理者、都道府県知事および市町村長と協議のうえ、その処遇に関する実施計画を定めなければならない。また社会復帰調整官が実施する精神保健観察、指定通院医療機関の管理者による援助、都道府県および市町村による援助、緊急時の対応（クライシスプラン）について、その内容および方法を記載する（医療観察法 104 条）。

裁判所の合議体による審判の結果、入院によらない医療が決定した対象者について保護観察所は**精神保健観察**を実施する。社会復帰調整官は、対象者や家族とかかわり、地域処遇のケアコーディネーターとして指定通院医療機関および都道府県・精神保健福祉センター・市町村や障害福祉サービス事業所等の関係機関と連携を図る。精神保健観察は、**処遇の実施計画**に基づき、①必要な医療を継続的に受けているか、②届け出た居住地で生活し、③地域生活が問題なく経過しているか、という点で観察および指導を行う。

2. 医療観察制度の処遇および関係機関等の連携の実際

A. 社会復帰調整官を中心とした医療観察制度の実際的な取組み

医療観察制度は対象者の社会復帰を促進することを目的とする。社会復帰を促進するため、対象者を中心に、保護観察所の社会復帰調整官、指定医療機関の精神保健福祉士等のMDT、都道府県・精神保健福祉センター・市町村や障害福祉サービス事業所等の関係者間で連携が行われる。

以下は、医療観察制度の処遇の実際について、社会復帰調整官を軸にFさんの社会復帰を促進していった事例である。生活環境の調査を行い、入院処遇を経て、地域処遇となる流れを説明する。

〈事例概要〉

【対象者】Fさん：45歳（対象行為時）、男性。

【主診断名】妄想型統合失調症

【対象行為（事件）】放火（現住建造物等放火）

【事件概要】※X年＝事件年

X年3月1日、午後9時19分頃、両親と居住していた2階建家屋の対象者居住部分の2階自室において、被害妄想に基づきカーテンにライターで点火して火を放ち、その火を天井等に燃え移らせ、同住宅を全焼させ、現に人が住居に使用する建造物を焼損した。

【家族構成】

父親：75歳（対象行為時）。元中学校教師。対象者に対して協力的ではあるが「本人とはお互いに無口」と、もともと、日常会話もほとんどなかった。対象行為の5年前頃、職につかず自宅にひきこもる生活を見て「働かなくちゃダメだ。ちゃんと働いて一人で生活できるようにならないとダメだ。」など強い口調で叱責した。これ以降、父親から話しかけても無反応となり、対象者が避けるようになった。

母親：65歳（対象行為時）。対象者が小学校に入学した頃、保険の外交員をしていたことがある。対象者が中学2年生の頃、母方叔父が自殺している。この自殺を機に母方祖母が新興宗教に入信する。母親やFさん、他の親族への入信の勧誘や金銭トラブル等があった。このため対象者家族は親族と疎遠となっている。対象者に対して協力的であるが、どのようにかかわったらいいか悩んでいる。

【生活歴】

対象者は、A県にて出生し同胞なし。小学校の時は体操教室に通っていたが、中学校・高校では特に部活動に参加せず教室でも一人でいることが多かった。大学へ進学するが、大学生活に馴染めず、友人もできずほとんど一人で過ごしていた。この頃、母親に大学で嫌がらせを受けていると話したことがあった。大学2年生の頃、授業についていけなくなったことがきっかけで欠席が多くなり、その後退学した。大学中退後は、ときどき自分でアルバイトを探して働くこともあったが人間関係がうまくいかず長続きしなかった。その後もアルバイトは散発的にしていたがどこも続かず、10年前頃からはしていない。また自動車免許の取得のため教習所に通ったが、「教官とのやりとりで気を遣ってしんどい」、「交差点でどうしたらいいか？わからずパニックになった」と話し、2ヵ月ほどで中断した。アルバイトをしなくなってからの生活は自室にひきこもり、ゲームやアニメ鑑賞などをして過ごしていた。

【治療歴】

大学中退前に母親と大学の学生相談室に促されて心療内科クリニックを受診した。「適応障害」と診断されたが通院は継続しなかった。

対象行為の1年前頃、母親に突然「謎の団体が攻撃してくる」と泣きながら訴えてきたことがあった。数日後、「頭が痛い。気になって寝られない」と話してきたため、母親と精神科クリニックを受診した。「統合失調症」と診断がつき治療が開始した。通院は不定期で薬も飲まないことがあり、「頭の中がひどい言葉でいっぱいになることがある」と訴えたこともあった。対象行為の半年前頃、自室で興奮して壁を叩く、「お前か。やめろ」などと誰もいない自室で誰かと話しているようなことが多くなった。またこの頃から5ヵ月ほど通院しなくなり、対象行為の1ヵ月前頃、母親に突然「除霊をしてほしい」と訴えてきたため、母親に連れられ受診したが、主治医には詳しく語らなかった。その後、対象行為まで受診はしなかった。なお、対象者にはアルコールに関連する問題はなく、有機溶剤・覚醒剤等の使用歴はない。犯罪歴もない。

【利用中のサービス】自立支援医療（精神通院医療）

図 7-2-1　F さんの生活歴・治療歴・医療観察治療歴

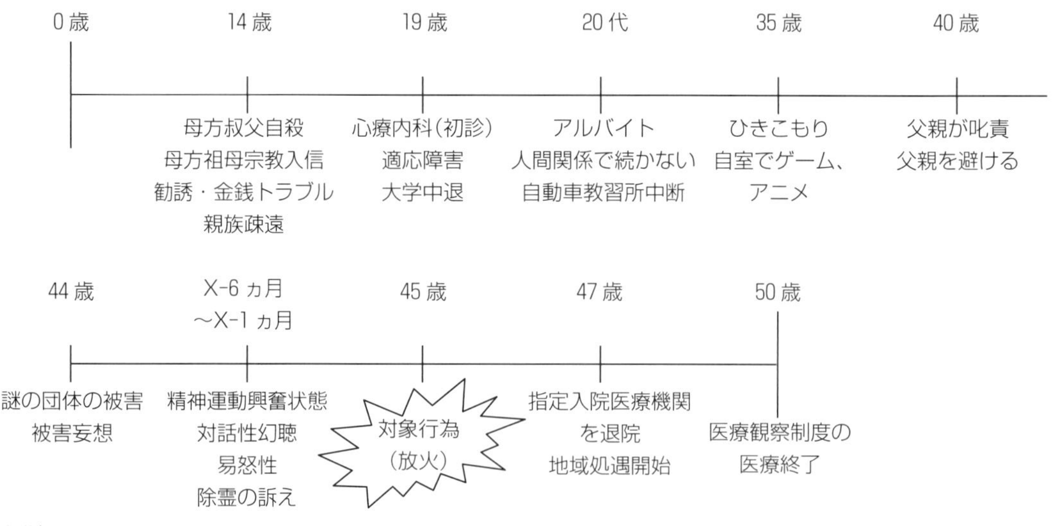

出典）筆者作成.

B. 生活環境調査の実際

F さんの事件は、心神喪失等の状態で対象行為（放火）に至り、医療観察法による医療を受けさせる必要があると判断された。このため地方検察庁から地方裁判所に本法の申立てが行われた。申立てを受けた裁判所の裁判官は、鑑定入院命令を発し、対象者のＦさんはこれに基づいて鑑定入院機関（鑑定病院）で鑑定等を受けることになった。また検察庁の申立て後、保護観察所は裁判所から生活環境調査の嘱託を受け、社会復帰調整官が従事した。

担当の社会復帰調整官（Ｈ調整官）は、裁判所から届いた資料を読み込み、調査のため家族、鑑定医療機関（鑑定病院）と訪問の日程調整を行った。今回の鑑定医は鑑定病院の医師のため、鑑定病院の精神保健福祉士を窓口として調整した。Ｈ調整官は、Ｆさんとの面接、鑑定医を含めた鑑定病院のMDTとの面談を何度か行い、対象行為が起こった背景、Ｆさんの考えや気持ちを確認した。また鑑定は①**疾病性**、②**治療反応性**、③**社会復帰要因**の３つの評価軸によって評価するため、鑑定医の見解を確認した。また対象行為前に通院していた精神科クリニックへも照会し、調査を行った。Ｆさんや両親への説明には『**医療観察ガイドブック**』（法務省保護局）を活用した。

Ｆさんの両親は、対象行為によって自宅が全焼したため、事件後、自宅のあった同じＣ市内で転居していた。転居先へ訪問し、家族の心情、Ｆさんの生育歴、治療歴、病気の捉え方、経済状況、今後の引受けなど確認した。両親は対象者の家族ではあるが、被害者という立場でもあることを留意し、対応した。また対象行為場所や近隣住民等への影響も確認した。

裁判所で当初審判前に、裁判官、精神保健審判員、精神保健参与員の合議体、検察官、鑑定医、**付添人（弁護士）**、Ｈ調整官の関係者で審判前カンファレンスが行われた。Ｈ調整官は、調査したことをもとに保護観察所長の意見を付して生活環境調査報告書を提出した。社会復帰調整官の礎にはソーシャルワーカーのアイデンティティがある。次の当初審判においても、ソーシャルワークの強みである生活者の視点、Ｆさんを取り巻く環境との相互作用などに着目し社会復帰の促進となるよう意見した。Ｆさんは当初審判の結果、入院決定となった。

C. 生活環境調整の実際

［1］入院～1ヵ月（急性期）

Ｆさんは裁判所の決定により指定入院医療機関で入院処遇となった。指定入院医療機関としてＮ病院を地方厚生局が選定し、保護観察所に通知した。入院当日は地方厚生局職員が裁判所で入院決定書の謄本を受け取り、鑑定病院でＦさんに告知した。次にＮ病院へ移送され、Ｎ病院のMDT

による入院時インテーク面接を受けた。またN病院の精神保健福祉士より抗告の説明を受け、両親やH調整官などとの連絡調整窓口になると案内があった。H調整官は、N病院の精神保健福祉士よりFさんの連絡を受け、両親についての情報提供とFさんとの面接日程調整を行った。H調整官は、月1回のFさんとの定期面接のなかで、病状や取り組んでいる治療プログラム、退院後の生活に関する希望などを確認した。これらを踏まえて、退院後の住居、生計の確保、家族との関係、退院後の必要な医療と援助などの調整の方針について生活環境調整計画書を作成し、保護観察所長からN病院の管理者に通知した。

[2] 入院2～3ヵ月（急性期）

N病院主催のCPA会議が開催され、両親、H調整官、精神保健福祉センター、C市の精神保健福祉士が参加した。MDTよりFさんの治療等の状況報告、Fさんから現状報告と今後の希望、H調整官より生活環境調整の状況報告、両親の意向、精神保健福祉センターとC市の対応できることなどが話し合われた。また経済的自立のため障害年金を申請することになった。障害年金申請に当たっては、N病院の精神保健福祉士を中心に進め、必要に応じてC市も支援することになった。今後のCPA会議はおおむね3ヵ月に1回開催することとなった。

[3] 入院4～12ヵ月（回復期）

Fさんは急性期から回復期へ治療ステージを移行し、MDT同行による院外外出が開始された。また外出にはH調整官も同行し、治療プログラムの一貫として対象行為場所へ行き、事件の振り返り、内省などを行った。少しずつ疾病理解が進み、対象行為に至る要因や疾病との関連、障害受容に変化が見られてきた。両親はN病院が開催する家族教室に参加しFさんの病気やかかわり方等を学習した。H調整官との面接のなかで、両親が高齢のため退院後は単身生活をしたいとの意向が示された。また将来的には一般就労を目指したいと意欲も見られるようになった。このためデイケアや障害福祉サービス事業所などの利用を検討することにした。CPA会議のなかでFさんの退院後の住居や生活について検討され、単身生活を進めることで自律や社会復帰の促進につながると方針が決定した。また退院先の居住地はC市とし、生活保護を申請して障害年金（2級受給中）と合わせて経済基盤の確保とすることも話し合われた。また精神障害者保健福祉手帳の申請も行うことになった。

[4] 入院 13 ～ 18 ヵ月（社会復帰期）

治療ステージは、社会復帰期へ移行し、MDT 同行の外泊も開始された。H 調整官は指定通院医療機関先について、継続的かつ適切な医療を確保するため同じ N 病院が適切と判断していた。このため、N 病院の受け入れを確認して F さんの MDT 面接に参加し、退院後の通院先の話をした。CPA 会議には、N 病院の通院 MDT としてデイケアの精神保健福祉士と訪問看護の看護師が参加することになった。また居宅介護（ホームヘルプ）サービスを受けることになり居宅介護支援事業所も参加した。F さんの希望にもあった就労継続支援事業所の利用は、地域処遇のなかで検討することになった。

H 調整官は F さんの面接において、処遇実施計画書の説明を行い、CPA 会議で検討してきたことを入れて処遇実施計画書（案）を作成した。また処遇実施計画書（案）の緊急時の対応欄については、MDT と作成した**クライシスプラン**を使用することになった。退院前のケア会議として地域処遇への移行を想定し保護観察所主催で開催した。退院後の処遇内容は、外来（週 1 回）、デイケア（週 3 回）、訪問看護（週 1 回）、ホームヘルプ（週 1 回）、精神保健観察（当面月 2 回）となった。そして、ケア会議のなかで F さんの病状が安定していること、退院後の継続的な治療の確保、適切な支援体制が確立していることが確認され、退院の許可の申立てを行うことになった。指定入院医療機関管理者による退院許可の申立てが裁判所になされ、F さんと MDT は審判に出頭し、合議体の聴取に回答した。F さんは、審判に参加したことで、同様の行為の再発防止に努めることを改めて認識した機会となった。F さんの退院許可決定が出され通院処遇へ移行することとなった。

D. 精神保健観察の実際

[1] 通院～ 1 ヵ月（前期通院医療）

退院当日、H 調整官は、裁判所で退院許可の決定通知書謄本を受け取り、N 病院で F さんに交付した。同時に処遇実施計画書の説明を行い、サインをもらった（**図 7-2-2、図 7-2-3**）。その他、精神保健観察開始に当たって居住地の届出の手続き、守るべき事項の説明を行った。F さんは入院 MDT に見送られ退院し、H 調整官と一緒に F さんのアパートへ向かった。一人暮らしは初めてとなることから不安を話されていた。H 調整官は、まず F さんの不安に耳を傾け受容し、次にクライシスプランを一緒に確認して、緊急時の対応を再度共有した。また初回の精神保健観察は、訪問看

図 7-2-2　処遇実施計画（内容の記入例）　表面

様式第○号（法第 104 条、令第 11 条第 7 号、規則第 20 条関係）

個人情報が記載されています。取扱いについて注意して下さい。

処遇の実施計画

（第 1 回　○○年○○月○○日作成）

○ ○保護観察所長　○ ○ ○ ○　　印

次の者に対する処遇の実施計画を下記のとおり定める。

ふりがな	○○○○○○○○○○○	男	生年月日	昭和 40 年○○月○○日生
氏名	○○　○○			

住所	○○県○○市○○町○○1－2　○○荘102	電話番号 携帯番号	 ○○○-○○○○-○○○○
保護者	○○太郎　○○県○○市○○町○○4－5－6 （続柄）父	電話番号 携帯番号	○○○-○○○○-○○○○ ○○○-○○○○-○○○○
緊急連絡先	同上	電話番号 携帯番号	

通院医療開始日（決定のあった日）　平成○○年○○月△△日

（1）処遇の目標

必要な医療を継続的に受けながら生活する。
退院後のストレスに適切に対処しながら、地域生活に慣れる。

（2）本人の希望

いずれはコンビニエンスストアなどで働いてみたい。そのためにも健康管理をしっかりする。
これからは（家族やいろいろな人に）自分から相談できるようにしたい。

（3）ケア会議等

開催回数	最初の6か月間は、原則として毎月初旬に1回開催（開催時に次回日程を確定する）。	開催場所	○○病院会議室
検討事項	① 指定通院医療機関における医療の状況について　② 生活（デイケア等含む）について ③ 各関係機関の具体的なかかわりについて（訪問時の留意事項等）		
留意事項	なるべく父にも参加してもらうよう、連絡をとっていく。		
連携方法	毎月月末に、保護観察所に書面で各機関の実施状況を報告し、その内容はケア会議で共有する。		

（4）処遇の内容・方法

①通院医療	目標	（6か月で中期通院医療へ移行） ○通院医療従事者との信頼関係の構築　○病気についての理解を深める ○定期的なデイケアの参加				
	内容	機関名・所在地	担当者	回数	実施方法等	備考
	通院医療	○○病院 ○○県○○市XX町1-1-1	○医師	週1	外来受診（毎週水曜日　午後○時予定）。	
	心理相談		○臨床心理技術者	月2	第 1　第 3 火曜日午前。	
	訪問看護		○看護師 ○精神保健福祉士	週1	金曜日に自宅訪問。他の機関のスタッフと一緒に行くこともある。	Aチーム
	デイケア		○作業療法士	週2	月曜参加（1 日）。様子をみて、週 2~3 回参加を予定。	週1から開始
	留意事項	（到達レベルの目安）○外来通院や服薬など必要な医療を利用できる。○地域生活に慣れ、困ったときに適切な人に相談できる。				
		（その他）、少し生活に慣れる○月頃から 1 回 1 時間、4 回位病気に関する学習の機会を予定している。そのほか、○PSW（援助欄記載）との面接は診察後を予定。				

図 7-2-3　処遇実施計画（内容の記入例）　裏面

<table>
<tr><td rowspan="6">②精神保健観察</td><td colspan="2">目標</td><td colspan="6">退院直後のため、環境の変化に伴う病状の変化及び生活状況を見守り、継続的な医療の確保を図る。</td></tr>
<tr><td colspan="2">内容</td><td colspan="6">①退院直後であることに留意し、生活全般の見守りを重点的に行うとともに各種サービスの利用状況や生活上の課題について話し合う。
②相談する内容に応じた関係機関の利用について支援・調整をはかる。
③体調に注意し、調子が悪化するサインに気づいて早めに相談できるよう促す。</td></tr>
<tr><td rowspan="2">方法</td><td>接触方法</td><td colspan="6">当初は、2週間に1回、自宅等を訪問する。2か月目からは保護観察所での面接も検討する。</td></tr>
<tr><td>報告</td><td colspan="6">毎月1回、関係機関からの報告（電話等適宜の方法）を受ける。報告内容に応じ適宜評価を行い、その結果をケア会議で本人及び関係機関に連絡する。</td></tr>
<tr><td colspan="2">留意事項</td><td colspan="6">家族（保護者）宅への訪問、連絡も行っていく。</td></tr>
<tr><td colspan="2">社会復帰調整官</td><td colspan="6">○○○○</td></tr>
<tr><td rowspan="10">③援助</td><td colspan="2">目標</td><td colspan="6">本人の希望をよく聞いて、信頼関係を築く。
生活の安定に向け、各機関が連携して役割分担し、具体的に援助していく。
（場合によっては、他の適切な機関の利用について提案することもある）</td></tr>
<tr><td colspan="3">機関名</td><td>担当者</td><td>内容</td><td>方法</td><td>回数</td><td>備考</td></tr>
<tr><td colspan="3">○○病院（指定通院医療機関）
1</td><td>○精神保健福祉士</td><td>日常生活・医療全般に関する相談</td><td>通院時、受診後に面接。
訪問看護に同行することもある。</td><td>週1</td><td></td></tr>
<tr><td colspan="3">機関名</td><td>担当者</td><td>内容</td><td>方法</td><td>回数</td><td>備考</td></tr>
<tr><td colspan="3">○△保健所
○○市XX町1-1-1</td><td>○保健師</td><td>全般的な状況把握・精神保健福祉サービスに関する相談等</td><td>訪問指導等</td><td>週1</td><td></td></tr>
<tr><td colspan="3">○○市障害福祉課
○○市XX町1-1-1</td><td>○社会福祉士</td><td>日常生活に関する援助</td><td>訪問援助
窓口での相談</td><td>随時</td><td></td></tr>
<tr><td colspan="3">○○地域生活支援センター
○○市XX町1-1-1</td><td>◇精神保健福祉士</td><td>日常生活に関する相談</td><td>ドロップイン。本人からの相談に応じる</td><td>随時</td><td></td></tr>
<tr><td colspan="3">○○精神保健福祉センター
○○市XX町1-1-1</td><td>△精神保健福祉士</td><td>処遇の実施計画や援助のあり方について助言</td><td>計画策定時に参加し、助言等を行う。</td><td>随時</td><td></td></tr>
<tr><td colspan="2">留意事項</td><td colspan="6">最初のうちは病院の訪問看護スタッフと一緒に訪問する。
デイケアの参加が増えて行くようであれば、訪問回数を減らすこともある。
訪問でなく、本人が定期的に支援機関を訪問する形での相談も考えていく。</td></tr>
</table>

（5）緊急時の対応

別紙　クライシスプランのとおり

（6）その他の留意事項

（本制度の処遇終了後の一般の精神医療・精神保健福祉サービスの利用に関する事項）
現在は退院直後のため、約6か月経過以降に検討を始める。

（その他）

○私は、上記の処遇の実施計画について説明を受けました。

平成○○年　○○月　○○日　　　氏名　　○○　○○

出典）日本精神科病院協会、精神・神経科学振興財団編『司法精神医療等人材養成研修会教材集（2016年度発行版）』日本精神科病院協会，2016.

護の初回と合わせて行うことを伝えた。Fさん宅に到着し、一通り片付けた後、週間スケジュールで翌日以降の予定を確認した。

1週間後、Fさん宅で訪問看護と合わせて精神保健観察を実施した。また事前に調整し母親にも同席してもらった。訪問看護スタッフから改めて自己紹介を行い、訪問看護の役割について説明した。Fさんには、ホームヘルパーと一緒に調理と掃除を行ったこと、デイケアの参加状況などを報告してもらった。

[2] 通院2〜6ヵ月（前期通院医療）

ケア会議
ケア会議は地域社会での処遇を実施するうえで多機関・多職種の関係機関が顔の見える連携を図る重要な会議である。会議では対象者の処遇の実施計画を協議する。通院処遇時はおおむね3ヵ月に1回の頻度で保護観察所が主催する（医療観察法施行令12条）。

地域処遇開始3ヵ月後、初回**ケア会議**をN病院で保護観察所主催のもと開催した。参加者はFさん、両親、通院MDT、入院MDTの看護師、居宅介護支援事業所、精神保健福祉センター、C市福祉事務所ケースワーカー、C市精神保健福祉士、H調整官であった。N病院は、退院後初回のケア会議のみ入院で担当していたMDTが参加する方針としている。現在の地域処遇の状況をそれぞれ報告し、適切に処遇が行われていることを共有した。今後はおおむね3ヵ月に1回開催することとなった。

[3] 通院7〜12ヵ月（中期通院医療）

Fさんは、通院や訪問看護の頻度を徐々に減らしながらも処遇実施計画通り行っていた。しかし、デイケアのメンバーとの人間関係に困難さを感じていた。毎回プログラムには参加するが、ほとんど誰とも交流せず時間がきたらすぐ帰宅するという参加であった。MDTは当初、参加の継続を目標としていた。しかし、処遇実施計画で定められているから参加するといった態度に疑問を抱き、Fさんにデイケア参加の意向を確認した。Fさんの素直な気持ちとして「デイケアに参加する意味がない。参加したくない。義務だから参加している」といった考えが確認された。このため、デイケア利用については次回のケア会議で検討することになった。

ケア会議で処遇方針の見直しを検討した。もともと就労の希望があったため、ここまでデイケア継続したことを評価し、今後はデイケアの回数を減らして、就労継続支援事業所へ移行することを話し合った。就労継続支援事業所は、Fさんの希望を聴きながらC市精神保健福祉士が見学や利用の調整を行うことになった。見学はH調整官、MDTも同行することにした。

Fさんはパソコンのスキルがあったことから、パソコン入力の作業がある就労継続支援事業所（B型事業所）を利用することになった。また次のステップとして就労移行支援事業所も視野に入れ観察することになった。

デイケアは週１回に減らし、Ｆさんの状況に応じて終了とすることにした。

[4] 通院 13 ～ 24 ヵ月（中期通院医療）

Ｂ型事業所は週３回定期的に通い、パソコン入力のほか、ポスティングなど参加する作業を増やしていた。またメンバーとゲームやアニメの話をしたことがきっかけで友人ができた。人との付き合い方、楽しさを感じ、生きがいが得られたようであった。Ｈ調整官が月１回の精神保健観察で訪問するたびに、Ｆさんのほうから友人の話が出てくるようになった。また施設利用日以外も遊ぶなど生活の幅が広がっていた。

[5] 通院 25 ～ 27 ヵ月（後期通院医療）

Ｂ型事業所の友人の１人がアルバイトを始めた。このことでＦさんの就労意欲が強まった。Ｂ型事業所の次は就労移行支援事業所という目標があったが、アルバイトの希望が強くなってきた。Ｈ調整官はケア会議で両親やみんなの意見を聞いてみようと話していた。しかし、Ｆさんのなかで見えないプレッシャーや以前アルバイトがどこも続かなかった経験などを思い出すようになっていた。しばらくして、Ｂ型事業所を休むことが増えてきていると、事業所からＨ調整官に報告があった。クライシスプランのなかで、「利用するサービスを１週間以上休んだ場合、入院を検討する」と、なっていた。このため、Ｈ調整官とMDTの医師、精神保健福祉士で調整し、Ｎ病院に精神保健福祉法の任意入院をすることになった。

入院中、MDTの精神保健福祉士は病棟担当チームのカンファレンスに参加し情報共有を図った。入院中であったが、もともと予定のあったケア会議を開催した。Ｆさんは対象行為前とは違い、「ちゃんと働かないといけない、といったプレッシャーがあった」と、自身の病状変化を振り返ることができていた。このことは参加者全員で最大限評価した。またＦさんの変化に両親は驚きと喜びを感じていた。今後について退院後は、Ｂ型事業所を再開し、様子を見ながら就労移行支援事業所の利用を検討することになった。また関係機関から「本人の働きたいという気持ちは尊重し、ゆくゆくは希望するアルバイトができるようサポートしていきましょう」と、Ｆさんの気持ちを支持する意見が出された。

[6] 通院 28 ～ 36 ヵ月（後期通院医療）

Ｂ型事業所から就労移行支援事業所へ移り、パソコンのスキルも向上していた。福祉事務所の就労支援員もＦさんのチームに加入し、就労自立促進事業の利用も検討することになった。

通院処遇の期間満了が近づいていたため、H 調整官はケア会議を開催し、関係機関と本制度による処遇を終了することが相当と判断した。終了後の通院先は N 病院を継続し、H 調整官のケアコーディネートの役割は、C 市の精神保健福祉士が引き継ぐことになった。F さんは通院期間の満了によって処遇が終了となった。

参考資料)

ネット検索によるデータ取得日は，いずれも 2023 年 2 月 28 日.

(1) 垣内佐智子「社会復帰調整官の専門性についての一考察―精神保健福祉士資格を有する社会復帰調整官の視座から」『更生保護学研究』第 16 号，2020.

(2) 厚生労働省ウェブサイト「医療観察法の医療体制に関する懇談会」.

(3) 「通院導入ハンドブック」編集委員会編『通院導入ハンドブック』国立研究開発法人　国立精神・神経医療研究センターウェブサイト，2012.

(4) 日本精神科病院協会，精神・神経科学振興財団編『司法精神医療等人材養成研修会教材集（2016 年度発行版）』日本精神科病院協会，2016.

(5) 法務省保護局「医療観察ガイドブック」2020.

(6) 法務省ウェブサイト「医療観察制度 Q&A」.

理解を深めるための参考文献

● **「通院導入ハンドブック」編集委員会編『通院導入ハンドブック』国立研究開発法人国立精神・神経医療研究センターウェブサイト，2012.**

医療観察制度の通院処遇対象者向けに開発されたハンドブックである。内容は医療観察制度の説明、病気などの心理教育、再発予防のクライシスプランなどである。

● **日本弁護士連合会刑事法制委員会『Q ＆ A 心神喪失者等医療観察法解説（第 2 版補訂版）』三省堂，2020.**

本書は日本弁護士連合会の刑事法制委員会医療観察法対策部会がまとめたものである。医療観察制度で付添人として従事する弁護士は、法の趣旨と対象者の権利擁護という役割を担う。付添人業務の適正化等だけでなく、本制度に関係する機関、専門職に重要な内容が解説されている。

第8章 重層的なニーズをもつ人の生きづらさ

罪を犯した少年や、薬物依存者など、スティグマやアディクション（嗜癖）を抱えて生きる人びとのスピリチュアル・ペイン（生きづらさ）に注目し、彼らの矯正・回復、生活の質の向上を目指すソーシャルワーク支援や SST について学ぶ。

1

罪を犯した人の支援を行う際、起きてしまった事象だけではなく、その背景にある生きづらさに目を向ける必要がある。複雑化・多様化した生活ニーズを抽出する際の視点について理解する。

2

少年司法制度と児童福祉法上の措置の関係、少年鑑別所および少年院の仕組みについて理解し、少年院における矯正教育と社会復帰支援の概要に基づき「非行少年の立ち直り」を考える。

3

アディクションの正体を理解し、生き延びるためのアディクションとその回復を支援するソーシャルワーク実践について理解する。

4

女性の直面する困難と生きづらさとは何か。子ども・家庭・家族・地域を通して女性の置かれた環境を理解する。理解することで位置づけられる社会福祉の中の課題と必要な取組み。社会福祉実践に引き戻す意味も含む支援とは何かを考える。

5

当事者が、社会で必要なコミュニケーションを学ぶことを支援する「SST」が司法領域で取り入れられている。SST が罪を犯した人の立ち直りに寄与できることを、事例を通して理解する。

1. 司法領域でソーシャルワーカーがかかわることの意味

司法領域でソーシャルワーカーがかかわることの意味はどこにあるだろうか。罪を犯した人の背景をたどると、貧困やさまざまな社会的排除ゆえに、その人が福祉的ニーズに直面していることが少なくない。また、罪を犯した人が地域生活を送る際も、「前歴」が**スティグマ**となり、さまざまな生きづらさに直結することもあるだろう。このように犯罪に至る以前の背景を丁寧に紐解くこと、加えて、犯罪をした人が地域でふたたび尊厳のある暮らしを実現するうえでソーシャルワークの果たす役割は大きい。

スティグマ
stigma

ソーシャルワーク専門職のグローバル定義では「ソーシャルワークは、生活課題に取り組み**ウェルビーイング**を高めるよう、人々やさまざまな構造に働きかける」と明記している。司法領域でソーシャルワーカーに求められる価値はまさにこの点にあると言える。本人がどのような生活を望み、何がその生活の障壁となっているかについての丁寧なアセスメントが求められるであろう。その障壁の解消に当たっては、ミクロの視点だけではなく、メゾ・マクロの視点で見ていくことも重要である。

ウェルビーイング
well-being

近年、「再犯防止」といった言葉をよく耳にする。国も再犯者率の高さに課題意識をもち、**再犯防止推進法**等、再犯防止を軸に施策を展開している。もちろん、再犯防止の視点は重要である。しかし、ソーシャルワーカーの職責は、当事者の生活を支えることに主眼を置くべきであり、種々の事情から生じる**生活のしづらさ**について、本人とともに解消に努めることが求められる役割と言えよう。土井（2018）[(1)] は、「再犯防止は、本人との信頼関係を築く努力をし、彼らの生活再建のための支援を提供し、その自立的生活が構築された反射的効果として実現されるものである」と述べており、さらに「福祉的支援は、再犯防止の手段ではなく、本人が尊厳を回復するための『権利』であって、本人の生活の質の向上を主眼として行われなければならない」と言及している。ソーシャルワーカーは、まさにこのような視点で取り組むことが必要である。

再犯防止推進法
正式名称は「再犯の防止等の推進に関する法律」。

A. 事例

A さん（22 歳）は逮捕され、G 警察署にいる。A さんが逮捕されたのは、これが 2 度目である。

Aさんは、専門学校を卒業後、物流会社に就職し、倉庫管理の業務を担っていたが、本人は努力をしたものの職場になじむことができず悩んでいた。また、上司の指示通りに処理したはずの事務について、間違っているとの指摘を頻繁に受けるなどして次第に自信を失っていった。1年半が経過したころ、Aさんは誰にも相談せずに突如、自主退職した。

それ以降は、実家で暮らしつつ、アルバイト生活を送っていたが、どのアルバイトも長続きしなかった。離職の原因は、すべて職場の同僚や上司との関係不和によるものであった。厳格な父からは、働かないのであれば家を出るように言われ、Aさんはインターネットカフェ等で寝泊まりをしていた。Aさんは所持金が尽きると、スーパーで食料品の万引きを繰り返した。万引きが見つかっても最初は注意にとどまっていたが、ついには警察に通報され、逮捕されることとなった。

Aさんは、その後も実家に頼ることはせず、日雇いのアルバイトをしながらインターネットカフェ等を転々としていた。ある日、インターネット上で高額な日当のアルバイト募集を見つけ、Aさんは特に疑問を抱かずに応募した。それは特殊詐欺の受け子で直接、高齢者宅にキャッシュカードを受け取りに行ったところ、警察に逮捕された。

このような架空事例で考えてみよう。ソーシャルワーカーは、単に窃盗や詐欺といった罪状にのみ着目するのではなく、Aさんが犯罪に至った原因である生活苦、さらにはその生活苦を生み出している背景を丁寧に紐解く必要がある。生活歴をたどっていくと、障害による生きづらさが隠れている可能性もあるかもしれない。これらを踏まえて、ソーシャルワーカーは、Aさんが今後どのような生活を望んでいるのか、そのためにどのような支援が必要であるかをAさんと共に考えていくことが重要であろう。

B. 累犯者へのかかわり

罪を犯した人とのかかわりを続けていると、時に犯罪を繰り返している人と出会うことがある。このような人の生活歴・背景に着目すると、これまで生活のしづらさや生きづらさを抱えていたケースも少なくない。たとえば、生活苦から窃盗を繰り返し、人生の大半を刑務所で過ごしている人を想像してみよう。ソーシャルワーカーが、このような人への支援を検討する際、まず見るべきは「窃盗を繰り返している」ということのみではなく、その背景にある「生活苦」による生活のしづらさとなるであろう。

刑務所等でさまざまな作業を行い、わずかばかりの作業報奨金を手に出所したとしても、それだけで生活を立て直せるわけではない。住居や食事など、明日の生活を心配せずに生きていくためには、一時のお金を手にするだけでは不十分であることは想像に難くない。ただ生活ができればよいのではなく、尊厳を回復し、生活の質の向上を視野に入れた支援が必要となる。ソーシャルワーカーは、「窃盗をしない」ことのみに主眼を置くのではなく、「窃盗をする必要がない生活」の構築に努めなければならない。

加えて、多くの人は、犯罪を契機としてこれまでにあった他者とのつながりを剥奪されてしまう。就労先の退職などだけではなく、家族等と疎遠になるケースもある。それゆえにこれまで生活をしていた地域での生活が困難となるケースも考えられる。それだけではなく、これまでの人生の中でもさまざまな理由からコミュニティとのつながりを構築することができず、孤独のうちに生きてきた人も少なくない。生きづらさを抱え、なおかつ、孤独のうちに生きていくことは困難を伴う。

A さんが特殊詐欺にかかわる生活の中で、悩みを打ち明ける仲間がいたり、相談する人がいたりしたら、再犯につながらなかった可能性もある。地域で他者とのつながりを回復・再構築することもソーシャルワーカーの視点として重要であろう。

C. 障害による生きづらさへの視点

上記のような生活のしづらさをさらに紐解いていくと、そこには障害が影響を与えていることもある。ただし、最初に断っておくが、障害があるから犯罪を起こしやすいということではなく、あくまでも生きづらさの背景に障害があるという視点に立たなければならない。

特に罪を犯した人については、精神障害や発達障害、高次脳機能障害などの一般的に可視化されづらい障害により、さまざまな生きづらさに結びついていることもある。「障害」は本人だけの問題ではなく、むしろ社会のあり方やその価値観の影響を受けたものと言える。

認識（理解）の発達

社会的（語用論的）コミュニケーション症／障害

ここでも例を挙げて考えてみよう。A さんはその努力にもかかわらず、仕事上のミスを頻繁に指摘されており、またその後のアルバイトでも人間関係の不和によって離職していた。医師やソーシャルワーカーなどから見れば、**認識の発達**や**社会的コミュニケーション**において何らかの特性があると判断・推測できることも、社会においてすべての人がそのことを理解してくれているとは限らない。誰からも説明がない状況であればなおさらであろう。さらに、本人が医療機関等とつながっていない場合は、本人も自身の行動が障害特性によるものだと認識できずに苦しんでいることも想定される。このような状況から生じる問題によって仕事を辞めざるを得なくなり、かつ、これまでの家族関係や交友関係が希薄になってしまうこともある。その結果として、犯罪に行きついてしまうこともあるだろう。

障害への気づきという点では、地域生活だけではなく、刑事手続上も問題となることがある。先ほども述べたように、医師やソーシャルワーカーが見れば、障害がある可能性に気づくことができても、司法関係者等からはその生きづらさが見過ごされるケースも多くあると推察される。ソーシャルワーカーとしては、このような場合に、医師と連携を取り、背景に障害による生きづらさがあることを関係機関に伝えていくことが必要なこともある。

D. さまざまな制度の活用

このように、それぞれの生きづらさについてソーシャルワーカーは、「生活の質の向上」という視点から支援を行うこととなる。その際、本人が抱える生活のしづらさ（ニーズ）に対して、さまざまな制度を活用していく。自立というものを考える際、単に自分自身で何でもできるようになることだけではなく、現状の生活課題が自分自身だけではクリアすることが難しい場合に、他者や制度を頼りつつ、暮らしていくことも大切な視点と言える。前述の「生活苦」、「経済的困窮」ということであれば、生活保護などの活用があり得るであろう。生活保護の場合、これまで受給をしていた実績があっても、逮捕・起訴などによって生活保護が停止や廃止になることがある。こういった知識についてもソーシャルワーカーは、理解をしておかなければならない。さらには、障害のある人であれば、障害福祉サービス、高齢者であれば介護保険サービスを利用することも想定される。疾患のある人であれば、医療機関につなぐ必要についても検討しなければならない。

これらの手続について、通常の手続と大きく異なることはないものの、本人が勾留されていれば、事前に相談に行くことができない、利用する福祉サービスについて事前に見学に行くことができないなどの申請や意思決定に関する障壁が生ずる。また、面会に際しても、アクリル板越しであったり、時間制限があるなど、社会福祉領域における一般的な面談環境とは異なる。さらには、本人は地域社会とは隔離されており、かつ、刑事手続上、弱い立場に置かれていることも欠かすことのできない視点であろう。それゆえ、本人が真意を語っているかについても検討の余地がある。また、人によっては、これまでの地域生活が過酷であったために、豊かな生活と問われてもすぐには想像できない人もいる。このような点も考慮したうえで丁寧にかかわることが求められる。司法領域においてもソーシャルワークという基盤は共通であるが、手続上や構造上の特徴があることは押さえておきたい。

E. ソーシャルワークの視点で見ることの意味

ここまで、刑事手続における対象者の生きづらさについて見てきたが、ここで挙げた生きづらさは、決して罪を犯した人の支援にだけ特別なものではないことがご理解いただけたのではないだろうか。

犯罪という一つの出来事を契機として、ソーシャルワーカーはかかわっていくことになるが、これまで述べたとおり、「犯罪」という可視化された事象だけに目を向けるのではなく、いかにその背景を紐解いていくかが重要である。近年、福祉ニーズ（生きづらさや生きていくうえでのリスク）は、複雑化・多様化していると言われている。罪を犯した人の支援においてもその傾向は同様であろう。罪を犯した人の中には本章のタイトルのとおり重層的なニーズをもつ人が少なくないことがわかる。繰り返しになるが、そのためには対象者とその置かれた環境について丁寧なアセスメントを行わなければならない。丁寧なアセスメントを行うという意味では、通常のソーシャルワークと何ら変わらない。しかし、われわれはインパクトの大きな出来事（ここでは犯罪）を目の前にすると、その出来事に目を奪われがちである。ソーシャルワーカーが、罪を犯した人の支援を行う際は、あらためて「なぜ、ソーシャルワーカーがかかわるのか」というその意味について確認をしておく必要がある。いま一度、ソーシャルワークの価値・基盤の理解を深め、司法関係者などの他専門職とのかかわりの中で自身の専門職の価値に基づいた行動をしていかなければならない。

罪を犯してしまうこと、繰り返してしまう人は社会的な排除の対象となりやすい。単に個人への視点でのみ捉えるのではなく、ソーシャルワーカーとして、その人のこれまでの生活歴や置かれた環境、ひいては社会情勢までを考慮して多角的に検討することも欠かすことができない。

注)

(1) 刑事立法研究会編『「司法と福祉の連携」の展開と課題』現代人文社，2018，pp.16–18.

2. 少年院等での処遇

A. 少年司法

近年、少年司法手続に関して注目すべき変化があった。2021（令和3）年5月21日に**改正少年法**が成立し、新たに「**特定少年**」という枠組みが設けられ、18歳・19歳の少年への対応が厳罰化（原則逆送対象事件の拡大、実名報道の解禁）された（2022〔令和4〕年4月1日施行）。一連の報道で少年司法に関心をもった者も少なくないだろう。

改正少年法
正式名称は「少年法等の一部を改正する法律」。

検察官送致（逆送）
家庭裁判所において、保護処分ではなく刑事処分が相当であると判断した場合に、事件を家庭裁判所から検察官に戻すこと。

少年法は、いわゆる「**非行少年**」に対する処分やその手続を定めたもので、**犯罪少年・触法少年・虞**（ぐ）**犯少年**に分けて規定する。犯罪少年は14歳以上の罪を犯した少年（少年法3条1項1号）、触法少年は14歳に満たないで刑罰法令に触れる行為をした少年（同法3条1項2号）、虞犯少年は「その性格又は環境に照して、将来、罪を犯し、又は刑罰法令に触れる行為をする虞（おそれ）のある少年」（同法3条1項3号）を指す。冒頭の少年法の一部改正は、犯罪少年のうち18歳・19歳を特定少年として新たに規定するものだが、改正以前の少年法では、殺人事件に関して16歳以上を原則検察官送致としたのに対して、今回の変更は18歳・19歳の特定少年を殺人以外の事件でも原則検察官送致とするものである。刑事裁判の対象が拡大されるという点で大きな変化であるが、以下では、少年審判の結果で施設送致となる少年への処遇と支援について説明したい。

B. 児童福祉施設との関係・処遇

一般的には少年鑑別所での審判を経て、不処分・**保護観察**処分・**児童自立支援施設**または児童養護施設送致、少年院送致を決定するイメージがあるが、14歳未満の触法少年は原則として児童福祉機関による措置に委ね、児童福祉機関が適当と認めた場合のみ家庭裁判所に送致・審判に付する。これを「**児童福祉機関先議の原則**」（児童福祉法25条、少年法3条2項）という。「児童福祉機関が適当と認めた場合」とは、殺人等の重大な事件への関与など行動の制限を課す強制的措置を要する場合である（少年法6条の7）。

さて、送致先となる児童自立支援施設は、「不良行為をなし、又はなすおそれのある児童及び家庭環境その他の環境上の理由により生活指導等を要する児童を入所させ、又は保護者の下から通わせて、個々の児童の状況に応じて必要な指導を行い、その自立を支援し、あわせて退所した者について相談その他の援助を行うことを目的とする施設」(児童福祉法44条)である。送致対象は、触法少年のように年齢が中学生程度かつ比較的非行性が進んでいないものだ。**児童養護施設**は「保護者のない児童」や「虐待されている児童その他の環境上養護を要する児童を入所させて、これを養護し、あわせて退所した者に対する相談その他の自立のための援助を行うことを目的とする施設」(同法41条)だが、要保護児童の養護・援助を目的とした施設であり、非行性のある少年への特別な処遇を行うことが難しく委託先となる場合は稀である。なお、児童福祉施設への送致は、当該少年(児童)に対して児童福祉法上の支援を行うことが目的なので、原則として自由で開放的な環境の中で教育・支援を行う(**開放処遇の原則**)。

C. 少年鑑別所での処遇

少年鑑別所は、家庭裁判所の求めに応じて対象者の鑑別を行い、観護措置の対象となった少年に対して健全な育成のための支援等の観護処遇を行う。加えて地域社会における非行および犯罪の防止に関する援助を行う法務省所管の施設である。その業務は①鑑別業務(少年鑑別所法3条1号・2号)と②地域援助事業(同法3条3号)に分かれており、②は2015(平成27)年の少年法および少年院法改正時に新たに加えられた。この地域援助事業では「**法務少年支援センター**」という呼称が用いられ、個人援助だけではなく福祉施設や学校等に対する機関援助も行われる。

鑑別は、家庭裁判所で**観護措置**の手続が行われた少年を対象とする。期間は原則2週間だが、1回の更新が可能で最大4週間で退所に至る(例外的にさらに1回の延長も可能)。鑑別には、医学・心理学・教育学・社会学などさまざまな専門知識や技術が用いられ、多角的に非行・犯罪に至った背景や原因(資質や環境的問題)が調査される。非行・犯罪に影響を及ぼした資質上および環境上問題となる事情を踏まえ、それらの改善に向けて必要な、少年の処遇に資する方針が示される(同法16条)。

在所者に対する**観護処遇の原則**は、「懇切にして誠意のある態度をもって接することにより在所者の情操の保護に配慮するとともに、その者の特性に応じた適切な働き掛けを行うことによりその健全な育成に努めるもの」(同法20条)である。少年鑑別所では心理技官のほか、少年院での勤務経験のある法務教官が少年の指導にあたるが、在所者は審判前の「未決在所者」であるため、以下の少年院処遇とは異なり、「健全な育成のための支援」に含まれる生活態度に関する助言および指導、学習等の機会の提供等に限定される（同法 28 条、29 条）。とはいえ、日記や作文、学習、面接、運動、季節行事の取組みへの参加等、限られた時間で少年の心情安定を図り、立ち直りへ向けた変容の足がかりとなる機会となるよう、各鑑別所で工夫を凝らした環境・体制づくりが行われている。

D. 少年院での処遇①―矯正教育

少年院は、保護処分もしくは少年院において懲役または禁錮の刑の執行を受ける者に対し、矯正教育その他の必要な処遇を行う施設である（少年院法 3 条）。2023（令和 5）年 4 月現在、少年院は全国に 44 庁あるが、入院者の減少とともに数を減らしている。少年院送致の対象年齢は「おおむね 12 歳以上」だが、制度上は 11 歳から可能である。

少年院の種類は第一種から第五種まであり、収容する者の年齢、心身の状況、犯罪傾向の程度によって分けられている。少年院での処遇の原則は「その人権を尊重しつつ、明るく規則正しい環境の下で、その健全な心身の成長を図るとともに、その自覚に訴えて改善更生の意欲を喚起し、並びに自主、自律及び協同の精神を養うことに資するよう行うもの」（同法 15 条）とされる。少年院での処遇・教育は「**矯正教育**」と呼ばれ、学校教育と同じく 5 つの領域（教科教育・生活指導・職業指導・特別活動・体育）で構成される。矯正教育の実施は、**矯正教育課程**、**少年院矯正教育課程**、**個人的矯正教育計画**に紐づけられており、それぞれの特性や非行・犯罪性に応じた教育・支援が実施される。

入院から出院までは 3 つの段階が設けられ、各段階で設定された到達目標に向けた効果的な指導が行われている。少年院生活は進級制が採用されており、総合的な成績評価をもとに各段階の進級の可否を判断する。矯正教育の内容は精緻に構造化されており、たとえば、生活指導（同法 24 条）には、基本的生活訓練や問題行動指導、治療的指導、被害者心情理解指導、保護管理調整指導、進路指導などが含まれる。また**認知行動療法**に基づく **SST** やアサーション・トレーニング、アンガーマネジメント、マインドフルネスなどの心理教育、近年の学校教育の動向に配慮した教育（たとえばデジタルスキル教育など）などを積極的に導入しているし、認知行動療法を活用した**特定生活指導**（被害者の視点を取り入れた教育、薬物非行防止指導、性非行防止指導、暴力防止指導、家族関係指導、交友関係指導等）も実施されている。学校教育への再接続に向けた指導として教

矯正教育課程
共通する特性に応じて行う矯正教育の内容・標準期間を規定する。

少年院矯正教育課程
各少年院が、施設の立地や地域からの支援等を活かして定めるカリキュラム。

個人的矯正教育計画
個人の特性に応じた目標・内容・期間・実施方法を具体的に設定したもの。

SST
Social Skills Training
社会生活を行ううえで必要となる技術を習得するための訓練。「生活技能訓練」や「社会生活技能訓練」などと訳される。なお、一般社団法人 SST 普及協会では、「社会生活スキルトレーニング」の和語を用いることを提唱している。

科指導（同法26条）では、義務教育指導、補習指導に加え、高等学校教育指導が行われており、**高等学校卒業程度認定試験**の受験も可能である。

そのほか、職業指導（同法25条）、体育指導（同法28条）や特別活動指導（同法29条）など、社会生活への適応に向けた技術・能力の育成、年齢相応の健全な身体の発達を促す教育や、各種行事・社会貢献活動・地域交流を通した社会性および自主性を育む取組みが行われる。

矯正教育は、地域のさまざまな資源（自然環境、地域交流等）を活用することを前提としており、特色ある教育・実践が展開される点にも特徴がある。たとえば、栃木県にある喜連川（きつれがわ）少年院は、1974（昭和49）年から続く県立宇都宮高校通信制課程との連携で知られている。少年院内にスクーリング教場を設けることで、少年院在院中から「宇都宮高校通信制課程の生徒」として在籍・修学することが可能で、学校教育への再接続という点でも十分な役割を果たしてきた。また、茨城県にある茨城農芸学院は、発達障害のある少年の入院者数の増加を受けて、障害特性に配慮した学習環境や支援・指導体制作りを進めてきた。それぞれの少年院では法務省が定めた標準的なカリキュラムに加えて、所在する地域のさまざまな資源を活かした個性豊かな教育を提供することで、少年の「改善更生」、「社会復帰」を達成してきたと言える。

E. 少年院での処遇②―社会復帰支援

近年、特に力を入れているのが**社会復帰支援**（少年院法44条）である。修学／就学支援（**高認受験支援**の拡充等）や就労支援（**協力雇用主、職親プロジェクトの拡充、コレワーク**の活用等）の充実化を図り、少年の「居場所」（学校、職場等）の確保に努める、福祉的支援を要するケースについて**地域生活定着支援センター**と連携した**特別調整**の充実化を目指すなど、社会生活との連続性を強化するための各種取組みが始まっている。また、在院中から外出・外泊を利用し、帰住先となる更生保護施設を訪問する、就労のためにハローワークを利用する、受験に向けて学校を訪問するなど、社会生活再開への準備が入念に行われるようになった。加えて退院者等からの相談（交友関係や進路等、社会生活を営むうえでの各種問題）への対応や、**保護観察所**との連携を強化し（同法146条）、社会生活へのソフトランディングに向けて退院少年のアフターケアに力を入れている。

高認受験支援
平成27年度より開始された厚生労働省の高等学校卒業程度認定試験合格支援事業のこと。ひとり親家庭の親または児童が高認受験合格のための講座（通信講座を含む）を受け、これを修了したときおよび合格したときに受講費用の一部を支給するもの。制度を設けていない自治体も存在する。

コレワーク
「矯正就労支援情報センター」の通称。前科があるなどの理由から、仕事に就くうえで不利になりがちな受刑者や少年院在院者の就労を支援するため、2016（平成28）年11月より設置された。

3. アディクション（嗜癖）の回復とソーシャルワーク

A. アディクションの正体

[1] アディクションとは

アディクション（嗜癖）は、人間を非力にし、個人の価値観と矛盾する行為をしたり考えたりするようにし、より強迫的な観念を抱かせる。アディクションの兆候は、自分や他人を欺く、嘘をつく、繕うことへの突然の欲求として示される。アディクションは、それ自体が適応の一様式であるが、過剰適応すると**否認**が強くなり、自ら進んでやめることはなく、自分の人生に対する責任を放棄させ、孤立し、自己破壊的になっていく現象である。また、アディクションは進行性の病気であり、回復しない限りいつかは死をもたらす(1)。その1つに、アディクションと自死との密接な関係が指摘されている(2)。加えて、アディクションは、**世代伝承**をする可能性が高くなる(3)ため、予防的な介入も視野に入れる必要がある。

[2] アディクションに陥る背景と要因

アディクションに陥る背景には、複数の要因がからみ合っている。まず、**依存性薬物**や**過程（行為）**があり、それを促進する社会環境、産業・市場や同調圧力がある。たとえば、アルコールであれば、親がよく飲む家庭では、子どもは小さいうちからアルコールになじむ。アルコールに強い遺伝的な体質もある。大きなストレスや、いじめや虐待の**トラウマ**、家庭不和や感情を抑圧する状況など心理的逆境があると、薬物や行為で対処しようとする。いわゆる**自己治療（仮説）**と呼ばれる。社会にはそれらが安価に手に入れられる産業や市場がある。眠れないから、つらさを忘れたいから、感情を解放したいから、ストレスを紛らわしたいからと、身近な物質や行為を簡単に入手でき、それらから得られる快感で自分を治療しようとする。また、発達障害やうつなどの精神疾患があり、その生きづらさが使用や行為に拍車をかけ、自分を受け入れてくれた仲間が薬物やゲームをやっていたら、居場所を失わないために薬物やゲームをやる場合もある(4)。

[3]「やめたくてもやめられない」のは快感と脳内報酬系の変化

たとえば、重篤なアルコール性肝硬変を患い、「これ以上飲んだら生命

アディクション
addiction
「アディクション」は、1980年代後半頃よりアメリカを中心とした海外の研究や臨床の成果が導入され、「アディクション」の問題をもつクライエントの支援を行う臨床家（ソーシャルワーカー、臨床心理士、精神科医など）たちを中心に活用が広がってきた。日本語では、カタカナ表記で「アディクション」とそのまま使われたり、医学的診断基準では「依存症候群」、「使用障害」であったり、「嗜癖」、「依存」という表記も散見され統一されていない。ソーシャルワーク領域においてもその表記は多様であるが、生活課題や生きづらさを包括的に支援する立場から、医学的概念も包含する「アディクション（嗜癖、以下省略）」の考え方が推奨されている。したがって、本書ではこの表記で統一する。

否認
人がそれを受け入れるにはあまりにも不快な事実に直面した際に、圧倒的な証拠が存在するにもかかわらず、それを真実だと認めず拒否すること。精神分析家ジークムント・フロイトはこれを防衛機制として挙げた。アディクションの場合、認める使用や行為が禁止や制限されることを知っている、社会的なスティグマを恐れるなどの要因から、否認の心理が働きやすいといわれる。否認が強いと、病気として認めにくいため治療や相談希求がぜい弱化し、早期発見、早期治療・支援が遅れることから、回復ステップ1の重要な課題となっている。

世代伝承
世代伝承とは「『機能不全家族』で育った子ども

の危険がある」と医師より忠告されているにもかかわらず飲酒がやめられない、何度逮捕されても覚せい剤がやめられない、失業してもギャンブルがやめられないなど「やめたくてもやめられない」現象を察知したならば、そこには、看過できないアディクションの問題が隠れているかもしれない。

なぜ、やめたくてもやめられないのか。それは、**快感**と大きな関係がある。人間は、快感を常に求めている。快感は、人間にとって生存し子孫を残すためやよりよく生きるために必要不可欠である。快感によって、緊張や不安が和らいだり、気分が高揚したり、スリルや達成感が得られる。この快感が、アディクションの進行に深く関与している。

図 8-3-1 の通り、人間は、①依存性物質や行為から快感を得ると、②脳の報酬系が刺激を受け、③脳内で**快感物質**が放出され、④脳がその快感を記憶する。すると、⑤またその快感を味わいたいと思い、⑥習慣的に使用や行為をすることになる。⑦日々続くとしだいに脳が慣れて快感が得にくくなる。⑧より強い刺激を求め、⑨量や行為が増え、より強いものや行為を好むようになる。⑩この状態を続けている中で、薬物や行為が切れてくると、離脱症状や抑うつ状態など不調な状態となる。⑪その不調を解消するために、薬物使用や行為をすると、⑫不快な症状が消えスッキリする。

は『機能不全家族で育った相手を配偶者選択しやすくなる』」[3] ことから、アディクションの問題が、家族内で世代を超えて伝播される可能性があることを意味する言葉。

依存性薬物
摂取することによって気分が変化し、依存をもたらす物質（アルコール、睡眠薬、抗不安薬、せきどめ薬、シンナー、覚せい剤、大麻、LSD、ヘロイン、コカイン、危険ドラッグ、ニコチン、カフェインなど）

過程（行為）
ギャンブル（パチンコを含む）、ゲーム、セックス、暴力、虐待、万引きなど。

トラウマ
trauma
PTSD（Post Traumatic Stress Disorder：心的

図 8-3-1　アディクションの進行と脳内報酬系回路との関係

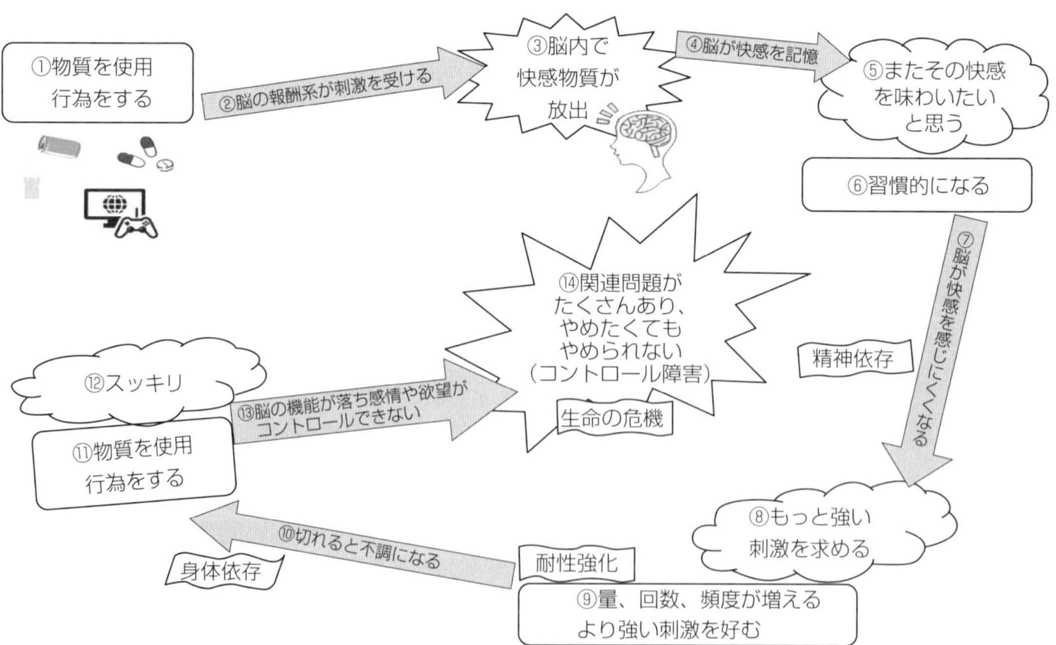

出典）特定非営利活動法人 ASK『依存症予防教育アドバイザー養成講座テキスト』をもとに筆者作成.

そのため、さらに、物質使用や行為が習慣になってしまう。⑬こうして、物質使用や行為によってさまざまなアディクション関連問題が出現し、⑭自分でもまずいと思いやめようとするのだけれどもやめられないという、コントロール障害に陥る。つまり、やめたくてもやめられないのは、意志の弱さや性格の問題ではない。**脳内報酬系回路**が変化し自分の意志ではコントロールが効かない状態となっているのである[4]。

B. 生き延びるために必要なアディクション

[1] アディクションのしくみ

親からの壮絶な虐待やアルコール関連問題に巻き込まれるなど、大人社会から孤立無援の状況でサバイバル（生き延びる）を経験した風間暁[6]は、「あの時、ドラッグを使っていなかったら、…（中略）…つらすぎて、苦しすぎてとっくに死んじゃってたと思う」[7]と吐露している。自分を傷つけてまでアディクションを手放せないのは、それが、生き延びるため[8]に

外傷後ストレス障害）は、死の危険に直面した後、その体験の記憶が自分の意志とは関係なくフラッシュバックのように思い出されたり、悪夢に見たりすることが続き、不安や緊張が高まったり、辛さのあまり現実感がなくなったりする状態。

自己治療仮説
self-medication hypothesis
人が何か特定の薬物や行動に依存するのは、それがその人の心理的苦悩を緩和し、多少なりともしのぎやすくするからである、という臨床的観察に基づいた理論。代表的治療法として、セルフヘルプ、心理療法、薬物療法が挙げられる[5]。

快感物質
脳内物質ともいわれ、多幸作用をもたらす。GABA、グルタメート、セロトニン、ドパミン、オピオイド系（エンドルフィン）など。

過程嗜癖
process addiction
ギャンブリング、ゲーム、虐待など特定の行為や相互作用といったプロセスに強迫的にのめり込み、有害な事態となってもその行動を止めることができない状態。

図 8-3-2　アディクション（嗜癖）の木

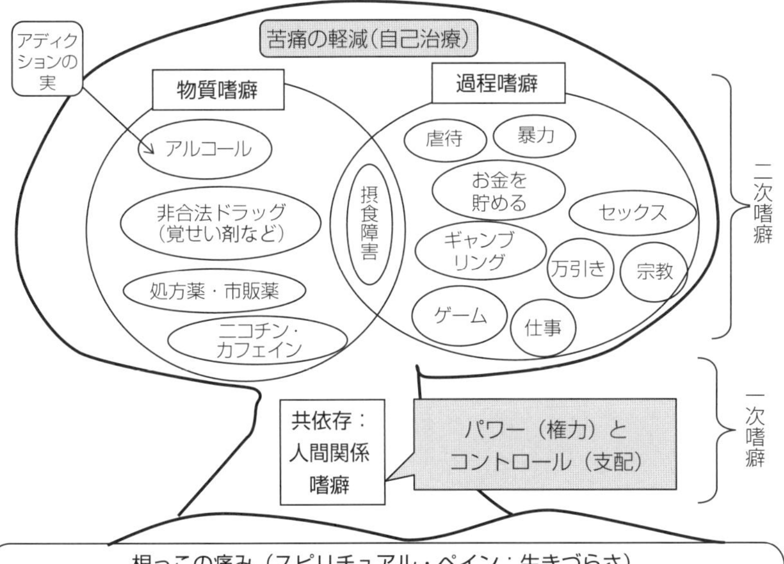

出典）稗田里香「暴力・アディクションとソーシャルワーク」『ソーシャルワーク研究』29巻1号，相川書房，2003，pp.28-38.

必要であると理解すれば、アディクションに苦しむ人びとを**スティグマ**で排除することよりも、温かみをもって接することが有益であることに気づかされる。そのしくみを、**図8-3-2**の「アディクション（嗜癖）の木」で説明してみよう。

(1) 根の部分：スピリチュアル・ペイン（生きづらさ）

人が、健康な自己愛、他者と共感する能力、一人でいる能力など、安定した自我を確立させるためには、生育史の早期に「母性的なるもの」とのふれあいが必要とされている[11]。それらの形成の場としての「**原家族**」が、何らかの事情、たとえば、家族の誰かがアルコール依存であったり、支配、暴力、虐待が日常的であったりなどによりありのままの自分を受けとめてもらえない、安全な場ではないなどの「機能不全」な状態であった場合、その形成が妨げられやすくなる。このような**機能不全家族**のもとで育った、**AC（アダルト・チルドレン）**[12]は、自己否定感や見捨てられ不安、空虚感、深い悲しみ、怒りなどの感情を核とし、自分は生きている価値がない、生きる意味が見いだせないなど人生の方向性を見失うこともある。これは、「何のために生きているのだろう」とその苦しみを表出する人自身が、自らその問いかけに答えを見いだすことで、初めてその答えがその人にとって真実なものになるとする「主観的意味づけ（苦しむ人が見いだす）」を必要とする**スピリチュアル・ペイン**に支配される生きづらさとも言える[14]。この痛みは、大災害や感染症のパンデミックなど重大な危機状況に直面した際にも生じる場合がある。

(2) 幹の部分：一次嗜癖―人間関係嗜癖

そのような人びとは、スピリチュアル・ペインを除去するための適切な対処を知らなければ、自分が何を必要としているのか、どうしたいのか、どんなふうに感じているのかわからない。そのため、自分を受け入れられず、自分を大切にできず、自分を愛することができない。この生きづらさを、パワー（権力）とコントロール（支配）の問題をはらむ自己喪失をベースにした苦しい生き方[15]、すなわち「**共依存**」[16]によって快感を得て、対処しようとする。これを、「一次嗜癖」と捉える。

(3) 実の部分：二次嗜癖―アディクションの出現（自己治療）

しかし、人間関係で得られる快感は、スピリチュアル・ペインを癒し続けるには大きなリスクを抱えたりエネルギーを必要とする。もっと簡単な方法として、快感を得ることができる。それは、依存性物質や過程（行為）である。これらは、市場や産業と絡み、身近に手に入れやすい。これを自己治療とも言う。ただし、そのような自己治療で得られた快感は、極めて即効的であるが持続性に乏しい。したがって、スピリチュアル・ペイ

スティグマ（烙印）
stigma
人の信頼をひどく失わせるような属性を言い表すために用いられる言葉[9]。アディクションの場合、「自業自得イメージ」、「とらわれのイメージ」、「逃避のイメージ」、「落伍者のイメージ」、「意志薄弱」[10]。

原家族
生まれ育った家族。

AC（アダルト・チルドレン）
Adult Children
他者（親など）を優先せざるをえない家庭環境で育ち、自己を抑圧させた（自己喪失）結果、さまざまな生きづらさを抱えてしまった大人たちの生きづらさを表す。これは医学的診断名ではない。このような生きづらさを何とかしたい人自身が、その回復のために用いる言葉である。

スピリチュアル・ペイン
spiritual pain
重篤な病や障害、喪失などの危機的状況が引き金となり、命、生活、人生、実存を包含するライフ（Life）が脅かされた際に感ずる体の痛み、心の痛み、社会的な痛みのどの痛みにも当てはまらない痛み。平山は、6つのスピリチュアル・ペイン①実存的危機感（空虚感、孤独感、絶望感、倦怠感、閉塞感、快感喪失感、恐怖感、不安感）、②意味・目的・価値の喪失感、③存在の喪失感、④時間感の異常、⑤空間感の異常、⑥理不尽感を示している[13]。

共依存
co-dependency
他者あるいは他者の抱える問題への嗜癖、あるいはその問題との関係性への嗜癖。共依存は、しばしば家族システムに似てよく家族の面倒をみ、その枠を超えしばしば対人援助職になる[1]。

ンを癒し続けるには、それらを何度も繰り返して用いなければならない。その繰返しのプロセスの中で、薬物や過程（行為）に取り込まれ、それらから逃れられなくなってしまう。そして、最終的には、心身の健康や、人間関係（家族関係も含む）、仕事、日常的な生活など全般的に歪みが生じてくる。最悪の場合は、生命的な危機に陥る場合もある。しかし、それでも、そこから抜け出せないでいる状態、それを「アディクションの実」の出現、「二次嗜癖」と捉える。

(4) アディクションからの脱出

アディクションのしくみを、以上のように理解すると、たとえば、薬物を使用する者を取り締まり罰するとか、アルコールを取り上げ飲酒をやめさせるといったアプローチだけでは、真に、アディクションから脱出することは難しいことが明白になる。二次嗜癖の行動の修正だけをした場合、二次嗜癖の対象が変わる「モグラたたき現象」や**クロスアディクション**の問題を引き起こす可能性が高くなることを示唆している。つまり、アディクションは、共依存、AC、ストレス、トラウマ、喪失（グリーフ）などのケアに焦点を当て、スピリチュアル・ペインの根っこを枯らせ、健康な自己愛を取り戻すことに焦点を当てなければ、本当の意味でアディクションから脱出することには限界がある。

C. アディクションの回復とソーシャルワーク実践

[1] 語りを聴きアディクションの回復地図をもつ

アディクションは、**回復（リカバリー）**できる。回復は、アディクションに頼らず、自分を痛めつけるような対処をしないで、生きることである。同時に、アディクションは再燃（再発）しやすい特性があるため、生涯、アディクションから自分の身を守る努力が必要となる。

どうやって、回復し続けているのか。多くの回復者が、自身のリカバリーストーリーを社会に向け語り、啓発している[(18)(19)]。ソーシャルワーカー（以下、SWer）自身が彼らのストーリーを直接聴くことは、回復に対する信頼度が増し、かかわりの積極性が高まる[(21)]。アディクションの支援力を高めるためには欠かせない。

生きづらさや回復のストーリーが同じ人は一人もいない。したがって、アディクションの回復を支援する際には、ソーシャルワークの基本原則である**バイステックの7原則**が役立つ。「（使用を）やめてから来院するように」、「使用している本人を連れてこないと相談には乗れない」などと門前払いのような対応をすれば、信頼関係は築けない。それどころか、クライ

リカバリー
recovery
回復とは、「病い」を持ちながら、かけがえのない命を生き、社会に生活し、再起して、希望を抱いて歩むリカバリーの旅（ジグザグな旅）を含意する。この旅は、クライエントだけではなく、家族・関係者、支援者らが（中略）薬物を一切体に入れてはならないということを共通に理解するところから始まる。しかし、それは、回復の第一歩に過ぎない。真に回復する目的は、クライエント自身が、飲酒によって作られた「どん底」人生の物語を、断酒することによって希望ある人生（旅）の物語に書き換える。【奇跡の生還、生まれ変わる】経験を通し強められた逆境を跳ね返す力（レジリエンス）は、希望ある人生を歩む機動力になる[(17)]。

バイステックの7原則
アメリカの社会福祉学者バイステック（Biestek, F. P.）が定義したソーシャルワーカーの行動原則（①個別化、②意図的な感情表現、③統制された情緒関与、④受容、⑤非審判的態度、⑥クライエントの自己決定、⑦秘密保持）。

図 8-3-3　アディクションの回復地図

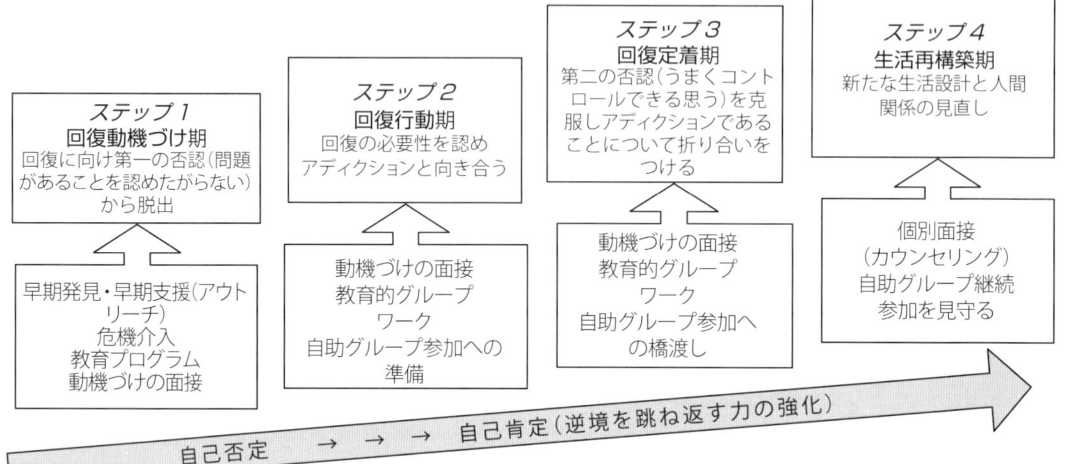

出典）筆者作成.

エントは、もう二度と助けを求めず、その結果アディクションが悪化し、最悪の事態（死）を招く危険性もあることを忘れてはならない。本人、家族というくくりでパターン化するのではなく、「困っている人から支援する」というソーシャルワークの大原則に則ることである。

アディクションのソーシャルワーク実践には、クライエントシステム（本人、家族、関係者など困っている人）や連携する人びとと共有する地図が必要である。**図 8-3-3** に示すように、回復に向け第一の否認からの脱出を目指す動機づけ期（ステップ 1)、回復の必要性を認めアディクションと向き合いを目指す行動期（ステップ 2)、第二の否認を認めアディクションであることに折り合いをつけることを目指す定着期（ステップ 3)、アディクションに頼らない新たな生活設計と人間関係の見直しを目指す生活再構築期（ステップ 4）と、一歩一歩ステップを踏む。このプロセスを通して、自己否定から自己肯定へと変化し逆境を跳ね返す力（レジリエンス）が強化されるという回復のイメージである。

トリートメント・ギャップ
治療や支援が必要な状態であるにもかかわらず、それらにつながっていない現象を表す言葉。日本では、アルコール依存症推計約 100 万人のうち 93%、ギャンブル等依存症推計約 70 万人のうち 99.5% が未治療である。

日本の依存症対策
厚生労働省が主管。アルコール健康障害対策基本法に基づく「アルコール健康障害対策室」、薬物依存症と、ギャンブル等依存症対策基本法に基づくギャンブル等依存症対策を管轄する「依存症対策推進本部」が置かれている[20]。

[2] アディクションと孤立させないソーシャルワーク

日本では、アディクションとわかるまでの道のり、つまり、**図 8-3-3** のステップ 1 の段階にたどり着くまでが 5 ～ 10 年くらいと長い傾向にある。この間、貧困、虐待、病気、離婚、犯罪など深刻な life の課題に直面している可能性が高く、**トリートメント（治療）・ギャップ**と称され国の**依存症対策**の大きな課題の一つにもなっている[21]。

図 8-3-4　つながりの支援

【主訴の具体例】

入院費が支払えない／逮捕され服役する／借金の返済に困る／子どもの不登校に悩む／暴力で逃げ込む／生活費がなくなる……

【治療・支援のポイント】

助けを求めることができるよう種をまく

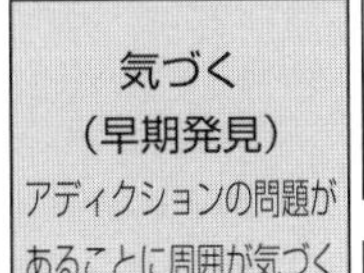

気づく（早期発見）
アディクションの問題があることに周囲が気づく

- 支援者がアディクションの正体を知る（研修など）
- 発見のシステムを作る（チーム・ネットワークビルド）
- 啓発活動をする（国、都道府県、市民活動団体、職能団体、学会など）

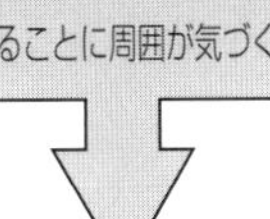

- これまでの生きづらさと、自己治療のストーリーを傾聴、共感する
- クライエントがアディクションを学ぶ（教育プログラム、グループワーク、心理教育）
- 動機づけ面接
- スクリーニングテストでクライエントが、自分を苦しめているアディクションの正体を知る
- 回復者との出会いを提供する

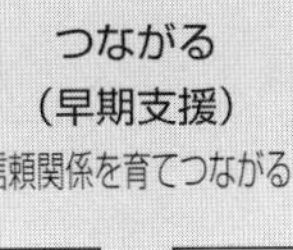

つながる（早期支援）
信頼関係を育てつながる

伝える（アウトリーチ）
治療や支援によって回復できることを伝える

つなげる（連携）
専門相談や治療先につなげる

- アディクションの可能性があることを共有し、回復できることを伝える。また、回復のための社会資源を紹介し、その活用を共に考える

【社会資源】

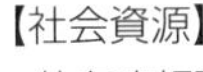

- 依存症相談拠点：依存症専門相談拠点機関（精神保健福祉センター、保健所、アディクション支援研修を受けた専門職（ソーシャルワーカー等））
- 依存症専門治療：専門医療機関、治療拠点機関
- 訪問看護、訪問介護事業所など
- 回復施設：MAC、DARC、グレイスロード、更生施設など
- 自助グループ
  アルコール：断酒会、AA、アラノン、家族の回復ステップ
  薬物：NA、ナラノン
  ギャンブル：GA、ギャマノン
  ネット・ゲーム：OLGA/FiSH
  摂食障害：OA/NABA
  浪費：DA
  万引き：KA/SEX:SA
- 依存症オンラインルーム（zoom、skype など）

＊具体的な情報はすべて各ウェブサイトで検索、入手できる。また、以下のサイトからも、確認できる
- 依存症全国センターウェブサイト
- 都道府県の依存症対策ウェブサイト

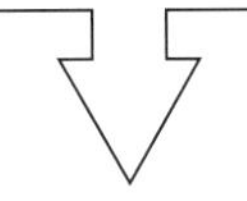

見守る
いつでも支援できることを保障し回復を見守る

- 暮らしている地域に回復の文化を広げていく
- かかわっている人びとがアディクションに苦しむ本人を連携メンバーにし、協力して見守る文化を作っていく

出典）筆者作成.

トリートメント・ギャップを解消するためのアディクション問題の早期発見・早期介入に、**ハームリダクション**の考え方を導入するなど新たな治療・支援が始まっている。早期発見・治療・支援が重視され、予防的支援として、今や「アディクションは精神医療のみならずさまざまな場で」とパラダイム転換しつつある。では、SWerは何ができるだろう。**図8-3-4**をもとに、概説してみよう。

ハームリダクション
harm reduction
問題を抱える人を孤立させずに、「その問題について話し合える関係」を維持しながら少しでも健康被害や危険の少ない解決策を探っていく方法論[22]。

動機づけ面接
MI: Motivational Interviewing
ミラー（Miller, W. R.）とロルニック（Rollnick, S.）が実証的根拠に基づき考案した臨床的方法である。MIの定義は、クライエント中心で、現在、利用者が何を求め、何を心配しているかに焦点を絞る[23]。

スクリーニングテスト
アディクションの可能性があるかどうか、セルフチェックできるツール。アルコールは、KAST、CAGEなど、ギャンブルはLOSTなど。依存症対策全国センターウェブサイト（https://www.ncasa-japan.jp/understand）からもダウンロードできる。

ナラティブ・アプローチ
支援者がパートナーとなり「自己治療仮説」に立って「『アディクション』があなたに何をもたらしたのか（アディクションで何を治療しようとしていたのか）」と問いかけると、クライエントは、スピリチュアル・ペインとともにドミナントストーリー（悪い物語）を語ることができるようになる。そして、その物語を“聴く”ことに努めるSWerとの協働作業によって問題が外在化され、ドミナントストーリーがバラバラに解体されることになる。すると、抑圧されていた真の力や別の物語があることにクライエント自身が気づくようになる。そのストーリーを、クライエントと

(1) 気づく（早期発見）

「アディクションをやめたい」と訴えるクライエントはそれほど多くない。入院費が支払えない、逮捕される、借金の返済に困る、子どもが学校に行かないなど、アディクションは生活課題の背景に隠れている。

人は、困っているときが最も解決しようとする動機づけが高くなる。この時を回復のターニングポイントと捉え、アディクションで自己治療せざるを得なかったスピリチュアル・ペインに共感すると、クライエントが否認から解放される可能性が高くなる。まずは、周囲がアディクションの正体を知ること、発見のシステムを作ること、啓発活動をする必要がある。

(2) つながる（早期支援）

発見したら、自分自身（SWer）が一番の社会資源であることを自覚し、**動機づけ面接**などでこれまでの自己治療のストーリーを傾聴、共感し、変化したいという動機を高めるようかかわる。また、クライエントや、クライエントシステム（家族、親戚、職場の同僚など）がアディクションを学べる機会を提供する。アディクションを客観的に理解する**スクリーニングテスト**や回復者との出会いの機会を作るのも効果的である。

信頼関係を育てつながる努力は、種をまくイメージである。SWerとの語らい（**ナラティブ・アプローチ**）の経験が、クライエントが、この先誰かに助け求めることができるようになる経験と捉える。今すぐ効果は見られないが、再び、クライエントがアディクションと向き合い、回復しようとする芽が出ることを期待する。

(3) 伝える（アウトリーチ）

アディクションの可能性があることを共有し、治療や支援によって回復できることを、誠意をもって伝える。また、回復のための社会資源を紹介し、その活用を共に考える。

(4) つなげる

クライエントが、具体的に社会資源を使ってみたいということであれば、クライエントの状況に合わせ、つながりそうな社会資源を共に考え、確実につながるよう、仲介や連携先の他職種や他機関、自助グループの人びとと直接顔の見える関係づくりをする。自助グループに通えない場合、近年

は、オンラインの利用も有効である。また、外に出にくい高齢者などは訪問看護の活用も有効な場合がある。何が何でも専門治療や自助グループにつなげるというよりは、とにかく孤立させないということを大前提にして、個別化を基本に、アセスメントし、支援計画を立てることが大切である。

SWerが協働して脱構築（再構築）すると、クライエント自身が主観的に意味づけする新しい物語（オルタナティブストーリー）として、アディクションを頼らない別の人生を蘇らせることも可能になる(24)。

(5) 見守る

クライエントの援助関係がいったん終結しても、いつでも支援できることを保障しその後の回復ステップを見守る姿勢を示すことは、クライエントを孤立させないことにもつながる。精神的なつながりも大切にし、暮らしている地域で何かあったら、連携して救い出せる見守る文化を創り維持していくことである。

注）

(1) シェフ，A. W. 著／斎藤学監訳『嗜癖する社会』誠信書房，1993，p.xv，pp.25–98，p.42.

(2) 松本俊彦『アルコールとうつ・自殺―「死のトライアングル」を防ぐために』岩波ブックレット No.897，岩波書店，2014.

(3) 緒方明『アダルトチルドレンと共依存』誠信書房，1996，pp.45–46.

(4) 特定非営利活動法人 ASK『依存症予防教育アドバイザー養成講座テキスト』を一部修正.

(5) カンツィアン，E. J. & アルバニーズ，M. J. 著／松本俊彦訳『人はなぜ依存症になるのか―自己治療としてのアディクション』星和書店，2013.

(6) 風間暁『学校で教えてくれない本当の依存症―専門家と回復者に聞く』合同出版，2023.

(7) 風間暁「誰も信用できないから『助けて』と言えない―孤立無援をどうサバイバルするか」松本俊彦編『「助けて」が言えない　子ども編』日本評論社，2023，p.136.

(8) 大嶋栄子『生き延びるためのアディクション―嵐の後を生きる「彼女たち」へのソーシャルワーク』金剛出版，2019.

(9) ゴッフマン，E. 著／石黒毅訳『スティグマの社会学―烙印を押されたアイデンティティ』せりか書房，2001.

(10) 野口裕二『アルコホリズムの社会学―アディクションと近代』日本評論社，1996.

(11) 遠藤優子「嗜癖と嗜癖からの回復」副田あけみ・遠藤優子編『嗜癖問題と家族関係問題への専門的援助―私的相談機関における取り組み』ミネルヴァ書房，1998，p.23.

(12) ブラック，C. 著／水澤都加佐監訳『子どもを生きればおとなになれる―インナーアダルトの育て方』アスク・ヒューマン・ケア，2003.

(13) 平山正美「悲嘆とスピリチュアルケア」窪寺俊之編『癒しを求める魂の渇き―スピリチュアリティとは何か』聖学院大学出版会，2011.

(14) 藤井美和「人の苦しみとスピリチュアルペイン―ソーシャルワークの可能性」『ソーシャルワーク研究』第 38 巻第 4 号，相川書房，2013，pp.4–18.

(15) アルコール薬物問題全国市民協会調査・編集『改訂版　アディクション』アルコール薬物問題全国市民協会，2002.

(16) 水澤都加佐「依存の『根っこ』をさぐる意味」『アディクションの根っこ』Be! 増刊号 No.11，アルコール薬物問題全国市民協会，2002，pp.52–53.

(17) 稗田里香『アルコール依存症者のリカバリーを支援するソーシャルワーク理論生成研究——一般医療機関での実践を目指して』みらい，2017.

(18) ASK 認定依存症予防教育アドバイザーウェブサイト「依存症当事者からの『回復のメッセージ』」(2023 年 2 月 28 日データ取得).

(19) 依存症対策全国センターウェブサイト「ギャンブル等依存症を克服された方やそのご家族等からの体験談」(2023 年 2 月 28 日データ取得).

(20) 稗田里香「アディクション（依存症）に関する対策の動向と課題—マクロ・ソーシャルワークの視点から」『ソーシャルワーク研究』第 46 巻 2 号，相川書房，2020.

(21) 伊達平和・堀兼大朗・野村裕美・稗田里香「医療ソーシャルワーカーの依存症への関わりの積極性に対する規定要因—自己責任論に着目して」『社会福祉学』63 巻 3 号，日本社会福祉学会，2022，pp.28–40.

(22) 松本俊彦・古藤吾郎・上岡陽江編『ハームリダクションとは何か—薬物問題に対する、あるひとつの社会的選択』中外医学社，2017，p. iii.

(23) ミラー，W. R. & ロルニック，S. 著／松島義博・後藤恵訳『動機づけ面接法—基礎・実践編』星和書店，2007.

(24) 稗田里香「アルコール依存症者へのアウトリーチと『聴く』かかわり—医療ソーシャルワーカーの実践から」『ソーシャルワーク実践研究』第 8 号，2018，pp.27–42.

(25) 岡﨑直人・長坂和則・山本由紀編『現代の精神保健の課題と支援』新・精神保健福祉士シリーズ 2，弘文堂，2023，pp.156–172.

4. 女性の直面する困難と生きづらさ

女性は社会的構造やライフステージによってさまざまな困難を抱えることがある。女性の支援に携わるときは世の中の男性と女性の役割の違いによって生まれる性的役割の違いや、娘・妻・母といったライフステージの中で役割を果たすために生まれる困難を考えることが必要とされる。

これは、女性を丸ごと支えるといった視点をもつことにつながる。

そのためにフォーマル（各種福祉サービスや行政機関）やインフォーマル（民間相談機関や地域の居場所や子育てサロン等）な社会資源の中で女性を支援することがソーシャルワーカーに求められる。

女性の直面する困難と生きづらさは何か、女性を丸ごと支える支援とはどういったものか、筆者がソーシャルワーカーとしてかかわる分野である**母子生活支援施設**や**風テラス**といったフォーマル・インフォーマルな社会資源でのかかわりと、そこから見えてくる女性たちの困難と生きづらさと支援について次に挙げる。

母子生活支援施設
児童福祉法38条に基づき、18歳未満の子どもを養育している母子家庭、または何らかの事情で離婚の届出ができないなど、母子家庭に準じる家庭の女性で、住む場所がない、経済的に行き詰まっている、何らかの理由で生活に支障があるなどの理由で支援を要する母子世帯が入居しサポートを受ける施設である。厚生労働省「平成19年度社会福祉施設等調査報告」によると全国に272施設、全国で4,056世帯、1万608人の利用者の方々が生活しており、施設の運営形態は「公設公営」、「公設民営」が約6割、社会福祉法人が設置経営するなどの「民設民営」施設は約4割である。

風テラス
風俗で働く人のための無料相談窓口。

A. 子育て

女性が何らかの理由で母子家庭となったときに子と共に生活を立て直すことのできる入所施設として「母子生活支援施設」という社会福祉事業がある。**児童福祉法**に基づいた18歳未満の子どもを養育している母子家庭や母子家庭に準じる母子世帯が入居しサポートを受ける施設である。

当職の勤務する母子生活支援施設では入所した母子は母自身が生活費を負担し、家賃ではなく所得に応じて利用料が発生する。働いたお金を貯金し、施設で生活をしながら生活基盤を整えて地域へ旅立っていく。

支援の3本柱は**インケア**、**リービングケア**、**アフターケア**である。インケアは、母子の日々の生活を支えることであり、母と子の全部を受け止める、家事・仕事・子育てなどの日々のかかわりである。

リービングケアは、母が地域で生活するために必要な支援や社会資源をつないでいくことである。地域交流事業で開催するイベント、サマースクールや地域食堂などを通して、母子ともに、さまざまな人や物とつながって、地域とのかかわりを増やしていく。

アフターケアは、施設を出た後でも往訪・来訪・往電・来電を通じ、関係を継続して、積み残した支援を提供していく。

B. 虐待被害

母子生活支援施設の入所理由の一つとして養育に支援を要する人がいる。その中には子へ対して**マルトリートメント**を繰り返す女性たちが養育支援を必要とする母として入所に至ることがある。そのような困難を抱える女性たちの中には自分自身がネグレクトや虐待の被害者であった人が存在する。彼女たちの経験した被虐体験は人として尊重されなかった痛みや哀しみとして子育てに影響を及ぼしている。

マルトリートメント
maltreatment
「マルトリ」とも呼ばれる。虐待とは言い切れない、大人から子どもに対する避けたいかかわりのこと。

被虐体験というトラウマに向き合う機会がないまま怒りを内在化させるとき彼女たちの怒りが子どもに向かい「マルトリートメント」として現れることがある。夫婦間の暴力、過去の被虐体験といったストレスを抱えたまま孤立した子育ての中で「マルトリートメント」に至らないために必要な支援は彼女たちとつながり、癒し、孤立させない子育ての提供である。

「自分も大事にしてほしい」という母の切ない気持ちを受け止めることである。親やまわりの大人から、適切な養護や、たっぷりの愛情を受けられず、自分自身が大切にされた経験がない、どのように子どもを愛したらよいかわからない女性たちへ対して提供するのは、彼女たちの経験してきた被虐体験を受け止め、彼女たちへ子どもの権利を保障した大人のかかわり方とはこういうあり方であるというロールモデルを提供することである。具体的に母が生活の中で実践できる子どもとの日々のやりとりの仕方を**SST（ソーシャルスキルトレーニング）**を使ってリハーサルをすることもある。

SST: social skills training
SST 普及協会では、「社会生活スキルトレーニング」の和語を用いることを提唱している。「社会生活技能訓練」と呼ばれてきた。

これは被虐体験等で健康な人間関係を奪われた女性たちにとって本来提供されるべき安心で安全な人間関係を学習する機会ともなる。

C. 社会的養護

「風テラス」は 2015（平成 27）年に立ち上げられた風俗で働く人のための無料の生活・法律相談で、弁護士とソーシャルワーカーのペアで相談対応する民間相談機関であり、当職はソーシャルワーカーとしてかかわっている。

性風俗産業の存在そのものを問うのではなく、風俗で働く女性に現実問題として降りかかってくる不利益を法律や福祉で解決し「よりよく生きる」ことをサポートする。

女性が風俗に就く理由は、お金のためか、あるいは、性的搾取を受けているかのどちらかだと未だに見られがちだが、職歴等のスキル不足、採用保証人の不在、住所不定、メンタルヘルス等の問題で一般就労が難しいといった女性が風俗では就業可能であるため困難や生きづらさを抱えた女性も働いている。報酬の即払いや、寮がある風俗店もあるため生活基盤がない女性がたどり着く先として機能する。頼る先がない、福祉サービスの利用要件にそぐわない、相談した際の窓口対応で二次被害を受けた等の女性たちの受け皿ともなっている。

その中には社会的養護の当事者であった女性たちが多数存在する。

彼女たちは、**児童福祉法**の対象でなくなり、社会的養護の対象から「成人」として生活していくことになった際に困難を抱える。頼るべく親族がいない、学歴や社会的スキルが低い、勤務先を退職したときに退寮しなければならず居所がなくなるといったエピソードをもつ女性たちだからである。

暮らしを守るために風俗を選択せざるを得ない社会的養護の対象者であった女性たちが「風俗をしている」という社会的偏見の中にいると、相談すれば解決できる問題について「風俗をしているといえない」といった理由で相談する機会をもてず、支援を受けられず「困りごと」が雪だるまのように重なり、膨れてしまい「風テラス」に相談してくる。

女性の抱える困難とは「よりよく生きる方法」に対する選択をもたない、「他に生きる方法」を知らないという環境から派生することがある。そのため、誰もが等しくという原理の下に展開される福祉サービスや、暮らしを守るための法律を女性たちへ手渡し、困難を解決に導く。

その際は公的相談機関という行政だけではなく、民間相談機関へ支援の依頼をする。

ソーシャルワーカーは知識としての福祉サービスや相談機関の情報収集と施策の理解、社会資源の開拓を求められる。

フォーマル・インフォーマルな資源の活用を図ることで、彼女たちを再度地域社会へつなぎ直すことができるからである。

D. 障害をもつ女性

「母子生活支援施設」や「風テラス」で障害をもつことが生きづらさとなっている女性たちの支援をすることが多々ある。

彼女たちをアセスメントするときに大切なのは**バイオ・サイコ・ソーシャル（生物・心理・社会）**という考え方である。

女性たちを構造的に捉えることである。

障害のある女性の抱える困難や生きづらさを考えるとき、障害者と女性という2つの社会的カテゴリーに属するという差別の交差性を意識することが求められる。2006（平成18）年に採択された**障害者権利条約**6条において「障害のある女子」が複合的な差別を受けていることを認識する必要があることが記載されている。たとえば、精神障害のある女性に見られる身体症状の一つである「だるさ」は家事や子育ての遂行を困難にする。

障害者権利条約
日本政府の公定訳では「障害者の権利に関する条約」とされている。

彼女たちは「女性は家事や子育てをする」という規範意識の中で恥の概念をもち孤立していく。また、働かなければいけないという焦燥感や雇用されにくいといった現実の中で風俗を選ぶ女性たちも存在する。

障害のある女性が交差性の中で女性であるからこそ一層の不利益な状態となるのである。その際必要なのは彼女たちを非審判的に受け止め「風テラス」で出会う女性であれば「風俗」という仕事は彼女たちが使っているスキルの一つであるという理解をソーシャルワーカーは深めることである。

「母子生活支援施設」で出会う女性をあるときは「母であると同時にケアを要する女性」としてとらえ、彼女たちが母であることを**ストレングス**とし、包括的支援体制を構築していく。

ストレングス
strengths

支援は「私の困りごとは解決できるんだ」、「相談してよかったな」と感じる自己選択と自己決定と包括的なものであること、それが彼女たちのストレングスとなり、エンパワメントにつながることとなることを加えておく。

E. まとめ

ソーシャルワーカーとしてさまざまな生きづらさや困難を抱えた女性を支援する。相談者としての立場は「母子生活支援施設」というフォーマルな社会資源であったり「風テラス」というインフォーマルな民間相談機関であったりする。

立場は違くとも彼女たちの置かれた生活や文化を尊重し、バイオ・サイコ・ソーシャル（生物・心理・社会）という視点で生活歴の聞き取りをする。聞き取りの中で得られるポイントやエピソードから彼女たちがどのように生きたか、その骨格を想像し、どう生きづらくなったか、必要な支援とは何かを**アセスメント**する。

アセスメント
assessment

アセスメントは彼女たちがどのように生き延びてきたか**リフレーミング**する作業ともなる。

リフレーミング
reframing

支援はライフステージの変化を考慮し、全体性・多様性と同時に個別化されたものを重層的チームで提供する。包括的支援である。

大切にすべきは、彼女たちの自己選択と自己決定と本人参加をプロセスとする。エンパワメントである。

困難と生きづらさを抱えた女性の支援とは課題解決型支援ではなく課題を抱えることを前提に課題に寄り添うこと、つらい気持ちを丸ごと受け止めること、シングルイシューではなく地域と施策、社会資源の創設といった孤立せず人とつながることという女性への**リカバリー**を勧める作業であり、女性の社会的性役割を考慮した権利擁護である。

リカバリー
recovery

5. 矯正施設／更生保護施設におけるSST

SSTとはSocial Skills Trainingの略で**社会生活スキルトレーニング**と訳される。SSTにおいてソーシャルスキルとは、人が人にかかわる能力、自分の目的を果たし、相手から期待した反応を得る能力のことを指す。自分の思いや考えがきちんと相手に伝わり理解されることが、人にとって暮らしやすさや幸福感につながることは言うまでもない。そんなコミュニケーション能力を当事者が身につけることを支援する方法がSSTである。

複数の参加者を対象とするグループSSTや、面接などで一人を対象として行う個人SSTなど、構造を工夫して実施することができる。

A. 刑事施設におけるSST

刑事収容施設法
正式名称は「刑事収容施設及び被収容者等の処遇に関する法律」。

2005（平成17）年に公布された**刑事収容施設法**に基づく「一般改善指導」、「特別改善指導」のプログラムの中で、SSTは2006（平成18）年から取り入れられている。画一的に実施されているわけではなく、コミュニケーションスキルの習得が必要となる場面において、刑事施設それぞれが受刑者の特徴を踏まえ必要に応じて教育プログラムに組み込んでいる。

ある刑事施設では、出所後に福祉的支援が必要な、高齢または障害をもつ受刑者に対し「社会復帰支援指導プログラム」として福祉的支援の情報を伝えたうえで「相談する」スキルを共通課題として取り上げSSTを行っている。育ってきた環境や経験から、困ったことに直面しても助けを求められないという人も多い。相談の予行練習をすることで心理的なハードルを下げる効果も期待できる。また別の刑事施設では「性犯罪再犯防止指導」の中で、軽度の知的障害や精神疾患をもつ受刑者を対象に、SSTを用いて就労後のコミュニケーションスキルを練習している。

筆者はA刑務所において、子どもとの今後の関係を考えるプログラムや依存症からの回復を学ぶプログラムにかかわった。いずれも参加者は10人以下で5～8回のプログラムである。プログラム開始から中盤までは心理教育的な講義を中心にグループでの話し合いをもち、必要な知識を得て他の参加者の意見に触れるという内容で行われた。中盤以降、グループの共感性や凝集性が高まってきた頃にSSTを行った。参加者それぞれの生活に応じて練習したいスキルは何か個別の課題を考えてもらったところ、実にさまざまな練習課題が出された。自分が受刑者となってしまったために祖父母と暮らしている子どもが遠くから面会に来てくれたものの話をしてくれない、けれど自分から子どもに声をかけたい、あるいは子どもを支えてくれた担任の先生を出所後訪ねて感謝を伝えたい、などである。筆者はソーシャルワーカーとして、こうしたコミュニケーションが参加者の人間関係を育み、再び環境を整えていくうえでいかに大切であるかを想像する。伝えたい言葉を一緒に考えながらホワイトボードに書き出して気持ちを言語化し、ふさわしい態度で相手に伝えるという行動を練習した。本来SSTはスモールステップで練習を繰り返し、段階的にスキルを身につけるものだが、刑事施設では自分の課題を練習できる回数は決して多くない。スキルトレーニングとしての側面ももちろん大切だが、参加者の生活や悩みに寄り添い、同じ境遇にいる者同士がアイデアを出し合い支え合う、グループSSTのもつそうした受容的共感的な側面が参加者の希望を支えると感じている。

B. 更生保護施設でのSST

更生保護施設は、**矯正施設**から釈放された者、あるいは保護観察中の者で頼るべき親族や帰る場所がない人たちを、一定期間保護して社会復帰を援助する施設である。更生保護施設で初めてSSTが取り入れられたのは1994（平成6）年のことである。近年、精神疾患や障害を抱えている入所者も増加しており、就労による自立モデルでは社会復帰が難しいケースが増えている。そのため社会福祉士や精神保健福祉士の資格をもつ職員も採用され、SSTも専門的な処遇プログラムの一つとして活用されるようになってきている。八木原律子らによる調査では、全国に103施設（2023〔令和5〕年4月1日現在、102施設）あるうちの7割の施設がグループSSTを実施したことがあり、3割の施設が継続している(1)。

筆者がSSTに携わっているある更生保護施設では、隔週日曜日の朝9時から1時間がSSTの時間である。参加は強制ではなく、職員がSSTの前日に入所者に声をかけ、できるだけ出席を促している。出所して間もない流動的な時期の入所者だからこそ、新しい地域生活において人間関係の再構築が必要で、取り上げたいコミュニケーションスキルはたくさんある。「頼みごとをする」、「わからないことを質問する」、「断る」、「相談する」など講師からも提案し、参加者と相談する。大体は共通の課題を扱うが、時には個別課題を扱うこともある。あるとき1人の参加者から「実は先日就職が決まった。しかし面接に行ってみたら正社員募集となっていたのに契

図 8-5-1　ホワイトボードの板書

<table>
<tr><td colspan="2">就職先で雇用条件を確認する</td></tr>
<tr><td>〈相手〉上司
疑問点
• 正社員と言われたのに契約社員
• 残業がないと言われたのにあった

雰囲気が良いので働き続けたいとは思っている</td><td>〈対処のアイデア〉
• 続けたいならしばらくは聞かない
• まずは同僚に聞いてみる
• やる気を見せて正社員になれるプロセスを聞いてみる
◎雇用契約書を見せて欲しいと伝える
〈良かったところ〉
• 目を見て話せていた
• 穏やかに伝えられていた
• ちょっと困っているので、と気持ちが入っていた</td></tr>
</table>

出典）筆者作成.

約社員からと言われたり、残業はないと書いてあったのに残業があったりと疑問点が残った。自分は雇ってもらえるなら仕方ないと黙ってしまったが、本当はこういう自分が嫌でちゃんと聞けるようになりたい」と切り出した。**図 8-5-1** はグループの助けを借りながら練習をした板書である。実際に、後日就職先できちんと聞くことができたと職員に報告をしてくれた。

このように個人的な課題を他の参加者の前で発言できるということは、そのときの施設内の人間関係が良好で、グループの中で安心して自分らしくいられるということでもある。更生保護施設は常に入退所の動きがあり、その時々の人間関係がグループに反映される。練習しやすい雰囲気作りが鍵である。

一方でこうしたグループに参加ができない、参加を拒否する入所者の中には、より人間関係の難しさを抱えコミュニケーションの課題が大きい人もいる。そうした入所者にはグループ SST の形態ではなく、施設の担当職員が行う面接の中で個人 SST を使って支援する方法が望ましい。

C. 保護観察における SST

少年　「昨日仕事休んじゃった」
保護司「えっ、あんなに頑張っていたのに。何かあったの？」
少年　「店長に言葉遣いが悪いって怒られてさ。無断で休んじゃった」
保護司「そうなんだ……」
少年　「あ～やばいなぁ。他にいい仕事もないのに。クビかなぁ」
保護司「それなら謝って仕事を続けたいって言えるといいんじゃない？」

少年　「うん、でも、今さらなんて言えばいいのか……」
保護司「そうしたらここで一緒に考えて、練習してみるのはどうだろう」
　こうして少年は、保護司と共にSSTを活用し「謝る」スキルを練習した……。

地域生活を再び安定させていこうと取り組む際にはさまざまな生活課題が出てくる。そんな局面で、保護司が地域性や民間性を活かして身近な存在としてかかわることで、仕事や人間関係などの悩みを相談できる拠り所ができる。上記の面接場面のように、人とのかかわりで難しさを感じたとき、保護司がSSTを提案できたら、乗り越えられることも増えるだろう。

罪を犯して刑事施設に収容された人の中には、幼少期の虐待やいじめなどトラウマ体験をもつ人の割合が高いことも指摘されている。身近に適切なモデルの存在がなければ、望ましいコミュニケーションを学習する機会も失われてしまう。それまでに身につけられなかった未学習のスキルや、適切でないやり方を身につけてしまった誤学習のスキルを、特別に保護された環境下、つまり保護司との面接という守られた場で、その人の理解度に合わせながら学び直す機会が大切になる。

D. まとめ

SSTは学習理論をベースにした行動療法に、認知療法の考え方を取り入れ現在では認知行動療法を理論的基盤として発展している。SSTを日本に広めたソーシャルワーカー、前田ケイによれば「当事者が支援者と一緒に考えながら、特定の対人状況において、自分が取りたい行動の目標を決め、練習を繰り返して必要な認知と行動の能力を身につけていく方法のこと」と定義している(2)。

1988（昭和63）年に日本の精神科領域に紹介されて以来、リハビリテーションの方法として多様な現場で広がってきたが、同じ頃に教育分野や労働分野でも取り入れられ、それぞれの領域で発展を見せている。ソーシャルワーカーを目指す学生は、SSTは当事者の希望に寄り添って協働して取り組むものであること、コミュニケーションスキルを学習し身につけることで**QOL（生活の質）**を高める支援の方法であることを認識しておくとよいだろう。

生活の質
QOL: quality of life

ここで言う「当事者」は障害や精神疾患をもっている人ばかりが対象ではない。生活者であれば誰でも、人とのかかわりに苦労はつきもので、もっと上手に自分の気持ちを伝えたいと思った経験があるだろう。だからこそ領域を限定せずSSTは広く実践されてきた。

嬉しい気持ちを伝えたり、わからないことを聞いたり、困っていることを相談したり、SSTではこれらのコミュニケーションをスキルとして捉えて学習していく。自分が伝えたい状況の場面を作り、実際に練習をする「**行動リハーサル**」が代表的なアプローチだが、ロールプレイをすることだけがSSTではない。どう対処してよいのかわからないときは「**問題解決法**」、考え方を変えて行動をする必要があれば「**認知再構成法**」など、認知行動療法のさまざまな知見や方法が活かされている。

SSTでは学習の進め方としてまず練習者の良いところに着目し、それを褒めるという手順がある。意欲をもって学習するためには、まずできているところを充分に認めてもらうことが重要である。その後で、修正すべきところや改善点を提案する。これはSSTだけではなく対人支援という仕事の基本原則と言えるだろう。指示的な指導ではなく、良いところを認めて伸ばす支持的なかかわりを基盤とする。

実践例で見てきたように、社会への再参加を支えるために司法領域でSSTが活用できる場は少なくない。ソーシャルワーカーとして目の前のクライアントを支援する方法の1つとして、SSTに関心を持ち、ぜひ深く学んでほしい。

注)

(1) 八木原律子・冨田あすみ「SST実践から見えてきた矯正教育と更生保護のあり方」明治学院大学社会学・社会福祉学研究, 巻153, 2019, pp.73-108.

(2) 前田ケイ「保護司面接のためのSST—当事者の力をいかす支援をしよう(DVD付)」日本更生保護協会, 2023, p.2.

理解を深めるための参考文献

- **刑事立法研究会編『「司法と福祉の連携」の展開と課題』現代人文社，2018.**
  司法と福祉の連携に関する現状と課題、今後の展望について多くの研究者によるさまざまな角度からの検討が掲載されている。本領域に関心のある人にとっては非常に参考になる文献である。
- **法務省矯正局編『新しい少年院法と少年鑑別所法』矯正協会，2014.**
  60年ぶりとして社会的にも注目された2015（平成27）年の改正少年院法と少年鑑別所法の解説書である。初学者にもわかりやすく丁寧な条文解説が掲載され、一読することで少年鑑別所および少年院の制度的な概要をつかむことができる。
- **少年の社会復帰に関する研究会編『社会のなかの「少年院」—排除された子どもたちを再び迎えるために』作品社，2021.**
  実際の少年院を調査対象として書かれた研究書である。民法改正による成人年齢引き下げの影響等の社会的な変化を踏まえ、少年院教育・支援がどのような状況に置かれているかを解説している。また学校や福祉機関との協働事例を紹介しており、実際の少年矯正の現場がどのようなものであるかを具体的に理解できる。
- **岡﨑直人・長坂和則・山本由紀編『現代の精神保健の課題と支援』新・精神保健福祉士シリーズ2，弘文堂，2023.**
  アディクションの支援に活かせる社会資源、方法、アプローチ、対策について、アルコール、薬物、ギャンブル等を中心に詳解されている。社会福祉士のソーシャルワーク実践においても必読書である。
- **坂爪真吾『「身体を売る彼女たち」の事情—自立と依存の性風俗』ちくま新書，2018.**
  風俗の女性への相談窓口である「風テラス」発足の経緯と、女性たちの相談に対応する弁護士とソーシャルワーカーのコラムから風俗に就く女性たちのリアルな姿が著されている。
- **弁護士とソーシャルワーカーの協働を考える会編『福祉的アプローチで取り組む弁護士実務—依頼者のための債務整理と生活再建』第一法規，2020.**
  債務整理という問題解決を司法と福祉の連携によってかかわることで生まれるアセスメント・問題解決と課題解決を多機関連携で図るといった効果が重層的かつ平易に著されている。
- **「支援」編集委員会編『支援』Vol.10，生活書院，2020.**
  十人十色の〈生の技法〉を語るシリーズ特集2の第5弾「ぬすむ、かくす、にげる」では、盗みを繰り返す人に対する更生支援に対するアセスメントの効果について事例を交えて著されている。
- **前田ケイ『保護司面接のためのSST—当事者の力をいかす支援をしよう（DVD付）』日本更生保護協会，2023.**
  前田ケイ氏は1988（昭和63）年、日本で初めてSSTが導入された東大デイホスピタルにおいていち早く実践、以来日本の精神保健福祉領域と司法領域にSSTを広めた第一人者。詳しい解説とDVDで、司法領域におけるSSTの進め方や技法を学ぶことができる。

第9章 地域での多様な取組み

罪を犯した少年や高齢者、障害者、ホームレス状態の人たちへ逮捕段階からの支援（入口支援）や、矯正施設釈放後の地域生活定着支援（出口支援）などの取組み事例を通して、福祉専門職による多様な支援実践を学ぶ。また、当事者の声に耳を傾け、当事者が抱く本質的なニーズを理解する。

1

被疑者段階等の支援は民による理念が込められた入口支援の萌芽段階があったからこそ今の公的制度がある点を理解する。

2

刑務所などを出所する高齢者や障害をもつ受刑者に対しての出口支援の実践例から、福祉専門職の役割を理解する。

3

地域をフィールドとしたソーシャルワーカーの視点や多職種連携のチーム支援について学ぶ。

4

罪を犯した障害者の更生支援活動を行うNPO法人での生活支援の中で「関係支援」に取り組む実践例について学ぶ。

5

事件後の手続・入所・出所後の一連の途切れない支援を事例から学ぶ。ソーシャルワーカーが何をどのように考えて動いているのかを理解する。

6

更生支援のために加害少年が抱えるしがらみとどうかかわるか事例から学ぶ。犯罪被害者支援と加害者の更生支援の両方にかかわるソーシャルワーカーの思いについて考える。

1. 貧困問題に切り込む入口支援の実践

本節では、貧困と司法が交わる最前線で活動してきた独立型社会福祉士事務所 NPO 法人ほっとポットの代表理事、社会福祉士・保護司の宮澤進さんが、2009 年から取り組んできた入口支援の実践をご紹介します。

A. 貧困問題に切り込む入口支援を

[1]「貧困問題の最前線」からの「入口支援」

弁護士　身柄拘束されている 75 歳の方で所持金 42 円しかありません。貧困ビジネスの大規模無料低額宿泊所から命からがら脱出し、金が底をつき歩くのも難しく廃棄された自転車を手にとったところで、警察から職務質問され逮捕されたようです。帰る家も泊まる場所もないホームレス状態の方です。生活保護制度については全く知らないと話しています。

検察官　パン 1 つの窃盗なのですが、福祉制度につなぐ必要のある方かもしれない高齢者です。**弁解録取**が本日なのですが、宮澤さん、区検で接見用の部屋を用意いたしますので、今から接見をお願いできませんか。

弁解録取
刑事訴訟法 203 条 1 項や 205 条 1 項は、警察官が被疑者を逮捕したときや検察官が被疑者の送致を受けたときは、被疑者に対し、弁解の機会を与えなければならないと定めている。この規定に基づいて警察官や検察官が被疑者の弁解を聴く手続を弁解録取という。

保護観察官　住居のない方が**更生緊急保護**の申出で保護観察所へ来庁しているのですが、今朝、警察署から釈放されたばかりの方です。本日午前、福祉事務所へ生活保護申請に行ったのですが断られた、と話しています。金曜の午後で申し訳ないのですが、福祉事務所への調整も含めて今から支援を検討頂けませんか。

更生緊急保護
➡ p.70
第 4 章 4 節 A. 参照。

2009（平成 21）年 8 月。当時、社会福祉分野では「更生保護」といっても、一部の大規模法人や職能団体が補助金等を受け矯正施設入所中の障害者を主な対象とし独自に研究や調査を行っていた程度、の時代である。全国の社会福祉士にとっては、更生保護は悲しいほど縁遠い分野であった。社会福祉制度・公的扶助制度を必要としている方が多く存在することなど、全く認知されておらず、当然ながら更生保護の専門テキストは見当たらない。**地域生活定着支援センター**の全国配置すら完了していない段階でもあったのだから、当然であろう。

地域生活定着支援センター
➡ p.103
第 5 章 3 節 C. [1] 参照。

話は変わるが、貧困問題と司法福祉を外観するにあたり、まずは 18 世紀の慈善組織協会 COS やセツルメント運動を思い出してみたい。現在の社会福祉実践の源流は、当時どのようなものであったのだろう。先人たちの現場へ足を向け続ける地道な実践、そして理論研究。その結果として、現在の社会福祉体系が形作られている。私たちが身を置く現場にこそ、実践者の魂が宿っているといえよう。民による1つの実践が、いつしか公による制度となってきた。このように社会事業史を振り返ると、更生保護史の変遷も、その例外ではない。

[2] 私たちは「闘うソーシャルワーカー」足りえているか

そこで現在に立ち戻ろう。残念に思うことが、起き続けている。

逮捕・勾留中、入所（受刑）中に生活保護の申請はできないと記載している媒体のなんと多いことか。

「相談・申請・審査（調査）・決定・実施」の流れすら理解が進んでいない。日本国憲法25条の具体化法である生活保護法。矯正施設に従事する**社会福祉専門官**は、すべて国民である全入所者に、社会福祉制度のみならず公的扶助制度の説明も果たせているだろうか。

まさか障害者や高齢者のみが社会福祉、公的扶助制度の支援対象となるかのような運用をし、当事者を選民しているとは考えたくない。そういった権利侵害に無自覚に加担している、とは想像したくもない。権利である審査請求権について説明・助言していないことなど、あってはならない。

また、最低生活保障法としての生活保護法について[(1)]具体的に効力が発する保護の開始決定までの間、保護の実施機関である福祉事務所によって健康で文化的な（少なくとも）最低限度の生活を送ることができるよう、具体的な生活手段を事前に調整しているだろうか。福祉事務所へ連絡調整すらしない社会福祉専門官は特別調整にならなかった等と嘆きながら、釈放7日前に「使える」NPOへ、窮迫した事態に陥った当事者を丸投げする悪しき手法ばかり、学習してはいないか。

皆さんが所属する組織、相談機関、施設は、どうだろう。福祉の専門職が配置された背景や意義、宿っていたはずの理念は何であったか。

ソーシャルワーカーや社会福祉専門官たる者が自己の名と責任において、福祉事務所へ相談せず、調整せず、粘り強く交渉せず、福祉事務所による「生活保護申請に至らせない手練手管のいわゆる水際作戦」に直面したとき、毅然と当事者の権利保障のため、徹底し「闘うソーシャルワーカー」足りえているか。

さて、私たちソーシャルワーカーは日々、職責点検を欠かしてはならない。立ち戻るべきは倫理綱領・行動規範、だけではない。何よりも日本国憲法である。私たちはさまざまなことについて勉強したつもりになって、実は忘れている。

たとえば、更生保護・生活保護（司法省、厚生労働省）、両者の優先関係の如何について書かれた通知すら知らない福祉事務所はないか、見渡してみよう。知ろうともしない面接相談員、ケースワーカー、査察指導員がいないだろうか。私たちは先人が紡いできた福祉事務所による生存権保障実務を、無自覚に軽視している。

日本国憲法25条1項「国民の権利」はもとより、同条2項も肝要だ。矯正・更生保護・保護観察・司法福祉等の実務に身を置くソーシャルワーカーは、「国の責務」と規定されている理念を常に意識し日々の業務にあたる、「闘うソーシャルワーカー」でなければならない。

［3］「空」ばかり眺めてないか―単なる事務処理機関へ堕さないために

2023（令和5）年、現在。刑事司法と社会福祉双方が接点を持ち久しい。緩やかだが、着実な広がりをみせてきたこの分野。高齢・障害・病・**アディクション**など多様な観点・立場・職種に身を置く方々から、多くの知見・実践が集められ、議論がなされ、積み重ねられてきている。

アディクション
addiction
嗜癖。

私たち独立型社会福祉士事務所 NPO法人ほっとポットは、全国に先駆け2009（平成21）年8月から「司法福祉分野において貧困問題に切り込む入口支援の実践」を開始してきたからこそ、それらの広がりや変遷を嬉しく思っている。しかし私自身に強い危惧があることを、ここで否定できないのも事実だ。

その強い危惧を別に表現すれば、「司法福祉は肥大化してしまった」ということだ。肥大化によって何が起きたのか。「コスト削減と価格競争の苛烈化」だ。自ずとニーズを有する方の選民が当然となってしまった。

たとえば机上での事務処理やハンコ行政的な色彩で当事者へ応答責任を果たしたつもりになってはいないか。迅速性・直接性を放棄していないか。もはや「単なる事務処理機関へと堕（だ）して」[(2)] いないだろうか。本分野はとっくにそうなってしまっている気がして、どうも私は安心できない。警戒感、と言い直してもいい。

特に昨今の社会福祉業界は、受託事業者の一員となることで国や自治体から具体的に存在価値を承認されたかのような気分に浸っている。受託実績を殊更に求める姿勢は加速し続けている。社会福祉制度、公的扶助制度のアウトソーシングへ反対の狼煙すら上げず、むしろ安穏とこれに便乗する傾向は顕著だ。

気づけば、国（公）の責務は直接果たされず「公から民」へと丸投げされ続けているではないか。社会福祉専門職はこれらの現象に対し、警戒せねばならない。声に出さねばならない。民の地道な実践から見えたニーズ・問題・権利侵害を、「国（公）の責務」として、これを打ち返し続けることこそまさに専門性、なのだが……。

しかしながら、それら公から民へのアウトソーシング・受託事業の加速化は、いつも聞こえのよい表現へ置き換えられ本質的な問題性は隠される。行政との連携、官民協働、民間の活用、職域の拡大……。現場で察知した権利侵害やニーズを、公へと打ち返し続けているソーシャルワーカーは少なくなってしまった。

これらを放棄し、外注化・受託事業化の潮流に容易く押し流された時、「空」を見上げれば社会的包摂、互助、共助、寄り添い、伴走、絆、地域福祉、我が事・丸ごと……これら「心地良い言葉の雲」が連綿と続いている。都度、私たちはその雲を眺めるのだが悲しいかな、あっという間に本質を見誤る。

空を眺めるばかりではなく、私たち社会福祉専門職がソーシャルワーカーである限り、自らの目、耳、口、手、足を常に点検しなければならない。現場にしか存在しえない問題、当事者が抱えるニーズ・これらを機微に気づくことができる研鑽を司法福祉領域でも決して欠かせてはならない。

[4] 最近の司法福祉は「背骨」がないままどこへ向かうのか

ところで最近の司法福祉なる分野は、その体を成すにあたり、まるで背骨がないように思う。社会保障の最重要部分である公的扶助は、いつまでたっても、心地よい雲から潤いの雨としては降り注いでこない。

しかも最近は「官による暗雲」が立ち込めている。この暗雲は、**被疑者等支援業務**という受託業務として、人によって年によって気まぐれの「風」を吹かせる。ソーシャルワーカーはその風による恵を受けたくて仕方がない。更生、立ち直り、やり直し、生き直し。美辞麗句を吹かせながら、現実、価格と実績競争へと私たちは追いやられている。

その風は止まらない。とある地点へと私たちを向けていく。社会の安全、再犯防止、そして犯罪予防。最終地点は、治安維持だ。その場所は、ソーシャルワーカーが目指す未来とは逆に存在した、そう、あの時代へ。

ではどうすればよいのか。現場支援の体を成す「背骨」を意識することから、日々の実践を見つめ直さねばならない。その背骨とは何だ。

それは権利保障である。その権利とは「生存権」である。この背骨は、つくづく不思議なもので、私たちが日々の営みからは意識しにくく、途端に忘れられやすい。骨とは、そういう性質をもつ。

[5] 生活保護申請権の「使者」として

もし社会福祉専門職が、受託事業者という立場から「被疑者等支援業務」に身を乗り出したならば、この「背骨の重み」を真に実感するよう全力で取り組まねばならない。その背骨は、健康・命・文化的生活を国が保障するという重み、命を保障するという重みだ。1ミリも後退してはならないソーシャルワークの現場において、受託事業者となった者はこれを十分に咀嚼(そしゃく)し、背中に負わねばならない。

再確認するが、公的扶助は具体的に「**生活保護法**」を通し、保護の実施機関である福祉事務所によってその効力が果たされる。では、仮に私たちが福祉事務所の一員ではないとき、つまり「民」に身を置くソーシャルワーカーであるならば、逮捕・勾留された当事者の生存権保障にどうすれば資することができるだろうか。考えてみよう。

それはたとえば、身柄拘束されている方への刑事収容施設での一般接見によって資することができる。生活保護法利用に向けた申請方法を、わかりやすく伝える場面で、使者として福祉事務所へ相談・調整する場面で、場合によっては身柄拘束段階からの「申請書を使者として届ける」場面で(**申請行為の使者として**)、釈放当日の福祉事務所への同行場面で、実践できる。日々、足を向け、耳を傾け、手を差し出し、目で見て、言葉で伝えるという実践を通し、使者として資することができる。

[6] 水際作戦という激しい「向かい風」に怯んではならない

しかしその継続こそ難しい。地道な実践は日が当たらず理解されにくい。地道な一歩の積み重ね以外、何もない。日が当たらぬ現場には、「生存権保障の陸」に決して到達させまいとする激しい向かい風、水際作戦が私たちを待ち受ける。

そのとき、確固たる理念への原点回帰がソーシャルワーカーの私たちに必要となる。当事者が経験してきた福祉事務所による暴力性は、使者として現れるソーシャルワーカーへも向けられる。警察官署等に当事者が逮捕・勾留されている、そう話した途端、生活保護は申請できませんと言われたとしよう。あなたはどうするか。まさか「刑事施設に於ける刑事被告人の収容等に関する法律(1908〔明治41〕年)があるので、最低生活費計上の必要性はない。よって当然保護却下となるだろうから生活保護の申請すらできません」と、当事者へ説明してはいないか。そのような「低レベルな」社会福祉専門職たるソーシャルワーカーは、当事者から信頼される存在たりえるのか。

日本国憲法25条1項・2項の徹底理解こそ、実践の継続に不可欠となる。

ぜひ『新福祉事務所運営指針』を確認してみよう。

そこには「現業サービス機関」である福祉事務所の条件ないし特色について、3つの要件が明記されている。迅速性、直接性、技術性。

ここを理解せぬから、私たちは容易く水際作戦という向かい風に怯(ひる)み、流されていく。

B. 自立準備ホームは単なる「ハコ」ではない—専門性で機能する避難所

[1] 社会福祉の専門性とは「民」から始め、「公」へ打ち返すこと

皆さんは自立準備ホームの前身ともいえる「案」を知っていただろうか。あの案を当時、法務省保護局の職員がNPO法人ほっとポットへ来訪してまで提案してきた出来事が、つい先日のように感じる。

このモデル事業（案）は「サテライト型　更生保護施設（仮称）」へと名称等を変え、2011（平成23）年度から「緊急的住居確保・自立支援対策事業」の一施策である「自立準備ホーム」として開始されて久しい。

ここで述べたい点は、公から始まったかのように見える、ということだ。現在、官によって説明されるこの制度は、民に認知されないまま、福祉事務所による国の責務に帰結せず、共助に包摂され満足されてしまっていないか。ここでも受託事業の潮流、負の側面が見え隠れする。

社会事業史は草の根で、たとえ規模は小さくとも運営難を乗り越えんと試行錯誤を日々繰り返した民による、創意工夫の実践から生み出されてきた。

だからこそ民に知られ、社会へ広がってきたのだ。更生保護史も例外ではない。「公による予算化・制度化」は歴史のとある一場面における通過点に過ぎない。

選民され、支援対象とされなかったニーズ。権利保障が届かず生存を脅かされている命。侵害された権利や命は、常に何処かに隠されている。隠された権利侵害を迅速に正確に見つけ出すには専門性がなければならない。

[2] ソーシャルワーカーは砂漠で迅速な救助活動ができる「開拓者」だ

一見、広大な砂漠でも水を求め、助けを必要とする当事者がいるかもしれない。

ソーシャルワーカーは、開拓者として決して横着せず、砂漠を一歩ずつ歩かねばならない。そして権利侵害を察知した瞬間、放置せず迅速な救助活動ができる開拓者でなければならない。

反対に私たちがソーシャルワーカーであるならば、足を止め「受託費に

口を開け欲するだけの選択」をしてはならない。生存権保障すら脅かされた、ホームレス状態にある当事者を前に、予算がない・制度がない、国が認めない・福祉事務所から対象でないと言われた、と言い訳を述べるようではソーシャルワーカーではない。

私たちがソーシャルワーカーであるならば、要保護状態と思われる方が警察官署で逮捕・勾留されたと知ったその瞬間、事態の放置なぞ、選択肢から即座に排さねばならない。

調査・研究等ではなく、2009（平成21）年から実践を始めた、私たちNPO法人ほっとポットの実践は、まず最初に自らは開拓者たるソーシャルワーカーである。この自覚から始まったのである。

[3] NPO法人ほっとポットに託された868人の「命」

868人（2023〔令和5〕年12月）。住居を喪失し貧困を主な背景に罪を犯した方から寄せられた「ほっとポットの緊急一時シェルター」への「支援依頼数」である。これはそのまま「命の数」だ。

被疑者等支援業務が実現し取組みが充実しているように見える今。なぜかほっとポットにはホームレス状態で逮捕・勾留され、要保護性は明らかであるのにもかかわらず、福祉事務所にも被疑者等支援業務の受託事業者にもつながらず、支援依頼が弁護人を通じ寄せられる事案が後を絶たない。

支援対象という選民プロセスから漏れている。誰かがどこかで選別している。膨大な数の命と権利侵害。

「民」として独立したソーシャルワーカーが、いまだ必要とされる悲しい現状が、埼玉県内には変わらず横たわっている。

C. 埼玉弁護士会による「社会復帰支援委託援助制度」の導入

[1] 社会復帰支援委託援助制度との連携―「入口支援の萌芽」

昔話もしておきたい。皆さんは埼玉弁護士会による「**社会復帰支援委託援助制度**」をご存じだろうか。

刑事弁護が終結した段階で弁護士が手を放すのではなく、逮捕・勾留中から社会福祉士と連携し、当事者を生存権保障へつなぐ埼玉弁護士会による制度だ。2009（平成21）年から始まったこの制度。今では当たり前のように語られている「被疑者等段階からの支援」につながる、まさに「入口支援の萌芽」といえるものである。

この制度について、私は社会福祉士として声を大にしここに記しておかねばならない。入口支援は間違っても捜査機関や官が自ら積極的に始めたものではない、ということを。

被疑者等段階から、当番弁護士制度や被疑者国選制度を通じ駆け付けた埼玉の弁護士が、社会福祉士とともに身柄拘束されているホームレス状態の方への一般接見を通し、状況を把握し、即座に使者として福祉事務所へつないでいく。生存権保障の道を迅速かつ直接、切り開いていく。その通過点として、今の入口支援が存在し、その奥深くには、権利侵害を許さないソーシャルワーカーとしての機微な感性と創意工夫が込められている。

[2]「民」から始まり、「裾野」は広がり、そして「公」へ

入口支援の萌芽といえる「埼玉弁護士会による社会復帰支援委託援助制度」。実務だけではなく横行する福祉事務所による違法な水際作戦に対し（生活保護を申請させないあらゆる態度・発言）どのように立ち向かうか。当時28歳の私は、NPO法人ほっとポットで緊急一時シェルターを立ち上げ同制度の指定を受けつつ、埼玉弁護士会の弁護士と夜な夜な協議を重ねた思い出が、今でも鮮明に甦る。

貧困を主な背景とし逮捕・勾留された方が、身柄拘束されている警察署等へ、ソーシャルワーカー自ら弁護人と足を向ける。そして即日、保護の実施責任を負う福祉事務所へ弁護士と社会福祉士が連携し相談・調整を開始する。この取組みは当時、早期の釈放実現だけではなく、要保護状態にある住居を喪失した当事者を釈放日当日から生活保護制度へ迅速に連結する点こそ、極めて先駆的・画期的なものだった。

実践内容は、2010（平成22）年2月に日本更生保護協会『更生保護と犯罪予防　更生保護制度施行60周年記念号』「生活困窮者支援における司法と福祉との連携について—『入口と出口』双方から手を取り合う体制へ」、同年3月に全国社会福祉協議会『月刊福祉　2010年3月号』「特集　更生保護と社会福祉　被疑者等への社会福祉士・弁護士の連携—『刑事司法の入口』からのコーディネート支援」として掲載された。

同年9月には「関東弁護士会連合会シンポジウム」で実践報告がなされ、同年11月に岩波書店『世界　2010年11月号』「ルポ　罪を犯した人の生活を支援する—ほっとポット・社会福祉士の挑戦」、2011（平成23）年に日本ソーシャルワーク学会『ソーシャルワーク学会誌　第22号』「ベストプラクティショナー　貧困問題の現場から取り組むリーガルソーシャルワーク」へとその実践が続々掲載された。

2014（平成26）年5月には静岡県弁護士会と（当時）NPO法人静岡司法福祉ネット明日の空が、被疑者・被告人段階の方に対する支援について視察にお越しになり、2015（平成27）年7月には上野谷加代子の著書『た

すけられ上手　たすけ上手に生きる』に「司法と福祉の連携」として紹介された。

それぞれの地域で各団体の特徴が活かされ、それぞれの実践が、今の入口支援へとつながっている。「民」から始まった取組みは、どんどん裾野を広げていった。そして現在の「公による制度へ」つながっていったのである。

[3]「朝日」が昇るまでソーシャルワーカーは「盾」になる

当事者の権利と命を支える現場では、私たちソーシャルワーカーは盾にならねばならない。生活保護法や生存権保障に対して時に偏見とバッシングは強く世間や権力者から吹きつけられるからだ。

私たちが身を置く「司法福祉領域」も例外ではない。鋭利で凶暴な刃すら向けてくるかもしれない。ソーシャルワーカーは決して油断してはならないのだ。

その時、官から予算が削られるかもしれない。受託事業はなくなるかもしれない。就労による自立を当事者へ強要する仕組みへ変質するかもしれない。

よって、私たちは今から力をつけておく。当事者の権利行使に際しソーシャルワーカーが盾となりえるほどの、勇気の力を。決して怯まぬ実践の力を。それは岩のように固い共通基盤でなければならない。

「生存権保障」が国の責務として日本国憲法に規定されている。生活保護法の運用は福祉事務所にあり続けることを忘れてはならない。だからこそ、生活保護法への申請権行使の重要性を点検しながらそれぞれが身を置く実務に向き合おう。

これらを踏まえ、生存権保障の理念が実践現場で徹底されたときにこそ、聞こえのよいだけの暗雲は、現場の力でそれこそあっという間に吹き飛ばせる。

そのはるか上にある貧困問題の根絶という太陽は、司法福祉の地においても、朝日として必ず昇る。

注)

(1)　小山進次郎『改訂増補　生活保護法の解釈と運用』中央社会福祉協議会, 1951.

(2)　厚生省社会局庶務課監修『新福祉事務所運営指針』全国社会福祉協議会, 1971.

2. 刑務所における出口支援の実践

A. 出口支援

刑務所などの刑事施設を出所する高齢や障害をもつ受刑者などに対しての福祉的支援を、**出口支援**と呼んでいる。それに対応するために、刑事施設において社会福祉士や精神保健福祉士の資格を有する非常勤職員を配置しているほか、**福祉専門官**を配置している。主たる業務は**特別調整**を始めとする福祉的支援であり、釈放後の適切な介護・医療・年金・住居などの福祉的サービスを受けることができるように調整を図ることである。「令和5年版犯罪白書」によると、福祉専門官の配置施設数は58庁（刑務支所を含む）である。

以下に、刑務所入所中に認知症を発症した受刑者に対しての、司法と福祉の連携による出所から地域支援の事例を紹介する。

福祉専門官
矯正施設（刑務所など）に収容された高齢者、障害を有する受刑者等の出所または出院後の円滑な社会復帰のために必要な各種調整等を行う国家公務員。社会福祉士や精神保健福祉士の資格をもつ。①高齢または障害のために自立が困難な受刑者の社会復帰に関する業務、②疾病等により、出所後すぐに医療や福祉が必要な受刑者の出所時保護に関する業務、③福祉に関する相談・助言、講話など、福祉上の専門性を要する業務等を行う。

特別調整
高齢または障害を有し、かつ、適当な帰住先のない受刑者や少年院在院者に対して、釈放後速やかに福祉関係機関等による適切な介護、医療、年金等の福祉サービスを受けることができるようにするための特別の手続である。釈放後の住居がなく、福祉サービス等を受ける必要があると認められること等が条件となっている。各都道府県に設置された地域生活定着支援センターへ依頼して行う。

B. 事例

［1］背景

A氏（男性・51歳）は、X県で会社員の父と、専業主婦の母のもとに、2人の姉弟の第2子として出生した。勝気な姉に対して、A氏は自己主張することもなく、大人しい性格であった。そのため、友人も少なく、いじめの対象となったこともあった。小学校5年生のときに父の勤める会社が、社会経済の激変のあおりを受けて倒産した。その後の転職活動もうまくいかず、父の飲酒量が次第に増えていき、生活が苦しい状況になった。

A氏が中学生のときに両親が離婚し、姉が父に、A氏が母親に引き取られた。母は、A氏を育てるために昼夜問わず懸命に働いた。しかし、あまりにも頑張りすぎてこころを病んでしまい、精神科に通院することになり、うつ病と診断された。

小学生のときからしばしば同級生からいじめられ、仲間外れにされていたことがあり、それが一因となりA氏の自尊心は傷つけられ、友人を作ることが難しくなっていた。地元の不良グループに巻き込まれてしまい、中学3年生のときから飲酒歴があり、学校には段々と行かなくなった。高校に進学するも1年生の2学期で自主退学し、その後は飲食店、土木関係のアルバイトをしたが、環境の変化や仕事の厳しさに対応することが苦手で、すぐに辞めざるを得なくなり、それぞれ1年ほどで職を転々としていた。そのことを紛らわすために、飲酒の量も増えていった。新しい職場では、仕事内容や人間関係のストレスに耐えられず、自分に合った職場が見つからないまま、仕事を変えることを繰り返した。

25歳のときに、地元の先輩に誘われ東京に移住し、建築業に従事するも、1年で辞めてしまい、その後は2年間飲食店のアルバイトを転々とする。28歳のときにX県へ戻り建築会社へ就職し、順調に生活を送っていた。35歳のときに結婚し、長男・長女の2子をもうける。この頃に離婚した両親が相次いで病気にて他界した。また姉も交通事故にて他界している。会社での昇進もあり、さまざまな不安やストレスからか飲酒量が増え、妻や子どもへ暴言を吐いたり、暴力を振るうようになっていた。

[2] 事件

なんとか仕事や生活は保たれていたが、飲酒した状態でのトラブルが増えていった。42歳のときに、飲食店で男性客と言い争いになり、殴り合いの喧嘩となった。酒の勢いもあり男性客を何発も殴打してしまい、打ちどころが悪かったことで相手が死亡に至り、現行犯逮捕され留置所に勾留された。特に、刑法39条の条文に照らし、事件当時の責任能力が争われることはなく、罪状は傷害致死罪で懲役8年の実刑判決が言い渡される。その後、刑務所に収容されてから妻とは離婚し、子どもたちの連絡先もわからず、音信不通となった。

刑法39条
1項では「心神喪失者の行為は、罰しない。」、2項では「心神耗弱者の行為は、その刑を減軽する。」としている。

[3] 刑務所にて

懲役8年の刑を宣告されたA氏は、刑務所の中では孤立感、厳しい規律によるストレス、他の受刑者に対する恐怖感にさらされて、苦難の日々を送った。入所して2年が経った頃から刑務所内のルールにも慣れて、刑務所の中で自分の犯した罪にしっかり向き合って反省をすることができた。

48歳のときに、突然作業中に倒れ、救急車で搬送された。診察の結果、脳梗塞と診断される。その後、身体的な麻痺は残らなかったが、次第に作業中の些細なミスが増えていき、事実と辻褄の合わない発言が聞かれるようになり、今までの経歴からアルコールによる認知症やコルサコフ症候群などが疑われたが、画像診断の結果、脳血管性認知症と診断された。

それからも症状はさらに悪化していき、5分前のことを忘れてしまう、朝と夕方の時間を間違えてしまう、自分のものと他人のものの区別がつかなくなる、などが顕著となった。またそのことにより他の受刑者とのトラブルが多くなってきた。

［4］出所に向けて

出所後の受け入れ先がないことから出所予定の1年前に、刑務所の福祉専門官（社会福祉士・精神保健福祉士）との面談が行われた。A氏は、自身の脳血管性認知症の症状もあり、それまで出所後の生活のイメージを全く想像することができなかった。しかし、今回、福祉専門官がかかわることにより、認知症に配慮した面接が実施され、A氏は自身の力だけで生活を組み立てていくこと自体は難しいが、医療や福祉のサポートを受けることができるということは理解ができた。

あわせて福祉専門官は、面接で生活歴や刑務所での様子を聞いているうちに、症状が進行しているのではないかと感じ、矯正医官に相談し精神科医療機関への専門的受診を調整した。血液検査、頭部MRI検査、問診の結果、脳梗塞の後遺症で脳血管性認知症がかなり進行している、との説明があった。

出所が近づき出所後の生活についての話し合いの中で、刑務所入所中から医療的支援と福祉的支援が必要であると判断され、特別調整が検討されたが、本人に制度の説明をしても理解をすることが難しく、同意が得られなかった。また判断能力が劣っていることから、福祉専門官は**成年後見制度**の活用を提案し、A氏の今までの経歴、障害特性等を鑑み、B成年後見センターに相談をした。B成年後見センターは、法律専門職（弁護士・司法書士・税理士・行政書士）と福祉専門職（社会福祉士・精神保健福祉士）、そして社会福祉協議会がひとつになって一般社団法人として立ち上げられた、**法人後見**を中心に活動している団体である。

A氏本人への説明を行い、関係者で検討の結果、入所中に成年後見制度の申立てを行うことになり、福祉専門官はB成年後見センターと綿密な調整を行った。A氏の場合、申立てできる親族がおらず、市町村長による申立てとなった。A氏は認知症の症状に対して複数の専門職からの支援が必要と認められ、家庭裁判所はA氏を保佐相当と判断し、B成年後見センターが法人後見で被保佐人となった。また、出所先について、介護保険の申請や高齢者施設への入所も検討されたが、矯正医官から、まずは認知症についての専門医療機関の入院治療が必要と判断され、福祉専門官は保佐人であるB成年後見センターと協働し、Y市の隣のZ市のC精神科病院への入院調整を実施した。また、Z市にある**認知症医療センター**の精神保健福祉士や、地域包括支援センターの社会福祉士、管轄する保健所の精神保健福祉相談員などとも相談をし、出所後の受け入れ先を調整し

成年後見制度
認知症、知的障害、精神障害などの理由で、財産管理（不動産や預貯金などの管理、遺産分割協議などの相続手続など）や身上保護（介護・福祉サービスの利用契約や施設入所・入院の契約締結、履行状況の確認など）などの法律行為を行うことに不安のある人を法的に保護し、本人の意思を尊重した支援（意思決定支援）を行う。後見、保佐、補助の3類型があり、家庭裁判所が選任する。

法人後見
社会福祉法人や一般社団法人、NPO法人などの法人が成年後見等になり、親族等が個人で成年後見人等に就任した場合と同様に、判断能力が不十分な人の保護・支援を行うこと。権利擁護や福祉・法律の知識や技術をもった法人が後見人等になることで、適切な支援ができるというだけではなく、自らがもつネットワークの知見や情報を活用し、素早い対応ができたり、担当者が何らかの理由でその事務を行えなくなっても、担当者を変更することにより、後見事務を継続して行うことができる。

認知症医療センター
認知症疾患に関する鑑別診断や医療相談を行い、地域での認知症医療提供体制の構築を図る。本人や家族に対し今後の生活等に関する不安が軽減されるよう行う「診断後等支援」や、都道府県・指定都市が行う地域連携体制の推進等を支援する「事業の着実な実施に向けた取組」なども実施する。実施主体は都道府県・指定都市（病院または診療所を指定）であり、2023（令和5）年10月現在、全国に505ヵ所設置されている。

た。その際に、福祉専門官は本人の意向が高齢者の施設での生活を望んでいることを考慮し、介護保険の申請のアドバイスもあわせて行った。その後、保佐人が選任されていることで、Z市内のC精神科病院が受け入れてくれることになり、A氏は満期出所後に保佐人であるB成年後見センターの同意にて医療保護入院となり、推定される入院期間は3ヵ月と決定された。

[5] 出所後

A氏はZ市のC精神科病院に入院した当初には、環境の変化により認知症の症状の不安定な状況が続いていたが、認知症治療薬を主とした薬物調整を受け、生活リズムの獲得を目標に認知症治療病棟での治療プログラムが組まれ、2ヵ月半経過したころには症状は安定した。同時期に、医療保護入院による退院支援委員会が開催され、C精神科病院の精神保健福祉士は院内および院外の関係機関との調整を行った。退院支援委員会にはC精神科病院の主治医、病棟担当看護師、C精神科病院の精神保健福祉士、B成年後見センターの保佐人（担当精神保健福祉士）、地域包括支援センターの社会福祉士が参加した。同委員会にて、主治医や看護師より入院中の治療、病棟内での経過を説明された。主治医より症状が落ち着いてきたので、生活支援を中心にサポートする環境に移行してもよいのではないかとの提案があり、介護保険要介護認定の申請を進めることとなった。また、A氏本人から入院継続の同意が得られ、医療保護入院から任意入院へと入院形態の変更がなされた。1ヵ月後、要介護1の認定がなされた。退院支援委員会開催後に、Z市内の認知症グループホームが受け入れ可能と返事があり、入所に向けた試験外泊が計画された。

退院支援委員会の他にも、入院中にC精神科病院の精神保健福祉士が調整役となり、定期的にカンファレンスが開催された。入院してから4ヵ月が経過したころ、B成年後見センターの保佐人（担当精神保健福祉士）、地域包括支援センター、保健所、入所検討中の認知症グループホームの介護支援専門員が会議に参加し、グループホームへの試験外泊の評価がなされた。そこで、認知症グループホーム入所後も継続した関係機関ネットワークによる支援の方法が確認され、入院してから5ヵ月後、認知症グループホームへ入所となった。

[6] グループホームにて

認知症グループホームへ入所となってからも、他入居者との些細な言い争いはあるものの、グループホームスタッフによる声掛けや、関係者によるかかわり方への助言があり、大きなトラブルには至っていない。認知症グループホームでは、地域の自治会が開催する清掃活動、お祭りへの参加をしており、また近隣の保育園児との交流会などの地域交流に力を入れている。A氏はこういった活動にも楽しんで参加することができており、認知症グループホームでの生活について「ここはいいですよ」と話している。

A氏への支援の中心的なコーディネートを担うのは、刑務所では福祉専門官であったが、入院中はC精神科病院の精神保健福祉士、そして今は認知症グループホームの担当主任介護支援専門員へとバトンが渡され、A氏の支援は多くの支援者に支えられて、今も継続することができている。

参考資料)

ネット検索によるデータ取得は，いずれも2023年12月10日.

(1) 法務省法務総合研究所編「令和5年版犯罪白書―非行少年と生育環境」厚生労働省ウェブサイト.

(2) 厚生労働省ウェブサイト「高齢又は障害により福祉的な支援を必要とする矯正施設退所者等の地域生活定着支援（地域生活定着促進事業）」.

(3) 一般社団法人北九州成年後見センターウェブサイト.

(4) 厚生労働省ウェブサイト「成年後見制度とは」

(5) 厚生労働省ウェブサイト「法人後見とは」.

(6) 厚生労働省ウェブサイト「認知症疾患医療センター運営事業」.

(7) 法務省ウェブサイト「福祉専門官とは」.

3. 特別調整と地域での再生、地域定着の実践

地域生活定着支援センター
社会福祉法人、公益財団法人、一般社団法人、NPO法人などが、各都道府県から事業を受託し、地域の実情に合わせた特色ある取組みをしている。

その他必要な支援業務
コーディネート業務、フォローアップ業務、相談支援業務の各業務を円滑かつ効果的に実施するために必要な支援業務であり、関係機関とのネットワーク形成や地域での合同支援会議（調整・ケア会議）の開催など、地域づくりのために最も大切な業務として位置づけている。

特別調整対象者
①高齢または身体障害、知的障害、精神障害があると認められる者、②矯正施設退所後の適当な住居がない者、③矯正施設退所後に自立生活を営むうえで、福祉サービスを受けることが必要である者、④円滑な社会復帰のために特別調整の対象とすることが相当である者、⑤地域生活定着支援センターの支援を本人が希望していること、⑥公共の衛生・福祉に関する機関に保護観察所の長が個人情報を提供することに同意していること。

一般調整対象者
帰る場所や身元引受人は存在するが、福祉の支援が必要な対象者。

被疑者・被告人段階の支援
「相談支援業務」の中で行ってきた「被疑者・被告人段階の支援」は2021（令和3）年4月より「被疑者等支援業務」として定着支援センターの業務に位置づけられた。

A. はじめに

日本の矯正施設（刑務所、少年刑務所、少年院、拘置所等）には多くの障害者や高齢者が収容されており、出所後も再び罪を犯して矯正施設へ戻っている。それは実際に服役した元国会議員の手記[(1)]や2006（平成18）年～2008（平成20）年にかけて実施された厚生労働科学研究「罪を犯した障がい者の地域生活支援に関する研究」等によって明らかになった。矯正施設の中には福祉の支援が必要な障害者や高齢者が数多く存在し、釈放後の支援の乏しさが再び刑務所へと戻る要因であることがわかってきた。そのため法務省と厚労省の連携事業として2009（平成21）年から「地域生活定着支援事業」（のちに「**地域生活定着促進事業**」）が開始され、2011（平成23）年度末には全国の都道府県に「**地域生活定着支援センター**」（以下、定着支援センター）が設置された。それまで連携がなかった司法と福祉をつなぐ架け橋として設置された定着支援センターは保護観察所と協働し、釈放された後、直ちに福祉サービスにつなぐことで対象者の社会復帰を支援している。

B. 千葉県の取組み

定着支援センターは、「コーディネート業務」、「フォローアップ業務」、「相談支援業務」、「**その他必要な支援業務**」、「啓発活動等」の5つの業務を行うこととされスタートしたが、2021（令和3）年度から新事業として「被疑者等支援業務」が加わり6つの業務を担うこととなった。

千葉県では、2010（平成22）年10月にセンターを開所した。矯正施設の入退所を繰り返して生活を立て直すことができない**特別調整対象者**、**一般調整対象者**合わせて390名の住まいと居場所の確保を行い、当初は定着支援センターの本来業務ではなかった**被疑者・被告人段階の支援**にも積極的に取り組んできた。本人・家族・弁護士・支援機関等から受けた相談や直接的な支援は663名であり、定着支援センターが開所してから13年間で1,053名の支援を行っている（2023〔令和5〕年9月30日現在）。

刑務所を真ん中にして「出口の支援」、「入口の支援」という区別がある。

それは司法側からの見方、考え方であり、大切なことは福祉を必要としている人がどこで福祉と出会うかである。釈放され「出口」に立っていた人が再び「入口」に立っている現状を見て、「出口」も「入口」もない支援が必要だということに、福祉関係者は早くから気づいていた。

C. 大切な視点

地域の中に住民票があるかどうかが福祉の援護の要件である。どこにも居所をもたない矯正施設出所者は、福祉の対象となりにくい。個々の生活困窮や孤立、虐待は地域社会の中に放置されている。複雑に絡み合った困難を本人と一緒に時間をかけて解決する窓口が必要である。たらい回しとなって福祉が捨てた人を司法が裁き、矯正施設の中に隔離・保護している。

経済的貧困や社会的関係性の貧困（孤独・孤立）により高齢者や障害者がひとたび犯罪者として検挙され刑罰を受けると、この問題はもう誰の問題でもなくなる。責任は罪を犯した当人に帰すべきと考えられ福祉は手を引く。辛うじて福祉につながっていた人も収容されることで住まいや支援から引き離され、長期刑であれば**職権消除**により住民票を失う。出所時に頼るべき者が不在であれば自力で地域社会の中に生活の拠点（住所）を得ることが難しい。一度失った住民票を復活させるためには住所を置ける場所を確保する必要があるが、身分を証明する物をもたない人にとってそれは至難の業である。住民票がないことで社会との接点がもてない、まともな仕事に就けない、各種申請ができないなどで再び刑務所に戻るしかないのである。

職権消除
市区町村が居住実態調査や家族からの申出などにより、住んでいないことを確認したうえで住民票を消除すること。消除された人は「住所不定」となる。

D. 犯罪に至った背景を探り対処する

2つの事例を紹介する。その人が「何をやったか」ではなく、犯罪に至ったとき「何が起こっていたのか」に着目して私たちは支援を組み立てている。なお、事例は個人情報保護のため加工を施している。

［1］高齢者の事例

(1) 本人の状況

Aさん（70代・男性）

漁師として稼働し結婚。その後自営業に従事したが仕事に失敗し家屋を手放し離婚した。Aさんについては「ギャンブル依存症」、「生活困窮で賽銭泥棒を繰り返している」、「四度の受刑歴があるが出所のたびに引受人になってくれる親切な知人がいる」、「気難しく短気」と事前資料に記載があった。

初回面接では「出所したら刑務所に入る前に暮らしていた借家に戻る」と語った。高齢であり認知機能の低下が認められた。

(2) 支援チーム

C市高齢福祉課、C市地域包括支援センター、借家大家、高齢者施設（短期入所）、特別養護老人ホーム（本入所）、法テラス、定着支援センター

(3) 支援の経過および結果

Aさんが収容されていた刑務所を訪ねるとぶっきらぼうな様子だった。年金振込通帳や印鑑、カードは「部屋にある」と不機嫌な表情で答えていたが、その後大家や関係者への聞き取りにより知人が老齢厚生年金を長年管理し、少額のみ本人に渡していることがわかった。主が不在となった木造の借家は朽ち果て倒壊寸前だった。孤独な暮らしがうかがえた。

合同支援会議（ケース会議）を開き、高齢福祉課と連絡を取り合い矯正施設入所中に要介護認定が行われた。二度目の面接の際、通帳は知人が持っていたと伝えたところ「やっぱりそうだったか。ほんとはあそこには帰りたくないんだ」と顔を曇らせた。Aさんは借家に帰らず「三食出る所がいいねぇ」と施設入所を希望した。

三度目の面接で高齢者施設のパンフレットを持参して説明した。そしてAさんの了解をとり、法テラス弁護士に依頼し知人に通帳の返還を求めた。その後、服役中に使い込まれていた現金が通帳に入金されAさんのもとに戻ってきた。Aさんは「ありがとう、ありがとう」と喜んだ。

釈放されてからしばらくは、故郷にある特別養護老人ホームに空室が出るまで某市の施設に短期入所した。そしてその間にAさんは定着支援センター職員と借家に行き自室の片づけをして心の整理を済ませた。役所の各種手続なども共に行った。Aさんは「この年になると引っ越しは億劫なものなんだよ」と話し、古い娘たちの写真を大切に持ち帰った。のちに2枚の写真を引き伸ばし額に入れてプレゼントした。「若いころは船乗りとして外国にも行き、年の離れた弟の学費も払ってやっていた」、「妻とは別れ、子どもたちに会いたいがもう会えない」と無念さを滲ませた。しばらくして故郷の海の近くの特別養護老人ホームに入居することができた。

定着支援センターは、頼る人のいないAさんの後見申立ての支援を行った。数年後、Aさんの後見人から亡くなる直前には、音信不通となっていた子どもたちや弟との再会ができたと報告を受けた。

(4) 事例のポイント

① Aさんが暮らしていた現地に行って生活環境のアセスメントを行った

（大家、暮らしていた家、賽銭泥棒をした神社、市役所、地域包括支援センターなど）。

②矯正施設にいるAさんに何度も会いに行き、関係形成を図った。

③「なぜ窃盗を繰り返すのか」ではなく、「Aさんに何が起こっているのか」というソーシャルワーカーとしての視点を大事にした。

④生活苦の背景にある問題に多職種と共に介入した。

[2] 障害者の事例

(1) 本人の状況

Bさん（40代・男性）

高校まで地元で過ごし、スポーツ推薦で大学に進学し実家を離れた。卒業後、サービス業で働き20代で責任者になった。あるとき、急に体調が悪くなり療養中に職場を解雇された。求職活動をしたが仕事に就くことができず、家族からの援助で暮らすようになった。金銭管理ができなくなり窃盗で執行猶予、その後、同様の事件で服役し満期で釈放された。三度目の服役のとき「右側頭葉てんかん、発作等による記憶障害、認知障害により通常の就労を含む生活は困難」として特別調整対象者となった。

(2) 支援チーム

D市障害福祉課、D市生活保護課、自立準備ホーム、居住支援法人、医療機関、基幹相談支援センター、障害者相談支援事業所、定着支援センター

(3) 支援の経過および結果

定着支援センターは、遠方の刑務所でBさんと面接をして釈放後の希望を聞いた。Bさんは服役中に精神保健福祉手帳を取得した。釈放後は**自立準備ホーム**に入居し、そこからグループホームへの体験宿泊を経験した。だが、頻繁に出かけて戻れなくなるなどしたため先方から入居を断られた。Bさんも施設ではなく単身生活を希望し、自立準備ホーム退去後は**居住支援法人**による住宅確保、見守り支援を受けてアパート生活を送ることになった。

役所での生活保護申請、自立支援医療の申請、国民年金の減免手続に同行し、行政、医療機関、基幹相談支援センター、障害者相談支援事業所などへのつなぎは定着支援センターが行い、居住支援法人と役割分担しながらフォローアップ中である。

自立準備ホーム
刑務所・少年院などを出所（出院）した後、帰る家のない人が、自立できるまでの間、一時的に住むことのできる民間の施設。期間は個人ごとに保護観察所が決定する。

居住支援法人
住宅確保要配慮者が民間賃貸住宅へのスムーズな入居促進を図るため、①家賃債務保証、②賃貸住宅への入居に係る住宅情報の提供・相談、③見守りなどの生活支援、④①～③に附帯する業務を行う。

(4) 事例のポイント

①障害、疾病がありながら地域生活を送るためのパスポート（障害者手帳等）や支援者をもたなかったBさんが、特別調整対象者となったこと

で福祉や医療や支援者につながった。

②「できない」と決めつけをせず、B さんが自分の暮らし方を自分で決めて行くのを見守った。

③公的サービスに加え、地域の支援者によるオーダーメイドの生活支援でB さんの暮らしが成り立つようになった。

E. 多職種連携のチーム支援

定着支援センターの役割は広域調整であることから、実践フィールドは地域社会全体である。罪を犯した障害者・高齢者の支援は定着支援センターだけで行えることではなくチーム支援が基本となる。多職種連携のチーム支援は次の通り行う。

①援護の実施市町村の調整をし、支援チームをコーディネートする。

②メンバーとして本当に必要な人を招集する（役職では選ばない)。

③それぞれの機関、それぞれの専門職がひとりの人を支える気持ちを共有し、自分の所では何ができるかを考える。

④会議の中でやるべき役割を確認し、次の会議にもち寄る。

⑤参加することで互いに喜びを共有できる会議とする。

⑥他の専門職の専門性を認め、互いに学び合える会議とする。

⑦会議記録をまとめチームにフィードバックする。

⑧釈放された本人をチームに迎える。

私たちは、連携の仕組みづくりのためにいくつかの独自の取組みを行っている。そのうちの1つである「司法福祉千葉モデル勉強会」を紹介する。千葉県では、法律家と共に2012（平成24）年9月から「司法福祉千葉モデル勉強会」を毎月開催している。参加者は守秘義務を守れる司法と福祉の専門職とし、「事例検討」と「ゲスト講話」で学び合っている。保護観察所、検察庁、法律事務所、矯正施設、更生保護施設、医療機関、福祉事務所、地域包括支援センター、相談支援事業所、基幹相談支援センター、福祉施設などあらゆる分野で働く専門職が組織や職種の垣根を越えて集まり、みんなで元気になる勉強会を継続している。

F. さいごに

定着支援センターの事業を語るとき、「センターは再犯防止をどう考えるか」と必ず問われる。それは誰にとっても最大の関心事である。しかし私たちが出会ってきた人たちは、もともと福祉の助けを得られずにいた障害者や高齢者である。目の前にいる人の生活課題に「気づき」、その人を「愛し」、変われることを「信じる」のがソーシャルワーカーである。信頼関係の構築から始まる支援は「再犯防止」の視点とは馴染まない。

定着支援センターの仕事とは何か。それは2つの事例からもわかるように障害者・高齢者の「再犯防止」ではなく「権利擁護」そのものである。権利擁護を仕事とする定着支援センターの職員に求められる支援技術や援助方法の中身とは、次のようにまとめることができる。

①人に対しての絶対的な信頼をもつ。
②問題の本質に近づくための努力（本人の問題は、本人だけが起こしているわけではない）。
③どこに、誰に働きかければよいのかに気づくアセスメント力。
④多機関・多職種との対等な立場での連携と協働（特に司法との関係）。
⑤人びとや資源、あらゆる物を組織し、調整していくコーディネート力。
⑥援助過程における、意識的なソーシャルサポート[(2)] の活用。
⑦地域社会に働きかけていく広報や企画力。

犯罪に至った背景
定着支援センターの実践からわかったのは、多くの対象者が、複数の障害や疾病を抱え、加害者となる前は、虐待、ネグレクト、金銭搾取、DV等の被害者であったことである。

注）
(1) 山本譲司『獄窓記』新潮文庫，2008および『続獄窓記』ポプラ社，2008.
(2) 渡部律子『高齢者援助における相談面接の理論と実際（第2版）』医歯薬出版，2011の「2章　援助関係を形成するもの―援助すること・されること」が参考になる。

理解を深めるための参考文献

● **浜井浩一『2円で刑務所、5億で執行猶予』光文社新書，2009.**
法務省職員として矯正施設勤務や保護観察官としての現場経験がある、現・龍谷大学教授が執筆。現場や当事者を知らなければ書くことができない内容であり、どんな人たちが矯正施設に収容されているのか、平易な文章で、よくわかる1冊。『罪を犯した人を排除しないイタリアの挑戦―隔離から地域での自立支援へ』（現代人文社，2013）など著書多数。

母との思い出、薬物依存症から回復への道のり

私が1歳の時に両親が離婚し、母は私を女手ひとつで育てた。私にひもじい思いをさせまいと、母は昼夜、働きづめだった。中学の時、初めて補導された。母が迎えに来て、普通なら叱るところを、ひと言「お腹減ってないか」と言い、ラーメンを食べさせてくれた。夢中でラーメンを食べる私を、隣で愛おしく見ていた母の表情は忘れられない。その時に母の思いを理解し、犯罪と無縁でいるべきだった。しかし、再び補導された。その翌日、母が留置場へ面会に来た。私は母に、謝ることも目も合わせることもしなかった。面会が終わる間際「お金を差し入れておくね」と言った母に、私は「金はいらない。帰れ」と言った。母はうつむき、寂しい顔で帰っていった。私は、母への暴言を後悔し、涙が止まらなかった。鑑別所送致後、集団室へ収容された。他の少年はお菓子を買って食べていた。私はお金がなく、「なぜ金を差し入れなかった」と筋違いに母を憎んだ。その後も悪事を重ね、生活は荒れた。母の金を盗み、パチンコに使った。母の再婚相手である義父は、私を怒り、殴りあいの喧嘩をした。私の留守中、義父は母へ暴力を振るい、母の腕の骨を折った。私は当時、覚せい剤に手を出し、仲間の家に入り浸っていた。母の骨折を知り、義父への怒りが抑えられず、義父を病院送りにした。私は余計、家に帰らなくなり、薬物依存は進行していった。その後、薬物絡みで何度も刑務所に入った。5度目の実刑となる頃、母は病気で入院していた。母の友人からの手紙で、母の病状を知り、「もう長くない」と悟った。母の死を知った時、雑居房で泣き続けた。母との最期の会話は、母に金を無心したが断られ、「ふざけんな」と一方的に電話を切ったというものだった。拘禁中で、母の最期も看取れない親不孝を恨んだ。「これを最後に、薬をやめる」と決心するも、出所後3日で再使用した。

そんな自分がダルクと出会い、「薬物依存から抜け出したい」と本気で願った。入寮前は、他人との共同生活が不安だった。今は仲間に日々支えられ、自分も仲間を信じ、過去と真逆の生活を送っている。何故もっと早くダルクを頼らなかったのかと思う。自分一人でどうしようもならない事も、同じ悩みを抱える仲間と支え合う事で、自らの変化を実感できる。一人は皆の為に、皆は一人の為に。これからダルクへ入る仲間がどんな人でも、私は全力でサポートし、共に回復の道を歩む。いつも笑顔でいられるように。ありがとうございました。

コラム　依存症支援と触法支援

精神保健福祉士として、**ダルク**で依存症の支援にかかわるうち、触法者への理解も必要と感じ、**地域生活定着支援センター**でも働き始めた。双方の支援を通じて感じたことを書いてみたい。

依存症からの回復に必要なのは、刑罰や禁止ではなく、人とのつながりであることがわかってきた。つながりを必要とするのは依存症者ばかりではない。信頼できるつながりや安心感を得られる居場所は、今や誰にとっても貴重な存在である。

ダルクのミーティングでは自らについて話し、仲間の話を聞く。同じ経験者である仲間との共同生活で、本当の自分を表出し、対人関係を学ぶ。その過程で、長く否認していた自らの病理に気づく。再使用しても、仲間は責めたり、蔑んだりしない。誰しも同じく、「今日一日、クリーンで過ごす」そういう日々を重ねてきたからだ。

「酒や薬をやめられないのは、快感が忘れられないからだ」というのは、誤解だ。やめられない自分を責め、自己嫌悪に陥っている当事者も多い。しかし、このことはあまり知られていない。「やめられないのは、意志が弱いから」と考える人はいまだ多い。依存症は病気、しかも慢性疾患だ。意志の力でやめ続けられるなら、その人は依存症ではないだろう。「依存症は病気である」ことが徐々に広まってはきたが、知識としての理解に留まり、共感まで至るにはまだ道は遠い。

さて、地域生活定着支援センターにおける触法者への支援と、ダルクにおける依存症者への支援は似ているところがある。

1つは、本人の意志をきちんと尊重するところだ。満期出所の人は、罪を償った人。依存症者は、治療や支援を要する人。いずれも支援者側の都合で支援を強制することはしない。本人の意志を尊重することは、本人が自分の選択に責任を取ることでもある。

また、「今日一日を無事に過ごす」ことの積み重ねで、生活を安定させていくところも共通している。再犯防止は、地域定着の結果であり、目的ではない。

当事者本人の事情や背景を知ることで、本人への共感が生まれるのは、触法支援や依存症支援にかかわらず、すべての対人援助に共通することだ。さまざまな当事者がいる。その一人ひとりに、われわれ支援する側と重なるところ。それが、必ずある。相手に興味をもち、知ろうとすれば、対話が生まれる。そして、そこから支援が始まる。

ダルク
DARC: Drug Addiction Rehabilitation Center
薬物（違法薬物に留まらず、処方薬や市販薬、アルコールも含む）依存症からの回復と社会復帰を目的とした回復支援施設。薬物依存症からの回復を望む者が共同生活を送り、薬物を使わない新しい生き方を目指す。スタッフはいずれも薬物依存症の経験者だが、近年は依存症経験者だけでなく専門職や関係機関など外部からのスタッフも増えている。ダルクは日本全国にあり、国内では66団体が94施設を運営している（2023〔令和5〕年1月23日現在）。それぞれのダルクは独立し、フラットに連携している。

4. 生活支援と「関係支援」の実践

ここでは、罪を犯した知的障害者、発達障害者を受け入れ、生活支援の中で「関係支援」に取り組むグループホームの実践例を紹介する。

グループホームを運営する特定非営利活動法人 UCHI（うち）は、2014（平成 26）年に設立、「生きづらさ」を抱えた知的障害者、発達障害者の支援を行う NPO 法人であり、**障害者総合支援法**に基づくグループホーム（共同生活援助）事業と刑事司法ソーシャルワーク事業にも取り組んでいる。

障害者総合支援法
正式名称は「障害者の日常生活及び社会生活を総合的に支援するための法律」。

NPO 法人の代表は、1997（平成 9）年から社会福祉法人のグループホーム設立から運営に携わり、多くの支援を必要とする軽度知的障害者、発達障害者のニーズに直面し、在宅で社会的に孤立する者、入所施設や精神科病院に社会的入所・入院する者、社会的養護された児童養護施設の児童、矯正施設に入所する者の受け入れを行ってきた。

その実践の中で、軽度知的障害者、発達障害者が抱える「生きづらさ」の問題を、「関係障害」として捉え、地域・社会の中で「関係支援」として解決していく取組みが必要であると考え、NPO 法人を設立した。

A. グループホームの概要

グループホーム「うち」は定員 26 名で、小規模分散型住居の巡回型支援を特徴としたグループホームである。

住居はすべてが民間のアパート、マンションで、定員が 26 名ながら 14 もの住居があり、2 名住居が 7 ヵ所、3 名住居が 2 ヵ所、さらにサテライトホームという 1 名住居が 5 ヵ所で、どの住居も地域住民と隣り合わせのつくりでグループホームとしての独立した建物はない。居住形態は、2 名から 3 名の共同生活居住と 1 名の単身生活住居、さらには 2 名ずつの結婚生活を支援する夫婦生活住居がある。

支援にあたる職員体制は、他が運営するグループホームの多くは非常勤職員中心だが、兼務も含めて常勤職員 8 名の手厚い職員体制を組んでいる。

B. 罪を犯した人の支援の状況

[1] グループホームでの受け入れ状況

グループホームでは設立から8年間で、成人15名、未成年6名の合計21名の、さまざまな罪を犯した人たちの生活支援に取り組んできた。そのうちの多くは、軽度知的障害と発達障害が合併した者や発達障害者である（**表9-4-1**）。

罪を犯した人たちの背景で共通するのは、知的障害、発達障害があり、家族や人間関係、社会との関係に問題を抱えていたことである。だが、早期に支援を受けることで、8割は再犯せずに社会の中で更生し自立した生活に向かっていった（**表9-4-2**）。

表9-4-1　受け入れ状況（2014年4月～2023年3月）

<table>
<tr><th colspan="2">受け入れ人数</th><th colspan="4">非行・犯罪</th></tr>
<tr><td>成人</td><td>15名</td><td colspan="4">建造物侵入（性犯）、窃盗、常習累犯窃盗、住居侵入、強要未遂、殺人未遂、傷害、現住建造物等放火、覚せい剤使用</td></tr>
<tr><td>少年</td><td>6名</td><td colspan="4">窃盗、銃刀法違反、虞犯、性犯</td></tr>
<tr><th colspan="5">受け入れ時</th><th>人数</th></tr>
<tr><td colspan="5">刑務所、少年刑務所（出口支援）</td><td>6名</td></tr>
<tr><td colspan="5">医療少年院（出口支援）</td><td>5名</td></tr>
<tr><td colspan="5">起訴猶予、執行猶予（入口支援）</td><td>6名</td></tr>
<tr><td colspan="5">更生保護施設、児童自立支援施設、依存症支援施設</td><td>4名</td></tr>
<tr><th colspan="2">知的障害・発達障害</th><th>発達障害</th><th>知的障害</th><th colspan="2">精神障害</th></tr>
<tr><td colspan="2">57.1%</td><td>19.0%</td><td>19.0%</td><td colspan="2">4.8%</td></tr>
</table>

出典）特定非営利活動法人 UCHI 2014-2023年度活動報告書から筆者作成.

表9-4-2　支援後の再犯

<table>
<tr><td rowspan="2">成人</td><td>再犯なし</td><td>80.0%</td></tr>
<tr><td>再犯あり</td><td>20.0%</td></tr>
<tr><td rowspan="2">少年</td><td>再犯なし</td><td>100%</td></tr>
<tr><td>再犯あり</td><td>0%</td></tr>
<tr><td colspan="2">犯歴・前科なしまたは1</td><td>犯歴・前科3以上</td></tr>
<tr><td colspan="2">0%</td><td>100%</td></tr>
</table>

出典）特定非営利活動法人 UCHI 2014-2023年度活動報告書から筆者作成.

[2] 刑事司法ソーシャルワークの実施状況

NPO法人では、2015（平成27）年12月に神奈川県弁護士会と神奈川県社会福祉士会との間に締結された「刑事弁護における社会福祉士等の紹介に関する協定」によって、弁護士会から社会福祉士会に福祉関係者の紹介依頼があると、刑事司法ソーシャルワークの研修（神奈川県社会福祉士会）を修了したNPO法人の職員を派遣し、社会の中で更生していくための福祉的支援体制をつくり、更生支援計画を作成する活動を行っている。

NPO法人を設立した2014（平成26）年度から2022（令和4）年度の9年間に、少年事件6件、成人事件35件（被疑者段階4件、被告人段階31件）、そのうち裁判員裁判9件の更生支援計画作成を行い、成人事件では、更生支援計画が情状証拠として認められ、執行猶予、保護観察付執行猶予、罰金刑等の判決により、社会内更生支援が行われることになった（**表9-4-3**）。

表9-4-3　刑事司法ソーシャルワーク実施状況（2014～2022年度）

<table>
<tr><td colspan="2" rowspan="3">少年事件</td><td rowspan="3">6件</td><td>障害</td><td>注意欠陥多動性障害、知的障害、発達障害（疑い）、知的障害（疑い）</td></tr>
<tr><td>罪名</td><td>強制わいせつ、大麻取締法違反、傷害、恐喝、窃盗</td></tr>
<tr><td>処分</td><td>保護処分1件、第一種少年院送致4件、試験観察1件</td></tr>
<tr><td rowspan="4">成人事件</td><td>被疑者段階</td><td>4件</td><td>障害</td><td>知的障害、知的障害（疑い）、発達障害（ASD、ADHD）、発達障害（疑い）、知的障害・発達障害合併、知的障害・精神障害合併、精神障害</td></tr>
<tr><td rowspan="3">被告人段階</td><td rowspan="3">31件</td><td>罪名</td><td>強要未遂、殺人未遂、傷害、窃盗、建造物侵入、器物損壊、住居侵入、現住建造物等放火、窃盗未遂、死体遺棄、強盗致傷、強制わいせつ致傷、未成年者誘拐、窃盗（特殊詐欺）、暴力行為等処罰、強姦罪（2017年より強制性交等罪）、詐欺罪、公然わいせつ、公務執行妨害、大麻取締法違反</td></tr>
<tr><td>処分</td><td>不起訴4件</td></tr>
<tr><td>判決</td><td>執行猶予付判決6件、保護観察付執行猶予12件、罰金刑2件、実刑11件</td></tr>
<tr><td colspan="2">更生支援で受け入れ</td><td>上記37件中5件</td><td colspan="2">強要未遂、殺人未遂、現住建造物等放火、窃盗</td></tr>
</table>

出典）特定非営利活動法人 UCHI 2014-2023年度活動報告書から筆者作成.

C.「生きづらさ」と生活支援の中での「関係支援」

[1] 知的障害者・発達障害者が抱える「生きづらさ」

知的障害、発達障害に共通するのは、それぞれの障害特性から人間関係、社会性に困難を抱えてしまいやすいということであり、日常生活および社会生活での配慮や支援がないと「生きづらさ」を抱えてしまうことがある。

近年、児童期の社会的養護、学齢期の学校教育、成人期の就労、精神保健、生活困窮、司法領域などで、知的障害者、発達障害者の「生きづらさ」の問題が社会的に顕在化し、障害福祉サービスなどの支援を受ける者が増加しているが、「生きづらさ」の問題に対処がなされないと、ひきこもりや、二次障害としての精神障害、社会的トラブル、依存症、犯罪につながってしまうことがある。

[2]「生きづらさ」と「関係障害」、「関係支援」

人は人生の中で生きていくために必要な関係性と社会性を獲得していくと言える。人生の出発点は家族に守られ、「家族的相互関係」の中で愛情や同情を受け、成長していくと家族以外の生活圏での身近な他者との「親密的相互関係」の中で、他者への共感が育まれていく。そして、学齢期になると、同年代の他者との「社会的相互関係」の中で社会性が育まれ、成人期になると、さらに多くの他者や社会との「社会関係」の中で、社会性が確立していくと言える。

しかし、知的障害、発達障害があると、関係形成の出発点である「家族的相互関係」に困難が生じることがあり、家族以外の他者との「親密的相互関係」の形成も困難になる。就学期以降はより多くの他者との「社会的相互関係」を形成しなければならなくなり、同級生等との関係に問題を抱えてしまう。そのように、家族や家族以外の他者との関係形成に困難が生じることを「**相互関係障害**」としている。「相互関係障害」があると、生きていくためのつながりの弱さをもたらしてしまうことになる。

成人期になると、多くの他者や見えない他者との「社会関係」の中で社会生活をすることになるが、人や社会との関係に問題を抱えてしまう。そのように「社会関係」の形成に困難が生じることを「社会関係障害」としている。「社会関係障害」があると生きていくための社会システムの中での選択の機会の減少をもたらしてしまうことになる。

さらに、社会生活に必要なことを決めるために必要な、「相互関係」や「社会関係」であるつながりが弱いと、社会システムの中での選択の機会が減少し、生きていくための自己決定（意思決定）の制約となる。そのことを「**自己決定（意思決定）関係障害**」としている。

「関係障害」は幼少期から成人期にかけて連なって生じる問題であり、「関係障害」があると、日常生活および社会生活での「生きづらさ」を抱えてしまうことになる。そのような、「関係障害」の解消に向けては、これまでのグループホームでの実践から、生活支援の中での「関係支援」が必要であると考えている。

[3] 生活支援の中での「関係支援」

「関係支援」とは、生活支援の中で、日常生活を支援・調整するケアと、社会生活を支援・調整するソーシャルワークを一体的に行うことであるとしている。

そのような「関係支援」を行う社会資源としては、生活支援の中でケアとソーシャルワークを行うことができる、**グループホーム**が必要である。

グループホームでの、実際の「関係支援」の取組みは次の通りである。

(1) 日常生活における相互関係支援

①話を聴く・受け止める・伝える、対話的アプローチ

②他者とのつながりを確認するアプローチ

③他者とのつながりによって問題解決するアプローチ

それらの「**相互関係支援**」によって、生きていくためのつながりを強めていく。

(2) 社会生活における社会関係支援

①多くの出会いと参加のきっかけをつくる移動支援

②就労や日中活動によって地域・社会とのつながりをつくるための交流支援

③生活課題を地域・社会で共有するための表現支援

それらの「**社会関係支援**」によって生きていくための選択の機会を増大させていく。

(3) 自己決定（意思決定）支援

日常生活における「意思決定支援」として、他者とのつながりの中で、「相談する」・「考える」・「決める」という、日常生活上の意思決定を行う経験を重ねることを支援する。

社会生活における「**自己決定支援**」として、多くの他者や社会とのつながりの中で、日常生活上の意思決定の経験から、さらに、「みる」・「わかる」・「決める」・「行う」という、人生の中での重要な自己決定を人や社会との関係の中での行うことを支援する。

(4) 自分史作成支援

これまでの人生とこれからの人生がつながるための**自分史作成支援**を行っている。

「関係障害」を抱えると自己肯定感が弱くなり、これからの人生に向かう中でこれまでの人生に足を引っ張られてしまうことがある。前向きに生きられる人ばかりではないので、あえて過去を語ってもらい、それを記述し、語られる事実の口述を、語り手と聞き手の相互作用によって、意味の再構築を行いながら自分史を作成していく。それによって、これまでと現

在とこれからを連続として考えることができるようになっていく。

自分史作成支援によって作成した自分史は、福祉関係者の研修や大学の講義などで話す機会があり、そのような社会活動も「社会関係支援」となっている。

[4] その人らしい暮らしの実現と「関係支援」

家族や身近な人との「相互関係」による暮らしの「安心と安定」が基盤となり、地域・社会への「移動」、地域・社会との「交流」、地域・社会での「表現」の中で、課題の社会的共有がなされ、社会的役割が生まれ、それらが「社会関係」となり、その人らしい暮らしの実現に向かうと考える。

その人らしい暮らしの実現には、家族関係機能、相互関係機能、移動支援機能、活動支援機能、相談支援機能、**エンパワメント**機能といった暮らしを支える機能が必要であり、その担い手となるのは、日常生活における「相互関係」と社会生活における「社会関係」による暮らしを支えるつながりである（**図 9-4-1、図 9-4-2**）。

エンパワメント
empowerment

図 9-4-1 「その人らしい暮らし」の関係性

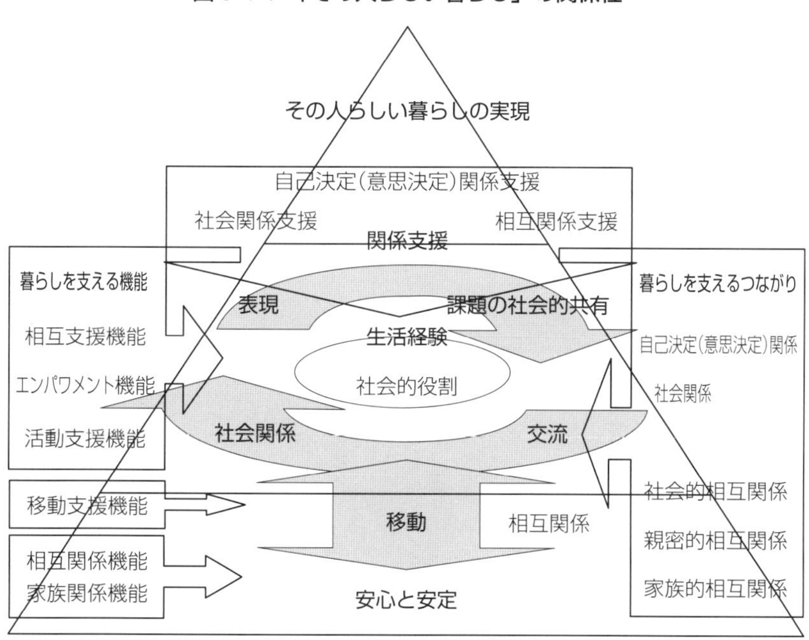

出典）筆者作成.

図 9-4-2　その人らしい暮らしの実現に向けた「関係支援」

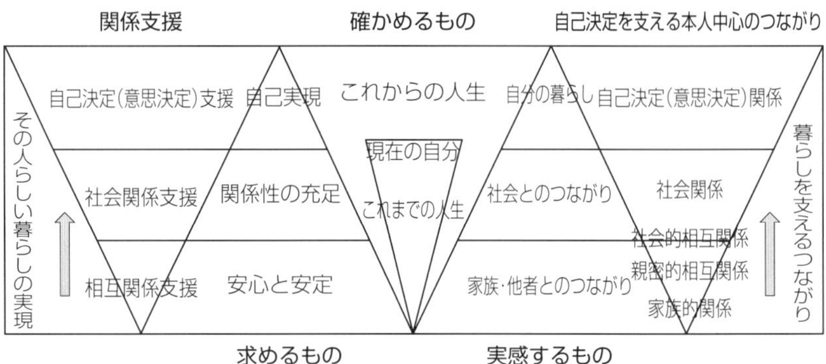

出典）筆者作成.

人は人生の中で、生きるために必要なつながりを獲得したとき、「しあわせ」を感じるのではないだろうか。障害があることでそれらがうまく獲得できなかった場合、生活支援であるケアと、生きるすべである「関係性（つながり）」を回復するソーシャルワークが必要であると考える。

そのような「関係性（つながり）」を回復する「関係支援」は、社会から隔絶した環境の中では成し得ないものであり、日常生活および社会生活の現実の中で個別になされるものだと言える。

コラム　支援の実践により、より良い社会へ

障害福祉の分野に飛び込んで35年が過ぎた。最初の勤務先は、重度重複障害者の日中活動を提供する事業所だった。糸賀一雄が唱えるところの「この子らを世の光に」を具現化する取組みである。一般市民の多くは重度障害者と出会う機会は少ない。街へ積極的に出ると初めは驚きの目を向けてくる。それはすぐに温かい眼差しにと変わる。ありのままの障害当事者の姿と支援者の取組みによって、社会に変化をもたらす役割を担えたと思う出来事だ。

この子らを世の光に
糸賀一雄『この子らを世の光に―近江学園二十年の願い』柏樹社, 1965（復刻版, NHK出版, 2003）.

時は流れ世紀も改まった頃、新たな配属先で地域生活をしている中・軽度の知的障害者の相談支援に携わることとなった。重度障害者の支援で経験からかかわれば必ず良い結果は生まれると信じていた。

甘かった。毎日のように課題が噴出するのだ。浪費や他者とのトラブル、健康問題等々、解決すべき課題は多岐にわたる。支援者の目線では福祉のサポートを必要とする人たちだが、彼らからすれば支援者は、常に上から見下ろし、口やかましく正論を振りかざす、自身が描く自由な生き方を奪う存在なのであろう。関係の構築は重度障害者のそれとは別次元の困難さを思い知らされた。社会全体も中・軽度の知的障害者への施策も薄かったこともあって取り残された感は否めない。

程なくして、刑務所から戻ってくる人の支援を依頼された。聞くと既に複数回の受刑経験があるという。先入観はもつまいと思いながらも身構えてしまう。初対面の日、どんな強面が現れるのか緊張した。その緊張はあっさり覆される。そこにいたのは普段かかわっている中等度の知的障害のある中年男性。端的に表現するなら天真爛漫なオジサンだった。そこで、疑問が湧く。「なぜ、この人が刑務所に…何回も…地域で支えられないのか…福祉や司法は何をしてるのだ…」である。

支援を始めて数ヵ月、オジサンは警察に捕まる事件を起こしてしまう。支えきれなかった悔しさを感じた。同時に初対面で感じた疑問を払拭する好機が訪れたのだと発想の転換をした。

しかし、その頃は司法と福祉をつなぐものがなく暗中模索の戦いだった。弁護人や関係者と協力体制を作り、オジサンを刑務所と地域のシャトル状態から解放したかった。そのため、裁判後の暮らしを支援してくれる福祉事業者にたどり着いた。オジサンの同意をとりつけ、情状証人として福祉支援の有効性を証言し、支援の継続を述べた。

その後、グループホームで暮らし、今は紛れもない好々爺となった。

5. 出所者支援と当事者への生活支援の実践

私が出所者支援と当事者への生活支援にかかわるようになったのは20代前半の頃からだ。知り合いからの紹介で、**保護観察中**の対象者に出会った。30代中頃までに18人の対象者と付き合い、更生や再犯防止の手伝いをしてきた。この頃は少年事件が中心だったが、今は犯罪全般を対象に支援活動と被害者支援をしている。

保護観察中　紹介されたのは少年である。少年審判で保護観察所の保護観察に付された少年で、少年法24条「保護処分の決定」に定められている。

出所者支援と当事者への生活支援の具体例を用いて説明する。支援の流れや手順を説明するに当たり、個人を特定できないようにした。

A. 事例：「刑務所に入りたかった」女性への支援

①保護観察中に刑務所に行きたいと事件を起こし逮捕された女性（20代・入所歴2回・グループホーム入所中・障害者手帳所持2級・連絡取れる身内無し・同性愛）

②弁護士からの依頼で**面会**と手紙交換をする。普通に話ができないほどに病状が悪いことがわかる。その後、**留置中**・**勾留中**に**精神科医の診察**を受け薬を処方される。

面会　留置場（警察署内の収容施設）と拘置支所（法務省が所管する刑事施設で主に未決拘禁者を収容するための施設。拘置所は全国に8ヵ所あり、拘置支所はおおむね各県に1ヵ所ある）での面会。

留置中　逮捕後、警察署の留置場に収容（留置）された。ここでの面会時間は15分に制限されていた。

勾留中　逮捕から起訴と手続が進むとき身柄は留置場から拘置支所に移される（勾留）。拘置支所の定員の関係などで判決まで留置場に収容されることもある。ここでの面会時間は30分に制限されていた。

精神科医の診察　留置中・勾留中に行われる精神科医の診察は被疑者本人からの申出（弁護人が代理するときもある）などにより行われる。この事例では精神科医が3人変わった。精神科医を信用できなかったと話していた。

③**ケース会議**（MHSW・CSW と**弁護士**が参加）を開催する。病院へつなぐこと、私が**情状証人**になることを決める。精神科病院の **MSW** と連携する。

ケース会議　私が作った支援グループ内の事例検討会議のこと。現状を報告し何をどうできるのかを話し合うもの。
MHSW　精神保健福祉士のこと。参加したのは支援グループ所属のメンバーで、自立して活動している。
CSW　社会福祉士のこと。参加したのは支援グループ所属のメンバーで、グループホームで働いている。
弁護士　事例の女性の国選弁護人のこと。支援グループ所属のメンバーで、独立して事務所を設けている。
情状証人　ケース会議で私が情状証人を引き受けることになる。地域に戻るときの医療と福祉へのつなぎとその手続の説明をすることになる。
MSW　医療ソーシャルワーカーのこと。連携した MSW が所属する精神科病院では、事例の女性が初診で診察を受け、通院か入院かグループホームかを決めることになった。

MHSW
mental health social worker

CSW
certified social worker

MSW
medical social worker

④裁判で**証人尋問**を受ける。地域生活の内容（生活保護手続・受診・障害者手帳作成手続など）を具体的に説明する。判事からよろしくお願いしますと言われる。

証人尋問　刑事裁判のとき情状証人として法廷に入り弁護人・検事・判事からの質問に答えた。実刑確実という状況の中での尋問はいつになくあっさりしていた。

⑤**保護観察付執行猶予**中の再犯なので実刑（懲役２年）になり**矯正施設**へ行く。

保護観察付執行猶予中　判決で懲役×年執行猶予△年との判決があり、さらに保護観察に付されていた。
矯正施設　ここでは刑務所のこと。男性が入所する「○○刑務所」の隣に「○○刑務支所」として女性が入所する刑務所が設置されているところがある。この事件の女性は刑務支所に入所した。

⑥手紙交換と面会（遠隔地のため年に１～２回）、図書の**差入**をする。図書選定は本人の希望に基づき行い、感想を手紙に書いてもらう。矯正関係・入所者関係図書を好んで読む。

差入　刑務所に入所中の人に図書などの差入をすることができる。刑務所に持参して行うことができるし郵送によって行うこともできる。差入には細かい注意事項があるので要注意。

⑦**入所時環境調整**あり、**保護司**の訪問を受ける。**担当保護観察官**へ出所後の支援内容を説明する。

入所時環境調整　刑務所に入所して間もなく行われる生活環境の調整のこと。刑務所から帰住予定地の保護観察所に連絡が行き、それを受けた保護観察所は担当保護観察官と担当保護司を決める。保護観察官から連絡を受けた保護司は家庭訪問（実家・引受先・就労先など）を行う。
保護司　法務大臣が委嘱する。保護司法３条「推薦及び委嘱」に定められている。
担当保護観察官　保護観察所などに置かれる国家公務員で、複数の対象者を担当する。更生保護法31条「保護観察官」に定められている。

⑧月に2～4回届く手紙には、**調査**あり**懲罰**を受けた・自殺未遂し監視カメラ付個室に入った・工場でトラブルを起こし泣いた・昼食の席順を変えられぶん殴りたくなった・どうして**単独室**か・精神科医に心を開けないなどと書いてきた。**クールダウン**（自分の部屋に戻りグルグル回る）をしたと何度も書いてきた。

刑事収容施設法
正式名称は「刑事収容施設及び被収容者等の処遇に関する法律」。

調査　刑務所内でトラブルを起こすと調査の対象になる。刑事収容施設法154条「反則行為の調査」に定められている。
懲罰　調査に基づき懲罰を科せられる。刑事収容法155条「懲罰を科する手続」、156条「懲罰の執行」に定められている。
単独室　共同室か単独室かについては刑事収容法35条「未決拘禁者の処遇の態様」、37条「各種被収容者の処遇の態様」に定められている。できる限り単独室とされているが集団処遇を行うため共同室に入ることが多い。
クールダウン　事例の女性が言う表現。工場などで心の中で問題が起きたときクールダウンしていると何度も手紙で書いてきた。単独室に戻り部屋の中をグルグル回るのだということだった。それを目にする他の入所者から迷惑だと言われているとのこと。

⑨ケース会議（MHSW・MSW・弁護士）を開催する。精神科のある病院のMSWを同行して面会すること。**入所中の診察記録か診断書**発行をお願いすることを決める。本人へ手紙で知らせる。

入所中の診察記録か診断書　入所中の診療については、刑事収容法201条「診療等」、202条「指名医による診療」に定められている。この診療記録か診断書を出してもらえるかと手紙を書き本人から職員へ話してもらった。

⑩MSWの予定の準備ができた頃（**満期日**の10ヵ月前）本人からの手紙に**仮面接**があったとの記述あり、その後**委員面接**が終わったとの手紙が届く。これによってこちらで想定した**仮出所日**（満期日の1ヵ月前）が早まることがわかり、MSWの面会を中止する。

満期日　入所した女性は懲役刑の判決を受けた。満期日とは刑期が終了する日のこと。懲役などのことは刑法12条「懲役」、21条「未決勾留日数の本刑算入」に定められている。
仮面接　地方更生保護委員会の委員の面接を本面接、その前に行われる面接を仮面接と入所中の女性は呼んでいる。
委員面接　地方更生保護委員会の委員が面接すること。更生保護法16条から19条に組織のことなどが定められている。この委員面接は仮釈放を許す前（更生保護法16条）に行われている。
仮出所日　刑法28条「仮釈放」に定められている手続を行った後に決められる仮釈放日のこと。

⑪仮出所（本人もこちらも直前まで知らされない）を想定し満期日の8ヵ月前に面会に行く。出所直後の予定・手続の確認をする。

⑫**仮出所前環境調整**あり、保護司の訪問を受ける。保護観察官に支援の具体的内容を説明する。

仮出所前環境調整　入所時環境調整と同じことを委員面接の後の頃に再度行われる。

⑬刑務所から**引受人**である私に**出所通知と出迎え問い合わせ**の通知文が届く。仮出所が満期日の6ヵ月前とわかる。急遽出所準備に入る。アパート確保と鍵を預かる・保護観察官と保護司との面接日時調整・生活保護手続事前打合せ・障害者手帳作成事前打合せ・MSWとの面接と精神科受診日時調整などを行う。

引受人　証人尋問のとき身柄を引き受けることを説明している。二度の環境調整のとき保護司にその趣旨を説明し保護観察官にも説明をした。刑務所はそれを受け私を引受人として認めた。
出所通知と出迎え問い合わせ　刑務所から引受人の私のところに出所日の連絡と出迎えのことについて通知文が届く。仮出所日の半月前のこと。

⑭病気について、**紹介状**を書いてくれることになったとの手紙が届く。

紹介状　入所中の診察記録か診断書を出してもらえるよう入所中の女性から申し出た。その結果、通常病院間で使われている紹介状が出るとの手紙が届く。

⑮仮出所日。出迎えし、約束した刑務所近くのコンビニに行き、ケーキとコーヒーを買いイートインコーナーで話をする。仕切りや柵がない状態で話すのは初めてになる。ここで2つの事実関係を知る。同性愛は中学生のとき身内からのレイプで男が嫌いになったことによること。紹介状に統合失調症との病名が書かれていたこと。本人はこれまでに統合失調症と言われたことはなかった。

⑯保護観察所に直行し**保護観察官面接**を受け、**遵守事項**の説明を受ける。保護司とは数日中に会うとの話になる。その後、市役所に行き生活保護の手続に入る。**ケースワーカー**の家庭訪問は明日になる。出所日は生活保護の手続に集中し、2日目に保護観察所を予定したいと担当保護観察官と交渉したが認められなかった。このことによって生活保護の実質的手続は2日目になり、出所日にアパート入居費用と生活費を用意できなくなった。アパートの賃貸借契約は交わせなかったが、仲介業者の協力により入居できた。水道光熱関係のつなぎもできた。寝具（後日戻す約束）・食料品などを提供する。

保護観察官面接　仮出所するとその足で保護観察所に出向き担当の保護観察官と面接を行う。ここで遵守事項が説明される。
遵守事項　保護観察対象者は遵守事項を遵守しなければならないと更生保護法50条「一般遵守事項」、51条「特別遵守事項」に定められている。
ケースワーカー　福祉事務所（社会福祉法14条に規定されている福祉に関する事務所）に所属するケースワーカーのこと。

⑰仮出所2日目。市役所で生活保護手続・家庭訪問・入居時費用と生活費支給と進む。**什器**などの費用の相談をする。窓口を替え障害者手帳作成の相談をする。明日精神科医の診察と伝える。

什器　生活保護法による保護の実施要領に家具什器費（炊事用具・食器など）の支給のことが定められている。

⑱仮出所3日目。精神科病院に行き**MSWの面接**を受け精神科医の診察を受け**薬を処方**される。自立支援医療費支給認定申請に必要な書類をMSWに渡し、後日取りに来ることを話し合う。什器・寝具などをまとめて購入できる店に行き見積書を作成してもらう。100円ショップに行き生活必要物品を購入する。ここまでは事前に調整済みの予定での動きになった。

MSWの面接　精神科医の診察の前にMSWの面接をお願いした。予約なしで電話相談などができるようお願いした。
薬を処方　入所中に処方されていた薬の説明をすると、同じものが処方された。

⑲仮出所4日目からは、精神科病院通院・リハビリ体験活動（自然保護活動・農作業・ハイキングなど）参加・自助グループ（自分語り）に参加しながら地域生活を続けている。

B.「出所から」では遅い介入のタイミング

この女性の人生は、虐待からレイプ被害と続き、刑務所へ逃げ込むものになっている。母親の顔を見たことがなく、父親と生活してきた。この女性とのかかわりは現在も続けている。一方でかかわることができなくなる対象者のほうが多いという現実もある。

出所者支援と当事者への生活支援を一つのものとして捉え、かかわることが重要だ。このとき一番大切なことは、出所時支援ではなく逮捕直後から入所までのかかわりである。ここでの関係構築ができていないと、ここで切れてしまう。どこの刑務所に行ったのかについて、通常は家族にしか知らされないからだ。**国選弁護人**や**国選付添人**も知ることができない現状にある。さらに少年事件においては、家族以外の**引受人**や**雇用主**でも**審判**にかかわることは滅多にできない現状がある。家族がいても、その家族が関係を嫌ったり本人を支援しないと宣言されてしまうと、それで終わりだ。支援するにはこれらの現状にめげずに続ける必要がある。

国選弁護人　刑事訴訟法37条・37条の2に定められている。
国選付添人　少年法22条の3に定められている。
引受人　少年審判の前に国選付添人などを通して少年の身柄を引き受けることを家

庭裁判所に申し出た人などのこと。
雇用主　少年審判の前に国選付添人などを通して少年を雇用することを家庭裁判所に申し出た事業主などのこと。
審判　少年審判のことで、少年法３条「審判に付すべき少年」に定められている。

出所者支援で気をつけることは、出所時からの出会いになると、裁判のときの証人尋問・**被告人質問**・**求刑**・**弁論**などの内容を知ることが難しく、支援のスタート時に判断を誤ってしまうことがある。慎重な対応が必要だ。仮出所前環境調整と出所後の保護観察官面接時の遵守事項について、支援者の立場からみると無理と思われる内容が含まれることがある。本人と話し合う時間を十分にとることが大切だ。

被告人質問　刑事裁判の中で行われる被告に対する質問で、弁護人・検事・判事の順に行われる。
求刑　刑事裁判の中の最終局面で検事が懲役×年などの刑罰を裁判所に求めること。
弁論　ここでの弁論とは検事の求刑の後に行う最終弁論のこと。

C. 加害者は被害者のことをどう捉えているのか

本人の話を聞きながら、被害者のことをどのように話す（表現する）か、どう捉えているのかに注意している。こちらで導かず、被害者の話が出るまで待つ。この段階で、本人の反省状況や再犯防止・更生の可能性がおおむねわかる。これらを踏まえ、ケース会議を開催しながら体験活動などを提案し、一緒に参加する。常に被害者のことを心に置きながら加害者にかかわっている。それが私の出所者支援、当事者への生活支援である。

6. 犯罪被害者支援と加害者の更生支援の実践

私が犯罪被害者支援と加害者の更生支援にかかわるようになったのは20代の頃だ。この支援活動はそれぞれ大切な活動である。それぞれの分野で活動する人たちはいたが、加害者の更生支援をしながら被害者支援もする人は私が知る限りはいなかった。私がこの両者を意識するようになったのは、ある少年事件との出会いがきっかけだった。

A. 事例1：加害少年とその家族の間にあった厚い壁

高校生で、何人もの幼女の体を触り**審判**で**保護観察**になった少年がいた。知り合いから紹介され、週に1回のペースで会うことになった。会う場所は少年の自宅の個室。漫画の単行本がいっぱいあったので一緒に読んだり話をしたりした。両親は大卒で、父親は大会社の部長、母親は専業主婦だった。父親は帰りが遅く、子どものことは母親任せの状態で、母親は教育ママだった。少年の妹は教育ママに応えることができていたが、少年はできていなかった。これによる反動なのか、反発なのか、幼女の体を触る行為に走ってしまっていた。

審判　少年審判のことで、少年法3条「審判に付すべき少年」に定められている。
保護観察　少年審判で保護観察所の保護観察に付された少年で、少年法24条「保護処分の決定」に定められている。

数ヵ月が過ぎた頃、私は少年が自殺するのではないかと思い始めた。それを確信したのは、訪問した際、夕食に誘われ、少年を含めて一緒に食べたときのことだった。一言も話が出ないし、いつもは家族とは一緒に食べていないのではないかと思われる雰囲気だった。少年と家族との間には厚さ10cmくらいの壁があるように見えた。実は夕食がどういう状態なのか見るために訪問する時間を段階的に遅くし、夕食の時間帯にかかるようにしたのだった。夕食の状態を見て確信した私は、**関係機関**などへの働きかけをした。しかし、何もしてくれなかった。その後、少年は自殺してしまった。母親には「これで良かったのです」と言われ、「焼香」を断られた。この少年とは加害者として出会ったが、彼は被害者でもあったのだ。

関係機関　この時点で働きかけをしたところは、保護観察所・市役所など。

当時、犯罪被害者支援をしながら加害者の更生支援をする人に出会ったことはなかった。今でも滅多に出会わない。それぞれ別々の支援活動でいいのかとの思いが私の「小さなこだわり」だ。

B. 事例2：万引きを止めない少女の居場所を探して

人づてにある家族を紹介された。中学生の女子が万引きを繰り返し少年院に入所中とのことだった。家族からの依頼内容は、**仮退院**したらボランティア活動をさせてほしいとのことだった。仮退院後は自宅に戻り、通信制（両親の表現）を利用して勉強をさせたいとのことだった。家族の説明を聞きながら「これではダメだ」と思った。審判のときの**付添人弁護士**の名前を聞いたところ、知り合いの弁護士だった。早速会いに行き「何をやっているんですか」と問い質した。弁護士は「そんな審判をしていない」「治療」だとみんなで確認したとのことだった。

> **仮退院**　少年院法135条・136条などに定められている。少年が満20歳に達する前に退院すること。
> **通信制**　不登校の中学生などが利用する通学型の施設のことで両親は通信制と表現していた。
> **付添人弁護士**　通常の裁判のときの被疑者は弁護士を弁護人とするが、少年事件のときは付添人として弁護士が付くことがある。少年法10条「付添人」に定められている。

万引きで逮捕され、審判で保護観察になり、保護司がかかわっている中で今回の事件が起きた。この子が5歳の頃に両親が離婚しており、父親が引き取った。間もなく父親は再婚し、弟と妹が生まれた。小学生になった頃から万引きが目立つようになったと両親から説明された。5歳の頃は父親と一緒に寝ていたのかな、新しい母親が来たときどう思ったのかな、弟と妹が生まれたときどう思ったのかな、父親は弟と妹にどう接したのかな、などと思った。

仮退院後、本人と何度も会い話し合う中で、いろんなことを聞いてみたいと思った。でも、就学という路線が決まっていて、本人もそれでいいという中で、その話をすると迷わせるのではないかと考え、しなかった。話をしなければと思いながら、できなかった。ここに支援の難しさがある。

仮退院後に取り組むボランティアの話では、**委員**から言われたと本人は話していた。本当にそうかどうかはわからないが、本人はそう受け止めていた。事件を起こす前に担当していた**保護司**は、仮出所後も引き継いだ。入所中に2回の**面接**を行い、**担任**とも話し合ったとのことだった。熱心な保護司だ。**担当保護観察官**も変わらず保護司と同じ考えで対応している。

両親は保護観察官・保護司と何度も話し合ったとのことだった。こうした関係者の努力から、治療より勉強優先、余暇時間はボランティア活動という理想と思える方向性を出した。本人もそれでいいと話している。本当にそうだろうか。言わされているのではないだろうか。本人を取り囲む人たちによって手続が進みやすいように組み立てられたのではないだろうか。本人はその後も万引きを止めていない。

委員　地方更生保護委員会の委員のこと。更生保護法16条から19条に組織のことなどが定められている。
保護司　法務大臣が委嘱する。保護司法3条「推薦及び委嘱」に定められている。
面接　少年院法では「面会」(92条)としているが、医療や福祉施設の担当者・付添人だった弁護士・雇用主・保護司などが面会するときは面接と言うことがある。
担任　少年はいくつかの寮に分かれて生活する。この寮には主に法務教官(少年院・少年鑑別所などに勤務する専門職員)が担当で付く。この法務教官は数人の少年を担当する。これを「担任」と呼んでいる。
担当保護観察官　少年院に送致後の環境調整(引受先の調整など)で少年を担当する保護観察官と保護司が決められる仕組み。

この中学生は「被害者」だなと思った。私はかかわり方を変更し、被害者と思いながら接することにした。私の変化に気付き、私との接し方が変わり、話の内容も変わった。私は被害者のことも加害者のことも考え続けてきて良かったなと思った。

その後、20歳まで**保護観察**が続いた。少年院を仮退院し、20歳まで保護観察が継続された事例は初めてだった。

20歳まで保護観察　少年の保護観察期間は20歳に達するまでとされている。更生保護法66条「保護処分の期間」に定められている。しかし、多くの少年は数年以内に「解除」(更生保護法69条)されているので、20歳までに解除されない事例は少ない。

犯罪被害者支援と加害者の更生支援はそれぞれ難しいものだ。被害者と加害者の思いとは別に、支援者は冷静に対応する必要があるし、当事者の人生を受け止めながら判断する必要があると思う。私が持ち続けた「小さなこだわり」は、加害者が再犯しないようにかかわりながら、被害者のことにも思いを馳せることだ。

コラム 「あたりまえ」を疑い、「仕方ない」を超えていく

精神保健福祉士は、自らを「クライエントの社会的復権・権利擁護と福祉のための専門的・社会的活動を行う専門職」であると「精神保健福祉士の倫理綱領」に規定している。

しかし、実際の私たちは、精神障害者に対する社会的排除や権利侵害に対して明確に反対の意思を示してはいない。それればかりか法律や診療報酬に取りこまれ、彼らの権利を侵害する歯車の一つとして機能している。例えば、医療保護入院では、後見人や保佐人である精神保健福祉士が、本人の意思に反した入院に同意する。あるいは、市町村に勤務する精神保健福祉士が、市町村長同意を取り、非自発的入院を可能にするといったことが日々繰り返されている。本来クライエントの権利擁護を担うはずの精神保健福祉士が、法に基づいた「役割」を担い、所属機関から与えられた「業務」をこなすなかで、彼らの権利を侵害している。

私自身も精神科病院に勤務していた際には、非自発的入院や行動制限に疑問を抱かず、精神保健福祉法に沿って入院が行われるように「業務」をこなしていた。それがクライエントにとって、どれほどの権利侵害であるのか、今から思うと十分に考えていなかったように思える。

われわれが、本当に「クライエントの社会的復権・権利擁護と福祉のための専門的・社会的活動を行う専門職」であることを志向するのであれば、法律に規定された「役割」や「業務」を、「あたりまえ」で「仕方がない」こととして受け入れてはならない。らい予防法や優生保護法において、専門職が法に規定された役割を担い、被害者の尊厳を傷つけ、彼らの権利侵害に加担したことを忘れてはならない。

今、**伊藤時男**さんという長期入院を強いられた方が、長期入院の解消を怠った国の不作為を問うために**精神医療国家賠償請求訴訟**を起こしている。この訴訟を支援する活動には、多くの精神保健福祉士が参加している。彼らは、この訴訟の支援を通して、この国で「あたりまえ」、「仕方がない」とされてきた精神医療のあり方を変えることを目指している。

このコラムを読んでいる学生には、クライエントとの「かかわり」を通して、自らが「何のために」、「何を為すべき」であるのか考えてもらいたい。そして、他者とともに歩める専門職になって欲しい。

➡ 伊藤時男「精神医療国家賠償請求訴訟の原告に立った訳」高岡健・古屋龍太編『精神医学と精神医療』新・精神保健福祉士シリーズ1, 弘文堂, 2023, pp.248-249.

第10章 犯罪被害者の支援

犯罪の多くには加害者と被害者がいる。刑事法は加害者と加害行為を中心として考えるが、本章では、刑事司法における被害者への支援とその重要性を学ぶ。そして、被害者支援は、加害者の社会復帰や再犯防止においても大事な柱となることを理解する。

1

刑事司法において、犯罪被害者は、「忘れられた存在」とされてきた。刑事司法の役割を考えながら、刑事司法における犯罪被害者の法的位置づけの変遷を学ぶ。

2

被害者への配慮の必要性が認識されるようになったことから、2000（平成12）年に犯罪被害者等保護法、2004（平成16）年に犯罪被害者等基本法が成立するなど、さまざまな立法が相次いだ。犯罪被害者支援に関するこれらの法律を理解する。

3

刑事手続における捜査・公判・矯正・保護の各段階で、さまざまな機関によって行われる被害者支援制度を学ぶ。また、被害者等給付金についても理解する。

4

刑事司法機関だけではなく、民間団体である被害者支援センターや、法テラス、地方公共団体における被害者支援の取組み状況について知る。

1. 犯罪被害者の法的地位

A. 犯罪被害者等

本節では、刑事司法の枠組みの中で被害者とはどのような位置づけなのかを見てから、被害者等の支援について概説してゆく。

2004（平成 16）年に成立、翌 2005（平成 17）年に施行された**犯罪被害者等基本法** 2 条によれば、犯罪等とは、「犯罪及びこれに準ずる心身に有害な影響を及ぼす行為」をいい、犯罪被害者等とは、「犯罪等により害を被った者及びその家族又は遺族」とされる。つまり、犯罪と定義される行為による被害者だけではなく、少年や**触法精神障害者**の行為による被害者も含まれる。そもそも、公表されている刑法犯等の認知件数はあくまで警察が把握できている数値であって、さまざまな理由によって、警察に被害を届け出られない被害者等も存在している。統計において数字としては出てこない被害者がいることにも留意が必要である。

犯罪被害者は、従来から、刑事司法の分野で「忘れられた存在」とされてきた。刑法は犯罪と刑罰を定めたものであり、刑事法の分野においては、その主眼は加害者の側にあって、加害者の行為が犯罪に該当するのか、刑罰を科すのか、自由刑が科された場合にはどのように社会復帰させるのか、どのように再犯を防止するのか、という点が中心であった。しかし、近年は犯罪被害者の置かれた立場に関心が高まり、被害者への援助は国にとっても重要課題であるとされ、さらに加害者の改善更生や再犯防止対策においても、被害者の存在が重要だと認識されるようになってきた。

刑事収容施設法
正式名称は「刑事収容施設及び被収容者等の処遇に関する法律」。

たとえば、刑法の一部改正における**拘禁刑**の導入のほか、**刑事収容施設法**等の一部改正によって、**犯罪被害者等の心情等の聴取・伝達制度**が開始された。2023（令和 5）年度から 5 年間の第 2 次**再犯防止推進計画**においても、心情等伝達制度の充実が謳われている。

B. 刑事司法における被害者

刑事司法において、被害者が忘れられた存在としてその存在が置き去りにされてきた理由の一つは、前述したように、**刑法**が、犯罪と刑罰を定義するものであり、被害者ではなく加害者や加害行為を学問の対象としてきたことにある。つまり、当該加害者の加害行為が、刑法の規定する犯罪行為に該当する行為であるのか、該当した場合にその行為が本当に違法と言えるのか、あるいは本人に責任を問う必要があるのか、そして刑罰を科す必要があるのか、ということを厳密に解釈してゆくのが刑法なのである。刑罰とは死刑をも含む、本人にとっては利益を侵害され、苦痛を伴うものである強制的な手段であるから、そのような刑罰を規定する刑法に関する解釈は、厳密を要する。犯罪事件が起きると、まず**警察**の捜査が行われるが、その主眼は犯人を検挙することである。そして刑事司法の究極的な目的は、適正な手続で加害者に対して処罰を与えることにあるから加害者が中心となるのも当然のことであった（第2章参照）。

つまり、刑事司法手続の中では、被害者に**訴追権**は与えられておらず、捜査はすべて国家を代表して警察あるいは検察が行う。公判を行うかどうかの決定権は**検察**にしか与えられず、検察は送致されてきた事件について、訴追するかどうかを決定する権限を有している。そして、すべての事件が起訴されるわけではなく、検察の裁量によって公判開始が決定される**起訴便宜主義**が採用されている（第2章1節参照）。

刑事司法における裁判制度の目的も、被害者を救済するということではなく、**裁判官**が被告人を適正な手続によって裁き、刑罰を科すところにある。犯罪行為に対して刑罰が科されるのは、行為者の違法行為に対する非難のためである。刑罰の本質に国家からの応報という視点はあっても、刑罰は犯罪被害者支援のために存在するわけではないのである。

そのような中にあって、被害者は、従来、捜査段階において**参考人**として、あるいは公判において**証人**として、つまり情報提供者として刑事手続に関与することはあっても、刑事司法機関から事件の情報を受けることが制度として定められているわけではなかった。そのため、被害者について、事件からの立ち直りができない、刑事司法機関への信頼を失って遵法意識が高まらない、などという指摘が従来からなされてきてはいたものの、刑事法の中において犯罪被害者は「**忘れられた存在**」とされてきたのである。

しかし、次節以降で述べるように、犯罪被害者等が配慮を求める声を上げ始めたほか、諸外国からの影響もあり、実務家と研究者たちも被害者への配慮の必要性を認識するようになり、近年の立法で被害者をめぐる法制度は大きく変わった。さらに、被害者への支援制度は、加害者の社会復帰や再犯防止施策にも組み込まれるようになったのである。

2. 犯罪被害者支援に関する法

A. 被害者支援の必要性の認識

欧米では、1950年代以降、特にイギリスやアメリカにおいて犯罪被害者に対する支援の必要性が認識されるようになり、1960年以降、ニュージーランドやイギリス、カナダ、ドイツなど先進的な諸国では被害者補償制度が開始され、1970年代にはさまざまな制度の整備が行われるようになってきた。これは、欧米諸国では、いわゆる人権意識が高く犯罪被害者の人権や福祉への関心が高かったこと、またキリスト教を背景としたボランティア活動に対する意識が高かったことが要因である。

三菱重工ビル爆破事件
東京丸の内の三菱重工ビルが過激派の仕掛けた爆弾で爆破され、多数の死傷者が出たが、労働者災害補償保険制度に基づく給付を受けることができた被害者と、給付が受けられない被害者とで、不均衡が生じた。

犯罪被害者等給付金支給法（犯給法）
正式名称は「犯罪被害者等給付金の支給等による犯罪被害者等の支援に関する法律」。

日本では、1974（昭和49）年の**三菱重工ビル爆破事件**を契機として、被害者支援の必要性が認識され始めた。被害者等が、犯罪により大きな経済的損害を被ることから、被害者等支援制度として、まず経済的支援を行うということになり、1981（昭和56）年、**犯罪被害者等給付金支給法（犯給法）**が施行された。本法は2001（平成13）年の改正を経た後、後述の「犯罪被害者等基本計画」に基づく改正により、現行の犯給法となり、故意の犯罪行為により死亡した者の遺族や、一定の障害が残った被害者本人、一定の加療を要した被害者本人に対して、それぞれ遺族給付金、障害給付金、重傷病給付金を支給するものである。支給には、加害者の刑事責任や検挙の有無とは関係がないが、被害者と加害者の間の親族関係の存在や、被害者が犯罪行為を誘発した場合など、一定の不支給事由や減額事由がある。なお、後述の第1次から第3次までの「犯罪被害者等基本計画」に基づいて、不支給事由等を見直す規則改正がなされて、親族間での犯罪についての支給制限の緩和が行われたほか、重傷病給付金の給付の延長や仮支給の柔軟化など、さまざまな見直しが行われてきた。

地下鉄サリン事件
オウム真理教という団体が、不特定多数の乗客を殺害する目的で、有毒の化学物質であるサリンを東京の地下鉄内で散布した無差別殺傷事件。

また、1985（昭和60）年の国連総会で、**犯罪及び権利濫用の被害者のための司法の基本原則宣言**が採択され、海外では経済的支援以外でもさまざまな被害者等支援が制度化されてきた。しかし、1995（平成7）年の**地下鉄サリン事件**で精神的被害の深刻さが認識されるようになるまで、日本では、経済的支援以外の支援はなかなか進まなかった。

1996（平成8）年、ようやく警察庁では、被害者への配慮の指針となる**被害者対策要綱**が策定され、犯罪被害者対策室（現在の犯罪被害者支援室）が設置された。さらに、検察庁の**被害者等通知制度**によって、事件の処分の結果や裁判の結果が被害者等に通知されるようになり、法務省も、刑務所からの出所情報を通知する制度を整えた。今まで被害者等には与えられなかった加害者や事件の経過に関する情報が提供されるようになってきたのである。

B. 犯罪被害者等保護二法

2000（平成 12）年以降は、犯罪被害者に関する立法が続いた。最初は、2000 年に成立・施行された、いわゆる**犯罪被害者等保護二法**と呼ばれる法である。これは、**刑事訴訟法**および**検察審査会法**の改正と、**犯罪被害者等保護法**の成立を意味する。刑事訴訟法の改正で、たとえば、それまで犯人を知ってから 6 ヵ月以内と規定されていた性犯罪の告訴期間が撤廃され、裁判所における被害者等への配慮として、被害者等が証人として出廷する際の負担を軽減するために証人尋問の際の付添いを認め、遮へい措置等が行われるようになった。また、犯罪被害者等保護法によって、公判手続において優先傍聴や一定の要件の下に公判記録の閲覧と謄写が認められるようになった。

犯罪被害者等保護法
正式名称は「犯罪被害者等の保護を図るための刑事手続に付随する措置に関する法律」。

C. 犯罪被害者等基本法

2000（平成 12）年の犯罪被害者等保護二法に続いて、2004（平成 16）年には**犯罪被害者等基本法**が制定され、2005（平成 17）年に施行された。犯罪被害者等基本法は、その後、あらゆる形で被害者等支援制度の根幹となるものである。

本法の 3 条では「すべての犯罪被害者等は個人の尊厳が重んぜられ、その尊厳にふさわしい処遇を保障される権利を有する」と謳われ、今まで保護される立場にすぎなかった被害者等が尊厳ある処遇を受ける権利を有すると明言された。さらに、犯罪被害者等のための施策は、被害の状況や原因、被害者の置かれている状況などの事情に応じて適切に行われるべきであり、また、必要な支援等は途切れることなく受けられるようにすべきであるとされた。このことは、被害者等の事情が千差万別であって支援の方法は画一化されるべきではないことを意味し、また、多くの場合、加害者の処遇の決定か処遇の終了によって刑事司法機関と加害者とのかかわりは終わるが、被害者等にとってはそれが終わりではないということを明らかにしていると言えよう。また、本法は、国や地方公共団体が被害者等のために講じるべき施策として、保健医療や福祉サービスの提供、居住や雇用の安定などを挙げ、さまざまな形で被害者等の立ち直りを援助する仕組みを要請している。

D. 家庭内への刑事法的介入—ストーカー規制法・児童虐待防止法・DV防止法等

犯罪被害者等基本法が成立した前後には、私人間や家庭内への刑事法的介入を認める立法も続いた。「法は家庭に入らず」と言われ、また、刑法が刑罰という強力な手段を有していることから、私人間や家庭内のトラブルに刑法が介入されることは限定されてきた。しかし、私人間のトラブルが発端となって事件に発展したり、家庭内で起きた暴行や傷害などが犯罪行為に該当するにもかかわらず表面化しにくく繰り返されることによって深刻化したり、刑事法的な介入が要請されるケースが増えてきたことも、その背景にある。

ストーカー規制法
正式名称は「ストーカー行為等の規制等に関する法律」。

埼玉県桶川事件
1999（平成11）年に、埼玉県桶川市で、女子大生がストーカー行為を受けて県警に何度も相談していたにもかかわらず、放置されて殺害された事件。「桶川ストーカー殺人事件」とも呼ばれる。

まず、**ストーカー規制法**が2000（平成12）年に成立し、同年施行された。本法はストーカー行為に悩まされていた者の訴えに対して警察の関与が十分になされず結果として被害者が死亡した**埼玉県桶川事件**をきっかけとして成立した。

本法は、つきまとい行為を規制の対象とし、それが反復された場合にはストーカー行為として処罰するなどして、身体、自由、名誉、生活の安全と平穏をストーカー行為の被害から守ることを目的としている（ストーカー規制法1条）。「つきまとい」とは、特定の者に対する恋愛感情その他の好意の感情またはそれが満たされなかったことに対する怨恨の感情を充足する目的で、待ち伏せをはじめとして、面会、交際その他の義務がないことを行うことを要求すること、拒まれたにもかかわらず連続して電話をかけたりファクシミリや電子メール等を送信すること、性的羞恥心を害する文書や図画等を送付すること、承諾なくGPS機器等を用いて位置情報取得すること等をいう（同法2条）。これらの行為について被害者からの申出を受けた警察・公安委員会は、加害者に対して警告や禁止命令等を出し、加害者がそれに従わなかった場合には罰則で対応することになる。

児童虐待防止法
正式名称は「児童虐待の防止等に関する法律」。

さらに、2000（平成12）年には、**児童虐待防止法**が成立し、同年施行された。本法でいう「児童虐待」とは、保護者（親権者、未成年後見人等）による、18歳未満の児童に対する、①身体的虐待、②性的虐待、③ネグレクト、④心理的虐待をいう（児童虐待防止法2条）。心理的虐待については、著しい暴言または著しく拒絶的な対応のほか、その後の改正によって、配偶者間の暴力の目撃をも含むことが明文化された。現在、児童相談所による児童虐待相談対応件数は、毎年過去最多を更新しており、2022（令和4）年度は全国で21万9,170件、うち、心理的虐待の件数が12万9,484件で全体の59.1%を占めており最も多い[(1)]。

虐待行為は、暴行罪、傷害罪、不同意わいせつ罪、不同意性交等罪、監護者わいせつ・性交等罪、保護責任者遺棄罪等に該当する場合があるが、家庭内という密室で行われるために表面化しにくい。そのため、学校の教職員、児童福祉施設の職員、医師、保健師、助産師、看護師、弁護士、警察官等は「児童虐待を発見しやすい立場にあることを自覚し、児童虐待の早期発見に努めなければならない」（同法5条1項）とされる。また、それらの職にある者以外でも虐待を受けたと思われる児童を発見した場合には、速やかに、福祉事務所もしくは児童相談所に通告しなければならない（同法6条1項）。つまり、必ずしも**児童虐待**と認定されていなくても、その疑いがあれば通告しなければならないのである。また、通告は、医療従事者等に課せられている守秘義務の例外とされる（同法6条3項）。さらに、都道府県には、立入調査権限（同法9条）のほか、調査を拒む者がいる場合には警察官に援助を求める権限も与えられる（同法10条）など、重大な結果が発生して刑法で処罰される事態になる前に、被害を食い止めるべく法が介入していくことを定めている。

なお、少年院に入院している者の被虐待経験は、男子で40.3%、女子では69.8%を示しており[(2)]、非行少年たちが児童虐待の被害者でもあるという側面がある。被虐待経験の有無や内容は、少年院に入院する段階で本人の申告により把握することができたものに限られているため、その割合は実際にはもっと高いことが予想される。

さらに2001（平成13）年には、**DV防止法**が成立・施行された。夫婦間の暴力は家庭内であっても犯罪となることを明文化したうえでそれを防止し、被害者を保護し、自立を支援するための法律である。その後も、実効性が乏しい点などについては数回にわたり改正が行われている。

DV防止法
正式名称は「配偶者からの暴力の防止及び被害者の保護等に関する法律」。

対象となるのは、配偶者等パートナー（離婚後や婚姻の届出をしていない事実上婚姻関係にある相手も含む）の間の暴力であり、身体的暴力だけではなく、心身に有害な影響を及ぼす言動を含んでいる（DV防止法1条）。しかし、発見した者に**配偶者暴力相談支援センター**や警察官への通報の努力義務が課されるのは、身体に対する暴力に限定されている（同法6条）。

また、身体に対する暴力または生命等に対する脅迫を受けた被害者からの申出により、裁判所は**保護命令**を出す。保護命令には3種類あり、①2ヵ月間の退去命令（住居からの退去）と②1年間の接近禁止（被害者の身辺や被害者の住居や勤務先等、被害者と同居している子ども、被害者の親族等への接近)、③1年間の電話等禁止命令(被害者に対する面会の要求や、電話、ファックス、メール送信等を含む)である(同法10条以下)。制定当時の接近禁止命令は子どもへの接近を禁じるものではなかったことから、親権者としての権利の行使を理由として子どもと同居する母親に接近する事例が問題となり、改正後には子どもも接近禁止の対象となった。これらの保護命令については迅速な裁判が要求され(同法13条)、また、命令に違反した場合には行為者に対して2年以下の懲役または200万円以下の罰金という刑事罰が規定されている(同法29条)。

さらに、国や地方公共団体、関係諸機関の責務や連携が明文化された(同法2条以下)ことから、多くの行政機関が電話などによる相談窓口や民間の団体との連携によって女性シェルターを設置し、相談、一時保護などの援助を行っている。しかし、18歳未満の児童が虐待を受けていると思われる場合には通報が義務とされている児童虐待防止法とは異なり、DV防止法では、当事者の意思が尊重されることが求められている(同法6条2項)。そのため、加害者が加害行為後に謝罪を繰り返して被害者と再び親密になるなどして、被害者が助けを求められない、あるいは助けを求めた後も謝罪を受け入れて元に戻る場合があり、援助者が無力感を感じやすい、など援助者の介入の困難さが指摘されている。

E. 犯罪被害者等基本計画(第1次、第2次、第3次、第4次)

2004(平成16)年に制定された犯罪被害者等基本法を受けて、翌2005(平成17)年に**第1次犯罪被害者等基本計画**が策定された。**犯罪被害者等基本計画**の重点課題は、①損害回復・経済的支援等への取組み、②精神的・身体的被害の回復・防止への取組み、③刑事手続への関与拡充への取組み、④支援等への体制整備への取組み、⑤国民の理解の増進と配慮・協力への取組み、の5点である。そして、2007(平成19)年には、「犯罪被害者等の権利利益の保護を図るための刑事訴訟法等の一部を改正する法律」が成立したことによって犯罪被害者等保護法も刑事訴訟法も改正され、①刑事手続の成果を損害賠償請求の枠組みの中に利用する**損害賠償命令制度**の導入と**犯罪被害給付金制度**の拡充、②再被害防止のための犯罪被害者等に対する出所情報通知制度の実施、③刑事裁判に被害者等が参加する**被害者参加制度**の導入など、多くの成果を上げたと言えよう。

続いて、2011(平成23)年には**第2次犯罪被害者等基本計画**が、2016(平成28)年には**第3次犯罪被害者等基本計画**が策定され、引き続き同じ重点課題が掲げられた。これらの計画に基づき、犯罪被害給付制度のさらなる拡充が行われるなど、関係府省庁が横断的かつ総合的な施策を展開し、着実に被害者支援が推進したと言える。

そして、2021（令和3）年3月には、同年4月から2026（令和8）年3月までを計画期間とする**第4次犯罪被害者等基本計画**が策定された。本計画では、被害が潜在化しやすい犯罪被害者等への支援のほか、地方公共団体における犯罪被害者支援の推進が謳われているほか、加害者処遇における犯罪被害者等への配慮の充実が謳われている。2022（令和4）年の刑法改正に伴って導入される拘禁刑では、加害者側の**改善更生**がより重視され、それに関連して、刑事収容施設法も改正されて、刑の執行段階等における**犯罪被害者等の心情等の聴取・伝達制度**や、受刑者の謝罪・被害弁償等の具体的行動を促す改善指導・矯正教育等の充実が求められる。

3. 犯罪被害者支援に関する制度

A. 警察・検察における捜査段階での被害者支援

刑事手続の各段階でどのような支援体制があるのかを見ていくことにする。被害者等は、捜査機関に対して被害届を提出するなどして被害を申告することができ、犯罪事実を申告し、犯人の処罰を求めて告訴することができる。親告罪については告訴が訴訟条件であり、原則として犯人を知った日から6ヵ月を経過すると告訴できない。しかし、性犯罪については、被害者に告訴の判断をさせることは精神的負担が大きいとして、2017（平成29）年の刑法改正により、非親告罪とされた。

警察では、1996（平成8）年、捜査において被害者への対応について**被害者対策要綱**が出された。ここには、被害者等への情報提供や、精神的被害の回復への支援、被害の補償や被害品の回復が掲げられ、特に重点事項として、殺人事件の遺族、少年事件被害者のほかに性犯罪被害者が挙げられた。それまで、女性の性犯罪被害者に対して必ずしも女性警察官が対応するわけではなかったため、セカンドレイプなど二次被害の問題点が認識され始めたためである。そのほか、一定の犯罪事件については、被疑者の氏名や住所、逮捕や起訴等の刑事手続の状況について被害者等に通知されることになった。

警察から事件を引き継ぐ検察でも、1999（平成11）年以降、被害者等通知制度が実施されている。被害者等に対する通知の内容は、事件の処理結果（起訴されるか不起訴となるか）、不起訴の場合にはその主文と理由の骨子、起訴された場合には公判期日や公判経過、公訴事実の要旨、裁判の結果等である。しかし、加害者が少年の場合には、少年の健全育成への観点から少年としての立場への配慮が必要となるため、警察の段階でも検察の段階でも、通常の手続のような通知は行われない。

起訴されない場合には、これ以降の刑事司法システムに進むことはなく、事件は終了するが、検察官の不起訴処分に対する**不服申立制度**として、**検察審査会**に対する**審査申立て**および管轄地方裁判所に対する**付審判請求（準起訴手続）**の制度がある。

検察審査会は、選挙人名簿に基づきくじで選定された11人の検察審査員により組織され、申立てまたは職権で、検察官の不起訴処分の審査を行い、「起訴相当」、「不起訴不当」、「不起訴相当」の議決を行う。検察審査会が起訴相当の議決を行った事件について、検察官が再度不起訴処分にした場合等は、検察審査会は再審査を行わなければならず、その結果、起訴議決を行ったときには、公訴が提起される。2009（平成21）年から2022（令和4）年までの間、検察審査会の起訴相当の議決があり、公訴の提起がなされて裁判が確定した事件の人員は11人で、うち有罪は2人、無罪が9人であった(2)。

B. 公判段階での被害者支援

犯罪被害者等保護二法の成立まで、被害者等が刑事手続とかかわる場面の多くは、公判過程における証人としてであった。そのため、被害者等は、原則的には公開とされる刑事裁判において、傍聴人のほか、被告人がいる前で証言台に立たなければならなかった。

犯罪被害者等保護二法において、まず、証人尋問の際の証人への負担軽減のための措置として、**証人への付添い**が認められ、主に性犯罪被害者などが証人尋問を受ける際に必要に応じて公判での**遮へい措置**を行い、傍聴人や被告人からは見えないような措置がとれるようになった。公判の場に出ることができない場合には、裁判所内に設置したビデオリンクの機器を用いての証人尋問も認めることにした。通常は公判での被告人側からの反対尋問の機会を与えるために認められないが、**ビデオリンク方式**による証人尋問の録画に対して証拠能力を認めて、証拠として採用することを可能としたのである。

また、被害者等が裁判に参加するための第一歩として、心情その他の意見の陳述の機会を与えることになった。これは、被害者等が被害に関する心情その他事件に関する意見を陳述するか、または意見書を提出するものであり、被害者等が反対尋問に服するわけではない。さらに、2007（平成19）年の**刑事訴訟法**の改正により、被告人への質問などが許されることになった。事前に検察官と打ち合わせして裁判所によって認められた質問に限定されるが、被害者等は被害者参加人という特別な地位で刑事裁判に参加する権利が認められるということになる。このような制度は、被害者等にとっては被害の影響や心情を吐露する機会であると同時に立ち直りを助けることもあり、また、被害者等の心情を踏まえた公正な裁判が、国民一般の司法への信頼を維持するという利点も挙げられる。

そのほか、被害者の氏名等の情報を保護するための制度として、**被害者特定事項秘匿決定**がある。性犯罪等で氏名や住所等被害者を特定させるような事項が公開の法廷で明らかにされることにより、被害者等の名誉等が著しく害されるおそれがあると被害者等が申し出て裁判所が認めたときに、秘匿を決定するものである。また、検察官が、証拠を開示する際に、弁護人に対して証拠開示の際の被害者特定事項の秘匿を要請する制度もある。

さらに、**刑事和解**と**損害賠償命令制度**も導入されている。刑事和解では、当該事件に関連する民事上の争いについて合意が成立した場合には、公判調書にその旨の記載を求めることができるようになった。記載された場合には裁判上の和解と同一の効力を有するため、被告人がその内容を履行しないときは、被害者等は新たに条件履行を求める手続は不要となり、この公判調書を利用して強制執行の手続を執ることができる。

損害賠償命令制度は、一定の故意犯の犯罪について、被害者等が刑事事件の継続している裁判所に損害賠償命令の申立てを行い、裁判所が有罪判決の言い渡しを行った後に引き続き、同一裁判官がその損害賠償命令を行う制度である。刑罰は損害回復を目的とするものではないため罰金は国庫に入るが、損害賠償命令は、被害者等が犯罪で被った損害を迅速かつ確実に回復させることを目的としており、被害者にとっては、さまざまな負担を減少させるものとして評価されている。

また、刑事被告事件の被害者等については、原則として公判記録の閲覧・謄写が認められるようになった。

C. 矯正と保護における被害者支援

矯正段階における被害者支援制度としては、被害者等が加害者である受刑者の処遇状況等の通知を希望し、これが相当と認められる場合には、検察官が被害者等に通知する**被害者等通知制度**がある。また、再被害防止の観点から、被害者等に対して、受刑者の釈放予定時期や帰住予定地等について通知する制度も実施されている。

2022（令和4）年の刑法改正に伴う拘禁刑導入と受刑者の改善更生の重視に伴い、**刑事収容施設法**等が改正され、被害者等からの申出があった際にはその心情を聴取して、受刑中・在院中の加害者に伝達する**犯罪被害者等の心情等の聴取・伝達制度**が、2023（令和5）年12月に開始された。

更生保護における被害者支援制度は、**更生保護法**に規定されている。本法は2007（平成19）年6月に成立し、2008（平成20）年6月に施行されたが、犯罪被害者等支援制度だけは、更生保護法施行前の2007年12月から運用された。**第1次犯罪被害者等基本計画**で謳われた更生保護制度における被害者等支援制度が、**保護観察所**と**地方更生保護委員会**において発足したのである。なお、保護観察所で被害者支援に携わる**保護観察官**については、加害者に対応する保護観察官とは異なる者が当たるとされている。たとえ、犯罪のない社会を目指すという方向性は同じだとしても、双方の側に同一の者が対応することは、加害者側・犯罪被害者側にとって不適当であるからである。

更生保護制度の中の被害者支援制度には、具体的には①**意見等聴取制度**と②**心情等伝達制度**、③**被害者等通知制度**、④**相談・支援制度**がある。①意見等聴取制度は、地方更生保護委員会が、加害者の刑務所からの仮釈放や少年院からの仮退院に際しての調査を行う際、被害者等が意見等を述べることができるとするものである。以前から、地方更生保護委員会は必要と認められる場合には被害者等の調査を行っていたが、更生保護法38条で制度として導入された。被害者等は、加害者の改善更生に対して当然のことながら関心を有していることが多く、被害者等の意見等については、仮釈放の判断の際にも重要な資料となり得るものであるので、適正な運用が加害者の改善更生にも役立つものと考えられたのである。当然のことながら、被害者から意見を述べたいという申出があったときに聴取することになる。しかし、意見を述べることが、かえって被害者等にとって精神的負担になり得るうえ、二次被害を生じさせたりすることもあるので、「被害に係る事件の性質、審理の状況その他の事情を考慮して相当でないと認めるときは」聴取は要しない、とされている（同法38条1項但書）。また、仮釈放の審理において聴取した意見は、仮釈放を許すかどうかの判断の資料になるだけではなく、仮釈放を許した場合には、保護観察における特別遵守事項の内容や、更生保護委員会から保護観察所長に伝えられる保護観察上の参考事項の内容にも反映される。②心情等伝達制度は、被害者等の心情等を加害者に伝達することが制度化されたものである。この場合も①の意見聴取と同様、保護観察所長は、被害者等から申出があった場合にのみ意見を聴取し、加害者にできるだけ正確に伝達することになる。この制度が、加害者の改善更生に資するためには、被害者等の心情の内容を十分に理解させ、内面に働きかけることなどが必要であろうし、加害者が被害者等に対して反感を抱くようなことのないように注意を払う必要がある。③被害者等通知制度とは、加害者が刑務所に収容された場合または保護観察付執行猶予の判決を受けた場合に、仮釈放審理に関する事項や保護観察中の処遇状況に関する事項について、地方更生保護委員会または保護観察所から通知する制度である。加害者が少年で、少年審判において少年院送致処分や保護観察処分を受けた場合も同様に行われる。④相談・支援制度では、保護観察所の担当者に相談をしたり支援を受けることができる。

なお、非行のある少年の健全育成を目的とする**少年法**の下では、被害者への配慮が限定される。ただし、2008（平成20）年の少年法改正によって、被害者等の申出により意見聴取が認められることになり、また、被害者等通知制度の対象の拡大によって、被害者等が、審判後の状況、仮退院（加害者が少年の場合の少年院からの仮釈放）、保護観察の状況等に関する情報を知ることができるようになった。そのほか、一定の場合には、被害者等にも、少年審判の傍聴も認められるようになった。

D. 犯罪被害者等給付金等の支給制度

犯罪被害者等給付金は、**犯罪被害者等給付金支給法**に基づき、故意の犯罪行為により死亡、重症病または障害という重大な被害を受けた犯罪被害者等に対して支給される。犯罪被害者等給付金には、**遺族給付金**、**重傷病給付金**および**障害給付金**の3種類あり、犯罪被害等を早期に軽減するとともに再び平穏な生活を営むことができるよう、国が支給するものである。

給付金の支給額は、犯罪被害者の年齢や勤労による収入の額などに基づいて算定され、犯罪被害者にも原因がある場合や親族間での犯罪などには、給付金の全部または一部が支給されないことがある。また、労災保険などの公的補償を受けた場合や損害賠償を受けたときは、その額と給付金の額とが調整される。

そのほか、**組織的犯罪処罰法**により財産犯等の犯罪行為により犯人が被害者から得た財産等（犯罪被害財産）についてその没収・追徴を行った場合、その犯罪被害財産から、被害者等に対して、**被害回復給付金**が支給される。

組織的犯罪処罰法
正式名称は「組織的な犯罪の処罰及び犯罪収益の規制等に関する法律」。

4. 犯罪被害者支援にかかわる団体・専門家

A. 刑事司法機関

現在、警察や検察庁、裁判所、法務省、保護観察所を始めとした多くの刑事司法機関が被害者等支援体制を整えている。そして全国の都道府県には、それぞれ、**被害者支援連絡協議会**が設置され、それぞれの地域における、上記機関の担当者や医師会、精神保健センター、児童相談所、女性（婦人）相談所、報道機関など支援にかかわる機関が連携を強めている。

特に検察庁には、被害者に対する支援を行うための窓口として、**被害者ホットライン**があるほか、**被害者支援員**が配置され、被害者等からの相談への対応、法廷への案内・付添い、事件記録の閲覧、証拠品の還付などの各種手続の支援、関係機関や団体等を紹介する支援活動を行っている。

B. 法テラス

法テラス
正式名称は「日本司法支援センター」。

法テラスでは、被害者等に対する支援業務を行い、刑事手続への適切な関与等や情報提供を行うほか、被害者支援に経験や理解のある精通弁護士を紹介している。**被害者参加制度**の開始後は、法テラスと契約している弁護士を国選**被害者参加弁護士**の候補に指名して裁判所に通知する業務なども行っている。

C. 被害者支援ネットワークと被害者支援センター

全国被害者支援ネットワークが1998（平成10）年にできると、民間支援団体である**被害者支援センター**による**被害者支援の輪**は全国規模で展開されるようになった。現在、すべての都道府県に被害者支援センターが1つ以上設置されている。各機関における支援が、刑事司法の各段階によって途切れたり、各機関の機能等による支援の限界が生じがちなところ、被害者支援センターでは、総合的に、そして被害直後から長期にわたって途切れなく継続的にサポートすることが可能であり、病院等への付き添いや裁判等への付き添いのほか、さまざまな相談に応じている。

また、被害者支援センターが**都道府県公安委員会**によって**犯罪被害者等**

早期援助団体と認定されると、県警本部長等は、被害者等の同意を得て支援団体に情報の提供を行うので、支援団体がより早い段階でより能動的に被害者支援を行うことができる。現在すべての都道府県に、早期援助団体として認定された被害者支援センターがある。

D. 地方公共団体における被害者支援に向けた取組み

第4次犯罪被害者等基本計画の下で、地方公共団体での犯罪被害者等への適切な情報提供等を行う**総合的対応窓口**の充実が図られ、その結果、2021（令和3）年4月1日には、すべての地方公共団体に総合的対応窓口が設置されている。

そのほか、地方公共団体によっては、犯罪被害者等に対する見舞金等の支給制度、生活資金等の貸付制度の導入、また公営住宅の優先入居等、居住場所の確保や被害直後からの生活支援に対する取組みがなされている。

また、犯罪被害者等支援を目的とした条例の制定が、現在第4次犯罪被害者等基本計画の下、全国各地で進められている。

注）

ネット検索によるデータ取得日は，いずれも2023年12月14日.

(1) こども家庭庁ウェブサイト「令和4年度　児童相談所における児童虐待相談対応件数（速報値）」.

(2) 法務省法務総合研究所編「令和5年版犯罪白書―非行少年と生育環境」法務省ウェブサイト，p.150，p.290.

理解を深めるための参考文献

- **門田隆将『なぜ君は絶望と闘えたのか―本村洋の3300日』新潮文庫，2010.**

  1999（平成11）年、18歳の少年に、妻と乳児を殺された本村洋氏への取材をもとに書かれた本。当時、被害者は「忘れられた存在」であると評されており、この後、日本の被害者支援制度は大きな転換期を迎えて進展することとなった。非情とも思える司法制度と闘う本村氏の姿と、彼を支えた周囲の人たちの温かく思いのこもった言葉に、涙なしでは読むことができないであろう。

- **川名壮志『僕とぼく―佐世保事件で妹を奪われた兄と弟』新潮文庫，2021.**

  2004（平成16）年、長崎県佐世保市で小学校6年生女児による同級生殺害事件が起きた。被害児を直接知る新聞記者が取り上げたのは、被害児の兄2人である。第3次被害者等基本計画でも、被害者の兄弟姉妹等への着目が重点課題として挙げられているが、事件当時中学生だった次男は、支援対象としては置き去りにされてしまっていたのである。同じ著者の『謝るなら、いつでもおいで』（新潮文庫）もあわせて読むことをお薦めする。

トラウマインフォームドケア（TIC）
trauma-informed care

トラウマインフォームドケア（TIC）

トラウマについての知識や対応を身につけ、支援の対象となる人たちに「トラウマがあるかもしれない」という視点をもってかかわり、支援者も否定的な感情をコントロールして、本人と支援者との関係もよいものにするような支援をいう。「困った人は、困っている人」と表現されるように、クレームや規則違反など問題行動と思われるような振る舞いが、生きてきた中でさまざまなトラウマとなる経験をしたために、本人にとっては危機を生き延びるために身につけてきた対処法である可能性がある、と考えてみることから始まる。

この概念は1990年代後半のアメリカで始まり、年齢、ジェンダー、社会経済的地位、人種や民族、地理的状況や性的指向に関係なく、あらゆる領域の人たちに効果的なサービスを提供するうえで、トラウマに対応することが重要であるとされた。そして、医療、福祉、教育、行政、司法などさまざまな領域で、トラウマを抱えている人にもやさしい環境づくりが進められている。本人は、トラウマがケアされて初めて自分の問題行動に直面化することができるともいえる。

日本でも、『犯罪白書』の統計によると、少年院在院者の半数以上が児童虐待の被害経験を申告しており、「令和5年版犯罪白書」によれば、少年院在院者の88%が小児期に、親が亡くなる・離婚する、家族から身体的・精神的暴力を受ける、などの逆境体験をしていた。また、医療観察法制度においても、加害者が被害者としての側面を有していることが知られるようになってきた。遵法精神が高い社会は、安心安全な住みやすい社会であるが、一方で過度に規則を重視しすぎると、規則違反の背景に思いが至らず、本人の人権を尊重することなくただ規則を守らせることに意識が向いてしまう可能性がある。

また、加害者への支援を充実させると同時に、被害者に配慮し、被害者への支援も充実させることになんら矛盾はない。ただし、たとえばすでに行われているように、当該保護観察対象者や受刑者に直接かかわる者以外の者が、被害者に対応する必要がある。

第11章 刑事司法と福祉をめぐる近年の動向と課題

再犯防止推進法に基づいて、5年ごとに、省庁を横断し地方自治体も巻き込んだ再犯防止推進計画が策定されているところ、2023（令和5）年からの第2次計画の概要をみることで政策課題を理解する。

1. 刑事司法をめぐる近年の動向

A. 再犯防止推進法と再犯防止推進計画

再犯防止推進法
正式名称は「再犯の防止等の推進に関する法律」。

犯罪の件数は減少しているものの、その中に占める再犯者の割合は増えている（**図 11-1-1**）。そこで、2016（平成 28）年 12 月、「**再犯防止推進法**」が議員立法で成立し、同法に基づいて 2017（平成 29）年 12 月、**第 1 次再犯防止推進計画**（以下、「第 1 次計画」という）が策定された。策定に当たっては、再犯を防止するためには、福祉の受給、就労や居住先の確保、教育の問題などが密接に関連してくるため、これまで罪を犯した人に直接かかわってきた警察庁、法務省だけでなく、厚生労働省、総務省、国土交通省、文部科学省、農林水産省等の各省庁が、再犯防止推進計画検討会のメンバーとして、有識者（研究者や支援に当たっている人など）とと

図 11-1-1　刑法犯　検挙人員中の再犯者人員・再犯者率の推移

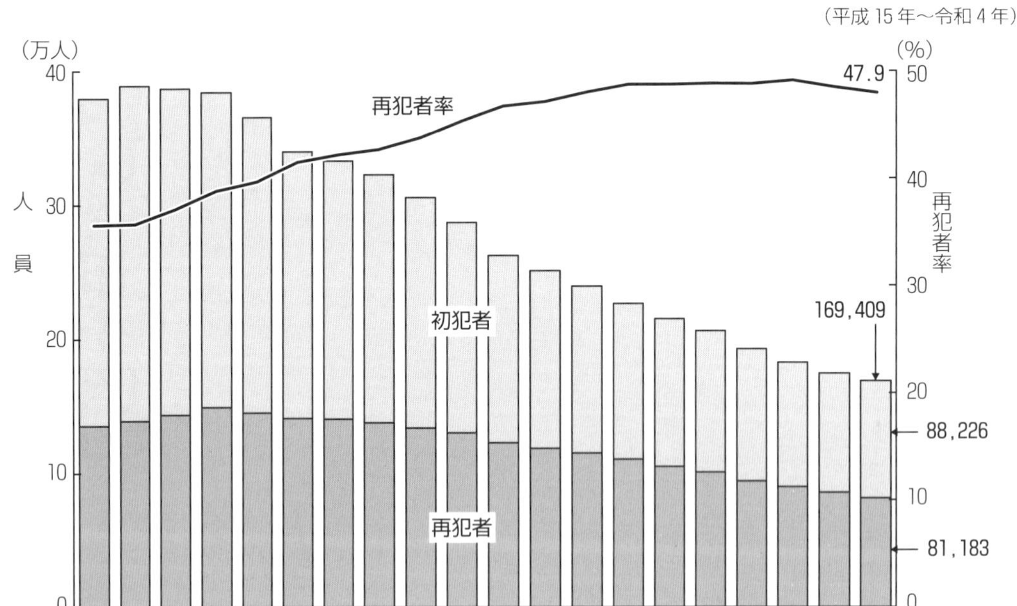

注　1　警察庁の統計による。
　　2　「再犯者」は、刑法犯により検挙された者のうち、前に道路交通法違反を除く犯罪により検挙されたことがあり、再び検挙された者をいう。
　　3　「再犯者率」は、刑法犯検挙人員に占める再犯者の人員の比率をいう。

出典）法務省法務総合研究所編「令和 5 年版犯罪白書―非行少年と生育環境」厚生労働省ウェブサイト，p.250.

もに検討を行った。第1次計画は、7つの重点課題として、①就労・住居の確保、②保健医療・福祉サービスの利用の促進、③学校等と連携した修学支援、④犯罪をした者等の特性に応じた効果的な指導、⑤民間協力者の活動の促進、⑥地域による包摂の促進、⑦再犯防止に向けた基盤の整備を挙げている。

また、同法は、地方自治体も再犯防止にかかわる義務があることを明記しており、2023（令和5）年4月1日現在、47都道府県、19指定都市、その他506の市区町村が**地方再犯防止推進計画**を策定している。この統計の中には、地域福祉計画の策定に当たって、犯罪をした者の包摂について検討しているものも含まれている。犯罪をした者の地域包摂について地域に応じてその対応が考えられているところに、福祉のもつ重要性が現れている。

第1次計画のもと、「出所受刑者の**2年以内再入率**を2021（令和3）年までに16％以下にする」という政府目標が設定されていたところ、2019（令和元）年度出所者の2年以内再入率が15.77％となり、一応目標は達成された。しかし、犯罪をした者等の特性に配慮した指導・支援、特に被害者的な立場にあった人（特に女性）や高齢者・障害者に対する指導・支援などについては問題を残した。

2年以内再入率
刑務所を出てから2年以内にまた刑務所に入ること。

B. 第2次再犯防止推進計画

第2次再犯防止推進計画（以下、「第2次計画」という）では、①刑務所出所者等が地域社会の中で孤立することなく、生活の安定が図られるよう、個々の対象者の主体性を尊重し、それぞれが抱える課題に応じた「息の長い支援」を実現すること、②「就労」や「住居」の確保のための支援や福祉への架橋をより一層強化すること、そのための支援の実効性を高めるための相談拠点の創出や、国や地方自治体という公的セクターだけでなく、民間団体、民間の専門職なども含めた地域のネットワークを構築すること、③国と地方公共団体との役割分担を踏まえて地方公共団体の主体的かつ積極的な取組みを促進するとともに、国・地方公共団体・民間協力者の連携をさらに強固にすることが基本的な方向性として示された。また、第1次計画の7つの重要課題は、第2次計画でも踏襲されている。

C. 第2次計画と法改正

国の第2次計画は、2023（令和5）年度からスタートした。

拘禁刑
犯罪をした者を刑事施設（刑務所または少年刑務所）に拘束する刑罰。2022（令和4）年6月に成立した「刑法等の一部を改正する法律案」において懲役および禁錮を単一化し、新たな自由刑として設けられた。

第2次計画では、第2章、第3章で指摘された法改正による修正が加えられ、刑法改正によって**拘禁刑**が創設されたことに伴い、就労支援に関して、社会復帰後の自立・就労を見据えた受刑者の特性に応じた刑務作業の実施が掲げられ、犯罪をした者の特性に応じた指導の部分では、改善指導プログラムの充実を挙げた。また、少年法改正によって同法の対象年齢が引き下げられたことから、犯罪をした者の特性に応じた指導の部分では、若年受刑者に対する少年院のノウハウや設備等を活用した指導、少年審判を受けた特定少年に対する青年としての自覚・責任を喚起する指導が掲げられた。

D. 7つの重点課題

[1] 就労・住居の確保

就労の確保について、第1次計画は、就労先を増やして単に就労させるだけとも見えるものであったが、第2次計画では、雇用ニーズに応じた職業訓練種目の整理や、寄り添い型の支援による職場定着支援および離職後の再就職支援を明示した。

住居の確保については、第1次計画では、更生保護施設や自立準備ホームでの受入れ促進等がうたわれていたところ、さらにそのような施設での福祉へのつなぎ、施設退所後の通所・訪問支援などの自立生活を見据えた支援体制の整備がうたわれ、さらに、そのような通過型の施設への言及にとどまらず、居住支援法人との連携強化により地域社会での定住先を確保するための支援の強化も打ち出された。

[2] 保健医療・福祉サービスの利用の促進

高齢者・障害者への支援について、第1次計画では、福祉的支援のため刑務所への福祉専門職を配置することなどが定められたが、第2次計画では、高齢者や知的障害者の再入率の高さから説き起こし、福祉的支援が必要なニーズの掘り起こしや福祉を受けることへの動機づけを含めた指導をすること、障害者手帳取得などの手続が円滑に進むよう、地方自治体との連携を強化すること等が指摘され、さらに、被疑者段階から必要な生活環境の調整を行い、関係機関が連携して、釈放後の速やかな福祉サービスへのつなぎを実施するものとしている。司法機関が福祉への知見を深めることだけでなく、福祉を担う側への刑事司法に関する研修が明示された。

また、薬物依存者に対しては、第1次計画において、再犯リスクを踏まえた効果的な指導の実施や専門医療機関、相談支援の充実が掲げられた。

第２次計画では、施設内や保護観察所での指導に加え、自助グループ等と連携した刑事手続終了後の支援体制の整備や、アルコール依存や合法薬物依存も含めた依存症に対応した指導・支援の実施などがうたわれるとともに、増加している大麻事犯に対応した処遇の充実が掲げられた。

[3] 学校等と連携した修学支援

学校等と連携した修学支援について、第１次計画では、少年院在院者、保護観察対象者への修学支援が定められていたが、第２次計画では、受刑者の半数以上が高校を卒業していないという問題認識から説き起こし、学校における非行防止、性犯罪防止、薬物乱用未然防止等の教育を行うことや、非行・犯罪で教育が途上となった者への復学に関する支援の充実、刑事施設内の高校卒業認定試験指導でのICT活用、刑事施設、保護観察所、民間ボランティア等が協働した地域における効果的な修学支援の展開が掲げられた。

[4] 犯罪をした者等の特性に応じた効果的な指導

特性に応じた指導のために、第１次計画では、アセスメント手法のためのアセスメントツールの導入、各種犯罪類型や暴力団という属性をもった人へのプログラムの実施、少年・若年者に対する法務少年センターによる地域の関係機関と連携した心理相談等が掲げられていたところ、第２次計画では、罪種ごとの特徴や個人の特性を考慮した支援の必要性を課題として掲げ、刑事司法機関でのアセスメント機能を強化することとし、その資料として更生支援計画書を活用することが明示され、刑事施設でプログラムを行うにとどまらず、地域での指導が継続できるよう、性犯罪に関する支援ツールを地方自治体等に提供することが掲げられ、虐待や性被害等の被害者的立場にあったり、拒食症等の精神的な問題を抱えたりすることが多い女性への指導の充実をすることなど、特性に基づく指導・支援を強化することや、犯罪被害者の心情等を考慮した処遇として、被害者の意見の聴取・伝達制度の導入などが掲げられた。また、発達障害や嗜虐体験がある者への指導・支援の充実についても明示された。

[5] 民間協力者の活動の促進

第１次計画では保護司の適任者確保の推進や再犯防止活動への民間資金の協力などが掲げられていたところ、第２次計画では、あいかわらず保護司の確保が課題となっており、保護司の負担軽減のために活動のデジタル化等が検討されている。また、法務省傘下にはない、NPO法人や自助グループ等の民間協力者、弁護士・弁護士会等との一層の連携の強化や、民間事業者がもつ資金・ノウハウを活用してSIB事業を推進し、再犯防止活動をしている団体等への支援を行うことが掲げられている。

ソーシャル・インパクト・ボンド（SIB）
Social Impact Bond
従来行政が担ってきた行政サービスの運営をNPOや民間企業などに委託し、その運営資金を民間事業者から募る、社会的課題の解決を効果的に行うための仕組み。

[6] 地域による包摂の推進

第1次計画では、地方公共団体との連携強化や相談できる場所の充実などが掲げられたが、第2次計画では、国、都道府県、市区町村の役割分担を明確化して、市区町村には、各種行政サービスを必要とする犯罪をした者等が地域で安定した生活ができるよう適切にサービスを提供するよう努める役割を明示し、国は、刑事司法制度の枠組みでの指導・支援だけでなく、国から地方公共団体に対して、情報や知見の提供、各種行政サービスへのつなぎ、体制整備等に関する支援を実施することが明示された。また、国の機関である**保護観察所**や**法務少年支援センター**が地域援助の推進をすることや、刑の執行が終了してしまうと、公的機関との関係が切れてしまうため、保護観察所による支援の充実（電話相談が検討されているようである）などの支援充実などが掲げられている。

保護観察所
➡ p.81
第5章1節B. 参照。

法務少年支援センター
法務省ウェブサイトによると「少年鑑別所は、『法務少年支援センター』として、非行・犯罪に関する問題や、思春期の子供たちの行動理解等に関する知識・ノウハウを活用して、児童福祉機関、学校・教育機関、NPO等の民間団体等、青少年の健全育成に携わる関係機関・団体と連携を図りながら、地域における非行・犯罪の防止に関する活動や、健全育成に関する活動の支援などに取り組んでいます。」としている。

[7] 再犯防止に向けた基盤の整備

第1次計画では、老朽化した刑務所の建替え等が掲げられていたが、第2次計画では、矯正行政・更生保護行政のデジタル化とデータ活用による処遇等の充実、情報を連携していくことや再犯防止施策の効果検証の充実等が掲げられた。

理解を深めるための参考文献

- **法務省『再犯防止推進白書』日経印刷，各年版.**

  再犯防止に関する施策について取りまとめられたものであり、毎年発行されている。このテキスト出版時の最新版は2023（令和5）年のものである（2023年12月時点では、法務省のウェブサイト上での公開のみ）。一般の人にも読みやすく、興味をもってもらえるように編集しているとのことであり、2018（平成30）年に発刊された最初の白書の表紙には、お笑い芸人の鉄拳のイラストが採用された。

キーワード集

アディクション

〔addiction〕

嗜癖や依存症を表す語。人生に精神的な飢えや渇き、虚無感を感じる者が、それを埋めるために陥る。物質依存（アルコール、ニコチン、薬物、睡眠薬など）、プロセス依存（ギャンブル、スマホ・ネット・ゲーム、自傷行為、浪費、過食症など）、関係依存（児童虐待、共依存など）など多様な形態があるほか、同時に複数の依存症を発する場合（クロスアディクション〔多重嗜癖〕）もある。

意見等聴取制度（いけんとうちょうしゅせいど）

更生保護法38条に規定される、犯罪被害者等のための制度の一つ。地方更生保護委員会が行う加害者の仮釈放・仮退院の審理において、意見等を述べることができ、その意見等は仮釈放・仮退院を許すか否かの判断にあたり考慮されるほか、（これを許す場合には）保護観察の実施にあたり考慮される。

SST（エスエスティー）

Social Skills Training（ソーシャルスキルズトレーニング）の略で、「（社会）生活技能訓練」などと呼ばれている、認知行動療法に基づいたリハビリテーション技法の一つ。SST普及協会では、「社会生活スキルトレーニング」の和語を用いることを提唱している。社会生活のうえでさまざまな困難を抱える人について、ロールプレイ形式などで、人とのコミュニケーションをとる方法や、病気との付き合い方、ストレスへの対処法などのスキルを学ぶことで自信を回復し、生活の質を向上させるためのトレーニング。精神科領域だけでなく、教育、就労支援関連、矯正教育や更生保護、職場のメンタルヘルス（産業領域）など、さまざまな領域で実践されている。

応急の救護（おうきゅうのきゅうご）

保護観察対象者が、改善更生に資するため予定されている医療機関、福祉機関等から必要な援助を得るように助言・調整を行っているが、その援助が直ちに得られないなどの場合に、保護観察所が行う、保護観察対象者に対する、食事、衣料、旅費等を給与もしくは貸与し、または宿泊場所等の供与を更生保護施設に委託するなどの緊急の措置。

恩赦（おんしゃ）

恩赦法（昭和22年法律第20号）に規定される制度。行政権の決定により、刑罰権を消滅させ、または裁判の内容・効力を変更もしくは消滅させる制度であり、大赦・特赦・減刑・刑の執行の免除・復権の5種類がある。政令で罪の種類などを決めて一律に行われる政令恩赦と、特定の者に対して個別に審査したうえで行われる個別恩赦に分かれる。

家庭裁判所（かていさいばんしょ）

裁判所法（昭和22年法律第59号）に定められる裁判所の一つで、地方裁判所と同格、管轄も同じで、全国に50庁ある。「家事事件」、「人事訴訟事件」および「少年の刑事事件」を取り扱う。

仮釈放等（かりしゃくほうとう）

矯正施設に収容されている者を、収容期間満了前に、一定の条件のもとに釈放して社会復帰の機会を与える措置の総称であり、仮釈放のほか、仮出獄、仮出場、少年院収容中の者の仮退院などがある。

矯正施設（きょうせいしせつ）

罪を犯した者や非行をした少年について、矯正を図るべく収容する施設。刑事施設（刑務所、少年刑務所、拘置所）よりも広い概念で、刑事施設のほか、少年院、少年鑑別所、婦人補導院がこれに含まれる。

矯正就労支援情報センター

受刑者や少年院在院者の雇用の手続や事業主が利用できる国の各支援制度等の紹介を行うため、国が設置した受刑者等の雇用の総合相談窓口。「コレワーク」と略称される。2016（平成 28）年に国が設置した法務省所管の機関で、北海道・東北・関東・中部・近畿・中国・四国・九州の 8 ヵ所に設置されている。

協力雇用主

犯罪や非行をした者の自立および社会復帰に協力することを目的として、その者を雇用し、または雇用しようとする事業主のこと。全国で約 2 万 5,000 ヵ所の登録があり、そのうち実際に雇用実績があるのは約 1,000 ヵ所。業種としては、建設業が約半数を占め、次いでサービス業、製造業の順となっている。

クリティカル・ソーシャルワーク

〔critical social work〕

ソーシャルワーク実践が掲げる目的を実現するに当たり、支援過程をクリティカル（単に「批判すること」だけの意味ではない）に捉えながら展開するものであり、利用者のストレングスを重視した実践理論。ワーカーが利用者と協働しながら対処するソーシャルワーク実践において、認識している諸困難について、さまざま（政治的、社会的、経済的…etc.）な状況を踏まえ、利用者が置かれている現実の状況を「把握」し「分析」したうえで、利用者と協働しながら現実の中にある「困難」を生む構造の解析に努め、対応策を取りまとめていくこと。

ケア会議（CPA 会議）

医療観察制度の通院段階において、保護観察所（社会復帰調整官）のコーディネートにより、指定通院医療機関、精神保健福祉関係の諸機関の各担当者によって行われる会議のこと（場合によっては、本人やその家族等も協議に加わることがある）。この会議を通じて、関係機関相互間において、処遇を実施するうえで必要となる情報を共有するとともに、処遇方針の統一を図っていくことが期待される。また、実施計画の評価や見直しについての検討を行うほか、保護観察所が裁判所に対して行う各種申立て（本制度による処遇の終了、通院期間の延長、入院）の必要性についての検討や、病状の変化等に伴う対応などについても検討される。

刑事収容施設法

正式名称は「刑事収容施設及び被収容者等の処遇に関する法律」（平成 17 年法律第 50 号）。刑事収容施設（刑事施設、留置施設、海上保安留置施設）の適正な管理運営を図るとともに、被収容者等の人権を尊重しつつ、適切な処遇を行うことを目的とした法律。被収容者等の類型に応じて、処遇のあり方、内容（起居動作、物品の貸与・自弁、金品の取扱い、保健衛生・医療、宗教、書籍の閲覧と通信、規律と秩序など）、釈放前指導、作業、被害者等の心情等の考慮、などについて詳細な規定が置かれている。

刑の一部の執行猶予制度

2013 年の刑法改正および薬物使用等の罪を犯した者に対する刑の一部の執行猶予に関する法律（平成 25 年法律第 50 号）により新設され、2016（平成 28）年 6 月から施行された制度。拘禁刑 1 年以上 5 年以下の期間のうち、その刑の一部の執行を猶予することができる。猶予期間中、保護観察に付することができる場合（裁量的観察）と、付さなければならない場合（必要的観察）に分かれる。

刑法

明治 40 年法律第 45 号。刑事法の一般法で、犯罪および刑罰に関する規定を網羅する。近時、一部執行猶予制度の導入や、性犯罪の厳罰化に関する法改正が相次いでいる。

刑務所出所者等総合的就労支援対策

矯正施設、保護観察所およびハローワーク等が連携する仕組みを構築し、矯正施設入所者に対するハローワーク職員による職業相談、職業紹介、職業講話等の実施、保護観察対象者等に対する、ハローワークにおいて担当者制による職業相談・職業紹介を行うほか、①セミナー・事業所見学会、②職場体験講習、③トライアル雇用、④身元保証等の支援メニューを活用した支援を実施する。2006（平成 18）年から法務省と厚生労働省との連携により実施されている。

権利擁護

本来の語源はadvocacy（アドヴォカシー）で、「弱い立場にある本人の生命や権利、利益を擁護してその意思を代弁すること」であり、そのための社会的活動や法制度を指す概念として用いられる。障害や加齢により意思能力が不十分である本人の権利や利益を擁護するための成年後見制度はその中心的制度の一つである。また、これを補完ないし代替するさまざまな官・民のさまざまな主体による権利擁護事業（日常生活自立支援事業や成年後見制度利用支援事業など）が多岐にわたって展開されている。

公共職業安定所

求職者や求人事業主に対して、さまざまなサービスを無償で提供する、国（厚生労働省）が運営する総合的雇用サービス機関。通称は「ハローワーク」。更生保護関連では、法務省・厚生労働省の共管で、更生保護就労支援事業などが展開され、刑務所出所者等への就労支援（就職活動支援、職場定着支援）、協力雇用主への支援（刑務所出所者への就労奨励金、公共工事等の競争入札における優遇制度）が行われている。

拘禁刑

近年の刑法改正（2022〔令和4〕年）により導入された自由刑の名称。従来の懲役刑と禁錮刑を統合・廃止し、刑務作業の賦課を裁判官による裁量事項とした。未施行であり、2025（令和7）年6月までに施行される。

更生緊急保護

満期釈放者や罰金刑の言渡しを受けた者等、保護観察対象者以外の者について、本人が申出た場合に、保護観察所の長などが行う支援。内容は、住居の確保や就職の支援など、保護観察における補導援護とほぼ同内容であり、原則6ヵ月を限度として行われる。

更生保護サポートセンター

保護司・保護司会が、地域の関係機関・団体と連携しながら、地域で更生保護活動を行うための拠点。保護司会が市町村や公的機関の施設の一部を借用し、開設し、保護司の処遇活動に対する支援や関係機関との連携による地域ネットワークの構築等を行っている。そのほか、保護司を始めとする更生保護ボランティアの会合や更生保護活動に関する情報提供の場としても活用されている。

更生保護施設

矯正施設から釈放されたものの、直ちに自立することが難しい者等について、一定期間、宿泊場所や食事を提供したり、就職指導や社会適応のために必要な生活指導をしながら、社会復帰、自立を援助する施設。全国に102施設あり、うち99施設は法務大臣から認可を受けた更生保護法人が運営している。

更生保護就労支援事業

国の委託により民間事業者が設置する更生保護就労支援事業所において、刑務所出所者等のうち、就労が困難な者について、早期の就職および確実な職場定着を実現するとともに、刑務所出所者等の再犯の防止と円滑な社会復帰を実現するために、関係機関等と協力して継続的かつきめ細やかな支援を行うこと。

更生保護女性会

更生保護に協力するボランティア団体で、全国各地で約13万人の会員が活動している。更生保護活動（保護観察処遇への協力や、更生保護施設への支援）、矯正施設への支援、犯罪非行防止活動（薬物乱用防止教室の開催、社会を明るくする運動）、子育て支援活動、地域との連携・協働活動などを主な活動としている。

更生保護法

平成19年法律第88号。犯罪者および非行少年に対して、社会内処遇によって、再犯防止と改善更生の援助を目的とする法。被害者の手続関与等の規定も盛り込まれている。

高齢者虐待防止法

正式名称は「高齢者虐待の防止、高齢者の養護者に対する支援等に関する法律」（平成17年法律第124号）。高齢者虐待の類型のほか、「養護者による高齢者虐待」および「要介護施設従事者による高齢者虐待」について定義している。早期発見や通報義務についての規定も置かれている。

罪刑法定主義

「犯罪（＝いかなる行為が犯罪であるか）および刑罰（＝いかなる刑罰を科すか）については、あらかじめ具体的に法律で定めておかなければならない」とする、法治国家における人権保障上の大原則。イギリスのマグナ・カルタに沿革を有する。

裁判員制度

国民の司法参加として重要な制度。裁判員法（正式名称は「裁判員の参加する刑事裁判に関する法律」)、平成16年法律第63号を根拠とする。満18歳以上の国民から無作為に抽出され、手続を経て選任された6人の裁判員が、3人の裁判官と共に、重罰事件の裁判を行う。手続の長期化や辞退率の高さが課題となっている。

裁判所法

昭和22年法律第59号。最高裁判所および下級裁判所（高等裁判所、地方裁判所、家庭裁判所、簡易裁判所）について定めた法。それぞれの裁判所の構成や権限、裁判官に関する規定のほか、裁判所職員や司法修習生についても規定する。

再犯防止推進計画

再犯防止推進法に基づき国に策定義務が課されている行政計画。2017年度に第一次計画が閣議決定された。その内容を発展させ、再犯防止施策の更なる推進を図るために策定された2023年度の第二次計画では、7つの重点課題（①就労・住居の確保、②保健医療・福祉サービスの利用の促進、③学校等と連携した修学支援の実施、④犯罪をした者等の特性に応じた効果的な指導の実施、⑤民間協力者の活動の促進、広報・啓発活動の推進、⑥地方公共団体との連携強化、⑦関係機関の人的・物的体制の整備）について、96の具体的施策が盛り込まれている。

再犯防止推進法

正式名称は「再犯の防止等の推進に関する法律」（平成28年法律第104号)。国民の理解と協力を得つつ、再犯の防止等に関する施策に関し、基本理念を定め、国および地方公共団体の責務を明らかにするとともに、再犯の防止等に関する施策の基本となる事項を定めることにより、再犯の防止等に関する施策を総合的かつ計画的に推進し、もって国民が犯罪による被害を受けることを防止し、安全で安心して暮らせる社会の実現に寄与することを目的とする。国は再犯防止推進計画を、都道府県は地方再犯防止推進計画（努力義務）の策定が求められている。

指定通院医療機関

医療観察制度において、「入院によらない医療（＝通院医療)」を提供する、厚生労働大臣により指定される医療機関。通院段階の対象者の社会参加や自立を支える重要な存在であり、その指定状況は、病院603、診療所94、薬局2,677、訪問看護センター695の、合計4,069ヵ所となっている（令和5年4月1日現在)。

指定入院医療機関

医療観察制度において、「入院による医療」を提供する、厚生労働大臣により指定される医療機関。人的・物的資源ともに非常に高いレベルが要求されることから、整備状況は、国関係16病院（504床)、都道府県関係19病院（352床）にとどまり、16県が未設置の状況である（令和5年4月1日現在)。

指導監督

保護観察の内容の一つで、補導援護と合わせ“車の両輪”とされ、権力行政的な側面をもつ。①保護観察対象者と接触を保ちその行状を把握すること、②遵守事項を遵守させ、生活行動指針に即して行動するよう必要な措置をとること、③専門的処遇を実施することをその内容とする。

児童虐待防止法

正式名称は「児童虐待の防止等に関する法律」(平成12年法律第82号)。児童虐待の類型を身体的虐待・性的虐待・ネグレクト・心理的虐待と定義し、児童虐待の早期発見義務や通告義務、行政機関の措置などについて定めている。

児童自立支援施設
不良行為をなし、またはなすおそれのある児童および家庭環境その他の環境上の理由により生活指導等を要する児童を入所させ、または保護者の下から通わせて、個々の児童の状況に応じて必要な指導を行い、その自立を支援し、あわせて退所した者について相談その他の援助を行うことを目的とする施設（児童福祉法44条）であり、全国に58ヵ所ある。少年院と異なり開放施設であるため、原則として部屋に施錠されてはおらず、年末年始や夏休みなどに親元に一時帰宅することもできる。基本的には18歳未満の児童を預かる施設であるが、入所者は比較的年齢の低い少年が多い傾向にあり、高校生以上の少年が児童自立支援施設送致処分になることは極めて稀である。

社会関係
〔social relation〕
社会において社会集団を形成している個人個人が、相互作用に基づいて持続的にかつ安定的に営むことから一定の行動様式を築いて行い合っている関係を示す社会学用語。また、社会関係は、相互が直接的に接触することを基本として構築されているものと、相互がコミュニケーション等により間接的に接触することを基本として構築されているものとが存在する。

社会構成主義
「社会に存在するありとあらゆるものは人間が対話を通して頭の中で作り上げたもの（認知）であり、それを離れて社会は存在しない」とする社会学の主義・考え方であり、客観的かつ絶対的な物事の存在などなく、社会の中で行われるコミュニケーションが現実をつくっていくという主張。ソーシャルワークにおいては、利用者との会話や対話を通して利用者の生活を肯定的な側面から捉え直して協働展開するエンパワメント実践にも大きな影響を与える。

社会内処遇
犯罪や非行を犯した者について、一般社会での生活を認めつつ保護観察等により社会の中で処遇し改善更生を図る営み。これに対して、刑務所や少年院等の矯正施設において処遇を行うことを、施設内処遇という。更生保護法は、この社会内処遇について定めている法である。

社会福祉協議会
地域福祉の普及推進と、民間福祉事業やボランティア活動の推進・支援を目的として設立される非営利の民間組織。社会福祉法に法的根拠を有し、全国、都道府県、特別区、政令指定都市、市町村単位で組織している。各種の福祉サービスや相談活動、ボランティアや市民活動の支援、共同募金運動への協力など、全国的な取組みから地域の特性に応じた活動まで、さまざまな場面で地域の福祉増進に取り組んでいる。

社会復帰支援指導プログラム
高齢または障害を有する等の理由により円滑な社会復帰が困難と認められる受刑者を対象に、刑事施設入所後の比較的早期の段階から、出所後の円滑な社会生活を見据えた指導を実施することを目的として、平成29年度内から全国的に展開されている。全国の刑事施設で実施され、①基本的動作能力・体力・思考力の維持・向上、②基本的健康管理能力の習得、③基本的生活能力の習得、④各種福祉制度に関する基礎的知識の習得、⑤再犯防止のための自己管理スキルの習得に係る内容について、実技、グループワーク、ロールプレイ、講話、視聴覚教材視聴等の方法により実施されている。

社会復帰調整官
精神保健福祉士その他の精神障害者の保健および福祉に関する専門的知識を有する者として、法務大臣が任命する専門職。全国の保護観察所に配置され、医療観察制度の対象者の社会復帰を促進するため、医療機関や地域の関係機関等と連携しながら、その人の生活状況を見守りつつ、通院や服薬を継続できるような適切な助言や指導を行ったり、地域において必要な支援を確保するためのコーディネートを行う。医療観察法に定められる保護観察所の所掌事務（「生活環境調査」、「生活環境調整」、「精神保健観察」など）に従事する。

修復的司法

犯罪の本質を社会に発生した害悪と捉え、被害者、加害者、それぞれの家族や関係者などが対話や一堂に会することにより、害悪の除去や修復を図ろうとするあり方。日本では、現在のところ、一部のNPO法人による実践的取組みがあるにとどまる。これに対して、犯罪の本質を法益侵害と捉え、犯罪者に刑罰を科すことを中心とする従来の刑事司法手続のあり方を応報的司法という。

遵守事項

保護観察の対象者に対して課される、遵守が義務づけられる事項。すべての保護観察対象者に対する共通事項である一般遵守事項（更生保護法50条）と、保護観察対象者について個別に申し渡される場合のある特別遵守事項（同法51条）とがある。

障害者虐待防止法

正式名称は「障害者虐待の防止、障害者の養護者に対する支援等に関する法律」（平成23年法律第79号）。「養護者による障害者虐待」、「障害者福祉施設従事者等による障害者虐待」および「使用者による障害者虐待」について定義するほか、障害者虐待防止センター（市町村・都道府県）の意義や役割についても規定している。

情状証人

刑事裁判において、被告人の量刑を定めるに当たって酌むべき事情を述べるために公判廷に出廷する証人。弁護側の情状証人の場合、刑の軽減や執行猶予付き判決を求めるための証言を行うべく、被告人の普段の性格や事情、判決後に社会に復帰した被告人を監視する旨、実刑により長期間刑事施設に入所する本人や家族への影響などを証言する。一方、検察側の情状証人の場合、被害者や被害者家族などの強い被害感情や処罰感情などの証言がなされる。なお、刑事裁判である以上、嘘の証言を行えば、偽証罪に問われてしまうこともある。

少年院

家庭裁判所から保護処分として送致された少年に対して、その健全な育成を図ることを目的として、矯正教育や社会復帰支援等を行う法務省所管の施設。犯罪的傾向の進度や心身の著しい障害の有無等により、第1種から第5種までの種類に分かれており、全国に44ヵ所存在する（令和5年4月10日現在）。

少年鑑別所

家庭裁判所の求めに応じて鑑別を行うことや、監護の措置の決定が執られて収容している者等に対して監護処遇を行うこと、地域社会における非行や犯罪の防止に関する援助（地域援助事業）を行うことを目的とする、法務省所管の施設。全国に52ヵ所存在する。地域援助事業においては、少年鑑別所は、「法務少年支援センター」との呼称で、非行・犯罪に関する問題や、思春期のこどもたちの行動理解等に関する知識・ノウハウを活用して、児童福祉機関、学校・教育機関、NPO等の民間団体等、青少年の健全育成に携わる関係機関・団体と連携を図りながら、地域における非行・犯罪の防止に関する活動や、健全育成に関する活動の支援などに取り組んでいる。

少年法

昭和23年法律第168号。少年の健全な育成を期し、非行のある少年等に対して特別の措置を講ずることを目的とする。民法改正による成年年齢引下げ後も、少年の定義（20歳未満の者）は維持された。

自立更生促進センター

適当な引受人がなく、民間の更生保護施設でも受入れが困難な仮釈放者、少年院仮退院者等を対象とし、保護観察所に附設した宿泊施設に宿泊させながら、保護観察官による濃密な指導監督や充実した就労支援を行うことで、対象者の再犯防止と自立を図ることを目的とする施設。仮釈放者を対象とする北九州自立更生促進センター（平成21年）、福島自立更生促進センター（平成22年）が、また、主に農業の就業支援センターとして、沼田町就業支援センター（平成19年）、茨城就業支援センター（平成21年）が、それぞれ運営を開始している。

自立準備ホーム

刑事施設や少年院を出た後、帰住地をもたない者が自立できるまでの間、一時的に居住を提供する民間施設。2011年度に制度化され、国が、あらかじめ保護観察所に登録されたNPO法人や社会福祉法人が管理する施設の空きベッド等を活用して、保護が必要なケースについて、保護観察所から事業者に対して宿泊場所、食事の提供とともに、毎日の生活指導等を委託する。

心情等伝達制度(しんじょうとうでんたつせいど)

更生保護法65条に規定される、犯罪被害者等のための制度の一つ。被害に関する心情、被害者等の置かれている状況、保護観察中の加害者の生活や行動に関する意見を聴取し、これを保護観察所の長から、加害者に伝達することにより、被害者の実情を直視させるとともに、反省や悔悟の情を深めさせるよう指導監督を行う制度。

心神喪失者等医療観察法(しんしんそうしつしゃとういりょうかんさつほう)

正式名称は「心神喪失等の状態で重大な他害行為を行った者の医療及び観察等に関する法律」(平成15年法律第110号)。心神喪失等の状態で重大な他害行為を行った者(触法精神障害者)について、強制力をもった医療につなげることにより、病状の改善、他害行為の再発防止、社会復帰の促進を目的とする。

ストーカー規制法(きせいほう)

正式名称は「ストーカー行為等の規制等に関する法律」(平成12年法律第81号)。ストーカー行為を「同一人に対して、つきまとい等や位置情報無承諾取得等を反復継続してすること」と定義し、警告、禁止命令その他の措置や罰則について規定する。

生活環境調査(せいかつかんきょうちょうさ)

医療観察制度における保護観察所の所掌事務の一つ。医療観察の審判過程において、保護観察所が必要に応じて行うもので、審判対象者の居住地や家族の状況、利用可能な精神保健福祉サービスなどその人を取り巻く環境(=生活環境)に関する調査のこと。裁判所は、この調査の結果や(精神保健審判員とは別の)精神科医による鑑定の結果を基礎とし、生活環境を考慮し、必要に応じて精神保健参与員の意見も聴いたうえで、本制度による医療の必要性について審判する。

生活環境調整(せいかつかんきょうちょうせい)

刑事施設や少年院などの矯正施設に収容されている者の釈放後の住居や就業先などの帰住環境を調査し、改善更生と社会復帰に相応しい生活環境を整えることによって、仮釈放等の審理の資料等にするとともに、円滑な社会復帰を目指すため、保護観察所により行われる調整。

生活行動指針(せいかつこうどうししん)

更生保護法56条に基づき、保護観察所の長が、保護観察における指導監督を適切に行うため必要があると認めるときに、保護観察対象者に対して定める、当該保護観察対象者の改善更生に資する生活または行動の指針。生活行動指針が定められたときは、観察対象者はこれに即して生活し、および行動するよう努めなければならない。

精神保健観察(せいしんほけんかんさつ)

医療観察制度における保護観察所の所掌事務の一つ。「入院によらない医療(=通院医療)」の段階において、対象者について継続的な医療を確保するため、社会復帰調整官が、必要な医療を受けているかどうかや本人の生活状況を見守り、必要な指導や助言を行うこと。通院段階において「関係機関相互間の連携の確保」と並ぶ重要な事務であり、また、審判段階の「生活環境調査」、入院段階の「生活環境調整」とあわせ、社会復帰調整官が重要な役割を演じる。

精神保健参与員(せいしんほけんさんよいん)

医療観察制度において、(裁判官および精神保健審判員で構成される)裁判所から、処遇の要否や内容について意見を求められた際に、審判手続に関与する者。精神保健福祉士その他の精神障害者の保健および福祉に関する専門的知識および技術を有する者として厚生労働大臣が作成する名簿の中から、処遇事件ごとに地方裁判所が指定する。経験豊富な精神保健福祉士などが任じられ、実質上は協議に参加し有益な所見を述べるが、法的にはあくまでも補助参加的位置づけであり、裁判所の構成員となるものではない。

精神保健審判員

医療観察制度において、裁判官と共に2名の合議体で裁判所を構成し、審判手続を行う精神科医。精神障害者の医療に関する学識経験を有する医師（精神保健判定医）として厚生労働大臣が作成した名簿の中から、処遇事件ごとに地方裁判所が任命する。その専門性を活かしてその意見を述べることにより、裁判官と意見の一致したところにより、「入院による医療」や「入院によらない医療（＝通院）」などの決定を下す。

精神保健福祉法

正式名称は「精神保健及び精神障害者福祉に関する法律」（昭和25年法律第123号）。障害者基本法の基本理念に則り、精神障害者の権利擁護を図りつつ、その医療および保護を行い、障害者総合支援法と相まって、社会復帰の促進およびその自立と社会経済活動への参加の促進のための必要な援助、ならびにその発生の予防その他国民の精神的健康の保持および増進に努めることにより、精神障害者の福祉の増進および国民の精神保健の向上を図ることを目的とする。精神衛生法、精神保健法を経て今日に至る。

生存権保障

日本国憲法25条が保障する「健康で文化的な最低限度の生活を営む権利」、すなわち「人間らしく生きる権利」と意訳される価値について、具現化ないし実現すること、もしくはその制度や施策。社会保障制度に代表される国および地方公共団体の各種施策のほか、民間主体（個人および組織体）によるさまざまな支援活動などによっても実現される。同条の生存権規定の解釈（法的性質）については、プログラム規定説（判例）、抽象的権利説（多数説）および具体的権利説などがある。

全件送致主義

少年の刑事法の基本原則で、少年の行った犯罪や非行に関しては、その内容や性質にかかわらず、第一義的にはすべて家庭裁判所が送致を受けることとする主義。そのうえで、各法令の根拠および家庭裁判所の判断により、逆送などの措置が取られる場合がある。

全国薬物依存症者家族会連合会

全国の薬物依存症家族会の連合組織であるNPO法人、通称は「やっかれん」。フォーラムの開催や、関係省庁との連携（家族会やダルク、医師・弁護士など専門家の声による国への要望書提出、依存症予防教育事業など）、家族・家族会への支援（全国家族会議の開催や各家族会へ講師派遣事業など）、相談などを実施している。

ソーシャル・コンストラクショニズム

〔social constructionism〕

社会科学、人間科学の基礎理論で、社会構築主義もしくは社会構成主義などと訳される。実体のない「心」や「感情」という言葉が人々の会話やコミュニケーションから生まれる共通認識によって概念づけられるように、「絶対的・客観的な物事の存在というものはなく、社会の中で行われるコミュニケーションが現実を造り出す」ものであり、「現実は社会的に構築されていくものである」という考え方。

地域生活定着支援センター

厚生労働省によって設置され、各都道府県において保護観察所と協働しながら、罪を犯した障害者や高齢者の社会復帰や自立促進を支援するための施設。矯正施設の退所予定者についてのコーディネート業務、受入れ先施設等へのフォローアップ業務を行うほか、本人や関係者に対する相談支援業務を行う。

地方更生保護委員会

刑事施設からの仮釈放の許可、仮釈放の取消、不定期刑の終了、少年院からの仮退院の許可に関する事務や、保護観察所の事務の監督を所掌する、法務省の地方支分部局。高等裁判所の管轄区域に対応し、全国に8ヵ所設置され、それぞれ3～15人の委員および事務局で構成されている。

地方再犯防止推進計画

再犯防止推進法（平成28年法律第104号）に基づき、都道府県および市町村が策定する計画。地域社会で生活する犯罪者等に対する支援に当たっては、福祉、医療、保健などの各種サービスを提供する自治体の役割が極めて重要である点に鑑み、同法では、再犯の防止等に関する施策を実施等する責務が、国だけでなく地方公共団体にもあること（4条）が明記されるとともに、国の再犯防止推進計画を勘案して、地方再犯防止推進計画を策定する努力義務が課されている（8条1項）。

中央更生保護審査会

更生保護法に基づき法務省本庁に設置される審議会。委員長および4人の委員から構成され、地方更生保護委員会の決定についての審査や、法務大臣に恩赦の実施について上申することを所掌事務とする。

ディスコース

〔discourse〕

「書かれたこと」や「言われたこと」といった、言語で表現された内容の総体を意味する概念であり、日本語では「言説（げんせつ）」と意訳される場合が多い。ある言葉や行いが、それが語られたあるいは行われたコンテクストの中で、何を意味し、またなぜそれを意味するようになるのか（なったのか）を分析する概念。

DV防止法

正式名称は「配偶者からの暴力の防止及び被害者の保護等に関する法律」（平成13年法律第31号）。であるが、配偶者暴力防止法・DV法・DV防止法などと略称される。配偶者、DV行為、被害者の定義のほか、配偶者暴力相談支援センターや被害者の保護、国の基本方針や都道府県基本計画の策定等について規定している。

特別調整

高齢または障害を有し、かつ、適当な帰住先のない受刑者や少年院在院者に対して、釈放後速やかに福祉関係機関等による適切な介護、医療、年金等の福祉サービスを受けることができるようにするための特別の手続。刑事施設や少年院から通知を受けた保護観察所が、面接するなどの調査により特別調整対象者として決定した後、各都道府県に設置される地域生活定着支援センターに協力を求めて、連携しながら調整を進める。具体的には、同センターが中心となって、適当な帰住先を確保したり、必要な福祉サービス等を受けたりすることができるよう調整が行われる。

ナラティブ

〔narrative〕

語り手視点の「物語」を意味する語。相談者が主体的に自身の抱える問題について語り、専門家との対話や質問を繰り返す中で、ネガティブな「思い込み」を肯定的な価値観に置き換えたり、相談者が自身で悩みを解決するように促す援助手法（ナラティブ・アプローチ）として、1990年代に臨床心理学で活用され始め、現在では医療やソーシャルワーク、キャリアコンサルティングなど幅広い分野で実践されている。

日本司法支援センター

総合法律支援法（平成16年法律第74号）に基づき2006（平成18）年4月に設置された法務省所管の法人であり、通称を「法テラス」という。①情報提供、②民事法律扶助、③国選弁護等、④司法過疎対策および⑤犯罪被害者支援などを業務としている。

日本BBS連盟

「BBS」とは「Big Brothers and Sisters」の頭文字をとった略称。子ども・若者が非行に陥っても立ち直ることができ、生きづらさを抱えながらも安心して生きていける社会を築こうとする、青年が先導する全国的な運動を展開するボランティア組織。ともだち活動、健全育成活動、広報・啓発活動、自己研鑽活動などを主な活動としている。

認知行動療法

うつ病、パニック障害、心的外傷後ストレス障害、強迫性障害、不眠症、摂食障害、統合失調症などさまざまな心の病に対する有効性が医学研究で立証されている心理療法。ある状況において、患者の感情や行動に影響を及ぼしている極端な捉え方（歪んだ認知）を、治療者と共同で確認していくことにより、最終的に、患者が、より現実的で幅広い捉え方（認知）を自分自身によって選択できるようにし、必要以上に落ち込んだり、不安になったりするといった不快な感情を軽くして、患者本人が本来もっている力を発揮できることを目指す。

農福連携

障害者や高齢者等が農業分野で活躍することを通じ、自信や生きがいをもって社会参画を実現していく取組み。その推進により、障害者等の就労や生きがいづくりの場を生み出すだけでなく、担い手不足や高齢化が進む農業分野において、新たな働き手の確保につながる可能性も指摘される。近時、農業と福祉の連携という狭い意味に限定せず、農林水産業や6次産業と、多様な対象者（障害者、高齢者、生活困窮者、触法障害者など社会的に生きづらさがある多様な人びと）とのつながりや支援による、「農」と「福」のもつ意味の広がりが生み出す新たな価値の創出が期待されている。

配偶者暴力相談支援センター

DV防止法により都道府県に設置義務がある施設。婦人相談所その他の適切な施設において、配偶者からの暴力の防止および被害者の保護を図るため、①相談や相談機関の紹介、②カウンセリング、③被害者および同伴者の緊急時における安全の確保および一時保護、④自立して生活することを促進するための情報提供その他の援助、⑤被害者を居住させ保護する施設の利用についての情報提供その他の援助、⑥保護命令制度の利用についての情報提供その他の援助を行う。

犯罪被害者等基本法

平成16年法律第161号。犯罪被害者等のための施策に関し、基本理念を定め、ならびに国、地方公共団体および国民の責務を明らかにするとともに、犯罪被害者等のための施策の基本となる事項を定めること等により、犯罪被害者等のための施策を総合的かつ計画的に推進し、もって犯罪被害者等の権利利益の保護を図ることを目的とする法律（1条）。政府には「犯罪被害者等基本計画」の策定が義務づけられるほか、国、地方公共団体、日本司法支援センターその他の関係機関の連携協力も定められている。

犯罪被害者等給付金

殺人など故意の犯罪により亡くなった犯罪被害者の遺族、重傷病や障害により重大な被害を受けた犯罪被害者に対して、社会の連帯共助の精神に基づき、国が給付金を支給し、犯罪被害等を早急に軽減するとともに再び平穏な生活が営めるよう支援する制度。遺族給付金、重傷病給付金、障害給付金からなる。

被害者支援センター

犯罪被害者やその家族・遺族が抱える悩みの解決、被害回復のための電話・面接相談、事件・事故直後の生活支援、裁判所・病院等への付添、専門家を交えた法律相談などを行う民間団体。公益社団法人である各都道府県の被害者支援センターおよびその連合体である全国被害者支援ネットワークのほか、NPO法人や弁護士会など、さまざまな民間の組織体が存在し活動している。

被害者等通知制度

更生保護法に規定される、犯罪被害者等のための制度の一つで、加害者等の刑事手続や処遇の状況などを知ることができる制度。加害者の状況により、通知者は、検察官、少年院の長、地方更生保護委員会、保護観察所の長などに分かれる。

被害者ホットライン

国（法務省）の行う被害者支援のための制度の一つ。犯罪被害者が検察庁へ気軽に被害相談や事件に関する問い合わせを行うことができるように、全国の地方検察庁に専用の電話回線が設けられており、休日・夜間でもFAXや留守番電話による受付が行われている。

批判的ソーシャルワーク

一般的にクリティカル・ソーシャルワークとも言われるものの邦訳。クリティカルの概念をネガティブに捉えるのではなく、「内省（refrection）的思考の重視」、「個人の問題を社会構造や制度に関連付ける視点」、「理論と実践の循環的発展」、「利用者との協働関係の尊重」、「言葉の重視」と解し、社会的状況とは無縁ではない個人の問題（抑圧や不平等）からの解放と社会正義実現を目指すソーシャルワーク実践である。

婦人補導院

売春防止法第5条（勧誘等）の罪、または同罪と他の罪に係る懲役または禁錮につきその執行が猶予され、あわせて補導処分（6ヵ月）に付された満20歳以上の女子を収容する施設。東京婦人補導院のみが現存するが、2024（令和6）年4月1日に廃止される。

保護観察

更生保護制度の中核をなすもので、指導監督（対象者の行状を把握し、規律正しい生活を送らせるための指導）、および補導援護（対象者の自立を援助するべく、住居の確保や就職の支援を行う）をその内容とする。

保護観察官

心理学、教育学、福祉および社会学等の更生保護に関する専門的知識に基づき、犯罪をした者や非行のある少年に対して、保護司と協働しながら、保護観察や生活環境の調整を実施するほか、犯罪予防活動の促進などに関する事務に従事する「社会内処遇」の専門家。常勤職の国家公務員で、地方更生保護委員会事務局や保護観察所に配置される。

保護観察所

地方裁判所の管轄区域ごとに全国50ヵ所（県庁所在地、北海道は4ヵ所）設置されている、更生保護の第一線の実施機関。保護観察、生活環境調整、更生緊急保護、恩赦の上伸、犯罪予防活動のほか、医療観察制度における生活環境調査・生活環境調整・精神保健観察などを所掌事務とする。

保護司

犯罪や非行をした者の立ち直りを地域で支える民間ボランティア。保護司法に基づき、法務大臣から委嘱された非常勤国家公務員であり、給与は支給されない（実費補償はあり）。任期2年（再任可）で76歳を超えての再任はなし、兼職禁止。民間人としての柔軟性と地域の実情に通じているという特性を活かし、保護観察官と協働して保護観察に当たるほか、犯罪や非行をした者が刑事施設や少年院から社会復帰を果たしたとき、スムーズに社会生活を営めるよう、釈放後の住居や就業先などの帰住環境の調整や相談を行う。定員は5万2,500人とされるが、漸減傾向にあり、全国で約4万7,000人が活動している。

母子生活支援施設

配偶者のない女子またはこれに準ずる事情にある女子およびその者の監護すべき児童を入所させて、これらの者を保護するとともに、これらの者の自立の促進のためにその生活を支援することを目的とする施設（児童福祉法38条）。母子世帯の居室のほかに集会・学習室等があるほか、母子支援員、少年指導員等の職員が配置されており、母子を保護するとともに、その自立を促進するため個々の母子の家庭生活および稼動の状況に応じ、就労、家庭生活および児童の教育に関する相談および助言を行う等の支援を行う。

補導援護

保護観察の内容の一つで、指導監督と合わせ“車の両輪”とされ、福祉援助的な側面をもつ。観察対象者の自立と改善更生が円滑に進むよう、住居の確保、医療を受ける機会や教養訓練の確保、就職の支援などを行う。

リフレクティング

〔reflecting〕

語義は反射・反応の意で、オウム返しに似る。トム・アンデルセン（Andersen, T.〔ノルウェー〕）が生み出した、多様な声を共存させつつ、「話すことと聞くことのうつし込み合い」を通して、異なる視点や価値観を有するグループ間のコミュニケーションを活性化させる方法。話し手（相談者）と聞き手（面接者）の会話の後、これについて会話するチームを置き、チームの会話を話し手が聞くという手順で、内的会話と外的会話の促進を試みる。近年、心理学のほか、社会学、福祉学、医学などの幅広い領域で注目されるナラティブ・セラピーの一つである。

索引

（太字で表示した頁には用語解説があります）

あ～お

アセスメント……176
アダルト・チルドレン（AC）…166
アディクション（嗜癖）……163, 188, **249**
アフターケア……173
アルコール健康障害対策基本法……168
アンデルセン Andersen, T. ……259
委員面接……218
池上雪枝……4
意見聴取……35
意見等聴取制度……8, 56, 238, **249**
移行通院……134
遺族給付金……239, 258
依存症対策……168
依存性薬物……163
一部実行全部責任の法則……20
一般改善指導……24
一般遵守事項……64
一般調整対象者……200
一般予防……16
伊藤時男……225
違法性……18
違法性阻却事由……17, 18
入口支援……27
医療観察ガイドブック……145
医療観察制度……6, 20
医療観察法（心神喪失等の状態で重大な他害行為を行った者の医療及び観察等に関する法律）……6, 100, 108, 138, 255
医療観察法鑑定ガイドライン…120
医療観察法の鑑定医……118
医療観察法の審判……115
医療観察法病棟……122
医療ソーシャルワーカー（MSW）……217
インケア……173
飲酒運転防止プログラム……66
インテーク面接……117
ウェルビーイング……154
運営会議……128
SIB（ソーシャル・インパクト・ボンド）……44, 248
SST（社会生活技能訓練／社会生活スキルトレーニング）……67, 90, 104, 161, 174, 178, **249**
NPO 法人……89
MSW（医療ソーシャルワーカー）……217
MHSW（精神保健福祉士）……217
MJCA（法務省式ケースアセスメントツール）……36
MDT……142
エンパワメント……213
応急の救護……68, **249**
応報的司法……254
桶川ストーカー殺人事件（埼玉県桶川事件）……232
恩赦……47, 61, 75, **249**
恩赦の謙抑性……75
恩赦の補充性……75
恩赦法……249

か～こ

快感……164
快感物質……164
改悛の状……54
改正少年法（少年法等の一部を改正する法律）……159
改善更生……235
改善指導……23, 24
回復（リカバリー）……167, 177
外部交通……26
外部通勤作業……26
開放処遇の原則……160
過程（行為）……163
家庭裁判所……30, 34, 42, **249**
過程嗜癖……165
仮釈放……52, 53, 54, 71, 81
仮釈放者……61
仮釈放等……52, **249**
仮釈放等の審理……56
仮釈放等の申出……56
仮釈放の許可基準……54

仮出場……53
仮出所前環境調整……219
仮出所日……218
仮退院……223
仮退院の取消し……53
仮面接……218
関係支援……213
監獄法……23
観護処遇の原則……160
観護の措置……36, 160
カンファレンス（審判における事前協議）……119
官民協働……49
器質性精神疾患……120
帰住予定地……55, 58
起訴独占主義……14
起訴便宜主義……14, 229
機能不全家族……166
逆送（検察官送致）……159
ギャンブル等依存症対策基本法……168
求刑……221
QOL（生活の質）……181
共依存……166
教科指導……23, 24, 39
矯正教育……37, 161
矯正教育課程……161
矯正施設……47, 81, 179, 217, **249**
矯正指導……17
矯正就労支援情報センター（コレワーク）…27, 102, 162, **250**
共同正犯……20
協働態勢……63
協力雇用主…3, 67, 73, 87, 162, **250**
居住支援法人……203
挙証責任……14
記録の閲覧や謄写……35
緊急時の対応（クライシスプラン）……130, 142, 147
緊急的住居確保・自立支援対策…59
緊急避難……18
禁錮……50, 52, 71
金原明善……4, 48
具体的権利説……256
虞犯少年……30, 34, 47, 159
クライシスプラン（緊急時の対応）……130, 142, 147
クリティカル・ソーシャルワーク……**250**, 258
クールダウン……218
グループホーム……212
クロスアディクション（多重嗜癖）……167, 249
ケア会議（CPA 会議）……127, 129, 130, 132, 142, 150, **250**
ケア計画書……130
警察……14, 229
警察官……42
刑事施設……22, 47, 99
刑事施設視察委員会……25
刑事司法……2
刑事収容施設……250
刑事収容施設法（刑事収容施設及び被収容者等の処遇に関する法律）……6, 23, 25, 39, 178, 218, 228, 238, **250**
刑事処分……34
刑事政策……48
刑事責任……12
刑事訴訟法……231, 237
刑執行終了者等に対する援助……74
刑事手続……14
刑事未成年……19, 30
刑事和解……237
刑の一部の執行猶予制度……16, 50, **250**
刑の執行の免除……76
刑罰……12, 16
刑法……5, 12, 16, 228, **250**
刑法各論……20
刑務所……22
刑務所出所者等総合的就労支援対策……93, 102, **250**
ケース会議……217
ケースワーカー……219
原家族……166
減刑……76
検察……14, 229
検察官送致（逆送）……159
検察官の関与……35
検察審査会……236
検察審査会法……231
健全育成……30, 35, 42
原則逆送事件……31
原則逆送制度……34
限定責任能力者……20
権利擁護……**251**
権利擁護講座……129
故意犯……18
合議体……142
公共職業安定所（ハローワーク）……93, **251**
拘禁刑……5, 17, 22, 228, 246, **251**
抗告……116, 129
更生緊急保護……70, 104, 186, **251**
更生緊急保護の申出……73
更生緊急保護法……49, 70
更生支援計画……27
更生保護……3, 46
更生保護サポートセンター……85, **251**
更生保護事業法……6, 49
更生保護施設……59, 67, 68, 73, 74, 88, 104, 179, **251**
更生保護施設における処遇の基準等に関する規則……89
更生保護就労支援事業……94, **251**
更生保護女性会……3, 86, **251**
更生保護制度……238
更生保護に関する地域援助……75
更生保護のあり方を考える有識者会議……5, 49

更生保護の総仕上げ………………76
更生保護法…… 5, 23, 46, 50, 80, 94, 238, **251**
更生保護法人………………………89
更生保護法人全国保護司連盟……85
構成要件……………………… 17, 21
厚生労働省設置法…………………93
控訴……………………………… 115
拘置所………………………………22
交通短期保護観察…………………61
高等学校卒業程度認定試験…… 162
行動リハーサル………………… 182
高度保安病院…………………… 109
高認受験支援…………………… 162
勾留……………………………… 216
拘留…………………………… 53, 71
勾留中の被疑者に対する生活環境の調整………………………………58
高齢者………………………………99
高齢者虐待防止法（高齢者虐待の防止、高齢者の養護者に対する支援等に関する法律）……… 13, **251**
国選付添人……………………… 220
国選弁護人……………………… 220
個人的矯正教育計画…………… 161
個人的法益…………………………20
国会…………………………………12
国家公務員災害補償法……………85
国家訴追主義………………………14
国家的法益…………………………20
コーディネート………………… 139
コーディネート業務…………… 104
個別恩赦……………………………76
個別処遇の原則……………………51
個別の治療計画………………… 134
雇用情報提供サービス………… 103
雇用対策協定………………………93
雇用主…………………………… 220
コラージュ療法……………………90
コレワーク（矯正就労支援情報センター）…… 27, 102, 162, **250**

さ〜そ

罪刑法定主義…………………… **252**
再抗告…………………………… 116
埼玉県桶川事件（桶川ストーカー殺人事件）…………………… 232
裁判員制度………………… 16, **252**
裁判員法（裁判員の参加する刑事裁判に関する法律）………… 252
裁判官…………………………… 229
再犯者率……………………………27
裁判所………………………………12
裁判所法…………………… 249, **252**
再犯防止推進計画………… 228, **252**
再犯防止推進法（再犯の防止等の推進に関する法律）
…………… 27, 154, 244, **252**, 256
作業………………………… 23, 24
作業報奨金…………………………24
差入……………………………… 217
参考人…………………………… 229
36 条調査 …………………………55
三審制…………………………… 115
CSW（社会福祉士）…………… 217
CFP（保護観察におけるケース・フォーミュレーション）………63
資格制限……………………………77
自己決定（意思決定）関係障害
…………………………………… 211
自己決定権…………………………21
自己決定支援…………………… 212
自己治療仮説……………… 163, 165
自助グループ
（セルフヘルプグループ）………97
静岡県出獄人保護会社……………48
施設長………………………………91
施設内処遇………………… 7, 36
執行猶予者保護観察法……… 4, 49
疾病性……………………… 120, 145
指定通院医療機関………… 131, **252**
指定入院医療機関…… 122, 123, **252**
指定入院医療機関運営ガイドライン
…………………………………… 123
指導監督…………………… 60, 63, **252**
児童虐待…………………… 40, 233
児童虐待防止法（児童虐待の防止等に関する法律）…… 13, 232, **252**
児童自立支援施設…… 35, 159, **253**
児童相談所………………… 34, 42
児童福祉機関先議の原則… 42, 159
児童福祉司…………………………42
児童福祉法…… 34, 36, 42, 173, 175
児童養護施設……………… 35, 160
CPA［英国］…………………… 110
CPA 会議（ケア会議）……127, 129, 130, 132, 142, 150, **250**
自分史作成支援………………… 212
嗜癖（アディクション）
…………………… 163, 188, **249**
司法精神医療等人材養成研修会
…………………………………… 120
社会関係………………………… **253**
社会関係支援…………………… 212
社会貢献活動……………… 50, 66
社会構成主義……………… **253**, 256
社会構築主義…………………… 256
社会生活技能訓練／社会生活スキルトレーニング（SST）……67, 90, 104, 161, 174, 178, **249**
社会秩序……………………………16
社会的法益…………………………20
社会内処遇……… 7, 36, 47, 82, **253**
社会内処遇規則（犯罪をした者及び非行のある少年に対する社会内における処遇に関する規則）……51
社会福祉協議会…………… 95, **253**
社会福祉士（CSW）…………… 217
社会福祉士及び介護福祉士法……77
社会福祉主事………………………95
社会福祉専門官………………… 187
社会福祉法…………………………95
社会福祉法人………………………89

社会復帰…………………17, 23, 26
社会復帰関連施設……………… 130
社会復帰講座…………………… 129
社会復帰支援…………………… 162
社会復帰支援委託援助制度…… 192
社会復帰支援指導プログラム
……………………………102, **253**
社会復帰促進センター……………23
社会復帰調整官……………138, **253**
社会復帰要因………………120, 145
社会を明るくする運動………48, 81
社団法人……………………………89
遮へい措置……………………… 236
就業支援センター…………………67
重傷病給付金………………239, 258
修復的司法……………………9, **254**
就労・職場定着金および就労継続奨励金……………………………88
酒害・薬害教育……………90, 104
受刑者等専用求人……………… 102
出所通知と出迎え問い合わせ… 219
遵守事項……………53, 64, 219, **254**
遵守事項通知書……………………57
障害給付金…………………239, 258
障害者基本法…………………… 256
障害者虐待防止センター……… 254
障害者虐待防止法（障害者虐待の防止、障害者の養護者に対する支援等に関する法律）………13, **254**
障害者権利条約（障害者の権利に関する条約）………………… 176
障害者総合支援法（障害者の日常生活及び社会生活を総合的に支援するための法律）…………208, 256
紹介状…………………………… 219
上告……………………………… 115
常時恩赦……………………………76
情状証人……………………217, **254**
情操の保護…………………………42
証人……………………………… 229
証人尋問………………………… 217
証人への付添い………………… 236
少年院… 22, 35, 37, 53, 71, 161, **254**
少年院からの仮退院………………53
少年院からの仮退院の許可基準…54
少年院仮退院者……………………61
少年院矯正教育課程…………… 161
少年院視察委員会…………………39
少年院法………………………5, 37
少年鑑別所…………34, 36, 160, **254**
少年鑑別所法…………………5, 37
少年刑務所…………………………22
少年審判の傍聴を許す制度………35
少年法
……5, 19, 30, 42, 49, 50, 239, **254**
少年法等の一部を改正する法律（改正少年法）………………… 159
少年保護事件………………………30
処遇改善請求…………………… 129
処遇の実施計画………………… 142
処遇の段階が最高段階……………54
職親プロジェクト……………… 162
しょく罪指導プログラム…………64
職場定着協力者謝金………………88
触法少年……………30, 42, 47, 159
触法精神障害者……………228, 255
職権消除………………………… 201
自立更生促進センター……66, **254**
自立準備支援…………………… 105
自立準備ホーム
………………59, 73, 105, 203, **254**
自立相談支援事業…………………95
人権擁護……………………23, 25, 39
審査申立て……………………… 236
身上調査書…………………… 55, 59
心情等伝達制度…………8, 238, **255**
心神耗弱………………………… 108
心神耗弱者…………………………19
心神喪失………………………… 108
心神喪失者…………………………19
心神喪失者等医療観察法（心神喪失等の状態で重大な他害行為を行った者の医療及び観察等に関する法律）…………6, 100, 108, 138, **255**
申請行為の使者………………… 190
心的外傷後ストレス障害（PTSD）
………………………………… 164
審判…………………34, 42, 220, 222
審判結果通知………………………35
審判における事前協議（カンファレンス）……………… 119
審判不開始…………………………34
『新福祉事務所運営指針』…… 191
推定無罪……………………………14
スクリーニングテスト………… 170
スティグマ…………………154, 166
ストーカー規制法（ストーカー行為等の規制等に関する法律）
……………………13, 232, **255**
ストレングス…………………… 176
スピリチュアル・ペイン……… 166
生活環境……………………………57
生活環境調査…………………… **255**
生活環境調整…………………… **255**
生活環境の調査………………… 139
生活環境の調整…………55, 57, 139
生活環境の調整の計画……………59
生活環境の調整の求め……………56
生活行動指針………………63, **255**
生活困窮者自立支援法……………95
生活指導……………………………39
生活の質（QOL）……………… 181
生活のしづらさ………………… 154
生活保護法…………………70, 190
制限の緩和…………………………25
精神医療国家賠償請求訴訟…… 225
精神科医………………………… 216
精神保健観察…………139, 142, **255**
精神保健参与員… 114, 118, 142, **255**
精神保健審判員… 114, 118, 142, **256**
精神保健判定医………………… 118

精神保健福祉士（MHSW）…… 217
精神保健福祉士法…………………77
精神保健福祉法（精神保健及び精神障害者福祉に関する法律）……………………7, 100, 110, **256**
生存権保障……………………… **256**
正当行為…………………………18
正当防衛…………………………18
成年後見制度…………………… 197
性犯罪……………………………21
性犯罪再犯防止プログラム………66
性非行防止指導……………………39
政令恩赦…………………………76
責任能力…………………………19
責任無能力者………………………19
世代伝承………………………… 163
セルフヘルプグループ（自助グループ）…………………97
全件送致主義…………… 30, 34, **256**
全国被害者支援ネットワーク…………………………… 240, 258
全国薬物依存症者家族会連合会（やっかれん）…………… 98, **256**
専門的処遇プログラム……………66
総合的対応窓口………………… 241
総合法律支援法…………… 96, 257
相互関係支援…………………… 212
相互関係障害…………………… 211
相談支援業務…………………… 104
相談・支援制度………………… 238
遡及処罰の禁止……………………13
組織的犯罪処罰法（組織的な犯罪の処罰及び犯罪収益の規制等に関する法律）………………… 239
ソーシャル・インパクト・ボンド（SIB）…………………… 44, 248
ソーシャル・コンストラクショニズム…… **256**
ソーシャルワーク専門職のグローバル定義……………… 154
訴追権…………………………… 229
損害賠償命令制度………… 234, 237

た〜と

第1次再犯防止推進計画……… 244
第1次犯罪被害者等基本計画…………………………… 234, 238
退院請求………………………… 129
第3次犯罪被害者等基本計画… 234
大赦………………………………76
第2次再犯防止推進計画……… 245
第2次犯罪被害者等基本計画… 234
ダイバージョン……………………14
第4次犯罪被害者等基本計画…………………………… 235, 241
多重嗜癖（クロスアディクション）…………………………… 167, 249
多職種チーム…………………… 127
多職種チーム会議……………… 133
ダルク（DARC）…… 97, 207, 256
短期保護観察………………………61
単独室…………………………… 218
担任……………………………… 223
地域援助…………………………37
地域処遇ガイドライン………… 141
地域生活定着支援センター…27, 59, 102, 103, 162, 186, 200, 207, **256**
地域生活定着促進事業…… 59, 200
地域保安病棟…………………… 109
地下鉄サリン事件……………… 230
地方更生保護委員会…………… 5, 40, 55, 80, 238, **256**
地方裁判所………………………34
地方再犯防止推進計画……………………… 245, 252, **256**
地方保護司連盟……………………85
中央更生保護審査会…… 5, 77, **257**
抽象的権利説…………………… 256
懲役……………………… 50, 52, 71
調査………………………… 42, 218
懲罰……………………………… 218
直接通院………………………… 134
治療反応性………………… 120, 145
治療評価会議…………………… 128
通院決定………………………… 117
通院処遇（地域処遇）………… 131
通院処遇ガイドライン………… 132
付添人…………………………… 118
付添人弁護士……………… 145, 223
ディスコース…………………… **257**
DV防止法（配偶者からの暴力の防止及び被害者の保護等に関する法律）………… 13, 233, **257**, 258
出口支援…………………… 26, 195
動機づけ面接…………………… 170
東京婦人補導院………………… 259
当初審判………………………… 116
特赦………………………………76
特定少年…… 5, 31, 35, 47, 50, 53, 61, 159
特定生活指導…………………… 161
特別改善指導……………………24
特別基準恩赦……………………76
特別刑法…………………………12
特別遵守事項…………… 57, 64, 65
特別調整…… 59, 101, 162, 195, **257**
特別調整制度……………………27
特別調整対象者………………… 200
特別予防…………………………17
都道府県公安委員会…………… 240
留岡幸助………………………… 4
トライアル雇用制度………… 87, 94
トラウマ………………………… 164
トラウマインフォームドケア（TIC）………………………………… 242
トリートメント・ギャップ…… 168

な〜の

名古屋刑務所での刑務官による受刑者致死傷事件………………23
ナラティブ……………………… **257**
ナラティブ・アプローチ… 170, 257
25条調査 …………………………56

2 年以内再入率 …………………… 245
2 年の保護観察 ………………………61
日本司法支援センター（法テラス）
………………………… 96, 240, **257**
日本 BBS 連盟 …………… 87, **257**
入院決定………………………… 117
入院処遇ガイドライン………… 117
入所時環境調整………………… 217
任意的減軽…………………………20
認知件数と発生率［刑法犯］……22
認知行動療法………… 66, 161, **257**
認知再構成法…………………… 182
認知症医療センター…………… 197
ネットワーキング……………… 139
脳内報酬系回路………………… 165
農福連携………………………… **258**

は〜ほ

バイオ・サイコ・ソーシャル
（生物・心理・社会）………… 175
配偶者からの暴力の防止及び被害者の保護等に関する法律
（DV 防止法）… 13, 233, **257**, 258
配偶者暴力相談支援センター
………………………… 233, **257**, 258
売春防止法……………………… 258
バイステック
Biestek, F. P. ……………… 167
バイステックの 7 原則………… 167
82 条調査 …………………………55
バトラー報告書………………… 109
ハームリダクション……… 28, 170
原胤昭……………………………… 4
ハローワーク（公共職業安定所）
………………………………… 93, **251**
犯給法／犯罪被害者等給付金支給法（犯罪被害者等給付金の支給等による犯罪被害者等の支援に関する法律）…………………… 230, 239
犯罪……………………………… 12, 16
犯罪及び権利濫用の被害者のための司法の基本原則宣言………… 230
犯罪者予防更生法…………… 4, 49
犯罪少年…………………… 30, 47, 159
犯罪被害給付金制度…………… 234
犯罪被害者等基本計画
……………………… 31, 234, 258
犯罪被害者等基本法
………………… 31, 228, 231, **258**
犯罪被害者等給付金……… 239, **258**
犯罪被害者等早期援助団体…… 240
犯罪被害者等の心情等の聴取・伝達制度…… 24, 36, 228, 235, 238
犯罪被害者等保護二法………… 231
犯罪被害者等保護法（犯罪被害者等の保護を図るための刑事手続に付随する措置に関する法律）… 231
犯罪論………………………………17
犯罪をした者及び非行のある少年に対する社会内における処遇に関する規則（社会内処遇規則）……51
被害回復給付金………………… 239
被害者参加制度…………… 234, 240
被害者参加弁護士……………… 240
被害者支援員…………………… 240
被害者支援センター……… 240, **258**
被害者支援の輪………………… 240
被害者支援連絡協議会………… 240
被害者対策要綱…………… 230, 235
被害者等通知制度… 8, 231, 238, **258**
被害者特定事項秘匿決定……… 237
被害者ホットライン……… 240, **258**
引受人………………… 57, 219, 220
引受人等…………………………57, 59
被疑者等支援業務………… 104, 189
被疑者・被告人段階の支援…… 200
非行少年…………………… 33, 159
非行のある少年……………………47
被告人質問……………………… 221
PTSD（心的外傷後ストレス障害）
………………………………… 164
ビデオリンク方式……………… 236
否認……………………………… 163
批判的ソーシャルワーク……… **258**
BBS 会 ………………………… 3, 86
風テラス………………………… 173
フォローアップ業務…………… 104
福祉事務所…………………………95
福祉処分優先主義…………………34
福祉専門官……………… 103, 195
福祉専門職……………………… 103
福祉六法……………………………95
付審判請求（準起訴手続）…… 236
婦人補導院……………………… **258**
復権…………………………………77
不同意性交等罪…………… 21, 114
不同意わいせつ罪………… 21, 114
不服申立制度……………… 25, 236
不良措置…………………… 61, 68
プログラム規定説……………… 256
弁解録取………………………… 186
弁護士…………………………… 217
弁論……………………………… 221
法益………………………… 13, 16
法人後見………………………… 197
傍聴…………………………………35
法定期間……………………………54
法テラス（日本司法支援センター）
………………………… 96, 240, **257**
法務省式ケースアセスメントツール
（MJCA）…………………………36
法務省設置法………………………80
法務少年支援センター
………………… 37, 160, 248, 254
暴力防止プログラム………………66
保護カード…………………………73
保護観察……… 35, 50, 53, 60, 159, 180, 216, 222, 224, **259**
保護観察官……… 5, 55, 59, 63, 82, 217, 223, 238, **259**
保護観察官面接………………… 219

保護観察所………… 5, 81, 97, 130, 138, 162, 238, 248, **259**
保護観察処分…………………………40
保護観察処分少年……………………61
保護観察付一部猶予者……………62
保護観察付執行猶予…………… 217
保護観察付執行猶予者……………62
保護観察付全部猶予者……………62
保護観察におけるケース・フォーミュレーション（CFP）………63
保護観察の実施計画………………63
保護区…………………………………83
保護司…… 59, 63, 83, 217, 223, **259**
保護司会……………………… 84, 85
保護司会連合会……………… 85, 86
保護司制度の基盤整備に関する検討会……………………………85
保護司の欠格事項…………………84
保護司法……………… 6, 49, 83, 259
保護者に対する措置………………68
保護処分……………… 22, 34, 35, 53
保護命令………………………… 233
母子生活支援施設………… 173, **259**
補導援護………………… 60, 67, **259**
補導主任……………………………91

ま〜も

マグナ・カルタ………………… 252
マルトリートメント…………… 174
満期釈放者…………………… 70, 71
満期日…………………………… 218
未遂犯…………………………………20
三菱重工ビル爆破事件………… 230
身元保証制度………………………94
ミラー
　Miller, W. R. ………………… 170
民間協力者…………………………82
面会……………………………… 216
面接……………………………… 223
戻し収容……………………………53
問題解決法……………………… 182

や〜よ

薬物依存症家族会……………… 256
薬物再乱用防止プログラム………66
薬物処遇重点実施更生保護施設
　…………………………………… 104
薬物非行防止指導…………………39
薬物法（薬物使用等の罪を犯した者に対する刑の一部の執行猶予に関する法律）…………… 50, 250
やっかれん（全国薬物依存症者家族会連合会）……………… 98, **256**
山形マット死事件…………………35
山室軍平……………………………… 4
優遇措置……………………………25
要保護性……………………… 30, 35

ら〜ろ

リカバリー（回復）……… 167, 177
リービングケア………………… 173
リフレクティング……………… **259**
リフレーミング………………… 176
留置……………………………… 216
良好措置……………………… 61, 68
レジリエンス…………………… 167
労役場………………………… 53, 71
6 罪種 …………………………… 114
6 月の保護観察（更生指導）……61
ロルニック
　Rollnick, S. ………………… 170

わ

忘れられた存在………………… 229

福祉臨床シリーズ編集委員会

小林光俊　（こばやし　みつとし）　学校法人 敬心学園　理事長、全国専修学校各種学校総連合会　顧問

坂野憲司　（さかの　けんじ）　日本福祉教育専門学校精神保健福祉研究科　スーパーバイザー

原　葉子　（はら　ようこ）　東京通信大学人間福祉学部　教授

東　康祐　（ひがし　やすひろ）　日本福祉教育専門学校社会福祉士養成学科　専任講師

福田幸夫　（ふくだ　さちお）　静岡福祉大学社会福祉学部　教授

福冨　律　（ふくとみ　りつ）　東京家政大学人文学部　准教授

古屋龍太　（ふるや　りゅうた）　日本社会事業大学　名誉教授

増田康弘　（ますだ　やすひろ）　帝京平成大学人文社会学部　専任講師

森山拓也　（もりやま　たくや）　城西国際大学福祉総合学部　准教授

柳澤孝主　（やなぎさわ　たかしゅ）　東京保健医療専門職大学リハビリテーション学部　教授

責任編集

執筆分担

森　長秀　（もり　ながひで）　日本大学生物資源科学部　教授……………はじめに、第１章、キーワード集

淺沼太郎　（あさぬま　たろう）　帝京科学大学医療科学部　専任講師
…………………「第７章、第８章、第９章、第 11 章、キーワード集」の監修

執筆者（五十音順）

執筆分担

伊東享子　（いとう　きょうこ）　聖徳大学心理・福祉学部　非常勤講師……………第５章１節、第５章コラム

今村浩司　（いまむら　こうじ）　西南女学院大学保健福祉学部　教授………………第５章２節、第９章２節

金子毅司　（かねこ　つよし）　新潟医療福祉大学社会福祉学部　助教………………………………第８章１節

岸　恵子　（きし　けいこ）　NPO 法人 生活サポート千葉 千葉県地域生活定着支援センター
センター長……………………………………………………………………第９章３節

清水有香　（しみず　ゆうか）　ソーシャルワーク事務所 Unelma　所長／精神保健福祉士・社会福祉士・
公認心理師……………………………………………………………………第８章５節

高木善史　（たかぎ　よしふみ）　岩手県立大学社会福祉学部　専任講師………………………………第７章

滝田裕士　（たきた　ひろし）　法務省保護局観察課　課長……………………………………………第４章

仲野由佳理　（なかの　ゆかり）　日本大学文理学部　非常勤講師……………………………………第８章２節

西岡寿夫　（にしおか　としお）　特定非営利活動法人 TACT　理事長……………………………第９章５-６節

橋本久美子　（はしもと　くみこ）　母子生活支援施設 ポルテあすなろ　主査・母子支援員／特定非営利活動
法人 風テラス　理事・保護司………………………………………………第８章４節

執筆者（続き）

執筆分担

稗田里香	（ひえだ　りか）	武蔵野大学人間科学部　教授	第８章３節
平野美紀	（ひらの　みき）	香川大学法学部　教授	第２章、第３章、第10章
牧野賢一	（まきの　けんいち）	特定非営利活動法人 UCHI　理事長	第９章４節
三澤孝夫	（みさわ　たかお）	国立精神・神経医療研究センター精神保健研究所　協力研究員	第５章３節、第６章
宮澤　進	（みやざわ　すすむ）	独立型社会福祉士事務所 NPO 法人 ほっとポット　代表理事	第９章１節
宮田桂子	（みやた　けいこ）	駒澤大学法科大学院　特任教授／弁護士・保護司	第11章

コラム執筆者（五十音順）

執筆分担

岩屋文夫	（いわや　ふみお）	相談支援事業所 あう　所長	第９章コラム③
海野　順	（うみの　しゅん）	医療法人社団 光風会 三光病院　院長	第２章コラム
國重智宏	（くにしげ　ともひろ）	帝京平成大学人文社会学部　准教授	第９章コラム④
藏田亜希子	（くらた　あきこ）	千葉県地域生活定着支援センター 千葉ダルク　相談員	第９章コラム②
笑	（しょう）	千葉ダルク　入寮生	第９章コラム①

刑事司法と福祉
【新・社会福祉士シリーズ19】

2024（令和６）年３月15日　初　版１刷発行

編　者　森　長秀・淺沼太郎
発行者　鯉渕友南
発行所　株式会社　弘　文　堂　101-0062　東京都千代田区神田駿河台1の7
TEL 03(3294)4801　振 替 00120-6-53909
https://www.koubundou.co.jp
装　丁　水木喜美男
印　刷　三美印刷
製　本　井上製本所

© 2024 Nagahide Mori, et al.　Printed in Japan

JCOPY 〈（社）出版者著作権管理機構　委託出版物〉
本書の無断複写は著作権法上での例外を除き禁じられています。複写される場合は、そのつど事前に、（社）出版者著作権管理機構（電話 03-5244-5088、FAX 03-5244-5089、e-mail: info@jcopy.or.jp）の許諾を得てください。
また本書を代行業者等の第三者に依頼してスキャンやデジタル化することは、たとえ個人や家庭内の利用であっても一切認められておりません。

ISBN978-4-335-61224-4

新・社会福祉士シリーズ

全22巻

福祉臨床シリーズ編集委員会/編

2021年度からスタートした新たな教育カリキュラムに対応！

シリーズの特徴

社会福祉士の新カリキュラムに合致した科目編成により、社会福祉問題の拡大に対応できるマンパワーの養成に貢献することを目標とするテキストです。
たえず変動し拡大する社会福祉の臨床現場の視点から、対人援助のあり方、地域福祉や社会福祉制度・政策までをトータルに把握し、それらの相互関連を描き出すことによって、社会福祉を学ぶ者が、社会福祉問題の全体関連性を理解できるようになることを意図しています。

◎	1	医学概論	朝元美利・平山陽示 編 定価2,500円＋税　ISBN978-4-335-61206-0	2021年4月刊行
◎	2	心理学と心理的支援	岡田斉・小山内秀和 編 定価2,500円＋税　ISBN978-4-335-61207-7	2022年2月刊行
◎	3	社会学と社会システム	杉座秀親・石川雅典・菊池真弓 編 定価2,500円＋税　ISBN978-4-335-61208-4	2021年4月刊行
◎	4	社会福祉の原理と政策	福田幸夫・長岩嘉文 編 定価2,500円＋税　ISBN978-4-335-61209-1	2021年8月刊行
◎	5	社会福祉調査の基礎	宮本和彦・梶原隆之・山村豊 編 定価2,500円＋税　ISBN978-4-335-61210-7	2023年3月刊行
◎	6	ソーシャルワークの基盤と専門職	柳澤孝主・増田康弘 編 定価2,500円＋税　ISBN978-4-335-61211-4	2021年3月刊行
	7	ソーシャルワークの基盤と専門職（社福専門）	柳澤孝主・増田康弘 編 定価2,500円＋税　ISBN978-4-335-61212-1	2023年9月刊行
◎	8	ソーシャルワークの理論と方法	坂野憲司・増田康弘 編 定価2,500円＋税　ISBN978-4-335-61213-8	2021年4月刊行
	9	ソーシャルワークの理論と方法（社福専門）	柳澤孝主・増田康弘 編 定価2,500円＋税　ISBN978-4-335-61214-5	2023年11月刊行
◎	10	地域福祉と包括的支援体制	山本美香 編 定価2,500円＋税　ISBN978-4-335-61215-2	2022年3月刊行
	11	福祉サービスの組織と経営	早坂聡久・西岡修・三田寺裕治 編 予価2,500円＋税　ISBN978-4-335-61216-9	2024年3月刊行予定
◎	12	社会保障	阿部裕二・熊沢由美 編 定価2,500円＋税　ISBN978-4-335-61217-6	2023年3月刊行
	13	高齢者福祉	原葉子・東康祐 編 定価2,500円＋税　ISBN978-4-335-61218-3	2021年6月刊行
◎	14	障害者福祉	峰島厚・木全和巳・児嶋芳郎 編 定価2,500円＋税　ISBN978-4-335-61219-0	2021年8月刊行
	15	児童・家庭福祉	八重樫牧子・原葉子・土田美世子 編 定価2,500円＋税　ISBN978-4-335-61220-6	2022年11月刊行
	16	貧困に対する支援	伊藤秀一 編 定価2,500円＋税　ISBN978-4-335-61221-3	2022年5月刊行
	17	保健医療と福祉	幡山久美子・福田幸夫 編 定価2,500円＋税　ISBN978-4-335-61222-0	2021年5月刊行
◎	18	権利擁護を支える法制度	福田幸夫・森長秀 編 定価2,500円＋税　ISBN978-4-335-61223-7	2021年12月刊行
◎	19	刑事司法と福祉	森長秀・淺沼太郎 編 定価2,500円＋税　ISBN978-4-335-61224-4	2024年3月刊行
◎	20	ソーシャルワーク演習（共通）	柳澤孝主・上原正希・森山拓也 編 定価2,500円＋税　ISBN978-4-335-61225-1	2024年1月刊行
	21	ソーシャルワーク演習（社福専門）	柳澤孝主・上原正希・増田康弘 編 定価2,500円＋税　ISBN978-4-335-61226-8	2024年2月刊行
	22	ソーシャルワーク実習・実習指導（社福専門）	早坂聡久・長岩嘉文・上原正希 編 定価2,500円＋税　ISBN978-4-335-61227-5	2023年9月刊行

◎＝精神保健福祉士と共通科目